STUDIEN ZUR DEUTSCHEN LITERATUR

Band 83

Herausgegeben von Wilfried Barner, Richard Brinkmann und Conrad Wiedemann

1

Horst Fleig

Literarischer Vampirismus: Klingemanns »Nachtwachen von Bonaventura«

Max Niemeyer Verlag Tübingen 1985

Oscar Fambach gewidmet

CIP-Kurztitelaufnahme der Deutschen Bibliothek

Fleig, Horst:
Literarischer Vampirismus: Klingemanns »Nachtwachen von Bonaventura« /
Horst Fleig. – Tübingen : Niemeyer, 1985.
  (Studien zur deutschen Literatur ; Bd. 83)
NE: GT

ISBN 3-484-18083-8   ISSN 0081-7236

Satz: Bernhard Walter, Tübingen
Druck: Maisch & Queck, Gerlingen
Einband: Heinr. Koch, Tübingen

Inhalt

Arlequin und Kolombine, Marionetten, Fiesko 216 – Der Burgplatz mit
Heinrichs Löwen und dem Blasiusdom (Kreuzgangs Lieblingsort) 221 –
Nachtwächter in Braunschweig 227 – Der Martinifriedhof mit dem Überset-
zer der »Nachtgedanken« und dem Freimaurerhaupt (16. Nw) 229 – Politi-
sche Metaphern eines Braunschweigers: »Holland« (Campe) und »Gustav
Adolf« 238 – Collegium Medicum 243 – J. A. Leisewitz 244 – Lessing in
Braunschweig oder »Der sterbende Freigeist« 246 – Schüler am philanthro-
pistischen Katharineum, Student am Collegium Carolinum (Programme,
Lehrer; Aversionen und Bildungsfiguren) 251 – Bonaventuras Mentor, der
Shakespeare-Übersetzer Eschenburg 259 – Nyx, Nox und Don Juan 260 –
Debüt mit Ritterromanen. C. A. Cramer 262 – Verfrühter Ruhm: »Die
Maske« (1797) 266 – Erste Antworten auf Fichte: Kreuzgangs Brudergestalt
Alessandro. Atheismus der Selbstvergottung. Aufgaben 268

1. Zum Stand der »Bonaventura«-Forschung seit 1973. – Versuch einer sprachstatistischen Datierung der Niederschrift der »Nachtwachen« (Klingemanns)

Diese 70er Jahre haben der 100jährigen Forschungsgeschichte die Krone aufgesetzt und sie, um ein zeitgemäßeres Bild zu gebrauchen, wie im Zeitraffer wiederholt: Eilfertig wie nie, da unbekümmert um die einschlägigen Vorarbeiten, deren Fehler und Versäumnisse reproduziert wurden, warf man neue Namen und dann auch wieder ältere neu in die Debatte. Den Aufgaben der Fachkritik, die sich von einem Vorschlag weiter zum nächsten treiben ließ und allenfalls Mutmaßlichkeiten entgegenzusetzen wußte, wurden am ehesten noch EDV-Versuche gerecht, die auf die Widerlegung von »Bonaventura«-Kandidaten abzielten. Aber auch diese sprachstatistischen Verfahren wurden in ihrem Erfolg bald ins Gegenteil verkehrt. Unsere Philologen nämlich, da sie ihnen schon nichts methodisch zu erwidern hatten, bedienten sich des Umstandes, daß man per Computer hin und wieder einen der Kandidaten zur Strecke zu bringen vermochte, auf ihre Weise und ließen für jeden der so Gefallenen frischweg ein paar neue Favoriten erstehen. So konnten sich zu den Namen Schelling, Wetzel, Fischer, Hoffmann, Brentano und Caroline in kürzester Zeit die von Klingemann, Jean Paul, Erhard, Dienemann, Baggesen, Arnold und Gerle gesellen und so einen Kandidatenreigen komplettieren, der von den angesehenen Schriftstellern bis zum Verleger der »Nachtwachen« reicht, vom Braunschweiger Anwärter auf die Registratorenstelle seines Vaters bis zum symphilosophierenden Paar.

Das Jahr 1973 brachte die sicher kurioseste Konstellation bei der Bestimmung des Pseudonyms. Wie bekannt, veröffentlichte im Herbst der Braunschweiger Germanist Jost Schillemeit seine Hypothese, der Braunschweiger August Klingemann (1777–1831), zuletzt Theaterdirektor und Erstaufführer des »Faust« (1829), habe die »Nachtwachen« geschrieben.[1] Wie nicht bekannt, hatte bereits im Frühjahr, gleich im Anschluß an seine Dissertation über ein sich maskierendes Erzählen, in Tübingen jemand sich an die »Bonaventura«-Frage gemacht und nach dem Ausmustern so mancher Autoren um 1800 einen gewissen August Klingemann als Verfasser ausfindig gemacht. Dieser Fund

---

1 Die hochgestellten Ziffern verweisen auf die »Anmerkungen« (fast nur Zitatbelege) im Anhang, S. 275.

mit den entsprechenden Beweisstücken war schon mit einem Kenner der Materie diskutiert und auch in Methode und Ergebnis als Rohmanuskript aufgearbeitet worden, als Monate darauf das Magazin »Spiegel« Schillemeits Klingemann-Hypothese zum erstenmal publik machte.* Eine Überschneidung wie diese hätte Klingemanns Autorschaft eigentlich ein für allemal sicherstellen müssen. Nun brachte zwar Richard Brinkmann am Ende seiner Kurzbesprechung von Schillemeits Buch (in »Germanistik«)[2] eine Notiz von jener ihm bekannten, unabhängig erfolgten Bestimmung Klingemanns, auch wurde das Rohmanuskript in der Gestalt, in der es zu diesem 1. Oktober nachweislich vorlag, als Sonderdruck veröffentlicht (1974)[3], die mit der Verfasserfrage Beschäftigten aber – was nun freilich kaum noch wundernehmen kann – haben es gar nicht mehr zur Kenntnis genommen. Das folgende Durcheinander zumindest hätte sich gewiß vermeiden lassen. Denn während Schillemeit sich methodisch nur unwesentlich von seinen verunglückten Vorgängern, von denen ein jeder seine willkürlich ermittelten »Parallelstellen« angehäuft hatte, unterschied und bald selber deren Schicksal teilte, hatte dieses – von mir stammende – Rohmanuskript den Grundfehler solcher Parallelen-Suche zum Thema und dagegen ein Exklusionsverfahren entwickelt, das grundsätzlich bei jedem unbekannten und zu identifizierenden Verfasser einsatzfähig wäre:

Statt wie bis dahin üblich von einem Schriftsteller auszugehen, den man entweder schon vage in Verdacht gehabt oder an einem vermeintlich naheliegenden Berührungspunkt wie dem Ort von Verlag oder Vorabdruck der »Nachtwachen« aufgelesen hatte, um sodann in einem zweiten Schritt von diesem derart subjektiv und eng ermittelten Literaten her eine Brücke aus allen möglichen stofflichen, stilistischen und verbalen »Parallelen« zu dem Erzählwerk der »Nachtwachen« zu schlagen, dies ohne kritische Destruktion der Vorgänger-Thesen (und selber dabei keiner Kritik zugänglich), schien mir – im Frühjahr 1973 – die Umkehrung schon im Ansatz nötig und ein Verfahren geboten zu sein, das alle Autoren der Zeit mit in die Recherchen einbeziehen und sie zugleich, nach einer Textprobe von wenigen Seiten, aufgrund sprachlicher Trennmerkmale ausscheiden konnte, – bis auf den einen nicht zu Widerlegenden. Praktikabel war dies Exklusionsverfahren dadurch, daß ich in den »Nachtwachen« eine Reihe von Sprachvorlieben bzw. -aversionen bestimmen konnte, die, meist syntaktischen Rangs, äußerst häufig in den Texten eines jeden Schriftstellers vorkommen (so bevorzugt »Bonaventura« bei den Konjunktionen im konzessiven Gebrauch »obgleich« statt »obschon« oder etwa »wiewohl«, schreibt adversativ und temporal immer »indeß« statt »indessen«,

---

* Heft vom 1. 10. 1973. Wie ich später erfuhr, hatte der Beck Verlag in Heft 2/1973 seines halbjährlichen »Informationsdienstes« eine »wichtige Neuerscheinung« für den Sept. angekündigt: »Jost Schillemeit. Bonaventura. Der Verfasser der ›Nachtwachen‹.« Diese Anzeige enthielt auch sonst keinen Hinweis auf Klingemann.

vermeidet nach Möglichkeit – wie schon Erich Frank sah – das Relativpronomen »welcher«, wählt das Präfix »ohn-« anstatt von »un-« (für »ohngefähr«, »-streitig«, »-geachtet«), gebraucht sowohl im pronominalen als adverbiellen Sinn »selbst« statt »selber« usw.; hinzu kommen einige Schreibeigenheiten wie »Ahnung« statt »Ahndung«, »Plane« anstelle von »Pläne«, »komm(s)t« statt »kömm(s)t« …). Rund ein Dutzend dieser Alternativmerkmale genügten schon, so als Kombination von Vorlieben liberal zum Kriterium gemacht, um auf der Stelle die Hauptkandidaten Brentano, Hoffmann und Wetzel auszuschließen (und ebenso leicht lassen sich die neuesten Kandidaten von Jean Paul bis Arnold und Gerle aus dem Sattel heben, wobei ein jeder noch eigene, von »Bonaventura« abweichende sprachliche Vorlieben aufweist). Sodann war – was zehn Wochen dauerte – das Exklusionsverfahren auf die gut 300 Autoren anzuwenden, die aufgrund der Titel ihrer Veröffentlichungen vor allen anderen zu berücksichtigen waren (über den »Taschengoedeke«). Mit Ausnahme der stark gebundenen lyrischen und dramatischen Form konnten alle wesentlichen Textsorten einbezogen werden, neben der Erzählprosa auch Briefe und sogar wissenschaftliche Prosa, bleiben doch auch hier die fraglichen fundamentalen Sprachmerkmale von Belang. So enthält denn das Werk, das mir im alphabetischen Procedere unter K für Klingemann dann zur Stichprobe kam, die 1800 von ihm herausgegebene Zeitschrift »Memnon«, keine erzählenden Partien von ihm, sondern einige Abhandlungen romantischer Schulung über »Religion«, »Poesie« und auch über Schillers »Wallenstein«. Gleichwohl – und trotz anderer Spuren von Abel bis Zuckschwerdt – ließ Klingemann sich nicht abschütteln, und mit den ersten Seiten seiner eigenen Romane wurde auch die anspruchsvollere Identifizierung des Erzählers Klingemann zu einem aussichtsreichen Unternehmen (wie aussichtsreich, mag ein erster Blick auf die Erzählanfänge von »Romano«, »Albano« und »Nachtwachen« zeigen, s. S. 62f.).

Dies alles hätte man in den Details im Rohmanuskript studieren und bei der Erörterung von Schillemeits Hypothese berücksichtigen können. So aber stieß sein Befund bald schon auf starke und immer entschiedenere Skepsis, wozu ja nicht zuletzt das anachronistische Vorgehen beitrug. Sein Einfall, sich den Ort des Vorabdrucks der »Nachtwachen« näher anzuschauen (die Leipziger »Zeitung für die elegante Welt«), war methodisch wahrlich kein Geniestreich; nicht allein Hermann Michel war schon so vorgegangen (1904) und mit der Entdekkung belohnt worden, daß »Bonaventura« dort am 26.3.1805 ein »Teufels Taschenbuch« angekündigt hatte, vielmehr war dies Nachsuchen in der »Eleganten« – was Schillemeit in seinen Vorbemerkungen zur Methode nicht erwähnt – eine geübte Praxis in der Forschung, gar glaubten Franz Schultz (1909) und Erich Frank (1912) weitere anonyme bzw. pseudonyme Beiträge des »Nachtwachen«-Verfassers dort entdeckt zu haben[4]. Schillemeits Ansatz war

so eigentlich kaum mehr möglich bei Kenntnis der leerlaufenden Forschungsgeschichte. Erst recht kompromittiert war sein Beweisverfahren, das sich wiederum darin erschöpfte, zwischen den Schriften des mutmaßlichen Verfassers
und den »Nachtwachen« die verschiedensten »Parallelstellen« aufzufinden
und zu akkumulieren, dies also ohne den systematischen Versuch, von Klingemanns Werk und Horizont her die »Nachtwachen« besser oder zumindest neu
zu verstehen. Nun war allerdings eine nähere Beschäftigung mit den »Nachtwachen« ohnehin nicht von Schillemeit zu erwarten, schätzt er doch dies Buch
nicht sonderlich.[5] Warum aber hat er sich dann überhaupt an die Identifizierung des Pseudonyms gemacht? Sollte hier nicht ein Braunschweiger zufällig
an einen anderen geraten sein, der Germanistikprofessor an der Technischen
Universität an den »Faust«-Erstaufführer, dessen 1800 erschienene literarische
Zeitschrift »Memnon« er soeben noch – gleichfalls unerwähnt – als Herausgeber einer Lyrik-Anthologie in der Hand gehabt hatte? Wie auch immer, jedenfalls kann Schillemeit unseren Mann mit seiner Methode allein nicht gut ermittelt haben (eine Anmerkung dazu erlaube ich mir bei Gelegenheit, gegen Ende
des 5. Kapitels).

Die Reaktion der Fachkritik erfolgte rasch und verkehrte sich bald in einen
neuen Kandidaten-Wettbewerb. 1975 dann gab Jeffrey L. Sammons, der
zunächst der Klingemann-These halb zugestimmt hatte, das Signal zur offenen
Gegenattacke: »Whoops! Stop the presses! Perhaps it was not Klingemann
after all ...«,[6] indem er auf die Kandidaten des 74er Jahrganges verwies, auf
Johann Benjamin Erhard (durch Wolfgang Proß)[7] und Jens Baggesen (Ernst E.
Metzner, dem 1977 Melitta Scherzer sekundierte)[8]. Schon im Frühjahr '74 hatte
Max Rouché seinen Vorschlag von 1969 (Jean Paul) gegenüber dem Schillemeit-
schen Ergebnis aufrechterhalten (»les tables tournantes décideront«)[9] und
Rosemarie Hunter-Lougheed im selben Jahr noch einmal Hoffmann in die
Diskussion gebracht[10]. Auch zog 1974 Wolfgang Paulsen dem Gedanken, sich
bei vorgehaltenem Revolver zur Klingemann-Lösung bekennen zu müssen,
den Rekurs auf ein Gerücht vor, dem zufolge Curt Faber du Faur von einer
bevorstehenden Veröffentlichung des – früh verstorbenen – Hoffmann-Her-
ausgebers v. Maassen erfahren hätte: v. Maassen hatte angeblich »alle Korre-
spondenzen mit den Autoren der Dienemannschen Romanzeitschrift erhalten,
nur nicht die mit dem ›Nachtwachen‹-Autor, woraus er geschlossen habe, daß
Dienemann den Text in seiner Verlagsnot selbst geschrieben habe.«[11] Als Start
einer Hypothese wäre diese Überlegung nicht übel. Nur, warum läßt man die
Katze just in dem Augenblick aus dem Sack, wo ohne Zerstreuung und mit
Methode Kritik zu üben wäre? Und dieser Vorwurf ist so den meisten Rezensenten Schillemeits zu machen, die auf einmal mit ihren Katzen oder besser
Kaninchen aufwarten und dabei weder für die immanente Kritik noch erst
recht für die eigene Hypothese die nötige Ausdauer entwickeln können. Aus-

zunehmen ist Derek Bowman, wenn er in seiner Besprechung (1976/77) mit
dem gleichen Recht wie zwischen Klingemann und den »Nachtwachen« so
nun auch »Parallelen« zwischen Büchners »Woyzeck« und den »Nachtwachen« für möglich hält: »dance-music and ›immer zu‹, the sun and sneezing,
›grotesk‹, time and eternity, the satirical address to the estates of man, the use
of ›nichts‹, the empty fairy-tale about a dead world. Büchner as ›Bonaventura‹?
Impossible of course!«[12] Aber sehr wohl angebracht gegenüber einem Nach-
geborenen wie Büchner, um noch einmal das Alles-und-Nichts-Erfaßbare
beim Parallelenziehen vor Augen zu führen.

Diese Gegenvorschläge waren eigentlich nur als Ausdruck des Unbehagens
an dem proponierten Kandidaten ernst zu nehmen (und lassen sich stichpro-
benartig über das erwähnte Exklusionsverfahren zurückweisen). Im Herbst'75
jedoch unterzog der Computerlinguist Dieter Wickmann, der schon 1969 zu
der Verfasserfrage Stellung bezogen hatte, die Klingemann-Hypothese einer
mathematisch-statistischen Überprüfung. »Das Testergebnis ist hochsignifikant, und zwar in einem Ausmaß, das alle bisher durchgeführten Bonaventura-
Tests übertrifft: Klingemann ist demnach als Verfasser der ›Nachtwachen‹
zurückzuweisen.«[13] Damit war in Sachen Klingemann gleichsam ein Macht-
wort gesprochen; vom 1. Heft des Jahrgangs 1976 an verweist das Referaten-
organ »Germanistik« nicht mehr auf Klingemann als den Verfasser und »kann
man sich wieder bei dem Stichwort ›Nachtwachen von Bonaventura‹ informie-
ren«[14]. Die »Bonaventura«-Forschung scheint wieder vor dem Nichts zu stehen: »Zahlreiche Theorien betreffs der Autorschaft haben bisher noch zu
keinem endgültigen Ergebnis geführt« (Rita Terras, 1979), »eine akzeptierte
opinio communis hat sich … bis heute nicht gebildet« (Karl-Heinz Habersetzer, 1984).[15]*

---

* »Daß ›das Rätsel der Sphinx‹ noch immer nicht gelöst ist«, meint zuletzt auch
Andreas Mielke, dessen Dissertation »Zeitgenosse Bonaventura« (Stgt. 1984) mir
noch während der Drucklegung zuging. Sein Verdienst besteht vor allem in der theoretischen Destruktion des Beweisverfahrens der »Parallelensammlung« und in der
darauf folgenden, bislang massivsten Detailkritik der von Schillemeit vorgelegten
Parallelen (ich komme S. 179 darauf zurück). Einige Blößen – gelinde gesagt – zeigt
dagegen sein Versuch, Jean Paul die Autorschaft zuzuschreiben. In seiner Abneigung
wie gegen Fichte so gegen seinen »Schüler« Schelling habe Jean Paul dessen
Pseudonym »Bonaventura« übernommen, um gezielt Schellings »Schein-Heilig-
keit« zu entlarven: Die »Nw« seien wohl nichts weiter als »didaktische Schwarzma-
lerei, um vor dem falschen Weg zu warnen« (238), vor dem subjektiven Idealismus
Fichtes und (!) Schellings also. Demgemäß degradiert wird auch noch Kreuzgang,
wird zur Marionette, indem er jene Jean Paul so verhaßte »subjektive Weltschau«
angeblich repräsentiere und wider Willen ad absurdum führe. – Im übrigen sei die
philosophische Ich-Problematik der »Nw« so nur bei Jean Paul, nichts davon aber
bei Klingemann zu finden (wir werden sehen).

Mit der sprachstatistischen Intervention Wickmanns änderte sich auch für mich die Situation. Zwar bezog auch er sich nur auf Schillemeits Buch, doch indirekt war das Ergebnis meines Rohmanuskripts mitbetroffen. Was nun Wickmann vermutlich beweisen konnte, war nicht die Nichtidentität Klingemanns und Bonaventuras, sondern die Nichtidentität der Sprachmerkmale der »Nachtwachen« und der von ihm untersuchten Unterhaltungsromane Klingemanns. Nicht bloß in der Trivialthematik weichen »Die Ruinen im Schwarzwalde« (1798/99), »Albano der Lautenspieler« (1802) und auch – obschon ambitionierter – »Romano« (1800/01) enorm ab von der intellektuell-demaskierenden Tendenz der »Nachtwachen«, sondern auch in den fundamentalen sprachlichen Mitteln. Unschwer ist zu erkennen, daß etwa der Schlußteil des Romans »Albano«, also des zeitlich den »Nachtwachen« nächstliegenden der erfaßten Texte, nur einen Bruchteil der Vielfalt an Konjunktionen und Modaladverbien aufweist, die Bonaventura in den »Nachtwachen« verwendet. Aus der Armseligkeit allein schon in den syntaktisch entscheidenden Konjunktionen folgen unmittelbar tiefgreifende Abweichungen im Sprachbau der Texte, die sich als solche strukturell auch in den von Wickmann zum Kriterium gemachten »Wortartübergängen« niederschlagen müssen. Diese Differenzen sind aber eben nicht schon a u t o r - spezifisch, sondern nur werkspezifisch, – jedenfalls zeigt sich eine vergleichbare Vielfalt an Konjunktionen und Modaladverbien an anderem Ort bei Klingemann, in seinen Artikeln nämlich, die er während der Zeit der Entstehung der »Nachtwachen« in der Leipziger »Zeitung für die elegante Welt« veröffentlicht hat. Damit ist nun nicht gesagt, daß diese Artikel (Besprechungen von Büchern meist und Theateraufführungen) einfach dem Beweisverfahren der »Wortartübergänge« unterzogen werden könnten; die sprachlichen Verhältnisse sind nicht so eindimensional, und Wickmann selber achtet bei seinem Verfahren auf eine gewisse Homogeneität, indem er zum Vergleich »nur Texte in ungebundener Sprache«, unter Ausschluß speziell von Vers und »(Bühnen-)Dialog« heranzieht und die nichterzählende Prosa – wie derartige Besprechungen oder Schellings Schriften – überhaupt nicht berücksichtigt.[16] Er hat dafür gute Gründe, die in dem Besonderen seines Verfahrens der Wortartübergänge liegen.[17] Nun meine ich aber schon mit dem Exklusionsverfahren von 1973 nachgewiesen zu haben, daß man mit vergleichsweise bescheidenem Aufwand an Sprachstatistik auch gegenüber nicht-erzählender Prosa zum Erfolg kommen kann. Lassen wir uns nur nicht irre machen durch philologische Doktrinen, die zwischen fiktionalen und nicht-fiktionalen Texten am liebsten ein totaliter aliter behaupteten, und fragen wir nach vernünftig zu sondierenden Identitätsmerkmalen zwischen den erzählenden »Nachtwachen« und diesen Besprechungen Klingemanns. Und zwar nach solchen Merkmalen, die auch eine sprachstatistische Behandlung zulassen: Denn bei dem für die Klingemann-Hypothese verheerenden Ergebnis Wickmanns, das sie bei einer Gegen-Wahrscheinlichkeit von etwa 1:5000 förmlich abschmetterte, muß jede philologische Antwort zunächst auf dem Boden der Sprachstatistik selber erfolgen.

Welche Möglichkeiten eröffnen sich mit diesen Artikeln? Das hervorstechende Merkmal ist das einer Gleichzeitigkeit zwischen der Niederschrift der »Nachtwachen« und einer bestimmten, noch auszumachenden Sequenz dieser Klingemannschen Artikel in der »Eleganten«. Entstanden sein dürften die »Nachtwachen« nämlich, wie über eine Reihe von Anspielungen auf Zeitgenossen und auch technische Erfindungen längst deutlich, weithin noch in der ersten Jahreshälfte 1804; die Beiträge Klingemanns, die 1802 einsetzen und sich über viele Jahre hin erstrecken, haben ihre dichteste Abfolge gerade in den Jahren 1803 bis 1805. Diese Gleichzeitigkeit ist nun äußerst kostbar, indem sich eine zweite Beobachtung hinzugesellt: Wie sich mir schon seinerzeit beim Ermitteln der sprachlichen Konstanten Bonaventuras andeutete, gibt es in den »Nachtwachen« gewisse Wortvorlieben, die offenbar recht kurzfristig sind, jedenfalls nur für wenige aufeinanderfolgende Einzelnachtwachen und unabhängig von deren besonderen Sujets Bestand haben. Setzt man der Einfachheit halber einmal die Nachtwachen 1–8 als den einen großen Zeitraum der Niederschrift an und die Nachtwachen 9–16 als den zweiten späteren, so bevorzugt Bonaventura während des ersten Zeitraums entschieden die folgenden Wörter: »furchtbar«, psychisch »kalt«, »ächt«, »wichtig«, »nie«, »weshalb« (kons.), kaus. und mod. »indem«, »vielmehr« und die Präposition »gemäß«; umgekehrt bevorzugt er in der zweiten Schreibphase: »schrecklich«, »folgende«, »zwar–aber«, »aber nur«, »vielleicht« …. Nun sind solche Vorlieben eigentlich nichts Überraschendes, ähnlich kann man sie auch bei anderen Autoren oder selbst am eigenen Schreibverhalten zuweilen feststellen. Auch läßt sich mit so wenigen spektakulären Sprachelementen noch nicht ernsthaft statistisch argumentieren. Wie aber, wenn man es hierbei wirklich nur mit den gröbsten, in die Augen springenden Vorlieben zu tun hätte und es bei einem Schriftsteller wie Bonaventura auch substantiell einen sprachlichen Wandel der Art gäbe, ein Aufkommen und Abklingen verschiedenster und unterschiedlich stark ausgeprägter Vorlieben? Dann nämlich könnte sich die Identität Bonaventuras mit Klingemann gleichsam seriell, wie in Momentaufnahmen nachweisen lassen: Unter der Hypothese, daß es im Sprachdenken eines Autors viele kurzfristige Wort- und Ausdrucksvorlieben gibt, solche, die sich auch in so unterschiedlichen Projekten wie den erzählenden »Nachtwachen« und diesen Besprechungen in der »Eleganten« durchhalten und eben auch von Zeitpunkt zu Zeitpunkt gemeinsam ändern, müßte es möglich werden, die Niederschrift der »Nachtwachen« anhand der datierten Artikel Klingemanns in den großen Zügen selber zu datieren, sie womöglich Nachtwache für Nachtwache als »work in progress« zu verfolgen!

Das mikrostilistische Verfahren von 1973 vermochte auf dem negativen Wege der Exklusion einen Unbekannten aus einer beliebig großen Anzahl von Schriftstellern als den einzig Nichtwiderlegbaren herauszufinden. An jene negative Identifizierung schließe ich nun an, um – mit neuer Methode – auch den positiven Nachweis der Identität zu erbringen. Zugleich freilich geht das jetzige Verfahren über den bloßen Nachweis der Autorschaft weit hinaus, da der Hauptakzent ja auf der philologisch und besonders interpretatorisch höchst aufschlußreichen Datierung der 16 einzelnen Nachtwachen liegt, das heißt der Identitätsnachweis jedesmal neu (und wie beiläufig) in der Sequenz der Datierungen mitenthalten ist. So anschaulich und schlicht wie möglich wäre die Prozedur wie folgt zu beschreiben: Die 16 Nachtwachen können gleichsam als Momentaufnahmen der sich wandelnden Schreibgewohnheiten des Autors fixiert und datiert werden, falls es gelingt, jedesmal ihren Grundwortbestand zu ermitteln, der als solcher auch in der kritischen Tätigkeit (in der »Eleganten«) Anwendung findet. Auszuschließen von der Aufnahme in eine solche Grundwortliste sind demnach alle Sprachbereiche, die von dem besonderen Thema einer Nachtwache abhängen, so für die 6. und 7. Nw besonders die juristische Terminologie, für die 9. Nw medizinische Belange oder für die 13. Nw das Gebiet der Bildenden Kunst. Denn andernfalls wären unter den Artikelbeiträgen diejenigen von vornherein bevorzugt, die zufälligerweise das gleiche Thema behandeln; gewiß gibt es auch für derartige Sondergebiete sprachliche Vorlieben, aber aus Gründen der »Chancengleichheit« für die Artikel dürfen sie nicht aufgenommen werden. Ebenfalls nicht zu berücksichtigen sind Wortbereiche und Ausdrucksmittel, die sich beim bloßen thematischen Wechsel nicht mehr durchhalten: Namen, Individualbegriffe, Titel, Kategorien für das soziale Umfeld und überhaupt Fachbegriffe und Sachbezeichnungen, die mit zum behandelten Stoff gehören; speziell für das Erzählen hat das anschauungsgebundene Vokabular (Konkreta meist) zu entfallen, körperlich-Gestisches, szenisch Gehaltenes, Naturschilderungen sind ebenso auszuklammern wie bestimmte Redesituationen, Formen der Deixis... Was bleibt, ist umfangreich genug. Zum einen ist es der traditionelle Bereich des Grammatischen, der hier, auf dem statistisch leicht zu überprüfenden Niveau der Wortarten, vor allem in den Konjunktionen, Modaladverbien, Pronomen bzw. in allgemeinen Kategorien der Zeit und Negation entscheidend sein dürfte. Zum anderen nun aber durchaus auch der nicht-funktionelle Sprachbereich, der wegen jener Bedingungen freilich schon bedeutend formalisiert zur Erscheinung kommt. Von einem Grundvokabular ist somit in dem Sinne und mit der Erwartung zu sprechen, daß hierin das sprachlich wohl Ursprünglichste und Lebendigste, die operative Kompetenz u n d Beweglichkeit eines Schriftstellers angetroffen werden kann. Erst nach dieser Reduktion ist es möglich, den so ermittelten (Grund-)Wortbestand einer Einzelnachtwache mit dem aller beteiligten Artikel Klingemanns zu konfrontieren, das ist zu untersuchen, ob in der Abfolge dieser Artikel ein engerer Zeitraum hervortritt, in dem das Grundwortmaterial der betreffenden Nachtwache besonders bevorzugt wird und ob eine solche Bevorzugung auch der statistischen Beweisführung standhält. Zu diesem »Chiquadrat-Test« später.

Im Aufwand kann dieses Modell selbstverständlich nicht mit den EDV-Strategien konkurrieren wollen, die zigtausende von Wörtern verarbeiten wie bei Wickmanns Wortartübergängen, wo etwa der Übergang von der Wortart Substantiv zu den folgenden Wortarten gezählt und einer vergleichenden Berechnung unterzogen wird: finite Verbform, infinite Verbform, Hilfsverb, Artikel, alleinstehendes Pronomen, attributiv gebrauchtes Pronomen, Adverb, Verbzusatz, Präposition, Konjunktion, Satzschluß, unflektiertes Adjektiv; und umgekehrt werden von jeder einzelnen dieser und weiterer Wortarten die möglichen Übergänge zu den anderen hin gezählt, wobei Wickmann aus statistischen Gründen nur diejenigen Übergänge aufgenommen hat, die öfter als 225mal belegt sind (in den vier verglichenen Erzählungen)! Unser Modell kurzfristig sich ändernder Sprachvorlieben hingegen ist so angelegt, daß gerade die relative S e l t e n h e i t beim Gebrauch der Wörter interessiert und so nur ein Bruchteil an Belegstellen eine Rolle spielen kann. Um von vornherein aussichtslose Sammel- und Rechenarbeiten für so banale Konjunktionen wie »und« oder den Artikel zu ersparen, ist es sinnvoll eine numerische Obergrenze festzulegen und nur Grundwörter aufzunehmen, die nicht öfter als 20mal in den »Nachtwachen« gebraucht werden. Selbst dies ist als Obergrenze noch ziemlich großzügig, könnte man doch auch daran denken, nur Wörter aufzunehmen, die je nur ein einziges Mal in allen Nachtwachen und in allen beteiligten Artikeln Verwendung finden. Nichts spräche dagegen, oder doch nur die Tatsache, daß wir keinerlei Erfahrung haben, wo in etwa derartige Sprachvorlieben sich am stärksten und für die Datierung am günstigsten bemerkbar machen, ob also schon bei dem extrem seltenen Einzelgebrauch hüben wie drüben oder erst beim mehrmaligen Gebrauch. Zur Sicherheit und auch zur Gegenkontrolle wird es darum angebracht sein, mehrere Typen von Vorlieben oder »Seltenheitsniveaus« zu berücksichtigen, darunter ein Niveau für die Untergrenze des einmaligen Vorkommens und ein anderes für die Obergrenze des bis zu 20maligen Vorkommens in den »Nachtwachen«.

Welche Artikel Klingemanns kommen bei der Datierung in Frage? Nähme man alle seine Beiträge in der »Eleganten« bis zum Jahre 1827 auf, so würden allein schon wegen des langfristigen sprachlichen Wandels, der im wesentlichen zeittypisch und noch nicht Ausdruck des Individualstils ist, all die Artikel stark bevorzugt werden, die um das Jahr 1804 geschrieben wurden; vermutlich ließe sich so bei jedem beliebigen Schriftsteller eine Konzentration zugunsten der um 1804 liegenden Jahre nachweisen. Um diesen Effekt des überindividuellen Sprachwandels auszuschließen, ist der Zeitraum der Artikelabfolge so eng wie möglich zu ziehen; er darf aber nicht zu knapp bemessen werden, um nicht Anfang und Ende der Niederschrift der »Nachtwachen« oder zeitlich aus dem Rahmen fallende Erzählteile verpassen zu lassen. Am 21.7.1804 wurde der »Prolog des Hanswurstes« als Vorabdruck aus den »Nachtwachen von Bonaventura« in die »Elegante« eingerückt. Hält man sich an dieses Datum und schlägt einen Zirkel darum, der jeweils ein Jahr beträgt, so wäre genügend Spielraum für den Erzählbeginn und auch die Zeit nach Abschluß der »Nachtwachen«, in der ja Bonaventura am 26.3.1805 die »Teufels-Taschenbuch«-Einleitung abdrucken ließ (auch ihre Datierung muß uns interessieren): Dieser Prolog des Hanswurstes erschien in Nr. 87 des Jahrgangs 1804; die ein Jahr zurückliegenden Artikel setzten mit Nr. 81 (7.7.1803) ein, während das darauf folgende Jahr mit Beitrag Nr. 88 (23.7.1805) abschloß. Insgesamt enthält der so abgemessene Zweijahresraum 32 datierte Beiträge Klingemanns.

Ehe ich zu Einzelheiten im Procedere komme, noch ein Wort zu diesen Artikeln in der »Eleganten«. Stilistisch sind sie durchweg als Vorform des Feuilletons zu bezeichnen. Bei den Besprechungen läßt Klingemann sich kaum auf Inhaltliches ein, meidet detaillierte Beweisgänge und versucht lieber in eigenen Worten ein impressionistisches, metaphernreiches Urteil zu geben. Schon in Nr. 81 von 1803, dem ersten der hier aufgenommenen Artikel, setzt er sich von der üblichen Besprechung ab: »Schriebe ich eine Rezension, so würde ich sogleich damit anfangen, daß der beikommende ›Titan‹ viele Fehler hat. Allein da ich Ihnen blos einige Bemerkungen ins Blaue hinein zusende, die Sie mehr unterhalten als belehren sollen, so sage ich Ihnen in einer muthwilligen Laune, daß es bei manchen Schriften der Fehler seyn würde, wenn die Fehler darin fehlten...«. Ähnliche Selbstcharakteristiken, die seiner vorsätzlich impulsiven, angriffslustigen und nicht-gelehrten Behandlungsweise gelten, finden sich häufiger in unserem Zeitraum. Statt eine eindringliche analytische Darstellung der »Vorschule der Ästhetik« zu liefern, wolle er bloß »in lyrischer Unordnung einiges, wie es mir gerade in die Augen fällt, herausheben« (Nr. 35, 1805). Ein erster Grund dafür, sich auch ohne Theorien behelfen zu müssen (wie er in Nr. 91, 1804 erklärt), oder dafür, »über die Karaktere des Buches« sich nicht »weiter auszulassen« (Nr. 83, 1804), ist einfach bei dem Forum zu suchen, der »Zeitung für die elegante Welt«. Die Richtlinien, die dem Jahrgang 1805 vorangestellt sind, führen zum Kapitel »Literatur« aus:

> »Anzeige und kurze Beurtheilung von Schriften, in so fern sie sich durch Inhalt und Ton zur belehrenden oder angenehmen Lektüre eines gebildeten Publikums eignen.« («In jeder Woche erscheinen von dieser Zeitung regelmäßig drei Stücke, nebst einem Intelligenzblatte.«) Außerdem: »Alles, was in die Politik oder die eigentliche Schulgelehrsamkeit einschlägt, bleibt von dem Plane dieser Blätter völlig ausgeschlossen.«

Bildung wohl, aber nur ja keine vom Fach, und kommt Klingemann einmal auf
die »Kritik der Urtheilskraft« des »großen Verstorbenen« zu sprechen, dann
mit einer kleinen Entschuldigung – »beiläufig gesagt, da Kant den Frauen auch
vom Hörensagen bekannt ist...« (Nr. 68, 1804). Der andere Grund liegt tiefer
und wird auch für die weitere Sprachuntersuchung wichtiger. Klingemann hat
eine recht eigenwillige Vorstellung davon, wie sich die Essenz eines Buches in
der kritischen Darstellung am besten erfassen lasse. Anläßlich seiner Besprechung von Friedrich Kinds »Natalie« in Nr. 83 (12. 7. 1804) bringt er den innersten kritischen Zusammenhang zwischen Werk und Leserurteil auf den Begriff
des »Totaleindrucks«, der »in dem Gemüthe des Lesers« zurückbleiben müsse:
»Verwechseln Sie den Begriff dieses Wortes nicht mit dem der klaren Übersicht
der Begebenheit; der Totaleindruck, von dem ich hier rede, besteht vielmehr in
einer reinen, im Gemüthe erweckten poetischen Stimmung; er überdauert die
bestimmte Erinnerung an den äußern Zusammenhang der Begebenheit durchaus, und ist allein der sichere Prüfstein eines wahrhaften Dichterwerkes.«

Ebendiesen Eindruck hat man bei den Kritiken Klingemanns, daß er sich
an die frei nachspielende Erinnerung hält und statt der Analyse, die nachset-
zend erst voll ins Detail dringt, eine dichterische Aufarbeitung der Lektüre versucht. Von welcher Art der Kritik er sich dabei absetzt, wird am deutlichsten in
der »Titan«-Besprechung vom 7. 7. 1803. »Nichts ist mir ärgerlicher gewesen,
als wenn die Kunstrichter bei ausgezeichnet originellen Schriftstellern alles
recht nach der Regel und nach dem Maaße verlangen, das sie ihrer mehr oder
minder beschränkten Bildung gemäß, an die Kunstwerke zu legen belieben,
und einstimmig Feuer rufen, wenn eine mächtige Kraft auch ein Mal die
Schranken sprengt und sich im Freien, gleichsam außer dem Kunstreviere
umhertreibt. Freilich kann in einem so regelrechten Zeitalter, wozu sich das
unsrige auszubilden bemüht, die Kraft selbst eben nicht das Hauptsächlichste
seyn, worauf man hinsieht; sie reden deshalb auch immer von der Schönheit,
als der ruhigen Erscheinung des Unendlichen, und wenn der Strom, der den
Himmel und die Erde in sich abspiegelt, sich einmal kühn in seinem Flußbette
aufregt und die Bilder grotesk und eckigt durch einander zieht, so klagen sie
über die aufgehobne Schönheit, ohne die Macht des Stroms selbst zu bewundern. – Dies alles sind Gleichnisse...«. Und in Gleichnissen vor allem bewegt
sich Klingemann in seinem Bemühen, dem Totaleindruck auf den verschiedensten Niveaus gerecht zu werden, sei es gegenüber einzelnen Gestalten und
Situationen, sei es zur Charakterisierung von Erzählhaltungen und -prämis-
sen, etwa um für Kosegartens »Inselfahrt« »die Stimmung in Ihnen hervor-
zurufen, in welcher Sie allein fähig sind, das Ganze gehörig zu würdigen«
(Nr. 91, 1804).

Seine grundsätzliche, immerzu sich schärfende Suche nach dem poetischen
Bild kann so ohne weiteres in Berührung bleiben mit der Arbeit an einem Werk

wie »Nachtwachen von Bonaventura«. Und im Unterschied zu den vorangegangenen Romanen Klingemanns, die in dem geduldig-verkuppelnden
Medium der »Er«-Form geschrieben sind, mag sich hier der Kritiker mit Tem-
perament und Subjektivität seines Themas annehmen und wie in der »Ich«-
Grundform der »Nachtwachen« die Sprachmittel ausspielen, die ja nicht nur
in dem Zupackenden, in den erklärten Abneigungen, Launen und Vorbehalten
zum Ausdruck kommen, sondern als Modi des Stellungnehmens schon grammatisch tief fundiert sind. Diese Einstellung ist nicht etwa auf die Rezension
beschränkt. Nicht minder selbstbewußt und souverän dem Inhaltlichen gegenüber übt er Kritik auch in den Theaterberichten (1803 in Nr. 102 f., 115, 133 f.,
153; 1804 in Nr. 44, 118 f.; 1805 in Nr. 53, 88); und noch die fünf Sonderbeiträge
sind davon nicht auszunehmen: der Nekrolog auf Schiller (Nr. 65, 1805), zwei
polemische literarische »Postskripte« 1804 (im »Intelligenzblatt« Nr. 15 und
als Anhang zu Beitrag Nr. 127), ein Aufsatz über Hogarth-Lichtenberg (Nr. 15,
1804) sowie poetologische Fragmente (Nr. 72, 1805). Es wäre daher – und
schon wegen der Grundwort-Kriterien – verfehlt, diese Beiträge, die zudem
auch in Bereichen der Sprachkunst bleiben, von der Untersuchung auszuschließen. Aus falscher Vorsicht würden so nur empfindliche Lücken in das
Datierungsmaterial dieses Zweijahres-Zeitraums gerissen.

Klingemanns Kritikertätigkeit in der »Eleganten« hat also das Eigentümliche, die Spezialstile für Rezension, Theaterbericht oder Abhandlung frei zu
überspielen, in poetischer Lizenz gewissermaßen. Zwar waren in der »Eleganten« einer nichtkonventionellen Argumentation Grenzen gesetzt, war an die
intellektuelle Rage eines Kreuzgang so nicht zu denken. Verglichen aber mit
den genannten Romanen und auch mit seinen letzten förmlichen Abhandlungen über Schillers »Jungfrau« (1802) oder gar der »Ausbildung des Stils« (1802)
hat ihm die »Elegante«, insbesondere dank ihrer erklärten Gegnerschaft zum
»Freimüthigen« um Kotzebue und Merkel, Spielraum für eine bewegliche,
mutwillige und nach Herzenslust mit einem gewissen Zeitgeschmack abrech-
nende Kritik eröffnet. Klingemann weiß diese Gelegenheit so zu nutzen, daß
er 1804 nicht nur zum wichtigsten Beiträger der Zeitung avanciert, sondern
auch zum Hauptgegner des »Freimüthigen« und, wie zu sehen, die Redaktion
der »Eleganten« nicht zuletzt wegen seiner Attacken und der fälligen Gegen-
provokationen den Waffenstillstand mit dem Gegner suchen wird. Das Opfer
ist Klingemann, und das »Teufels-Taschenbuch«-Projekt spielt dabei offenbar
eine taktische Rolle.

Nach den oben entwickelten Richtlinien galt es nun, vor der eigentlichen
Überprüfung der Hypothese, die Grundwörter in einer Liste zu erfassen.
Während die Artikel Klingemanns bzw. die beiden Vorabdrucke »Bonaventuras« mir als Photokopien vorlagen, bot sich als Textgrundlage für die »Nachtwachen« die von Jost Schillemeit besorgte Ausgabe des Insel Verlags an

(1. Aufl. 1974), die sich in »Wortlaut, Orthographie und Interpunktion« nach dem Erstdruck richtet (einige Druckfehler habe ich stillschweigend verbessert und nur versteckte Sinnentstellungen angemerkt); diese Ausgabe ist leicht zugänglich, so daß sich die nachfolgende Sammelarbeit entsprechend bequem überprüfen läßt. Zunächst war für jede Nachtwache und jeden Artikel der Grundwortbestand auszumustern, d.h. in einer Wort-für-Wort-Lektüre zu entscheiden, ob eine Aufnahme in die Grundwortliste möglich war. Diese sollte in ihrem ersten (kleineren) Hauptteil die sprachlich entscheidenden Funktionswörter aufnehmen, vorzüglich und mit je eigenem Stichwort die Konjunktionen, Modaladverbien, Pronomen (und Pronominaladjektive), Präpositionen bzw. Kategorien der Zeit und der Negation; auch Formeln des Vergleichs und Dafürhaltens, substantivische Fügungen, die Abkürzungen und einige adjektivische Grundformen waren unter einem (großzügigen) Stichwort zu sammeln. Dieser im Kern »grammatisch« orientierte Teil umfaßte schließlich etwa 470 verschiedene Grundwörter, von denen ein jedes mindestens einmal von »Bonaventura« und einmal in den 32 Artikeln Klingemanns gebraucht wird. Weitaus stärker mit ca. 1100 Wörtern ist der lediglich nach dem alphabetischen Prinzip geordnete Hauptteil, dessen Grundwörter, ohne jenen funktionellen Charakter aufzuweisen, gleichwohl dem Kriterium genügen müssen, daß ihr Gebrauch für jeden Artikel Klingemanns a limine die gleiche Chance hat. Konkret, vom Sprachmaterial der »Nachtwachen« her bedeutete dies:

Auszuschließen waren alle Namen und Konkreta; im einzelnen auch der Wortschatz für das soziale Umfeld, mit den Titulierungen, Berufen, den Bezeichnungen für Institutionen und deren Sondersprachen. Im Erzählbereich hatte alles zu entfallen, was an Anschauung, Raum und Körper gebunden ist; außerdem waren gewisse erzähltypische Sprachmomente nicht in das Grundvokabular aufzunehmen – für das Erzählen besonders das Vorgangspräsens via »jetzt«, »nun«, »eben«, das auf den »Augenblick« und »Moment« gestellt ist; auch Richtungsadverbien wie »wohin« sowie das stark der Dialogsituation zugehörige Vokabular. Ferner mußten alle Fachbezeichnungen aus den Gebieten von Musik, Tanz und aus der Bildenden Kunst unberücksichtigt bleiben. – Erst mit der Chancengleichheit für die Artikel ist die Grundbedingung der statistischen Argumentation erfüllt, die man als »Zufallsprinzip« so definieren kann:

> Unter Zufallsprinzip verstehen wir, daß jede Gruppe von Elementen die gleiche Auswahlwahrscheinlichkeit besitzt wie jede beliebige andere Gruppe gleichen Umfanges. Zufallsauswahl ist erforderlich, weil nur dieses Vorgehen uns erlaubt, die Wahrscheinlichkeitsgesetze ... anzuwenden.[18]

Wie Wickmanns Beweisführung soll sich auch die vorliegende der Wahrscheinlichkeitstheorie bedienen und hat dazu bestimmten Grundsätzen für die

Gleichbehandlung des Wortmaterials zu genügen. Sie also sind ausdrücklich schon in unserem Ansatz berücksichtigt, da im Begriff des »Grundworts« als Forderung mitgedacht ist, daß es in einem jeden der 32 Artikel mit der gleichen Wahrscheinlichkeit gebraucht werden kann und es zugleich unabhängig ist vom Gebrauch der anderen Grundwörter. Das eine folgt aus dem anderen; wären die Grundwörter nicht unabhängig voneinander, d. h. würde der Gebrauch eines dieser Wörter den Gebrauch anderer nach sich ziehen oder nahelegen, dann wäre bei der Berechnung der Grundwort-Häufigkeiten jedesmal der Artikel bevorzugt, in dem ein derart »multiplizierendes« Wort vorkommt. Das Moment zeitgleicher Sprachvorlieben, statistisch nachweisbar nur als extreme Häufigkeitsbeziehung zwischen der zu datierenden Nachtwache und einem bestimmten Artikel(-zeitraum), wäre so durch irgendwelche Abhängigkeiten in Syntax oder Wortfeld verfälscht.

Die wichtigste Schutzmaßnahme gegen solche Verfälschungen liegt sonach im Ausschluß all der situations- und inhaltsgebundenen Sprachbereiche. Die andere Maßnahme ist bei der Festschreibung der aufzunehmenden Wörter zu treffen. Bei der Bedeutungsdifferenzierung für die Grundwörter ist systematisch darauf zu achten, möglichst ins Detail zu dringen; zum einen, weil man so am besten dem Mikroprozeß der sich wandelnden Sprachvorlieben auf die Spur kommen kann, zum anderen, weil sich nur so die statistische Bedingung der Gleichbehandlung und Unabhängigkeit der Wortelemente voneinander erfüllen läßt: Korrelate etwa dürfen nicht auseinandergerissen werden, sondern sind als Worteinheit zu behandeln (»sowohl – als auch«), Präpositionalgefüge haben zusammenzubleiben und ebenso selbständige Grundwörter (»zweifeln an« neben »zweifeln«) oder formelhafte Wendungen wie »nichts als Widerhall« und Pleonasmen wie »pflegt gewöhnlich«. Neue Bedeutungsnuancen über Attribute (»kühner Geist«) und Verbindungen über Modaladverbien (»wahrlich fürchten«) sind in diesem Sinne auch als Einheiten aufzunehmen, und äußerst wichtig wird die Modifizierung durch Partikeln, die, wie etwa die Konjunktion »aber«, oft selber durch eine Reihe von Partikeln modifiziert und je als neues Grundwort verzeichnet werden (»aber doch«, »– nun«, »– nur«, »so –«, »keineswegs –«).

Zugleich aber ist darauf achtzugeben, ob ein einzeln dastehendes Wort nicht in versteckter Weise von einem anderen abhängt und somit, wie es bei den Pronominaladverbien und dem reziproken Pronomen »einander« der Fall ist, die Aufnahme in die Grundwortliste zu entfallen hat. Reflexive Verben sind nur dann gesondert aufzunehmen, wenn sie wirklich eine Bedeutungsveränderung erfahren (»sich nennen«), ebenso Formen der Komparation nur bei Sinndifferenz oder -konkurrenz (»größter Held« vs. »großer Held«).

Auf die Rechtschreibung ist nicht einzugehen, da die »Elegante« ihre eigenen – und sich wandelnden – Richtlinien hat (vgl. nur den »Prolog des Hanswurstes« mit seinem Vorabdruck in Nr. 87, 1804). Unterschiede sind nur da zu respektieren und aufzunehmen, wo die Wortform durchgängig abweicht oder sich zeitweise dramatisch ändert (»größeste« statt »größte«) oder es sich um sprachliche Kurzformen handelt (»drum« vs. »darum«).

Aus dem Grundsatz der Gleichbehandlung ergibt sich auch als praktische Forderung, so unsophistisch wie möglich beim Ermitteln der Wortbedeutungen vorzugehen. In jedem Fall auseinanderzuhalten sind die drei Hauptwortarten Verb, Substantiv und Adjektiv, da hier »bei der Änderung der Wortart die neue Form einen neuen Bedeutungsaspekt bietet«.[19] Fragen der Flexion jedoch sollen nur interessieren, falls ausnahmsweise einmal Sinnunterschiede damit verbunden sind (so »wirklich« als Gradadverb und dann als adjektivisches Attribut).

Übrigens ist die Bedeutungsdifferenzierung, indem sie von dem Material selbst her erfolgt, weniger schematisch und zuweilen überraschender, als man nach dem Gesagten erwarten sollte. – Alle diese wie die sich anschließenden rechnerischen Arbeitsschritte habe ich zur Kontrolle mindestens einmal wiederholt.

Das Ergebnis liegt in Gestalt der Grundwortliste vor, die rund 1570 verschiedene Wörter umfaßt (s. Anhang). – Wie aber sieht es mit den Wortvorlieben aus, die n i c h t in die Grundwortliste aufzunehmen sind, weil sie ausschließlich nur in den »Nachtwachen« oder nur in den Artikeln Klingemanns gebraucht werden? Zwar ist diese Frage für unser Datierungsmodell, das lediglich auf die hier wie dort verwendeten (korrelierbaren) Grundwörter eingeht, ohne Belang, doch sollten derartige Diskrepanzen im Sprachgebrauch nicht unerwähnt bleiben, schon um ähnlich operierenden Modellen eine Handhabe zu bieten. Halten wir uns zunächst also an die Wörter, die häufiger als fünfmal in den »Nachtwachen«, aber kein einziges Mal in den 32 Artikeln Klingemanns erscheinen. Es sind nur wenige. Überdies lassen sie sich fast alle als erzählspezifische Vorlieben Klingemanns identifizieren, der sie recht häufig in seinem letzten veröffentlichten Roman »Die Lazaroni« (1803) gebrauchte:

sonderbar Ist siebenmal in den »Nachtwachen« zu finden, aber nur einmal in zeitlicher Nähe der 32 Artikel (in Nr. 58, 1803). Es sieht so aus, als wäre dies Grundwort für Klingemann besonders mit dem trivialen Sprachgebrauch verschwistert, jedenfalls verwendet er es in den »Lazaroni« nicht weniger als 16mal[20].

von neuem Sechsmal in den »Nachtwachen« gebraucht; auch dies Wort, in dem Repetitiven stark aktionsbezogen, ist 16mal in den »Lazaroni« nachweisbar[21].

temp. *darauf* Eine der anspruchslosen Zeitkategorien; 10mal in den »Nw« und fast zwei dutzendmal in der Simplizitätssprache der »Lazaroni« zu finden. (Übrigens gibt es unter den mehr als 20mal in den »Nw« gebrauchten Zeitkategorien keine, die nicht auch in Klingemanns Erzählungen laufend vorkommen, vor allem »als« und »plötzlich« [wobei die »Ich«-Form der »Nw« gewisse präsentische Kategorien bevorzugt]. Auch die in den »Nw« so häufige Vergleichsform *wie wenn* ist ein dutzendmal in den »Lazaroni« aufzuweisen, aber nicht ein Mal in den Artikeln.)

Die anderen Lieblingswörter der »Nachtwachen«, die in den Artikeln fehlen, sind nicht minder erzähltypisch, da sie alle zu den Ausdrucksmitteln für Emotion und Affekt gehören.

tükkisch Bei 11maligem Vorkommen in den »Nw« verstört der Nichtgebrauch in den Artikeln schon ein wenig, doch schätzt Klingemann »tükkisch« ebensosehr schon in den »Lazaroni«[22].

verwirren (bzw. »verwirrt«) 7mal in den »Nw«, 5mal in den »Lazaroni« gebraucht[23]. Aber hier sind wir schon in einer Zone, wo man den Grundwort-Charakter anfechten kann, da vornehmlich Gemütszustände angesprochen werden. Gleichwohl sei angemerkt, daß sich die diesbezüglichen Lieblings-wörter Bonaventuras auch in den »Lazaroni« häufiger finden: »Freude« und »Angst«, »finster«, »starr« und »unbeweglich«.

So sind es eigentlich nur die folgenden beiden Grundwörter (sieben- bzw. sechsmal in den »Nw«), die weder in jenen Klingemannschen Artikeln noch in den »Lazaroni« gebräuchlich sind:

verwünschen (einmal nur in den »Lazaroni«, Bd. 2, S. 184) und

verpfuschen (keinmal in den »Lazaroni«).

»Verpfuschen« wäre demnach für Klingemann in den »Nachtwachen« eine Neuentdeckung. Daß er den Ausdruck nicht auch gleichzeitig in den Artikeln verwendet, ist freilich insofern verständlich, als er – wie auch »verwünschen« – recht herabsetzend und zur öffentlichen Qualifizierung der Arbeit eines ande-ren nicht eben häufig angebracht ist.

Umgekehrt nun gibt es in den 32 Artikeln nur eine Handvoll Grundwörter, die öfter als fünfmal und keinmal dabei in den »Nw« erscheinen. Sie alle eignen sich besonders für die Ausführungen eines Kritikers:

Zweck 14mal in den Artikeln, um in der Regel poetische Grundbestimmun-gen herauszubringen; in Bd. 1 der »Lazaroni« zweimal in Sonderbedeutungen (»Mittel/Zweck« auf S. 216 und »Sinn für höhere Zwekke« S. 228).

erfordern 7mal in den Artikeln, dabei mit einer Ausnahme (»Belege –«) immer als Anspruchshaltung des Kritikers; in Bd. 2 der »Lazaroni« (S. 105) ein-mal redensartlich (»die Achtung erfordert, daß«).

Epoche 7mal in den Artikeln bei (literar-)historischen Exkursen; keinmal in den »Lazaroni«.

Beweis Das einzige Grundwort, das uns in Verlegenheit setzt, indem es nicht nur 6mal in den Artikeln, sondern auch 7mal in den »Lazaroni« gebraucht wird (und keinmal in den »Nw«). Einmal abgesehen davon, daß in den »Laza-roni« der kriminaltechnische Sprachgebrauch überwiegt (Bd. 1, 124, 149; Bd. 2, 200 und wieder 200), könnte der Nichtgebrauch in den »Nw« sich schon dadurch erklären, daß Klingemann dies Wort auch in der »Eleganten« während eines längeren Zeitraums nicht verwendet: dreimal gebraucht er »Beweis« November/Dezember 1803 (in Nr. 134 und zweimal in Nr. 153) und dann erst wieder dreimal ab Februar 1805 (Nr. 19, 53 und 65). Es spricht ja einiges dafür, daß die Niederschrift der »Nachtwachen« im wesentlichen zwischen diesen Zeitpunkten liegt.

Ich denke, der Befund ist ermutigend. Die Grundwortliste erfaßt ziemlich komplett die Wörter, die für die Artikel und auch die »Nachtwachen« sprachlich von größerer Bedeutung sind. Diesen günstigen ersten Eindruck erhielt ich auch schon bei dem

Vorversuch, als ich den Grundwortbestand der beiden Vorabdrucke Bonaventuras in der »Eleganten«, des »Hanswurst-Prologs« und der »Teufels-Taschenbuch«-Einleitung, dem Grundwortbestand der Artikel Klingemanns gegenüberstellte. Ohne nennenswerten Arbeitsaufwand konnte ich aus beiden Vorabdrucken die Grundwörter herausschreiben und daraufhin gezielt nach den korrespondierenden Grundwörtern in den 32 Artikeln suchen. Ein solcher Vorversuch bot sich dadurch an, daß mit den Vorabdrucken Bonaventuras, die etwa neun Monate auseinanderliegen, das Datum der Veröffentlichung jeweils einen terminus ad quem vorgab, an dem sich Triftigkeit und Streuung meines Datierungsmodells kontrollieren ließen. Im nächsten Kapitel sei darum einmal im Detail vorgestellt, anhand der beiden Vorabdrucke, wie dies Modell einer Datierung von Sprachvorlieben und insbesondere das statistische Beweisverfahren des Chiquadrat-Tests funktionieren.*

---

* Dazu ist zuvor noch die Wortstärke eines jeden der 32 Artikel Klingemanns anzugeben. Denn von dem jeweiligen Textvolumen allein darf die (berechenbare) Chance abhängen, mit der ein Grundwort aus der gerade zu datierenden Nachtwache in diesem Artikel auftreten kann, – bei einem textstärkeren Artikel ist selbstverständlich eine entsprechend höhere Wahrscheinlichkeit rechnerisch zu veranschlagen als bei einem schmalen Textbeitrag.

Auch beim Auszählen der Worthäufigkeiten für die Artikel bleibt der Grundsatz der Gleichbehandlung zu beachten. Zunächst sei als Zählregel akzeptiert: »Als ein Wort rechnen wir, was in der Schrift durch Lücken abgetrennt erscheint.«[24] Nun ist aber bei den Klingemannschen Beiträgen noch besonders zu berücksichtigen, daß sich etwa bei der Behandlung von Theaterereignissen viel häufiger Namen (auch Rollennamen) finden als sonstwo. Um das Textvolumen nicht mit Wörtern zu belasten, die von vornherein irrelevant für den Grundwortbezug sind, sollen bei allen Artikeln außer den Zitaten auch die Namensformen bei der Zählung fortgelassen werden (auch geographische und historische) sowie Titel, konkrete Zeitangaben und Zahlen. Die Auszählung ermittelt so für die 32 Artikel 20710 Wörter, nämlich:

1803)	Nr.	81	102	103	115a+b	133	134a+b	153
Anzahl der Wörter		1 226	814	428	590	415	795	758

1804)	Nr.	15	I. 15	44	56	68	73	77	83	91
Anzahl der Wörter		625	177	678	254	919	934	589	847	732

	Nr.	99	107	108	118	119	123	127	143
Anzahl der Wörter		141	594	840	802	267	574	1 161	716

1805)	Nr.	19	35	53	55	62	65	72	88
		378	1 201	320	695	207	1 352	379	302

(Die Titel dieser Artikel verzeichnet die Bibliographie unter II B.)

NB Setzte man statt der Wortstärke der Artikel nur ihre spezielle Grundwortstärke als Berechnungsbasis an, benachteiligte man gerade die Artikel, die nur deshalb relativ mehr Grundwörter aufweisen, weil sie »gleichzeitig« mit den »Nw« entstanden und daher mit diesen öfter im Grundvokabular korrespondieren als zeitlich entfernte Artikel. Nach überschlägiger Berechnung wären aber selbst dann noch fast alle Nw bzw. »Prolog« und »T.T.«-Einleitung signifikant zu datieren, wenn auch schwächer und z.T. minder präzise.

II. Bonaventuras Publikationen in den »Eleganten«: »Prolog des Hanswurstes« und »Teufels-Taschenbuch«-Einleitung

Das Vorgehen soll nun im einzelnen an jenen beiden Texten erläutert werden, die unter »Bonaventura« in die »Zeitung für die elegante Welt« eingerückt wurden, an der »Einleitung« zum »Teufels Taschenbuch« (erschienen in Nr. 37 vom 26. 3. 1805) und am »Prolog des Hanswurstes« (Nr. 87 vom 21. 7. 1804). Die dem Prolog vorausgeschickte Bemerkung, er sei »Fragment aus einem noch ungedruckten Roman: ›Nachtwachen‹ von Bonaventura, der zur Michaelmesse herauskommen wird«, entspricht unseren Kenntnissen von Gestalt und Zeitpunkt der späteren Veröffentlichung.* Hingegen hat sich die Existenz des von Bonaventura selbst angekündigten »Teufels Taschenbuch« nie nachweisen lassen. Hat man bei seiner Behauptung, das Buch werde (1805?) zur Ostermesse erscheinen, zwischen den Zeilen zu lesen und so den letzten Satz zu beherzigen, wonach man vom Teufel zu wissen hätte, »was man sich in Hinsicht auf Wahrheit und Lüge … zu versprechen hat«? Also auch der österliche Messetermin nur ein blasphemisch-artistischer Kitzel, eine Variante des Sankt-Nimmerleins-Tags? Und sollte womöglich diese Textprobe eines Teufels-Taschenbuchs nichts weiter als ein Relikt oder abgestoßenes Fragment aus dem »Nachtwachen«-Projekt sein, das der Autor Bonaventura lediglich zu Verwertungs- oder Werbezwecken im März 1805 wieder hervorholte? Angesichts solcher Spekulationen ahnt man den Wert eines Verfahrens, das über die Identität des Verfassers verschiedener Texte hinaus auch den Zeitraum ihrer Niederschrift nachzuweisen sucht. Und mit ihren kaum 600 Wörtern Text ist die Einleitung zum »T. T.« so schmal, daß ein Erfolg hier experimentum crucis zugunsten des weiteren Ausbaus dieser Datierungsmethode wurde.

Um einen Eindruck von Dichte und Beschaffenheit des Grundvokabulars zu geben, das die »Taschenbuch«-Einleitung mit den Artikeln Klingemanns teilt, sei der Text hier vollständig wiedergegeben; dabei sind die (110) Grundwörter der Einleitung, die auch Klingemann in den Artikeln des Zweijahres-

---

* Die Formulierung selbst stammt vermutlich von der Redaktion der »Eleganten«, denn in Nr. 125 vom 18. 10. 1804 wird eine Serenade von Friedrich Kind mit der nämlichen Formel vorgestellt: »aus einem noch ungedruckten Roman«.

zeitraums verwendet, kursiv gesetzt (und formelhafte Wendungen durch Pfeil-
spitzen über den jeweils zusammengehörigen Wörtern einander zugeordnet):

Des Teufels Taschenbuch[*)]
Einleitung.

[*)] Man hat sich in den Taschenbüchern *bereits* dergestalt *erschöpft, indem* es außer
den *historischen,* poetischen und *dergleichen* schlechthin, noch *eine Menge* für das
weibliche *Geschlecht,* für die elegante Welt *u. s. w. u. s. w.* gibt, daß es in der That
nothwendig scheint, mit dem Publikum zu *wechseln, weshalb* denn ⁻*diesem* T e u -
f e l s T a s c h e n b u c h e, ⁻*welches* zur Ostermesse erscheinen wird, hier eine *flüch-*
tige Erwähnung eingeräumt ist.   B o n a v e n t u r a

Meine Brüder! (ich rede die Teufel an) es gibt auch außer unserm *eigenthümli-*
chen Reiche noch manches *Interessante,* und die Erde selbst wirft ein Uebriges aus,
was ⁺*in moralischer* oder *ästhetischer* ⁻*Hinsicht* für einen Teufel leicht von Wichtig-
keit seyn dürfte. Einseitigkeit ist das Grab der *Bildung*; schaut euch nur unter den
Menschen um, wie sie alle nach *Universalität* jagen, wie ⁺*kein* Schuster ⁻*mehr* bei
seinem Leisten bleibt, *jedweder* Hofschneider nebenzu auch ⁻*zum* Staatsschneider
sich ⁻*auszubilden sucht,* wie alles *auf der Erde* ⁻*im Treiben* und Jagen ⁺*begriffen* ist,
jeder Einzelne alle Hände voll zu thun hat, die Füße und den Kopf nicht ausgeschlossen, um *möglichst das Ganze* zu *repräsentiren.* – Soll denn der Teufel *allein* in
dieser *Universalität* zurückbleiben? – Beim Teufel, nein!

Doch aber ist es *bis jetzt* mit unserer wissenschaftlichen *Bildung* schlecht
bestellt, zu einer schönen Literatur, *in dem Sinne, wie* S c h l e g e l *davon redet,* ist
noch *gar kein Anfang* gemacht, *eben so wenig wie* zu einer häßlichen; denn ich bin
zweifelhaft, ⁻*ob* wir vermöge unserer individuellen *ästhetischen* Anlagen zu der
erstern ⁻*überhaupt* tendiren können. – Gesteht es, meine Brüder, wir sind *im Gan-*
zen ziemlich zurük, ⁺*weshalb* uns die Menschen ⁻*denn auch* ⁻*nicht* sonderlich ⁺*mehr*
fürchten oder ⁺*achten* und selbst auf unsere Kosten Sprüchwörter einzuführen
wagen – als dummer Teufel! armer Teufel! *u. dgl.*

Laßt uns diesen Schimpf von uns abzuwälzen *versuchen,* und *zu dem Ende min-*
destens einige ⁺*Versuche* im Ästhetischen oder Antiästhetischen ⁻*anstellen.* Ich
zweifle mit J e a n P a u l, daß uns das *erste* sonderlich glücken wird, *obgleich* dieser
Schriftsteller (den ich ⁻*deshalb* ⁺*besonders schätze,* ⁻*weil* er auch für uns ein Uebriges
in seiner poetischen Schatzkammer niedergelegt hat, und ⁻*neben* dem goldführen-
den Strome, den er durch das Paradies zieht, wie D a n t e ⁻*auch* einen siedenden
schwarzen Styx und Phlegeton in die Unterwelt hinabbrausen läßt;) uns *allerdings*
einen großen *Humor* zugesteht, und ⁻*nur* unser Lachen ⁺*zu* peinigend *findet,* ⁺*was*
sich ⁻*indeß* ⁺*mit* dem Karakter des Teufels sehr wohl ⁻*verträgt.* –

Wir wollen deshalb von diesem peinigenden Lachen einiges *in literarischer Hin-*
sicht auswerfen, und ich ⁻*kündige zu dem Ende* mein Taschenbuch ⁻*an,* das das erste
ursprünglich für Teufel bestimmte ist, bei dem ich ⁻*aber auch* den geheimen Wunsch
hege, daß es sich, ⁻*obgleich* eine verbotene Waare, *glücklich* durch die literarischen
Thorsteher und Visitatoren *auf der Erde* schleichen möge, um auch dort in dem
Buchhandel *verbreitet* zu werden. ⁻*Ja* es dürfte, *nach* der jetzigen Humanität des
Zeitalters, die sich auch auf den Teufel erstreckt, ⁻*selbst* dort einigen Nutzen stiften,
indem das Lachen ein giftabtreibendes *Mittel* seyn soll, *welches,* ⁻*in physischer* ⁻*Hin-*
sicht, italienische Bravo's *beweisen,* die, *wie man sagt,* durch einen anhaltendes
Lachen *erregenden* Kitzel, die aqua toffana von ihren auf diese Weise Gefolterten zu
verschaffen wissen.

Zu guter letzt *verspreche* ich *möglichst interessant* in diesem Taschenbuche zu seyn, mich auch nicht ⁻*so grell* und ungebildet, ⁻*wie* die alten Teufel, zu *betragen*, was sich *überhaupt* für eine veredelte *Bosheit keinesweges* schickt; *sondern vielmehr möglichst* ⁻*nach* sächsischer Eleganz und Konduite zu ⁻*streben*, und meine *Wahrheiten*, die meinem Karakter als Lügengeiste *getreu*, *freilich* immer Unwahrheiten bleiben, und ⁻*in welcher* einzigen ⁻*Rücksicht* mich *irdische* Schriftsteller *bisher nachgeahmt* haben, *möglichst* mit spitzen Fingern *anzugreifen*, *so daß* ich in *jeder* gesitteten höllischen Gesellschaft ohne Bedenken gelesen werden kann. –

Sollte man von *diesem allen* indeß in vorliegendem Teufels Taschenbuche das *Gegentheil vorfinden* so ⁻*weiß* man ⁻*schon* aus dem obigen, was man sich *in Hinsicht auf Wahrheit* und Lüge von mir zu verprechen hat.   d e r T e u f e l .

Ich versage mir hier noch jede philologische, qualitative Beurteilung der Wort-vorlieben und halte mich zunächst nur an den Befund, daß es unter den (595) Wörtern der »T. T.«-Einleitung 110 verschiedene Grundwörter gibt, die Klingemann in seinen Artikeln in der Eleganten gebraucht. Wie nun verteilen sie sich auf die insgesamt 32 Artikel? In statistischer Indifferenz? Oder so, daß entgegen dieser Gleichverteilungs-Hypothese sich doch irgendwann zwischen Sommer 1803 und Sommer 1805 ein Zeitraum ausgrenzen läßt, in dem das Grundvokabular der »Einleitung« überzufällig stark ausgeprägt ist? In einem ersten Schritt ist dazu für jedes einzelne Grundwort festzuhalten, in welchem der Artikel es mit welcher Verteilungsstärke gebraucht ist; für den ersten kur-zen Abschnitt der Einleitung, für Bonaventuras vorausgestellte Anmerkung mit ihren 15 Grundwörtern nimmt sich dies wie folgt aus: (s. Tab. S. 22)

Das erste Grundwort lautet also »bereits«; Klingemann hat es in den Zei-tungsbeiträgen von Nr. 81 (1803) bis Nr. 88 (1805) zweimal verwendet, in Nr. 102 vom 25. 8. 1803 und in Nr. 44 vom 12. 4. 1804; der Anteil jeder dieser beiden Artikel an »bereits« beträgt mithin 50 % oder 0,5. Das folgende Grund-wort »erschöpfen« findet sich viermal in den datierten Artikeln Klingemanns, dreimal in Nr. 91 (31. 7. 1804) und einmal in Nr. 35 (12. 2. 1805); Nr. 91 erhält aufgrund seiner spezifischen Stärke einen Anteil von 0,75 und Nr. 35 von 0,25. Die kausale Konjunktion »indem« hat Klingemann 20mal gebraucht, davon in Nr. 81 fünfmal (= 0,25), in Nr. 102 einmal (= 0,05), Nr. 115 zweimal (= 0,1) usw.

Auf diese Weise läßt sich der Text der Einleitung Grundwort für Grund-wort auf die Artikelreihe beziehen und Mal auf Mal dabei in einem bestimm-ten, gewichteten Zeitwert notieren. Die Gesamtverteilung der 110 Grundwörter auf diese Zeitmatrix der 32 Artikel zeigt Verteilungstabelle I (im Anhang), und zwar dergestalt, daß der Text der »Einleitung« statt in seiner eigenen Wort-für-Wort-Abfolge hier gemäß der (alphabetischen) Ordnung der Grundwortliste tabelliert ist.*

---

* Bei dieser Tabellierung werden die Grundwörter der »T. T.«-Einleitung also direkt aus der schon erstellten Grundwortliste abgelesen und so die Quoten pro Artikel

Artikel-Nr. Tabelle

7.7.03 → (Artikel 81)   12.7.04 → (Mitte)   23.7.05 → (Artikel 88)

Artikel Nr.	81	102	103	115	133	134	153	15	L115	44	56	68	73	77	83	91	99	107	108	118	119	123	127	143	19	35	53	55	62	65	72	88
bereits	0.5									0.5																						
erschöpfen																																
»indem«, kaus.	0.25	0.05		0.1		0.05	0.15			0.05			0.05	0.05		0.75								0.05		0.25	0.05					
historisch							0.25																					0.25		0.25		
dergleichen										0.25					0.25									0.25								
eine Menge												0.25			0.25																	
»Geschlecht«, sex.																						1										
u.s.w. u.s.w.							1																0.75									
nothwendig																								0.4	0.2	0.2						
wechseln																							1		0.33						0.2	
weshalb denn																						1										
dieser ... welcher																							1									
»flüchtig«															0.33																	
Erwähnung																	0.33	0.33	0.33	0.33			0.33	0.33			0.33					
einräumen															0.5								0.5	0.5								

Zur Nomenklatur: Unter dem statistischen Symbol »*b*« ist der für jeden Artikel »beobachtete« Anteil am Grundvokabular der Einleitung notiert, dies als Addition all seiner – wechselnd starken – Einzelquoten. Die so »beobachtete« jeweilige Gesamtstärke eines Artikels wird selbstverständlich erst dann aussagekräftig, wenn man auch das ursprüngliche Textvolumen des Artikels berücksichtigt: So ist der »b«-Wert 3,43 für Beitrag Nr. 68, 1804 auf der Grundlage von 919 Wörtern Text zu beurteilen, der »b«-Wert 3,74 für Nr. 19, 1805 dagegen auf der Grundlage von 378 Wörtern; und da die 919 Wörter von Beitrag Nr. 68 an den 20 710 Wörtern aller beteiligten Artikel 4,44 % ausmachen und die 378 Wörter von Nr. 19 nur 1,83 %, so hätte man hinsichtlich der 110 Grundwörter für Nr. 68 eine Quote von 4,88 zu erwarten und für Nr. 19 von 2,01. Ebendiese Differenz zwischen dem faktischen »b«-Wert und dem theoretisch »erwarteten« »e«-Wert ist es, die im Mittelpunkt unserer statistischen Beweisführung steht und über eine Datierbarkeit entscheidet. Falls Klingemann n i c h t identisch wäre mit »Bonaventura«, müßte die »Einleitung« in dem Grundvokabular, das sie mit Klingemanns Artikeln teilt, indifferent bleiben gegen die Entwicklung von Vorlieben in den 32 Artikeln; jede zeitspezifische Ausprägung solcher Vorlieben müßte geradezu zerstört werden als Erscheinungsbild, indem die Grundwörter des »autorfremden« Textes (»Bonaventuras«) in dieser ihrer »eigenen« Zusammenstellung absolut willkürlich gegen den zeitlichen Individualgebrauch in der Artikelfolge wären. Unter der Hypothese der Nichtidentität müßten die einzelnen Artikel bzw. Artikelfolgen in etwa den Grundwort-Anteil auf sich vereinigen, der allein aufgrund ihres Textvolumens von ihnen zu erwarten ist. Abweichungen der »beobachteten« von den »erwarteten« Werten hätten im Rahmen des »Zufälligen« zu bleiben, wie er statistisch berechenbar und dabei abgrenzbar ist gegen eine überzufällige, nur durch eine alternative Hypothese (: »Identität«) verständliche Häufigkeitsdichte. Das hier gebräuchliche Verfahren zur Prüfung einer solchen statistischen Hypothese, der sogenannten Nullhypothese, ist der χ^2-Test (Chi-Quadrat-Test). Seine Raffinesse liegt also in dem Indirekten der Beweisführung, dem Versuch, die Differenzen zwischen Erwartungs- und Beobachtungswerten so weit wie nur eben möglich mit der Nullhypothese zu vereinbaren, d. h. als »zufällig« zustandegekommene zu erklären. Nur für den

---

verteilt. Die Verteilungstabelle ist sehr viel rascher anzufertigen als bei dem ersten Verfahren, das die Grundwörter erst mühsam wieder aus dem Textganzen der Einleitung extrahieren müßte. Auch ist sie platzsparend, was sich besonders bei den 16 Nachtwachen bemerkbar machen würde, von denen die vierte mit ihren 410 Grundwörtern, wollte man sie wie diese 15 ersten Grundwörter der »Einleitung« Wort für Wort ausgebreitet darstellen, über zwei Meter lang ausfiele. – Auch in dieser knappen Tabellenform bleiben die Wörter anhand der Grundliste leicht nachprüfbar. Zur Orientierung habe ich die Grundwörter, die nur in einem einzigen Artikel gebraucht werden, ausgeschrieben zu ihrem Zahlenwert (= 1) hinzugesetzt.

Fall, daß die Differenzen ein bestimmtes kritisches (»signifikantes«) Maß überschreiten, gilt die Nullhypothese als widerlegt und kommt zugleich die eigentlich interessierende Alternativ-Hypothese in Frage (und zur weiteren Diskussion).

Die Summenformel zur Berechnung der abweichenden Zahlenwerte lautet: $\chi^2 = \sum \dfrac{(b-e)^2}{e}$. Für den Fall einer absoluten Übereinstimmung der »b«-Werte mit den jeweiligen »e«-Werten wäre χ^2 = Null. Um zu diskutieren, aufgrund welcher Zahlenwerte von einer signifikanten Abweichung zu sprechen ist, halten wir uns am besten weiterhin an das Paradigma der »Einleitung« und berechnen das Chiquadrat zunächst für die g a n z e Häufigkeitsverteilung.* Die gesamte Verteilung hat in der Summenberechnung ein χ^2 von 10,72; bei Beteiligung von 16 Einzelhäufigkeiten ergibt dies – nach Auswertung anhand einer χ^2-Tabelle – eine Wahrscheinlichkeit von p < 0,80, d. h. in rund 8 von 10 Fällen einer Häufigkeitsverteilung von 110 Wörtern auf 16 Klassen wäre eine Verteilung wie die vorliegende zu erwarten. Die Nullhypothese ist demnach beizubehalten, die Abweichungen sind insgesamt weit entfernt davon, »signifikant« zu sein. – Unsere Gegenannahme einer gleichzeitigen Schreibaktivität allerdings bezieht sich n i c h t auf derartige G e s a m t abweichungen der Verteilung; vielmehr soll es ausdrücklich e i n bestimmter, engerer »Zeitraum« oder vielleicht auch »Zeitpunkt« sein, in dem sich diese »gleichzeitig« wirkenden Wortvorlieben als besonders kräftige, positive Abweichungen vom »erwarteten« Wert bemerkbar machen können. Ein Blick zurück auf Tabelle I und die Differenzen zeigt, daß die sechs aufeinanderfolgenden Artikel von Nr. 118, 1804 bis Nr. 19, 1805 überdurchschnittlich stark mit dem Grundwortbestand der Einleitung korrespondieren. Für diesen Zeitraum, der mit seinen 3 898 Wörtern Text 18,82 % an den beteiligten 32 Artikeln ausmacht, hat man nach der Nullhypothese einen Häufigkeitswert von »e« = 20,70 zu erwarten; tatsächlich aber beträgt der Wert 32,25. Der Vergleich mit dem vorausgehenden Zeitraum Nr. 81–108 (59,66 % Textvolumen) und dem nachfolgenden Nr. 35–88 (21,52 %) stellt sich in der Maßzahl χ^2 so dar:

---

* In der dritten Zeile von Tab. I wird für die einzelnen Artikel $\dfrac{(b-e)^2}{e}$ berechnet. Es ist nun ein Erfordernis beim χ^2-Test, daß höchstens 20 % der »e«-Werte kleiner als »5« sein dürfen; wegen des geringen Umfangs von 110 Grundwörtern für die 32 Artikel ist die Minimalhäufigkeit nur für Nr. 81, 127, 35 und 65 erfüllt. In einem solchen Fall behilft man sich legitim damit, benachbarte Kategorien zu entsprechend größeren zu kombinieren; es ist hier ohne weiteres möglich, je zwei oder drei angrenzende Artikel zusammenzuziehen, so daß etwa Nr. 102 und Nr. 103 zusammen einen »e«-Wert von 6,60 erhalten (bei einem ebenfalls kombinierten »b«-Wert von 6,87). Anstelle der 32 Artikel ergeben sich so 16 Artikel bzw. -kombinationen, darunter die drei stärksten der Einzelartikel mit einem »e«-Wert knapp unter »5« (= 18,75 %).

Artikel Nr.	81–108	118–19	35–88	
b	61,05	32,35	16,66	109,96
e	65,60	20,70	23,66	109,96
$\dfrac{(b-e)^2}{e}$	0,32	6,45	2,07	

$$\chi^2 = \sum \frac{(b-e)^2}{e} = 0,32 + 6,45 + 2,07 = 8,84$$

$p = 0,02-0,01$ (bei 2 Freiheitsgraden)

Wohl ist dieser Wert niedriger als der andere ($\chi^2 = 10,72$), doch ist die Summe der Abweichungen hier nur aus 3 statt wie dort aus 16 Artikel-Kategorien gebildet und sind darum, technisch gesprochen, statt der 15 Freiheitsgrade nur 2 Freiheitsgrade für das Chiquadrat zu berücksichtigen. Laut χ^2-Tabelle liegt die Wahrscheinlichkeit für ein derartiges Ergebnis zwischen 0,02 und 0,01, d. h. unter der Nullhypothese würde man es lediglich zwischen zweimal und einmal unter 100 Fällen erwarten können. Ein Abweichungswert aber gilt statistisch schon dann als »nicht mehr zufällig« oder als »schon unwahrscheinlich«, wenn das (unterste) Signifikanzniveau von 0,05 (5 unter 100 Fällen) erreicht ist.

Das soeben errechnete Chiquadrat gibt wieder, wie sich die d r e i Zeit-räume auf der Grundlage der Nullhypothese zueinander verhalten. Damit ist nicht auch schon über die Relevanz des e i n e n, für die Datierung gesuchten Zeitraums Nr. 118–19 entschieden. Zu fragen ist präzise nach der Abwei-chungswahrscheinlichkeit, die allein der Häufigkeit im (überbesetzten) Zeit-raum Nr. 118–19 zukommt. Sie berechnet sich, bei nur einem Freiheitsgrad, nach der modifizierten oder »korrigierten« Formel: $\chi^2 = \sum \dfrac{(|b-e|-0,5)^2}{e}$.

	Zeitraum Nr. 118–19
b	32,25
e	20,70

$$\chi^2_{\text{corr.}} = \frac{(11,55-0,5)^2}{20,70} = 5,90$$

$p = 0,02 - 0,01$ (χ^2 zwischen 5,41 – 6,64)

Die Wahrscheinlichkeit dafür, unter der Nullhypothese einen solchen χ^2-Wert zu erhalten, ist auch hier geringer als 2 von 100. Während das χ^2 für die drei Zeiträume sich auch aus u n t e r durchschnittlichen Abweichungen zu-sammensetzte, ist für Zeitraum Nr. 118–19 die empirische Abweichung von der Gleichverteilung überdurchschnittlich oder positiv. Und es ist nur dieser

Zeitraum, der ein derart hohes Chiquadrat erhält, jede engere Kombination (etwa Nr. 118–127) oder umfassendere (etwa Nr. 107–19) bleibt unter diesem Resultat.

Wie ist das Ergebnis zu interpretieren? Zustandegekommen ist es auf der Basis, die alle 110 Grundwörter der Einleitung berücksichtigt. Ist es nun dies vollständig erfaßte Grundvokabular, dieses »Gesamtniveau«, das am besten die Schreibvorlieben eines Autors zum Ausdruck bringen kann? Oder sind seine »Vorlieben«, die ja trotz der Unterschiede in der Form von Erzählprosa und Rezension sich durchsetzen und so eine »Gleichzeitigkeit« in der Niederschrift erklären sollen, nicht eher in den seltener anzutreffenden der Grundwörter zu suchen, in solchen etwa, die Klingemann außer in der »Teufels-Taschenbuch«-Einleitung nur je in einem einzigen dieser Artikel gebraucht hat? Nennen wir dies letztere Grundwort-Niveau, das derart selektiv auf den (datierten) artikelspezifischen Gebrauch bei Klingemann hin bezogen ist, das »Artikelniveau« und fragen nach seiner Zusammensetzung. Ein Blick zurück auf die Verteilungstabelle für die »Einleitung« zeigt, daß unter den 110 komplett erfaßten Grundwörtern 42 je nur für einen einzigen Artikel verwendet werden (in der Quote jeweils als »1« erfaßt). Auch auf dem Artikelniveau erkennt man beinahe mit bloßem Auge eine Konzentration für Zeitraum Nr. 118 bis Nr. 19, genau:

$$\textit{Nr. 118–19} \qquad b = 21 \qquad e = 7{,}90 \qquad \chi^2_c = 20{,}10 \qquad p < 0{,}001$$

Auf dem Artikelniveau ist der signifikant übersetzte Zeitraum noch deutlicher als auf dem Gesamtniveau hervorgetreten, denn die Zufallschance für ein derartiges Ergebnis ist hier weitaus geringer als 1 : 1000.

Was geschieht, wenn man noch weiter geht im Seltenheitsniveau und nur die 20 Grundwörter berücksichtigt, die wie in Klingemanns Artikeln so in den Texten »Bonaventuras« je nur ein einziges Mal gebraucht werden? (Die »1« hat hier eine Kreismarkierung):

$$\textit{Nr. 118–19} \qquad b = 10 \qquad e = 3{,}77$$

Wegen der sehr geringen Fallzahl von 20 Grundwörtern wird der Erwartungswert »e« für besagten Zeitraum zu klein (bzw. ergäbe ein nicht korrekt »korrigiertes« $\chi^2 = 8{,}76$). Das einzig signifikante Chiquadrat bei einem Erwartungswert von über »5« erhielte man dann unter allen Artikeln für Zeitraum *Nr. 107–19*:

$$b = 11 \qquad e = 5{,}15 \qquad \chi^2_c = 5{,}56 \qquad p < 0{,}02$$

Dies Resultat kann aber kaum zufriedenstellen; nicht wegen der schwächer ausgeprägten Signifikanz, sondern weil die neu hinzugenommenen Artikel Nr. 108 und Nr. 107 nicht aufgrund ihrer eigenen Stärke vertreten sind (ihr b–

Wert für dies Niveau ist 1,00, ihr e-Wert beträgt 1,38). Im Sinne unserer Alternativhypothese liegt in diesem Fall eine Pseudosignifikanz vor, die zur Datierungsfrage untauglich ist. Damit ist über diese äußerst raren Grundwörter noch nicht entschieden, möglicherweise werden sie bei den höheren Fallzahlen der »Nachtwachen« aufschlußreich. Verführerisch jedenfalls bleibt ihre Einmaligkeit und auch ihre Differenziertheit, sind es doch häufig komplexere Wendungen.

Datieren läßt sich die Niederschrift der »Teufels«-»Einleitung« somit anhand zweier – der drei uns interessierenden – Umfangsgrößen des Grundvokabulars, anhand der Totalität seiner 110 Grundwörter sowie dann des Einzelvorkommens von 42 »artikelspezifischen« Grundwörtern. Letztere sind nicht bloß in ihrer zeitlichen Verteilung »höchstsignifikant« (Irrtumswahrscheinlichkeit geringer als 1 : 1000), vielmehr sind sie es, die auch beim vollständig erfaßten Grundvokabular dieser Einleitung die Entscheidung zugunsten desselben Zeitraums Nr. 118–19 herbeiführen. Und damit läßt sich jetzt auch gezielt nach der q u a l i t a t i v e n Verfassung der Grundwörter fragen, das heißt nach einem möglichen inneren Zusammenhang zwischen den (21) Grundwörtern, die unter den 42 artikelspezifischen den engeren Zeitraum Nr. 118–19 markieren. In statistischer Betrachtung ist es nur der Überschuß zwischen diesen 21 »beobachteten« und den kaum 8 »erwarteten« Wörtern, der positiv gegen die Nullhypothese »zählt«; welche unter den 21 Wörtern zu den 13 »nicht erwarteten« gehören, das zu fragen wäre statistisch absurd, da rechnerisch alle Wörter gleichförmig, als »Anteil« je ihres Bezugsquantums behandelt werden. In philologischer Betrachtung aber ist es nicht damit getan, zur Erklärung solch überzufälliger Häufigkeit pauschal von »Sprachvorlieben« zu reden; über diesen Vorbegriff für unsere Alternativhypothese ist zumindest versuchsweise hinauszugehen und zu fragen, ob derartig kurzfristige Vorlieben beschränkt bleiben auf das Willkürliche etwa einer assoziativ arbeitenden Sprachlaune, oder ob sich in diesen Einzelwörtern doch eine bestimmte, zeitweise vorherrschende Stiltendenz oder Einstellung zu erkennen gibt. Geht man die 42 zitierten Grundwörter (s. noch einmal Tabelle I) daraufhin durch, so fällt auf, daß nahezu das gesamte Vokabular des Projektierens und Experimentierens auf den fraglichen Zeitraum konzentriert ist: »einiges auswerfen«, »begriffen in«, »Versuch anstellen«, »zu dem Ende«, »streben nach«, »etw. verbreiten«; ja auch im rhetorischen Sprachgestus: »ob überhaupt«, »was indeß«, »obgleich–aber« und im Verb »wechseln« teilt sich eine ausgesprochen versuchsbereite Einstellung mit. Die beiden anderen, im Textvolumen sechsmal stärkeren Zeiträume haben neben »versprechen« nur noch in »erregen« und »verschaffen« davon aufzuweisen (»angreifen« dagegen wird pejorativ gebraucht). Diese Konzentration in dem Artikel-Zeitraum aber ist dem Gehalt und Charakter der Einleitung nicht äußerlich, vielmehr kommt nichts anderes als deren Impetus, das Ankündigen und Vorentwerfen eines neuen Horizonts ästhetischer Kritik so massiv hier zur Erscheinung.*

Die entscheidenden kurzfristigen »Sprachvorlieben« der Einleitung verlaufen somit bei näherer Betrachtung über intentionale, sogar recht energisch eingeschlagene Sprachbahnen. Keineswegs ist es einfach eine amorphe, in den Einzelwörtern disparat bleibende sprachliche Anfälligkeit gegenüber einem modischen oder abwechslungsreichen Vokabular, die sich als solche den unterschiedlichsten Textformen des Autors zeitweilig mitteilt. Sondern es ist – hier – der zu datierende Text Bonaventuras, der sich in dem eigenen Profil im Wortmaterial der wenigen Artikel so deutlich abzeichnet, dort gleichsam in Abbreviatur ablesbar wird, weil er – und nur sofern er? – mit Verve und entschlossen diese seine neue Einstellung durchhält. Daß es dabei so seltene Grundwörter sind, in denen sich dies kundtut, könnte bedeuten, daß sich ein ausgesprochener Einstellungswechsel auch in einem adäquaten, frisch entdeckten Vokabular bewegen will. Damit hätte man sich bei weniger innovativ angelegten Texten Bonaventuras auch auf Verschiebungen im Seltenheitsniveau gefaßt zu machen.

Über die Nachweisbarkeit einer (annähernd) »gleichzeitigen« Niederschrift entscheidet nicht bloß das Ausmaß an solchen Wortvorlieben, sondern auch, je genauer wir einen Text bzw. gar seine Sequenzen – einzelne Nachtwachen – datieren wollen, der erneute rasche Wechsel zugunsten anderer Sprachvorlieben. Mehr noch, für die Präzision, mit der ein Zeitraum oder Zeitpunkt zu bestimmen ist, ist nicht bloß die innere Verfassung des zu datierenden Textes maßgeblich; zu berücksichtigen sind auch einige gröbere Rahmenbedingungen wie Dauer und Kontinuität der Niederschrift des Textes sowie, auf der korrespondierenden Seite, die Dichte oder Lückenhaftigkeit in der Artikel-Abfolge. Die »Teufels-Taschenbuch«-Einleitung ist am 26. 3. 1805, in Nr. 37 der »Eleganten« erschienen. Der signifikant übersetzte Zeitraum, der sich über vier Monate hin erstreckt, schließt merkwürdigerweise schon mit dem

---

* Gewiß ist die projektierende Einstellung der »Einleitung« an ein entsprechendes Vokabular gehalten und ruft dieses auch in den Artikeln für die Datierung stärker ab als andere Wortbereiche, doch ist darum der Wortgebrauch selber noch nicht konkret festgelegt; er bildet sich eben von Zeit zu Zeit erst heraus und verfällt mehr oder minder rasch wieder als Vorliebe. Welche Ausdrucksmöglichkeiten Klingemann in den beiden Jahren – zeitweise! – zur Verfügung gestanden haben, geht aus der alphabetischen Grundliste schon unter Buchstabe »a« hervor: »zur Abwechslung«, anfangen, sich angelegen sein lassen, anheben mit, »anlegen«, »in Anspruch nehmen« bzw. »A. machen auf«, Anstalt machen, anwenden auf, aufblühen aus, aufbieten, auffinden, auffordern, aufgreifen, aufkommen, aufmerksam machen auf, es aufnehmen mit (dem Teufel), »aufstellen«, aufsuchen, sich ausbreiten, ausgehen von, »ausheben« etc… Er hat aber für die Tendenz der »Teufels«-»Einleitung« im wesentlichen eben jene Grundwörter verwendet, die er in der bestimmten Zeit auch für seine kritischen Beiträge in der »Eleganten« vorübergehend für sich entdeckte.

Beitrag in Nr. 19 (vom 12.2.1805) ab, während Nr. 35 (21.3.) sowohl auf dem »Gesamt-« als auch auf dem »Artikelniveau« unterrepräsentiert ist. Eine läßliche Ungenauigkeit in unserer Datierungsmethode? In Nr. 35 rezensiert Klingemann Jean Pauls »Vorschule der Ästhetik«; vorausgestellt ist seinem Beitrag die Bemerkung (der Redaktion wohl): »Wegen Krankheit des Verfassers verspätet«. Es ist daher zu vermuten, daß die in Nr. 37 abgedruckte »Teufels«-»Einleitung«, die Klingemann zusammen mit der fünf Tage früher in Nr. 35 veröffentlichten Rezension von Braunschweig abgeschickt haben dürfte, v o r Abschluß der Rezension verfertigt worden ist. Denn unter welch argem Zeitdruck er wegen der »Vorschule« stand, zeigt außer der redaktionellen Anmerkung ein Schreiben, das Minna Spazier, die Witwe des am 19.1.05 verstorbenen Herausgebers der »Eleganten«, an Klingemann richtete:

Ich weiß, wie Spazier Ihre Theilnahme anschlug, wie Ihr Name ihm wohlthat, wenn er ihn fand unter den Sachen, die einliefen. Sie sind noch bey ihm in Rückstand mit einer Beurtheilung von Richters Vorschule, die Sie der Zeitung zusagten. Ist es Ihnen damit wieder leid geworden, oder wollen Sie sie der Zeitung noch gönnen?[1]

Der Brief ist vom 25.1. datiert. Es spricht so alles für die folgende Chronologie: Nach Erhalt des Schreibens von M. Spazier schickte Klingemann Anfang Februar noch die Kurzbesprechung eines Reiseberichts, der am 12.2. in Nr. 19 abgedruckt wird, ab und machte sich an die überfällige Kritik der »Vorschule«. Wegen der Erkrankung – und vielleicht auch Schwierigkeiten in der Sache – zögerte sich der Abdruck bis zum 21.3. hinaus. Schwerlich konnte Klingemann die »Einleitung« noch dazwischenschieben oder rasch hinterhersetzen; sie dürfte vielmehr wirklich während des Zeitraums geschrieben worden sein, dessen signifikante Überbesetzung mit Beitrag Nr. 118 (2.10.1804) beginnt und mit Kurzkritik Nr. 19 (12.2.1805) abschließt.

Der Wortlaut der »Einleitung« selbst bestärkt uns in diesem Befund. Bei genauerem Lesen bemerkt man eine Unbestimmtheit in der Präsentation, so, als wäre der Status der »Einleitung« im Verhältnis zum »Taschenbuch« nicht eindeutig festgelegt. Der Schlußsatz, der auf das Versprechen einer gesitteten Manier folgt, lautet: »Sollte man von diesem allen indeß in vorliegendem Teufels Taschenbuche das Gegentheil vorfinden, so weiß man schon aus dem obigen, was man sich in Hinsicht auf Wahrheit und Lüge von mir zu versprechen hat.« Die »Einleitung« scheint hiernach als zum »Taschenbuch« selber gehörende, integrale Einführung fingiert zu sein, als eine, die sich primär an den Leser des »vorliegenden« Taschenbuchs wendet (und nicht bloß der »Eleganten«). Zwei Absätze vorher hieß es allerdings: »Wir wollen deshalb von diesem peinigenden Lachen einiges in literarischer Hinsicht auswerfen, und ich kündige zu dem Ende mein Taschenbuch an …«. Diese Ankündigung könnte so nicht gut in einer integralen Einleitung stehen. Kategorial gehört sie eher zu

der – von der »Einleitung« typographisch abgesetzten – Vorbemerkung
»Bonaventuras«, die an den Leser der »eleganten Welt« als einen möglichen
Interessenten für das »Taschenbuch« gerichtet ist.

So bleibt festzuhalten: Die »Einleitung« scheint nicht in allem mit dem
Text identisch zu sein, der zum »Teufels Taschenbuch« gehören soll und von
dem Bonaventura behauptet, er werde in wenigen Wochen auf dem Markt
sein; und geschrieben worden ist sie lange vor ihrem Abdruck in Nr. 37 der
»Eleganten«, dies jedenfalls ist der Gesamteindruck aufgrund der sprachstatistischen, biographischen und nun auch philologischen Daten.

Was bedeutet dies? Sollte etwa der Lapsus im drittletzten Abschnitt (»...
und ich kündige zu dem Ende mein Taschenbuch an ...«) schlicht davon her-
rühren, daß Klingemann schon bei der Abfassung der »Einleitung« an die
»Zeitung für die elegante Welt« und ihr Publikum gedacht hat? Für das Motiv
hätte man dann schon Wochen oder Monate zurückzuschauen, falls unsere
Datierung stimmt. Nun, auf der Suche nach einem Zusammenhang zwischen
der »Einleitung« und der »Eleganten« wird man bald auf einen Schlüsseltext
stoßen, das »Postskript«, das Klingemann seiner literarischen Kritik in Nr. 127
(vom 23. 10. 1804) folgen läßt. Ich gebe den Text vollständig wieder, er ist nichts
anderes als der Vorgänger des »Taschenbuch«-Projektes.

Postskript.

In einer Nachschrift pflegt man Nebendinge abzuthun, die nur eine beiläufige
Erwähnung verdienen, und eben nicht zur Sache gehören; ich will auch diese und
einige folgende dazu verwenden.

Es hat jemandem, wahrscheinlich einer jener kritischen Abbreviaturen im Freimüthigen, gelüstet nach mir zu fragen, w e r   i c h   d e n n   e i g e n t l i c h   s e i? und
mich, um mich doch einigermaßen zu Ehren zu bringen, zu einem Nachahmer des
Herrn Merkel zu ernennen. Da ich nun leider diese Auszeichnung von mir ablehnen
muß, so müßte ich wohl selbst jetzt über mich Rede und Antwort geben, und hätte
zu dem Ende nöthig Titel von Werken, die ich geschrieben, oder von Liedern, die ich
für Almanache gedichtet _u. s. w. u. s. w._ anzuführen. Indeß bin ich gesonnen, da sich
eine wahrhafte Existenz durch _jede einzelne_ That beurkunden muß, auf einem
andern Wege obgedachten Frager über meine literarische Existenz außer Zweifel zu
setzen. Es hat sich nehmlich, zur Schande aller gesunden Kritik, in dem Gehege des
Freimüthigen ein Haufen von Gott und Poesie verlassener Schüler versteckt (selbst
das Wort S c h ü l e r ist noch zu edel, da man doch von einem solchen die Hofnung
hegen darf, daß noch mit der Zeit etwas aus ihm werden könne), die sich befleißigen,
ihre Fortschritte in der »e x z e n t r i s c h e n   D u m m h e i t« _möglichst_ an den Tag zu
legen. Es scheint mir nun wirklich, zur Erschütterung des Zwergfells der Leser nicht
übel gethan, auf diese unwillkührlichen Beiträge zur grotesk komischen Literatur
unsers Zeitalters dann und wann aufmerksam zu machen, und ich will darum von
Zeit zu Zeit in einem und dem anderen Postskripte, zur Abwechselung darauf reflek-
tieren, da das Komische sich so sehr unter uns verlohren hat, daß selbst Herr von
Kotzebue es nicht durch einen Preis von 100 Friedrichd'oren wiederzufinden ver-
mogte, und wir deswegen die etwanigen Reste aus allen Winkeln zusammensuchen
müssen.   A u g. K l i n g e m a n n.

Eine geharnischte Erklärung, und doch hat Klingemann, trotz der doppelten Zusage kein weiteres Postskript dieser Art folgen lassen! Genauer, folgen lassen können, denn mit jenem Postskript ist die Auseinandersetzung zwischen der »Eleganten« und dem antiromantischen »Freimüthigen« in eine entscheidende letzte Phase getreten.

Spazier war die Jahre dauernde, immer mehr zu persönlichen Verunglimpfungen greifende Fehde längst leid geworden und hatte etwa am 24.4. 1804 (Nr. 49) mitteilen lassen, all die einlaufenden »satyrischen Aufsätze gegen den Freimüthigen« von nun an zu ignorieren. Doch immer wieder kommt es zu Zusammenstößen, so greift Spazier selber in Nr. 66 (2.6.), 76 (26.6.) und in Nr. 97 (14.8.) gar mit dem Versuch ein, die Zensur auf Merkel aufmerksam zu machen. Der »Freimüthige« hält mit und bringt am 24.9. (Nr. 191) den anonymen Leipziger Bericht, der ironisch nach dem berühmten Klingemann, der in Nr. 107f. der »Eleganten« Tieck in Schutz genommen hätte, fragt und anschließend eine kursierende Spazier-Karikatur beschreibt (seine Mitarbeiter als »Schulknaben im Incroyable-Habit«). Klingemann repliziert also mit der satirischen Drohung im »Postskript«. Spazier bleibt noch auf Seiten seines Verteidigers, wenn er in Nr. 130 (30.10.) in einem »Fragment eines Briefes vom Herausgeber« seine Empörung über derart »unmündige Beiträge« teilt (so wäre ein Gymnasiast »unter der Chiffre -hn versteckt« im »Freimüthigen«). Doch nachdem die Gegenseite schon am 2.11. (Nr. 219) Klingemanns Projekt mit einer neuen Rubrik »Auszug aus der Zeitung für die elegante Welt« gekontert und in Nr. 223 einen solchen Auszug als ein Plagiat vorgestellt hat, lenkt Spazier ein: am 27.11. (Nr. 142) bringt er die Nachricht, »daß man auf die – ekelhaften Kollisionen immer weniger reflektiren wird«. Wirklich ist damit die Polemik beigelegt, und kaum daß August Mahlmann nach Spaziers Tod (»er starb mit vollem Bewußtseyn ... versöhnt mit seinen Feinden«) am 22.1. 1805 (Nr. 10) die Übernahme der Redaktion angezeigt hat, hält er in schon brüskierender Form die Korrespondenten der »Eleganten« an, das Blatt nicht mehr »zu unedeln Privatabsichten zu gebrauchen« (Nr. 13 vom 29.1.).

Für die angesagten satirischen Reflexionen fand Klingemann in der »Eleganten« keinen Platz mehr. Allenfalls konnte er versuchen, mit der ihm eigenen spielerischen Wendigkeit, das »Postskript« in eine andere literarische Kampfform zu übertragen. Sollte diese Transposition noch in der »Eleganten« selber angezeigt werden – wohl Ehrensache für einen Virtuosen –, war sie in der nun gebotenen Zurückhaltung vorzubringen. Es verwundert daher nicht, daß die ausgesprochenen Verknüpfungen der »T.T.«-»Einleitung« mit dem »Postskript«-Entwurf im wesentlichen Techniken der Formation und Wortwahl betreffen. Um mit dem Allerflüchtigsten zu beginnen, dem taktischen Umgang mit dem Grundvokabular:

1. »Postskript« und »Teufels«-»Einleitung« haben fünf Grundwörter gemeinsam. Über das lexikalische Moment hinaus läßt sich an mindestens dreien unter ihnen mehr oder minder deutlich eine charakteristische – sprachstatistisch gar nicht zu würdigende – Kontrolle ablesen:

Erwähnung   Das Projekt selber wird so eingeführt, hier wie dort in einer

Vorbemerkung und dabei leicht heruntergespielt (»beiläufige« bzw. »flüchtige« Erwähnung verdienend).

zu dem Ende   Hier im »P. S.«, um aus der falschen Nachbarschaft herauszufinden, das Anführen eigener Werke; dort, um den Schimpf abzuwälzen, das Ankündigen eigenständiger literarischer Versuche.

u. s. w. u. s. w.   Dies exklusiv gebrauchte Grundwort schließt, abweisend, im »P. S.« die Liste all der vorangegangenen literarischen Taten ab und leitet zugleich auf das fällige neue Projekt über; auch Bonaventura markiert so den Übergang von den schon existierenden Taschenbuch-Titeln zu dem neuartigen Genre.

2. Faßlicher wird die Zusammengehörigkeit über Aufbau und Strategie der Argumentation: Das betont Beiläufige der Introduktion; der dramatische Angriff auf die eigene Identität, das Sichverteidigen mithilfe eines neuen Projekts, eines, das gegen den Angreifer mimetisch vorgeht, seine Prätentionen dem Lachen preisgibt, wobei der Effekt noch für den Leser in Rechnung gestellt wird.

3. Wie aber steht es um den Gegner, ist der »Freimüthige« um Kotzebue und Merkel nicht ganz aus dem Blickfeld der »Einleitung« gekommen? Namentlich wird er aus den genannten Gründen nicht angesprochen, wer aber die Fehden der letzten Jahre in der »Eleganten« verfolgt hat, versteht sofort, wenn zu Beginn eine zweifelhafte Variante der Bildungsuniversalität persifliert und dafür das Bild des Schusters, der nicht mehr bei seinem Leisten bleibe, als erstes abgerufen wird: es ist gerade dies das Erkennungszeichen für den »Freimüthigen« und speziell seinen Mitherausgeber Kotzebue – »Mit offenbarem Vergnügen wurde im Intelligenzblatt 1802 Nr. 50 die Anekdote erzählt, dass Kaiser Paul von Russland, als er Kotzebue zum ersten Male gesehen hätte, äusserte: ›Cet homme a l'air d'un cordonnier, mais pourtant il a de l'esprit.‹« In der Folge, fährt Georg Witkowski (1903) fort, »flogen die gegenseitigen Liebenswürdigkeiten zwischen dem ›Freimüthigen‹ und der ›Eleganten‹ in jeder Nummer hin- und her«, wobei letztere »die Bezeichnung ›Cordonnier‹ weidlich gegen den Feind« ausgenützt hätte.[2] »Schuster Kotzebue!« hatte schon A. W. Schlegel 1800 in seiner weithin beklatschten Spottschrift »Ehrenpforte und Triumphbogen für den Theaterpräsidenten von Kotzebue« ausgerufen.[3] Es ist nun aber niemand anders als Klingemann selber, der eine letzte entscheidende Verwandtschaft dieses »Schusters« mit dem Dilettantismus hergestellt hatte: in ebendem Tieck-Aufsatz von 1804 (Nr. 108), der Anlaß zu der ironischen Existenzfrage wurde, zog er über die »sogenannten Gebildeten« her und schloß pointiert: »Wenden Sie sich ... nur an den Freimüthigen; dort sind der Schuster viele, die des Apelles Gemählde zu beurtheilen verstehen.« Dieser »Dilettantismus, der in jeder Rücksicht den Karakter der Zeit ausmacht«, wie Klingemann in Nr. 68 (vom 7. 6. 1804) hinsichtlich der

Erfolge Kotzebues formulierte, soll offenbar mit dem Teufels-Taschenbuche bündig attackiert werden, forcierter nun als im »Postskript«, indem das zwerchfellerschütternde Lachen metaphysischen Rang erhält.

4. Durch den Teufel also. Er ist das gegenüber dem Postskript neue, organisierende Prinzip; oder, genetisch genauer, das Lachen ist neu zugeschrieben worden, indem Klingemann die Frage nach seiner literarischen Existenz übersetzt hat in das Rollenrepertoire des Teufels. Er war dabei kaltblütig genug, in unmittelbarer Nachbarschaft seiner Rezension von Jean Pauls »Vorschule« (Nr. 35) den Teufel sich in Nr. 37 auf die »Vorschule« berufen zu lassen. Jean Paul behandelt dort, an der angesprochenen Stelle, das »weltvernichtende« humoristische Lachen und führt aus:

»Dieser untergelegte Ernst giebt sich in den altdeutschen Possenspielen dadurch kund, daß gewöhnlich der Teufel der Hanswurst ist. Eine bedeutende Idee! Den Teufel, als die wahre verkehrte Welt der göttlichen Welt, als den großen Welt-Schatten, der eben dadurch die Figur des Licht-Körpers abzeichnet, kann ich mir leicht als den größten Humoristen und whimsical man gedenken, der aber als die M o r e s k e einer Moreske, viel zu unästhetisch wäre; denn sein Lachen hätte zu viel Pein; es gliche dem bunten blühenden Gewande der – Guillotinierten.«[4]

Bonaventuras Stellenhinweis auf das peinigende Lachen deutet zugleich, genealogisch, auf die Person des Hanswurst hin, – und führt uns so geradewegs zu der Zwitterfigur Hanswurst-Teufel bei Klingemann selber! Es ist sein Pasquill »Freimüthigkeiten« (Anfang 1804 erschienen), auf dessen ironischen Untertitel: »ein blöder Mitbewerber um den vom Herrn v. Kotzebue ausgesetzten Preis für das beste Lustspiel« der Schlußsatz des Postskripts anspielt. Arlequin tritt in den »Freimüthigkeiten« als Einzelkämpfer gegen den rührselig-moralisierenden Zeitgeschmack à la Kotzebue auf; seine Waffe ist die desillusionierende Nieswurz, deren Prisen wider Willen lachen machen und für das Lächerliche die Augen öffnen. Als der in einen roten Mantel Vermummte zum erstenmal das Publikum mit einem Tabak traktiert hat –

TOBIAS.   Seht nur das Gesicht – bei meinem Leben, er hat ein schwarzes Gesicht!
PHILALET.   Und vorhin schien es mir doch weiß.
TOBIAS.   Es ist der böse Feind selbst.
PHILALET.   Oder wenigstens ein Schlegelianer!
MARKUS.   Werft ihn hinaus! Er führt den bösen Geschmack herein![5]

Schon hier ist das abgepreßte (»antiästhetische«!) Lachen wesentlich dem Publikum zugedacht, denn Harlekin agiert in den Zwischenspielen im Parterre und erzielt dort handstreichartig kleine Geländegewinne, während auf der Bühne Apoll und Amor um so mutwilliger von Kotzebue und Merkel in Regie genommen werden.

Die »Freimüthigkeiten« waren anonym erschienen, ein szenischer Höhepunkt war jedoch unter Klingemanns Namen 1803 in der »Eleganten« (Nr. 45
vom 14. 4.) im Vorabdruck gebracht worden. War demnach der Schlußsatz im
Postskript ein erinnernder Wink mit der Pritsche, so will doch die »Teufels-
Taschenbuch«-Einleitung deutlich mehr als ein Wiederaufleben der grobiani-
schen, widerborstigen Agilität von Hanswurst-Teufel. Was es mit der dort ver-
sprochenen sächsischen Eleganz auf sich hat, auch dies hatte freilich Klingemann in der Zwischenzeit schon formuliert, nämlich anläßlich seiner Kritik
des »Faust« von Johann Schink (in Nr. 73 vom 19. 6. 1804).

> Der Teufel nun gar spielt eine besonders traurige Figur. Wagt man sich einmal an den
> Teufel, so denke ich muß man es auch mit ihm aufnehmen. Der Verfasser hat aber in
> der That die ganze Hölle, die doch sonst in einiger Achtung stand, durch diesen Teu-
> fel aus ihr beschimpft, denn er ist wirklich nicht viel teufelischer, als irgend ein
> unglücklicher Bösewicht in einem modernen Drama.* Wie ganz anders stellt ihn
> dagegen G ö t h e dar! –: still, schleichend, ohne viel höllischen Aufwand, fast gebil-
> det und gefällig, aber tief in sich seiner Bosheit gewiß. – Vor d e m Rothrocke fürch-
> tet man sich wahrlich!

Hier sind so ziemlich alle die perhorreszierten und die erstrebten Eigenschaften beieinander, die der Teufel in der »Taschenbuch«-Einleitung in spöttischer
Selbstkritik aufzählt: nicht mehr »geachtet« zu sein, ja nur noch zum
»Schimpf« zu taugen, wogegen nun der »Kitzel« einer »veredelten Bosheit«
auf den Plan geführt wird, »nicht so grell und ungebildet«.**

Ist mithin das Weltmännische des »Taschenbuch«-Teufels nicht durch Jean
Paul vermittelt, sondern allein durch Goethes Mephisto bzw. die Kritik in
Nr. 73, so fehlt umgekehrt der Interpretation von Goethes Teufel in Nr. 73
noch eine wesentliche Dimension, die eines »Lustigmachers in höchster

---

*   Man erinnert sich an Kreuzgangs Klagen in der 1. Nw (über die »schwache Manier
    des modernen Teufels«) und zu Beginn der 3. Nw, wo er den Zeitcharakter
    beschreibt, der »statt eines absolut bösen Prinzips, lieber die tugendhaften Böse-
    wichter, in Ifland- und Kotzebuescher Manier, vorzieht, in denen der Teufel ver-
    menschlicht, und der Mensch verteufelt erscheint.«[6]

** Schärfer noch analysiert Klingemann die Person des Mephisto im Januar 1829, als er
    zur Vorbereitung auf die Uraufführung von »Faust« einige »Andeutungen« im
    Braunschweiger »Mitternachtblatt« bringt: Dieser Teufel sei »sofort von allen seinen
    übrigen diabolischen Collegen auszuschließen, da er ein Teufel ganz eigner Art ist«;
    »Göthe's Mephistopheles ist unter den höllischen Geistern offenbar die Maske des
    Lustigmachers in höchster Potenz«, und der Schauspieler habe diese Rolle »mit Ent-
    fernung von allem Gräßlichen und Entsetzen-Erregendem, sie vielmehr keck,
    gewandt, mit sprühendem Humor und im Tone eines, bis zur Ruchlosigkeit vollen-
    deten Weltmannes auszuführen.« Nur in dem Monologe, wo er von sich als dem
    Lügengeiste rede (s. »Studierzimmer«), dürfe er gleichsam bei gelüfteter dämoni-
    scher Maske gezeigt werden. »Im übrigen zieht er seine teuflische Natur ganz in sich
    zurück, umkreist dagegen aber eng und enger seine Beute, und sucht sie durch kit-
    zelnde Instigation zu allen Lüsten und Begierden … immer fester zu vergarnen.«[7]

Potenz«, wie Klingemann sie unter eigenem Namen erst 1829 charakterisiert.
Daß er sie schon wenige Monate nach Nr. 73, für die eigene »Taschenbuch«-
Einleitung plötzlich vollständig entwickelt vorlegen konnte, ist nun unschwer
einzusehen: Im Postskriptum von Oktober 1804 hatte er für die Dimension
des Lächerlichen noch an den Hanswurst seiner »Freimüthigkeiten« Anschluß
gesucht, das heißt an einen recht handfesten polemischen Stil; nach der Intervention des Herausgebers Spazier und auf der Suche nach einer anderen Form
der Polemik stieß er bei Gelegenheit der Rezension der »Vorschule« auf Jean
Pauls enthusiastische Würdigung des Teufels als eines potenzierten Hanswurstes. Klingemann mochte dabei um so stärker Feuer fangen, als er auf diese
Weise nicht nur mit der geliebten (kleineren) Brudergestalt des Hanswurstes
Verbindung halten und gleichwohl das Lachen nunmehr in strengster geistiger
Superiorität ausspielen konnte, sondern auch mit den »Nachtwachen« selber,
mit der angedeuteten satanischen Genealogie Kreuzgangs sowie der teufli-
schen Herkunft des Gelächters (15. Nw).

Der Teufel beruft sich nicht bloß auf Jean Paul, sondern in seinem Bestreben nach
Universalität auch auf »Schlegel«: »Doch aber ist es bis jetzt mit unserer wissen-
schaftlichen Bildung schlecht bestellt, zu einer schönen Literatur, in dem Sinne, wie
S c h l e g e l davon redet, ist noch gar kein Anfang gemacht…«.
    Andreas Mielkes anregende Kombinationen zum »Teufels Taschenbuch«, die
von Friedrich Schlegels Begriff der Universalität ausgehen,[8] haben den kleinen
Schönheitsfehler, daß Bonaventura hier weniger an Friedrich, als vielmehr an August
Wilhelm Schlegel denkt. Wie Klingemann schon im Postskript ohne Namensnennung A. W. Schlegels Wort von der »exzentrischen Dummheit« aufnimmt, so bezieht
sich der »Teufel« unausdrücklich auf dieselbe Quelle, auf A. W. Schlegels Vorlesungen »Über Litteratur, Kunst und Geist des Zeitalters«, die in Friedrich Schlegels
»Europa« (1803) abgedruckt wurden (in demselben Heft, das eine uns später interessierende »Nachtwache« A. v. Arnims bringt).
    Schlegel eröffnet seine Vorlesungen über schöne Literatur mit dem Aperçu, »daß
mir vorkommt, als hätten wir noch gar keine Litteratur«,[9] und zum Beweis führt er
besonders die Beliebtheit der Mode- und Trivialliteraten bei den Deutschen an, die
ihm »die Erfinder der e x c e n t r i s c h e n Dummheit zu seyn« scheinen (»einer
Sache, die deswegen einen so erhabnen Eindruck macht, weil sie widersprechend
und unmöglich scheint«).[10] Gegen Ende seiner Vorlesungen vertritt er dann die
Ansicht, für den zeitgenössischen Dichter sei »Universalität das einzige Mittel, wieder etwas großes zu erschwingen. Ein Dichter muß … in gewissem Grade auch Philosoph, Physiker und Historiker seyn. Kein Wunder, daß dabei seine eignen Werke
oft nur wie einzelne Versuche aussehen«.[11]
    Wenn Klingemann im Vorwurf der »exzentrischen Dummheit« die Clique um
Kotzebue und Merkel mit dem negativen Terminus Schlegels ansprach, so erneuert
er in der Maske des Teufels den Angriff mithilfe des positiven Begriffs (»Universalität«). Bescheiden spricht auch sein »Teufel« nur von einigen »Versuchen«, geht
zugleich aber auch über die Schlegelsche »schöne« Literatur in Richtung auf eine
»häßliche« hinaus, eine annihilierende, die – so Klingemann in Nr. 108 (1804) mit
Bezug auf den »Freimüthigen« und seine »Schuster« – »sich dem herschenden Zeit-
geschmacke auf eine boshafte Weise anzuschmiegen, und diesen so gleichsam durch

sich selbst zu vernichten« habe. (Auch in der 9. Nw übrigens, wo Bonaventura pauschal von »Schlegel« spricht, ist A. W. Schlegel gemeint. Und entsprechend pflegt Klingemann den Namen in anderen Schriften zu gebrauchen.[12])

Die »Vorschule der Ästhetik« gibt so zusammen mit der Affäre um das Postskript den terminus post quem für die »Teufels«-Einleitung an: Am 9. 10. 1804 brachte die Elegante in Nr. 121 »in der Geschwindigkeit nur ein paar flüchtig erhaschte Stellen daraus«, und in den »Braunschweigischen Anzeigen« wird die »Vorschule« zum erstenmal am 24. 10. als bei Fleckeisen erhältlich annonciert.[13] Das Postskript von Nr. 127 erschien am 23. 10., die kritischen Gegenanzeigen des »Freimüthigen« beginnen mit dem 2. 11., Spazier erklärt öffentlich am 27. 11. die neue und dann auch erfolgreiche Aussöhnungspolitik. Am 29. 11. veröffentlicht Klingemann in Nr. 143 den letzten (achten) »Brief über die neuesten Werke der schönen Literatur«, – was deshalb von schon symbolischer Bedeutung ist, weil gerade diese Form des Briefwechsels den Klingemann so irritierenden Vorwurf des Nachahmers eingetragen hat: Merkels berüchtigten »Briefen an ein Frauenzimmer« hatte er wiederholt einen Gegenbriefwechsel in Aussicht gestellt,[14] um endlich im Sommer 1804 von Beitrag Nr. 68 an auch eine eigene Reihe von »Briefen« eingeräumt zu bekommen (die auch er an das weibliche Geschlecht adressiert). Daß er die Reihe in diesem Augenblick aufgibt, als Titel, paßt zu schlecht zum eigenen und zu gut zu Spaziers Kalkül, um Zufall zu sein. Mit einiger Begründung können wir also den N o v e m b e r 1804 und am ehesten noch den 29. 11. als terminus post quem für die Konzeption des »Teufels Taschenbuchs« ansetzen.

Wenn aber Klingemann sich erst ab Dezember so recht mit dem »Taschenbuch«-Projekt beschäftigte, scheint es fast ausgeschlossen, daß er – bei Berücksichtigung von »Krankheit« und Zeitdruck – den angekündigten Ostertermin einhalten konnte. War das Ganze nicht vielleicht schon von vornherein nur als Finte angelegt, um in der kompromittierenden Situation nicht ganz so wehrlos dazustehen? Dazu aber hätten die Anspielungen eigentlich um einiges deutlicher ausfallen müssen, nicht nur den Eingeweihten unter den Gegnern und Parteigängern verständlich. Uns noch eines spricht dagegen. Im »Euphorion« von 1907 findet sich folgende, bislang nicht recht gewürdigte Notiz von E. Schulte-Strathaus:

In den Bücher-Anzeigen zum vierten Heft des ersten Bandes von ›Konstantinopel und St. Petersburg … St. Petersburg und Penig bei F. Dienemann und Compagnie. 1805.‹ heißt es nach der Ankündigung der neuesten Erscheinungen (›Blumenleben. Karlo‹ und ›Nachtwachen von Bonaventura‹) und des kommenden vierten Jahrganges des ›Journals von neuen deutschen Original-Romanen‹: ›Außer diesem (Torquato Tasso, ein Roman von Karl Anton von Gruber) haben die Leser in dem vierten Jahrgang noch ein Pendant von den Nachtwachen von Bonaventura von demselben Verfasser und den zweiten Band der Novellen von Sophie Brentano u. m. a. zu erwarten. – Penig, den 15. März 1805.   F. Dienemann und Comp.‹[15]

Schulte-Strathaus hat seinen Fund nicht kommentiert. Gemeint sein kann nur, soviel kann man nach Einsicht in Klingemanns Arbeitstermine und nach allen anderen Daten unterstellen, das »Teufels Taschenbuch«. Und damit sind einige abschließende Folgerungen zu ziehen:

– Eine solche zweite, versteckte Anzeige wie die Dienemanns spricht sehr dagegen, daß die »Teufels«-Einleitung in der »Eleganten« eine bloße Finte war, mit der Klingemann der Gegenseite drohen oder gar nur die eigene Reputation retten wollte. Es war ihm sehr wohl Ernst mit dem Projekt.

– Die Bezeichnung »Pendant von den Nachtwachen« deutet in der Tat auf eine höhere Stilebene als die des personenbezogenen Postskripts. In der kritisch-»humoristischen« Tendenz würde Bonaventura wie in den »Nachtwachen«, die übrigens weitaus heftiger als bisher angenommen gegen Merkel und Kotzebue polemisieren, doch die Tagesfehden hinter sich lassen wollen; wenn schon nicht in spezifisch Jean Paulscher »Welt-Verlachung«, so doch in der symptomatischen Absicht wie in Nr. 68 gegenüber Kotzebue und in derselben mimetischen Widerstandslist des vernichtenden Lachens, wie in Nr. 108 gefordert.

– Merkwürdig sind die auf beiden Seiten fehlenden oder vagen Angaben: Bonaventura weist in seiner Präsentation vom 26. März 1805 nicht auf den Dienemann-Verlag hin, und umgekehrt nennt die Verlagsanzeige vom 15. März nicht den Titel des »Pendants«, sehr im Unterschied zu den anderen mitgenannten Publikationen. Es sieht nachgerade so aus, als habe Klingemann wegen des nicht einzuhaltenden Termins schon Rücksicht auf den Verlag genommen (ihn nicht genannt), ja nicht bloß wegen des Termins (den er einfach etwa auf Christi Himmelfahrt hätte verlegen können), sondern vielmehr wegen der Aufgabe des Projekts selbst. Daß Dienemann in seiner Anzeige vom März nicht mehr auf dem laufenden war und von der anfänglichen Projektphase (ungefähr von Anfang Dezember 1804) her formulierte, muß nicht unbedingt an Klingemann gelegen haben. Gerade zu Jahresbeginn 1805 wurde die Verlagsbuchhandlung »als eine Anstalt für Literatur, Kunst und musikalische Instrumente unter glücklichen Aussichten nach Petersburg übertragen« (wo im Jahr darauf der geschäftliche Zusammenbruch erfolgte).[16]

– Mit der Verlagsanzeige wissen wir, daß das »Teufels Taschenbuch« in der Reihe der »deutschen Original-Romane« erscheinen sollte. Die Titel der drei existierenden Jahrgänge hatte schon Hermann Michel (1904) in anderem Zusammenhang ermittelt und befunden, daß der »vierte Jahrgang (1805) ... nicht mehr vollständig erschienen zu sein« scheine. Statt der jeweils fälligen acht Lieferungen hatte er nur die folgenden vier ausfindig machen können:

1. Wellenthal vom Verf. des Rinaldini (Vulpius).
2. (Vulpius), Don Juan der Wüstling.
3. Carl Anton von Gruber, Torquato Tasso.
4. Sophie Brentano, Spanische und italienische Novellen. Bd. 2.[17]

Die beiden in der Dienemann-Annonce vom 15. 3. 1805 präzis genannten Titel
stehen nur an dritter und vierter Stelle, während der nichtgenannte Christian
Vulpius an den Anfang tritt! Er hat förmlich die Stelle »Bonaventuras«
eingenommen, so, als hätte Dienemann eine Lücke zu stopfen gehabt und sich
an den Spezialisten Vulpius, der soeben »Wellenthal« bei ihm untergebracht
hatte, gewandt.*

Ich schließe mit dem Hinweis, daß sich die Nichtexistenz eines Buches
nicht positiv nachweisen läßt. Und daß Klingemann auf andere Weise zuletzt
doch noch einiges von dem »Teufels-Taschenbuch«-Versprechen eingelöst hat:
in der ersten öffentlichen Aufführung von »Faust«.

Der sprachstatistischen Datierung zufolge hat Klingemann die »Teufels-
Taschenbuch«-Einleitung in dem Zeitraum geschrieben, in dem er die Artikel
von Nr. 118 (vom 2. 10. 1804) bis Nr. 19 (vom 12. 2. 1805) verfaßte. Die Datierung hat ihrerseits auf eine präziser argumentierende Chronologie gebracht,
hat erst als diese weitgehend gesicherte Rahmendatierung den Blick geschärft
für den biographischen Kern der »Einleitung« selbst, und das hieß: für die
Strategie der Selbstbehauptung ihres Verfassers. Es ging um seine Identität.
»Wer ich denn eigentlich sei?« entspricht heute noch der Grundfrage an Klingemann, und die Antwort »Nachahmer« kommt unvermeidlich von denen, die
in dem Sichanschmiegenden seiner Darstellungsweise nichts von dem Vernich-
tungswillen ahnen.

Mit dem einen Erfolg hat sich die Datierungsmethode noch nicht bewährt.
Noch ist nicht ausgemacht, inwieweit Klingemanns besondere »Übersetz-
zungs«-Prozedur vom »Postskript« her die Datierbarkeit jener Einleitung
begünstigt hat. Nehmen wir zur Gegenprobe nun den anderen Text, der unter
»Bonaventura« in der Eleganten abgedruckt wurde, den »Prolog des Hanswurstes zu der Tragödie: der Mensch« (in Nr. 87 vom 21. 7. 1804). Der Text,

---

*   Abweichend von Michels Ermittlungen kündigte Dienemann, in dem erwähnten
4. Heft von »Konstantinopel und St. Petersburg« (zum 15. 3. 1805) für 1805 nicht
mehr die üblichen 8 Lieferungen an: »Der 4te Jahrgang des ›Journals von neuen deutschen Original-Romanen‹ für 1805 wird aus verschiedenen Ursachen nur aus 6 Bänden bestehen«.[18] Tatsächlich nachweisbar sind dann nicht vier, sondern nur drei
Publikationen für diesen 4. Jg., denn »Wellenthal«, obgleich zur Ostermesse 1805
erschienen,[19] gehört noch zum 3. Jg. als dessen 8. Lieferung (die von Michel für 1804
angegebene 8. Lieferung: »Hanack, Lehrjahre der Liebe« wiederum ist die letzte des
2. Jgs. 1803).[20]
    Der Reihentitel »Journal von neuen deutschen …« wird in den folgenden »Kon-
stantinopel«-Anzeigen für jene drei letzten Bücher nicht mehr gebraucht, auch dies
ein Indiz für einen zusätzlichen plötzlichen Ausfall. Und während für »Don Juan der
Wüstling«, »Torquato Tasso« und Sophie Brentanos zweiten Band jeweils Anzeigen
und Besprechungen (gleichfalls ohne Reihentitel-Angabe) lückenlos nachweisbar
sind,[21] findet sich von einem »Nachtwachen«-»Pendant« keine Spur.

der sich nur in Orthographie und einigen kleineren Ergänzungen von dem des Buchdrucks unterscheidet, ist zu umfangreich, um hier voll wiedergegeben zu werden. Wie sich sein Grundvokabular in der zeitlichen Konfrontation mit dem der Klingemannschen Artikel ausnimmt, zeigt *Verteilungstabelle II* (s. Anhang):

Im Vergleich mit der Verteilung für die »Teufels«-Einleitung sieht man vielleicht schon auf den ersten Blick, daß der Prolog etliche Monate früher entstanden sein muß. Der Zeitraum von Nr. 118–19 ist stark unterrepräsentiert, umgekehrt tritt der Zeitraum kurz vor Veröffentlichung des »Prologs« hier ziemlich dominierend hervor, während er dort nicht von Bedeutung war. Dieses Erscheinungsbild ist auch hier auf den nächsten zwei, drei Seiten genauer zu diskutieren, nach Maßgabe – und in Gegenkritik – der drei unterschiedlichen Umfangsgrößen des Grundvokabulars.

Gesamtniveau. Die Verteilung des vollständig erfaßten, 144 Grundwörter starken Grundvokabulars des Prologs läßt unter den Beiträgen Klingemanns eine Sequenz von drei Artikeln hervortreten, die, stark überrepräsentiert, den Zeitraum mit dem höchsten χ^2-Wert bilden; zusammen mit dem vorhergehenden und folgenden Zeitraum ergibt sich aus den Abweichungen dies Gesamt-Chiquadrat:

Artikel-Sequenz Nr.	81–68	73–83	91–88	
b	59,37	27,97	56,18	143,52
e	53,22	16,42	73,88	143,52
$\dfrac{(b-e)^2}{e}$	0,71	8,12	4,24	

$\chi^2 = 13,07$ (2 Freiheitsgrade) $p < 0,01$

Die Unterschiede zwischen den drei Zeiträumen sind hochsignifikant. Bemerkenswert ist zunächst der Beitrag, den die Artikel Nr. 91–88 in ihrer negativen Abweichung vom »Erwarteten« beisteuern, das ist während des Jahres n a c h dem Vorabdruck des Prologs. Für die Datierung selber in Frage kommt allein der schmale Zeitraum Nr. 73–83, der knapp einen Monat vor Veröffentlichung des Prologs beginnt; die Differenz zwischen der beobachteten Häufigkeit von 28 Grundwörtern und der erwarteten von 16,4 ist so ausgeprägt ($\chi^2_{corr.} = 7,4$), daß sie auf zufälligem Wege weniger als einmal unter hundert Fällen ($p < 0,01$) auftreten würde und ebenfalls hochsignifikant ist. Innerhalb dieser drei Artikel macht sich Beitrag Nr. 73 vom 19. Juni besonders geltend, ist der mit Abstand stärkste Einzelartikel und auch für sich signifikant übersetzt ($p < 0,02$). Mag auch der Wert für die Sequenz der drei Artikel höher liegen und dieser Zeitr a u m doch dem Zeitp u n k t Nr. 73 vorzuziehen sein, so bleibt dessen Aufgipfelung jedenfalls beachtlich und ist für die qualitative Untersuchung im Auge zu behalten.

Artikelspezifisches Niveau.   Von den 144 Grundwörtern des »Prologs« hat Klingemann 56 jeweils nur in einem einzigen Artikel verwendet. Ihre Verteilung wird, wie schon für die »Teufels«-Einleitung, weitaus signifikanter als diejenige auf dem Gesamtniveau. So schnellt der χ^2-Wert für Zeitraum Nr. 73–83 von 7,4 auf 18,9 empor, womit die »Zufalls«-Wahrscheinlichkeit für einen derartig extremen (positiven)Abweichungswert noch weit unter 1 : 1000 fällt. Noch höher aber auf diesem Niveau fällt die Signifikanz für den etwas breiteren Zeitraum Nr. 56–83 aus; betrug das Chiquadrat dort noch 6,6 (das stärkste nach Zeitraum Nr. 73–83), so erreicht es hier (artikelspezifisch) den Wert $\chi^2 = 17,4$.

Selbstverständlich ist der Zeitraum mit dem höchsten Chiquadrat nicht darum schon der einzige, der bei der Datierung zu berücksichtigen ist. Zumal bei so nahe beieinanderliegenden χ^2-Werten wie für Nr. 56–83, 56–73 oder 56–77 und eben auch 73–83 bedarf es auch der Interpretation von Wortnuancen und nach Möglichkeit einer Absicherung oder Korrektur durch Außendaten. Zuvor jedoch ist noch das höchste oder restriktivste Seltenheitsniveau zu Rate zu ziehen.

Exklusivniveau.   Unter den 144 bzw. dann 56 Grundwörtern gibt es 18, die je nur ein einziges Mal in den Artikeln und in den Nachtwachen Verwendung finden. (Mögliche Überschneidungen mit der »T. T.«-Einleitung sollen bei der Festlegung des Exklusivniveaus außer Betracht bleiben.) Die Fallzahl ist hier noch geringer als für die »Einleitung«, und wenn dort neben der Scheinsignifikanz wenigstens noch eine Tendenzangabe zugunsten des Zeitraums Nr. 118–19 zustandekam, so ist hier auch nicht die Spur einer überzufälligen Konzentration zu finden. Eine Erklärung nach nur zwei Fallstudien wäre wohl voreilig; immerhin ist festzuhalten, daß sich das Exklusivniveau nach dieser zweiten Untersuchung als weniger zuverlässig zu erweisen scheint und vielleicht nur zu gröberen Indikationen taugen mag. –

Zurück zu Klingemanns Artikel in Nr. 73, der auf dem Artikelniveau besondere Beachtung verdient. Nicht bloß ist er hier schon spektakulär überbesetzt (10 statt der erwarteten 2,5 Grundwörter), vielmehr zeichnet sich in diesen 10 Wörtern weithin der argumentative Duktus des Prologs selber ab, ähnlich also wie für die »Taschenbuch«-Einleitung, bei letzterer allerdings im gesamten Zeitraum Nr. 118–19, während der Prolog hier im einzigen Zeitpunkt Nr. 73 sprachlich so charakteristische Merkmale enthält: in »bunt« (pejorativ gebraucht), »läppisch«, »Seichtigkeit« und »Spiegelfechterei« sowie im Leitwort »satirisch« kommt massiv die rücksichtslose, annihilierende Tendenz der Hanswurstrede zum Vorschein. Allein noch Artikel Nr. 83 weist von solch despektierlichem Vokabular auf, und zwar verdeckt in der Formel »das alte

Schicksal«. Sie jedoch hat es in sich, Hanswurst definiert (in Nr. 87) mit ihrer Hilfe die eigene Rolle in der angekündigten Tragödie »Der Mensch«:

> Ich hoffe indeß das alte Schicksal, unter dem bei den Griechen selbst die Götter standen, darin abzugeben, und die handelnden Personen recht toll in einander zu verwirren, daß sie gar nicht klug aus sich werden und der Mensch sich zuletzt für Gott selbst halten ... soll.[22]

Um ebendiese prekäre Götterangleichung kreist Klingemann in Nr. 83 (9 Tage vor dem Abdruck des Prologs erschienen), wenn er einen Romancier dafür lobt, daß er

> «dem Zufalle nicht mehr einräumt, als hinreicht, die handelnden Personen in eine sehr interessante Zusammenstellung zu bringen«; das unterscheide ihn vom Zufall in den Moderomanen, die »so abgeschmackt erscheinen, weil in ihnen der Verfasser stets den ›Deus ex machina‹ vertritt, und gleichsam in seiner Person eine Parodie des alten Schicksals allegorisirt.«

Wir haben es hier nicht lediglich mit »Parallelen« zu tun, vielmehr bekennt sich Hanswurst zu seiner allegorischen Rolle nur, indem er von ihr subversiv-»aufwiegelnd« Gebrauch machen, gegen die Selbstsicherheit des Menschen als ein Prologist des Todes antreten kann und gegen das Publikum selber mit dem zweideutigen Versprechen, »spashaft ... bis zum Todtlachen« zu sein. Wenn es eine gemeinsame Strategie für den Prolog des Hanswurstes, »Teufels-Taschenbuch«-Einleitung und die anonymen »Freimüthigkeiten« gibt, dann wäre sie in diesem sich steigernden, gnadenlosen Verlachen der zeitgenössischen Erfolgsformen von Literatur und Bühne zu suchen (und hätten wir in der Folge des öfteren auf die »Freimüthigkeiten« bzw. auf Kotzebue-Merkel zurückzukommen). Einen Fingerzeig für eine derartig beabsichtigte, systematische Verknüpfung gibt die jeweilige Selbstvorstellung von Hanswurst. »Was ich sagte ist Narrheit, geneigtes Publikum«, ruft Arlequin am Ende der »Freimüthigkeiten« sokratisch aus und geht so

> ... vom Publikum auf den Narren über!
> Ich nenne mich selbst so ins Gesicht
> Und läugne meine Handthierung nicht;[23]

Hanswurst schließt in den ersten Worten seines »Prologs« an jenen »Epilog« an –

> Ich trete als Vorredner des Menschen auf. Ein respektives Publikum wird es leichter übersehen, daß ich meiner Handthierung nach ein Narr bin, wenn ich für mich anführe, daß nach Doktor D a r w i n , eigentlich der Affe, der doch ohnstreitig noch läppischer ist als ein bloßer Narr, der Vorredner und Prologist des ganzen Menschengeschlechtes ist ...[24]

Neu hieran ist die Rechtfertigung der närrischen »Handthierung« durch Erasmus Darwins Theorie. Wie schon Jost Schillemeit nachweisen konnte, entnahm Bonaventura diesen Hinweis auf die Darwinsche Deszendenz fast wört-

lich einem Bericht im »Freimüthigen« vom 2.3.1804 (ebenso wie für die
6.Nachtwache die Anfang März dort mitgeteilte Notiz von der Dayschen
Kontrolluhr und für die 9. Nachtwache die ebenfalls am 2.3. referierte Hypothese von den Staubfäden-Insekten). Artikel Nr. 56, mit dem der Zeitraum
beginnt, der sprachstatistisch für die Datierung des Prologs in Frage kommt,
erschien gut zwei Monate n a c h diesem Bericht im »Freimüthigen«. Klingemann hat demnach die fraglichen Stellen nicht unmittelbar übernommen für
seine Nachtwachen, sondern sie erst einmal exzerpiert und dann bei sich bie-
tender Gelegenheit eingearbeitet. In der Regel hat er schon beim Exzerpieren
die Stellen charakteristisch umformuliert, – diese seine Arbeitstechnik macht
nämlich verständlich, daß er noch 1828 die berühmte Darwin-Deszendenz-
Stelle (und etwa auch die Daysche Erfindung der Kontrolluhr) im Wortlaut
genau und doch in eigener Manier in seiner Theaterreise-Beschreibung »Kunst
und Natur« zitieren kann.

Hanswurst im »Prolog«:
»Doktor Darwin ... behauptet nehmlich, daß der Mensch als Mensch einer Affenart
am mittelländischen Meere sein Daseyn verdanke, und daß diese blos dadurch, daß
sie sich ihres Daumenmuskels so bedienen lernte, daß Daumen und Fingerspitzen
sich berührten, sich allmählig ein verfeinertes Gefühl verschaften, von diesem in den
folgenden Generazionen zu Begriffen übergieng und sich zuletzt zu verständigen
Menschen einkleidete ...«.[25]

Klingemann 1828:
»Wenn übrigens nach D o c t o r   D a r w i n s poetischer Hypothese (s. dessen
Gedicht über die Natur) das Menschengeschlecht von einer Affenraçe am mittelländischen Meere abstammt, welche durch eine fortgesetzte kleine Manipulation, vermöge welcher sie den Daumenmuskel mit den Fingerspitzen in eine immer geschick-
tere Berührung brachte, erst ein verfeinertes Gefühl erhielt, von diesem aber zu
Begriffen u. s. w. überging ...«[26]

Der »Freimüthige« brachte dies in der ungelenken Formulierung:
«Einer Affenart am Ufer, (welchem?) des Mittelländischen Meeres dankt der
Mensch, als Mensch seinen Ursprung. Gelegentlich lernte nehmlich diese Affenart,
was man bei andern gewöhnlichen Affenarten indeß nicht findet, sich des starken
Muskels des Daumens, welchen wir Maus nennen, so zu bedienen, daß Daumen und
Fingerspitzen sich berührten. In den nachfolgenden Affengenerationen wurde dieser Muskel immer größer, stärker und thätiger. Aus seiner Thätigkeit entsprang
insonderheit verfeinertes Gefühl, durch dies verfeinerte Gefühl, klare Begriffe, – und
so wurden stufenweise aus Affen, – Menschen.«[27]

Der aus dem gegnerischen Lager geraubte Bericht ist später beidemal in der
nämlichen Weise sprachlich verarbeitet, daß die drei Teilargumente (Abstammung, Grundgeste, Verfeinerung), die im »Freimüthigen« noch vier einzelne
Sätze beanspruchen, zu einem einzigen Satzgefüge gestrafft werden. Ausgelas-
sen sind jeweils die dort umstrittene Frage nach dem Meeresufer, die Tautolo-
gien zum Besonderen dieser Art, die genaue Bezeichnung des Daumenmuskels

und auch seine eigene, nicht unwichtige weitere Kräftigung; stattdessen beidemal die Konzentration auf dies in der Berührung sich zum Begriff hin verfeinernde Gefühl, wobei das »Übergehen« zum Begrifflichen noch besonders markiert ist. (Klingemann hat 1828 den glücklichen Oberbegriff »Manipulation« für die Entwicklung gefunden, – oder ihn der hübschen, etymologisch aber unhaltbaren »Handthierung« zu Beginn des Prologs bzw. dann im »Epilog« nachgebildet?)

Nebenbei bemerkt: Wollte ein Verfechter der Nichtidentitäts-These einwenden, daß Klingemann als Leser der »Eleganten« seinerzeit einfach die Prolog-Stelle zu Darwin aus seinem Leibblatt abgeschrieben und 1828 zitiert habe, dann wäre zu entgegnen, daß zwei unscheinbare Details plausibel machen, daß Klingemann zumindest die Buchausgabe der »Nachtwachen« in den Händen gehabt und daraus zitiert haben muß. N i c h t im »Prolog«-Vorabdruck, sondern nur im Buchdruck der »Nachtwachen« stehen nämlich zwei Fußnoten, die sich an derselben Stelle und gleichlautend dann wieder 1828 bei Klingemann finden –

Zum Namen »Darwin« tritt in den »Nachtwachen« die Erläuterung:
»S. dessen Gedicht über die Natur.«
Und 1828:   »s. dessen Gedicht über die Natur«.

Zu »Mandandane« lautet im Buchdruck die Fußnote:
» G ö t h e ' s Triumf der Empfindsamkeit.«
Und 1828:   »S. G ö t h e ' s : Triumph der Empfindsamkeit.«[28]

Weshalb die Fußnoten im Vorabdruck des Prologs fehlen, ob wegen der redaktionellen Linie der »Eleganten«, gelehrtes Beiwerk nach Möglichkeit zu vermeiden, oder deswegen, weil Klingemann die Fußnoten erst bei der Überarbeitung des Textes für die Buchausgabe formuliert hat (eine nachträgliche Korrektur, dies machen kleinere Divergenzen zwischen Vorabdruck und Buchdruck deutlich, Verbesserungen und Lesehilfen, hat stattgefunden), – wie auch immer, ein Vierteljahrhundert später hat er sie wieder hervorgezogen. Daß dies nun aber 1828 geschah, halte ich nicht für Zufall: November 1827 und Februar 1828 kam im Braunschweiger »Mitternachtblatt«, das in diesen Jahren außer der »Faust«-Beilage noch verschiedene andere Beiträge von Klingemann bringt,[29] noch einmal eine Diskussion um »Bonaventuras Pfarrer zu Drottning« auf; anläßlich einer prosaischen Neufassung in der Zeitschrift »Hebe« ließ ein Ungenannter (nicht Klingemann) Schellings Gedicht von 1802 wieder im »Mitternachtblatt« (Nr. 177 und 178) abdrucken, erwähnte auch Schellings Autorschaft, worauf drei Monate später ein anderer Anonymus auf eine Romanfassung von Benedicte Naubert verwies (»Rosalba«, eine 1818 erschienene sehr bescheidene Erzählung, die ohne Belang für unsere Fragen ist)[30]. Es ist nicht nur zu vermuten, sondern so gut wie sicher, daß Klingemann das Pseudonym »Bonaventura« wesentlich dem Schellingschen »schauderhaf-

ten, mitternächtlichen Gemählde« von 1802 verdankt, denn er hat den Musenalmanach laut einer Fußnote zu Artikel Nr. 65 (30. 5. 1805) gekannt.* Hatte er,
der nun noch einmal lebhaft an sein Jugendwerk erinnert worden sein mußte,
es erneut durchgelesen und ohne weitere Absichten zwei, drei der merkwürdigsten Realien für die abzuschließenden Reiseerinnerungen benutzt? Oder
war dieser Rekurs auf gleich drei der insgesamt sieben Fußnoten der »Nachtwachen«, auf die exponiertesten Stellen eines Buchs also, nicht gar ein letzter
Versuch, das verschollene Buch aus der Pseudonymität zu erretten? P o t e n
t i e l l zumindest? Denn aktuell wäre für ihn, der als Dramaturg am Braunschweiger Theater gerade äußersten Belastungen durch die »Herzogliche
Bühnentyrannei« (Burath)³² ausgesetzt war, ein offenes Bekenntnis, der Verfasser zu sein etwa der sarkastischen »Prolog«-Stelle, daß »eine Affenmutter
noch heutiges Tages ihre Kinder mehr, als manche Fürstenmutter« liebe, der
Szene auch, wie »der stolzeste Mann im Staate ... demüthig und fast kriechend
mit der Krone in der Hand« dasteht (6. Nw) und sich in der Titelreihe »Fürsten, Zinswucherer, Krieger, Mörder, Kapitalisten, Diebe« wiederfindet und
schließlich (16. Nw) als Schmarotzer am Marke seines Landes vorgestellt wird,
– wäre das Bekenntnis, insbesondere die berüchtigte, Braunschweigische Praxis gegeißelt zu haben, daß die »Fürsten und Herrscher ... mit Menschen statt
mit Münzen bezahlen, und mit dem Tode den schändlichen Sklavenhandel
treiben« (6. Nw),** wäre dies 1828 wohl noch törichter gewesen als 1804/1805,
als der Siebenundzwanzigjährige sich bemühte, als Hilfsarbeiter am
fürstlichen Obersanitätskollegium in die bescheidene Registratorenstelle seines Vaters nachzurücken.³⁴ Allenfalls konnte er Spuren so legen, daß seine
Autorschaft für später einmal rekonstruierbar bliebe. Daß dies lange nicht
nachvollzogen wurde, lag mehr an der methodischen Unbeholfenheit unserer
Germanisten als an verwischten oder mangelhaften Spuren; einige Indizien
sind von geradezu aufreizender Attraktivität, – freilich bleiben letzte Zweifel,
ob Klingemann mit den Rekursen auf die »Nachtwachen« und vor allem auf
den »Prolog« seiner Identifizierung zuarbeiten wollte. (Näheres hierzu dann
S. 155ff.).

Brachte die Datierung der »Teufels«-Einleitung auf eine Strategie der Identitätsrettung, die sich im wesentlichen im Zeitraum der Niederschrift selbst
abspielte, so führte der Prolog des Hanswurstes auf weiterdauernde Konflikte

---

* Zu diesem Hinweis Klingemanns auf »das zarte Gedicht von Wilhelm Schlegel, in
  dessen Musenalmanache« vgl. »Die vor Liebe sterbende Maria« bzw. das Schlußter
  zett des Sonetts »Die himmliche Mutter«.³¹

** »Es kann niemand die Tatsache bestreiten, daß die Welfen ihre Landeskinder nach
  England verkauften, um mit dem schmählichen Gelde ihre Schulden zu tilgen. Karl
  Wilhelm Ferdinand (1780–1806) [war] der Urheber dieses unwürdigen Soldatenhan
  dels«.³³

des Verfassers. Mit der »Eleganten« als dem Ort des Vorabdrucks ließ sich Klingemann ja auf ein risikoreiches Doppelspiel ein. Zwar trat er inmitten der eigenen offiziellen Stellungnahmen gut maskiert durch Pseudonym und philosophische Radikalität auf, suchte gleichwohl nicht wie mit zwei Zungen zu argumentieren, sondern knüpfte als »Bonaventura« sowohl an den letzten Stand seiner literarischen Fehden als auch die frischesten Überlegungen und Formulierungen des Kritikers an. Eine schwierige artistische Moral, bewegt sie sich doch immer zwischen den Extremen, die unter eigenem Namen veröffentlichte Überzeugung oder umgekehrt die schützende Maske preiszugeben. Dies Ausbalancieren des Selbstverrats macht aber auch verständlich, wie sich bei allem Druck zur Verstellung zugleich doch die Lust behaupten kann, sich sogar Gegnern wie Merkel und Kotzebue zu erkennen zu geben – nicht recht greifbar freilich. So löst denn der Prolog selber an Ort und Stelle jene Spielleidenschaft ein, von der Hanswurst spricht, indem er den Menschen als »spashafte Bestie« definiert; und führt zudem die nun mögliche philosophische Radikalisierung vor, wenn Hanswurst diesen Komödianten anthropologisch bis auf die Knochen demaskiert und zu einer metaphysisch verheerenden, offiziell kaum denkbaren Bestimmung des Lebens vorstößt.

Die Hauptergebnisse der Datierung seien anhand einer graphischen Darstellung veranschaulicht. Man erhält einen guten Überblick über die zeitliche Verteilung, wenn der (höchste) signifikante Zeitraum innerhalb der 32 Artikel graphisch abgesteckt wird, und zwar für das Artikelniveau als Rechteck ohne Schraffur ☐, für das Gesamtniveau als schwarzes Rechteck ■ und das Exklusivniveau als senkrecht schraffiertes ▦. Zeigt die Länge des Rechtecks die Erstreckung im Zeitraum an, so soll die Höhe das jeweilige Signifikanzniveau andeuten: eine Einheit für eine Wahrscheinlichkeit kleiner als $1 : 1000$ ($p < 0,001$), eine halbe Einheit für $p < 0,01$ und ein Drittel für $p < 0,05$. Für »Prolog« und »Teufels-Taschenbuch«-Einleitung nimmt sich die Gegenüberstellung so aus: (s. Tabelle S. 46)

Der »Prolog« konnte also auf dem Exklusivniveau nicht signifikant werden; die »Einleitung« hatte hier wohl ein rechnerisch signifikantes Ergebnis, bei näherem Hinsehen jedoch stellte es sich als Scheindatierung heraus und sei darum in seinem Chiquadrat-Wert – der jedem signifikanten Zeitraum beigegeben ist – in eckige Klammern gesetzt.

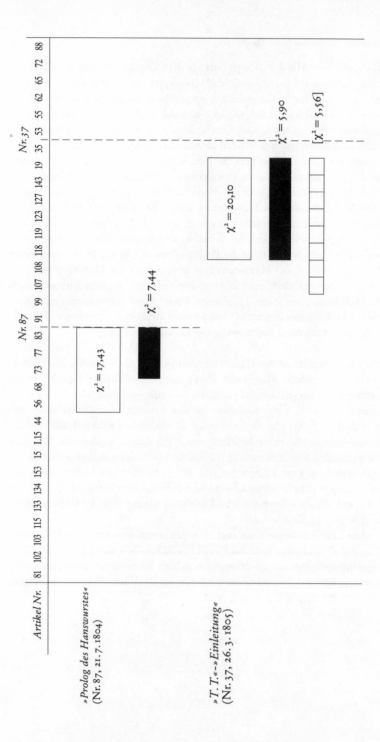

III. Die sechzehn Nachtwachen. Einzeldatierung, Abfolge; Kommentar und Interpretation

1. Überblick: Datierungstabellen auf den drei Grundwortniveaus

Bei den beiden Vorabdrucken »Bonaventuras« vertrug sich die programmatische und argumentative Sprachhaltung ohne weiteres mit derjenigen des Rezensenten und Berichterstatters Klingemann. Von so manchen der erzählerisch stark ins Lyrische changierenden Abschnitten der »Nachtwachen« hingegen ist anzunehmen, daß ihr Wortmaterial weithin vom Grundvokabular auszuschließen bleibt und so die betreffende Nachtwache sprachlich nicht angemessen ins Kalkül kommen kann. Gewiß, da »Prolog« und »Teufels«-Einleitung äußerst schmale Texte waren, müßten die viel voluminöseren Nachtwachen in der Regel noch genügend Substanz für die Signifikanzprüfung zurückbehalten; wo jedoch die sprachliche Innovation sich in den eher vorgangshaft oder sensuell gehaltenen Szenen entwickelt, könnte das Grundvokabular durchaus irrelevant werden und sich nicht wesentlich von dem anderer Nachtwachen abheben. Es würde dann – immer vorausgesetzt, daß es die für die Nachtwache charakteristische Sprachhaltung ist, die sich auch gegenüber dem Grundvokabular all der Artikel am ehesten durchsetzt und für uns darin zu erkennen gibt – vermutlich wohl zur Datierung eines groben Zeitraums reichen, nicht aber zur zeitlichen Feindifferenzierung gegenüber benachbarten Nachtwachen. Die Gefahr einer derartigen Verkürzung ist nun freilich nicht zu umgehen, denn es ist eine statistische Grunderfordernis, nur homogene Daten aufzunehmen, das ist hier all die Wortbereiche auszuschließen, die in den Nachtwachen oder auch den Artikeln eine Sonderrolle spielen und die besonders dann, wenn tatsächlich einmal »zufällig« in einem Artikel und in einer Nachtwache verwendet, ein wie signifikantes Ergebnis erschleichen würden.

Das Ausmaß dieser Gefährdung läßt sich in etwa abschätzen. Tabelle III (s. Anhang) gibt für die einzelnen Nachtwachen und dann gesondert für »Prolog« und »Einleitung« wieder, wieviele der Wörter überhaupt je in den Grundwortkorpus eingehen und wie dieser in sich differenziert ist:

Verbleiben von den 595 Wörtern Text der »Taschenbuch«-Einleitung noch 110 (und zwar hier wie im folgenden verschiedene!) Grundwörter zur statistischen Konfrontation mit dem Grundwortbestand der Artikel, das sind gut 18%, und weist der vorabgedruckte Prolog noch rund 13% auf, so fällt dieser Anteil für die Nachtwachen auf durchschnittlich 9%. Man sieht unschwer, daß die ereignisreichen und dabei beschreibungsintensivsten der Nachtwachen am stärksten verlieren, nämlich die Anfangsnachtwachen um den sterbenden Freigeist, die fünfte mit dem in der »Er«-Form vorgetragenen Geschwisterdrama und besonders die turbulente zehnte und ekstatische elfte Nachtwache um den Blindgeborenen, schließlich auch die 16. Nachtwache mit den wechselnden Szenen um des Vaters Grab. Die quantitativen Verluste spielen aber als solche insofern keine Rolle beim Signifikanztest, als dieser allein von dem t a t s ä c h l i c h aufgenommenen Grundvokabular der zu datierenden Nachtwache ausgeht und es Wort für Wort auf die Artikelserie bezieht. (Unterschiede zwischen Wortvolumen überhaupt und verbleibendem Grundwortanteil werden einzig und allein für die Artikel Klingemanns berücksichtigt, sinnvollerweise, denn es sind sie unterschiedlichen Reaktionen der datierten Artikel auf das Grundwortmaterial der betreffenden Nachtwache, die bei der Datierung interessieren, nicht umgekehrt.) Und betrachtet man nun dies der jeweiligen Nachtwache verbleibende, zur Konfrontation mit den Artikeln erfaßte Grundvokabular näher, läßt sich weiterhin noch der Unterschied zwischen den eher ereignishaften und den eher reflektierenden Texten machen: Sei es, daß grob der Anteil der grammatisch relevanten Grundwörter am betreffenden Grundwortbestand bestimmt wird (s. Punkt c der Tabelle), sei es der Anteil speziell der Konjunktionen und Modaladverbien, als der Funktionswörter (d), von denen die argumentative und reflektierende Sprachhaltung in besonderem Maße Gebrauch macht, – jedesmal liegen »Prolog« und »Einleitung« deutlich über dem Durchschnitt der Nachtwachen und weisen wiederum die genannten ereignisstarken Nachtwachen größere Defizite auf (vgl. die unterstrichenen Zahlenwerte).

Dies Vorergebnis ist nicht ungünstig. Indem die Nachtwachen, die starke Verluste im anschaulichen Vokabular haben, dadurch nicht etwa nivelliert werden zugunsten des grammatikalisch relevanten Vokabulars, vielmehr sich in dem erzählintensiveren – alphabetisch geordneten – Vokabular behaupten, besteht einige Aussicht, daß sie ihre eigentümliche Erzählhaltung weithin ins Grundvokabular hinübergerettet haben und daß so auch die zeitliche Feindifferenzierung möglich bleibt. Im folgenden soll jede einzelne der 16 Nachtwachen dem erläuterten Datierungsverfahren unterzogen werden. Der Vorversuch an »Einleitung« und »Prolog« rechtfertigt den Aufwand und läßt es aussichtsreich erscheinen, den Verlauf der Niederschrift in den großen und auch in feineren Zügen auszumachen. In der Sache selbst ist das Unternehmen einer Einzeldatierung damit zu begründen, daß die organisatorisch wichtigste, pro-

blemverarbeitende Erzählebene des Buchs in Form je der besonderen Nachtwache vorliegt, die in sich in Eröffnung und Abschluß Zusammenhalt hat;
sich durchhaltende Entwicklungslinien, Querverweisungen und ein sich stei-
gernder Erzählanspruch stehen nicht in Widerspruch dazu. Lediglich die
beiden ersten Nachtwachen um den sterbenden Freigeist machen vielleicht
eine Ausnahme, sind in der Abfolge der Etappen merklich ineinandergeführt
und sollen darum sowohl einzeln als auch als übergreifende Einheit datiert
werden. Der Grundgedanke ist aber der einer relativen Autonomie der Einzelnachtwachen, die auch bei Überarbeitung oder nachträglicher Einarbeitung von Teilaktionen und -argumentationen doch als identifizierbare
Arbeitseinheiten mit entsprechender Arbeitszeit angesetzt werden können.
Über die Reihenfolge der Nachtwachen ist darum noch nichts ausgemacht.
Wohl spricht vieles dafür, daß die im Buchdruck vorliegende Abfolge im
großen und ganzen den Prozeß der Niederschrift durch Bonaventura wie-
dergibt. Die eine oder andere Nachtwache hat aber so manches Mal die
Interpreten befremdet, als wäre sie hingeschludert oder stammte gar von
fremder Hand. Das müßte sich jetzt zeigen. Und es wäre nur gut für die
Trennschärfe der Datierung, sollten wirklich Unregelmäßigkeiten wie
Schreibpausen oder thematische Umschwünge vorliegen. – Konkret ist so
vorzugehen, daß anhand der Grundwortliste für jede Nachtwache gesondert
eine Verteilungstabelle angefertigt wird; sie erfaßt das Grundvokabular, das
die betreffende Nachtwache mit den 32 Zeitungsartikeln teilt. Wie vorhin
tabellarisch beschrieben, weist danach die 1. Nachtwache 112 Grundwörter
auf (bzw. mit Rundungsfehler 111,69), die zweite 133 Grundwörter usw.;
wieder wird dabei der für jeden Artikel »beobachtete« Grundwort-Anteil
dem theoretisch »erwarteten« gegenübergestellt und im Chiquadrat-Verfah-
ren nach signifikant abweichenden Zeiträumen hin untersucht, dies auf den
drei verschiedenen Abstraktionsniveaus (Grundwortniveaus). Ehe ich die
Ergebnisse Nachtwache für Nachtwache erörtere und dabei für weitere
Interpretationen nutze, empfiehlt sich ein tabellarischer Überblick, der auf
jedem der drei Niveaus festhält, welche der 16 Nachtwachen für welchen
Zeitraum signifikant zu datieren sind und welche nicht.

Exklusivniveau. Diese nur einmal korrelierbaren, das heißt hier in allen
Nachtwachen und in allen Klingemannschen Artikeln der beiden Jahre je nur
ein einziges Mal gebrauchten Grundwörter haben sich bislang als recht problematisch herausgestellt. Ein Hauptgrund ist schlicht die numerische Schwäche;
die geringe Fallzahl von durchschnittlich knapp 29 Grundwörtern (pro Einzelnachtwache) widerstrebt dem statistischen Verfahren, das erst bei einem
Umfang von 30 und aufwärts die der »Normalverteilung« entsprechende
Größe erreicht. Und unter der Bedingung, daß beim χ^2-Test die »erwartete«

Häufigkeit über »5« betragen sollte, läßt sich bei 20 oder 30 Grundwörtern kaum je ein engerer Zeitraum oder gar Zeitpunkt unter den 32 Artikeln in Erwägung ziehen, so daß wohl oder übel nicht eigentlich überbesetzte Randpartien zuweilen mit in die Datierung einbezogen werden müssen. Ebendie Seltenheit hinwiederum macht auch den Reiz des Exklusivniveaus aus, könnte man doch hier mit sehr bescheidenem sprachstatistischen Arbeitsaufwand schon zu Erfolg kommen.

Tabelle IV verzeichnet für dies Niveau die signifikanten Überbesetzungen, die entweder als die einzigmöglichen oder als die stärksten unter konkurrierenden den Zeitraum der Niederschrift eingrenzen –

Die Hälfte der Einzelnachtwachen läßt sich auf dem Exklusivniveau datieren. Einigen der nichtsignifikanten Nachtwachen ist die äußerst geringe Fallzahl zugutezuhalten, so der 1., 5., 10. und 11. Nw; doch erklärt dies nicht den Ausfall bei der 4. und 8. Nw, die deutlich über dem Durchschnitt der signifikant gewordenen (M = 32,6 Grundwörter) liegen. Ist dies bei der 4. Nw darauf zurückzuführen, daß sie in der 5. Nw eine »prosaische« Fassung der Geschichte des Wahnsinnigen erhält und somit ihr Vokabular tendenziell minder exklusiv ist? Und sollte bei der 8. Nw von Bedeutung sein, daß der »Prolog« als ihr Hauptstück eigens für den Vorabdruck noch einmal überarbeitet worden sein dürfte?

Im exklusiven Gebrauch selber scheint schon ein leichter Widerstand gegen das Festlegbare, Sichfestlegende sprachlicher »Vorlieben« zu liegen. So dulden die vielen formelhaften Wendungen, die sich auf diesem Niveau finden, kaum die – störende – Wiederholung in Nachbartexten. Und der unscheinbaren Geläufigkeit üblicher Vorlieben entziehen sich auch die Formulierungen eigenwilligerer oder auch schon brillanter Komplexität, die beim Schreiben Reserve und Innehalten erfordern; nicht zu reden von den häufigen Zusatzbestimmungen über Präposition und Adjektiv, die gleichsam sprachliche Nebenwege einschlagen. Dies würde die relative Seltenheit des Exklusivvokabulars erklären; offenbar ist da schreibpsychologisch ein Widerstand, den komplexen Ausdruck in anderen Texten wiederholt zu verwenden. Und selbst bei nur einem zweiten Wiedergebrauch in einer anderen Textsorte ist es vermutlich so, daß der Autor das Formulierte nicht auf der Stelle übernimmt, sondern sich Zeit läßt; zumal bei einem Literaten, der sich bei der kritischen Würdigung so sehr auf die nachspielende Erinnerung verläßt.

Soviel zumindest ist schon jetzt zu sagen: Das Exklusivniveau eignet sich eher zur G r o b datierung. Die Präzisierung eines Zeitpunktes ist schon wegen der geringen Fallzahl schwer möglich, und selbst bei überdurchschnittlicher numerischer Stärke im »Exklusiven« lassen sich Texte unter gewissen Umständen nicht datieren. »Grobdatierung« trifft so auch für die signifikant gewordenen Zeiträume zu: Die Spannbreite der datierten Nachtwachen umfaßt durchschnittlich knapp zehn Einzelartikel, gar reicht die 14 Artikel umgreifende 13. Nw zeitlich vom 19. 6. 1804 bis zum 31. 3. 1805, über ein Dreivierteljahr hin! Bedenkt man die Dienemann-Verlagsanzeige vom 1. 9. 1804, wonach die ausstehenden Titel der »Original-Romane« »bereits alle unter der Presse« seien,[1] erscheint dies Ergebnis reichlich vage; ohne darum falsch sein zu müssen, liegt doch auch die 13. Nw, deren vorgeschobenster Zeitpunkt noch um einen Artikel weiter reicht als bei der Datierung der »Teufels-Taschenbuch«-Einleitung, noch im Zeitraum um Nr. 87 von 1804 (Zeitpunkt des »Prolog«-Vorabdrucks). Derartige Spannbreiten beim Exklusivniveau wird man dann akzeptieren, wenn es nur darum geht, den Autor eines Textes zu identifizieren oder darum, einen Text in einem Zeitraum von mehreren Jahren zu lokalisieren. Beidemal besticht der minimale Arbeitsaufwand bei diesem Verfahren, das hier schon bei 15 oder 19 Grundwörtern (Nw 2 und 7) eine ungefähre Datierung erlaubt und das so als das einzige der drei Niveaus auch bei einer Anwendung über viele Jahre hin noch ökonomisch zumutbar bliebe. Beidemal freilich dürfte man sich nicht auf einen kurzen Text verlassen, vielmehr müßte das zu datierende Textmaterial möglichst unterschiedliche Passagen aufweisen, am besten in einer Text- oder Kapitelabfolge wie hier in Gestalt der Nachtwachen. Dann auch hat man sogar die Chance, wie hier eine gewisse Schwerpunktverlagerung in der Abfolge zu konstatieren: Die drei ersten Nachtwachen gruppieren sich um das Ende von 1803 und den Anfang von 1804, die mittlere 7. und 9. Nw in etwa um Sommer 1804, und bei den Schlußnachtwachen 13, 14 und 16 verschiebt sich der Schwerpunkt noch um Wochen oder Monate. Die 15. Nw scheint eine Ausnahme zu machen und einer früheren Schreibphase anzugehören. Zu solchen Feindatierungen sind jedoch die beiden anderen, Mal auf Mal reichhaltiger angelegten und je das »höhere« Abstraktionsniveau in sich aufnehmenden Niveaus geeigneter.

Das artikelspezifische Niveau (»Artikelniveau«). Aufgenommen von der Nachtwache werden hier die Grundwörter, die Klingemann nur in einem einzigen der 32 Artikel gebraucht hat. Die Differenzierung geht also als solche nicht von der betreffenden Nachtwache selber aus, sonderi selektiert deren Grundwortbestand danach, daß der Gebrauch auf die kleinste angebbare Zeiteinheit (den Einzelartikel) beschränkt blieb. Diese Niveaukonstruktion rechtfertigt sich durch den Gedanken, daß sich Schreibvorlieben von Zeitpunkt zu Zeitpunkt auch insofern neu herauskristallisieren können, als mit jedem neuen – zeitlich identifizierbaren – Artikelbeitrag auch ein neuer Anreiz gegeben ist, Intonation oder etwa Beschreibungsschärfe der Darstellung durchgängig zu variieren; um so schärfer und zusammenhängender vielleicht, falls mehrere Bücher oder Theaterstücke zugleich vorzustellen sind. Wohlgemerkt, es ist nicht der Wechsel in Buch oder Schauspiel der M a t e r i e nach, der bei dieser

Betrachtung in Frage kommen soll (das entsprechende Fachvokabular ist ja
vom Grundvokabular ausgeschlossen), sondern der Wechsel als ein erneutes
Sichkonzentrieren, so vor allem auf Anfang, Komposition und Schlußstellung,
wobei gewiß auch die zeitweilig den Autor besonders beschäftigenden Pro-
bleme und Phantasmen sprachlich durchschlagen, auch von anderer Schreibtätigkeit her. Wie stark auch immer, Kriterium auf diesem Niveau ist ein zeitlich
engumschriebener Typus von »Vorlieben«: Während das »Gesamtniveau« das
eine Wort auch im wechselvollen Gebrauch, über einen längeren Zeitraum hinweg für Klingemanns Artikel verfolgt, haben die auf dem »Artikelniveau« aufgenommenen Grundwörter die Aura des Zeitpunkthaften; erlauben aber im
Unterschied zum »Exklusivniveau« den mehrfachen Gebrauch in diesem Artikel selbst (was recht selten vorkommt) und (was meist der Fall ist) den
Gebrauch in verschiedenen der Nachtwachen. Der Vorteil gegenüber dem
Exklusivniveau besteht so in der Stetigkeit und Stabilisierung beim Gebrauch
der Grundwörter. Der Nachteil einer relativen Verstreuung über verschiedene
Nachtwachen hin hält sich dadurch in Grenzen, daß die Schreibarbeit an den
»Nachtwachen« bedeutend kürzer ist als die an allen Artikeln des Zweijahres-
zeitraums, so daß ein in verschiedenen Nachtwachen gebrauchtes Grundwort
doch noch dazu beitragen kann, jede dieser Nachtwachen mehr oder minder
eng um einen bestimmten Artikel-Zeitpunkt zu gruppieren. Auch hier ist die
einzelne Nachtwache selber ausschlaggebend, denn wieder wird eine jede für
sich genommen, in ihrem (artikelspezifischen) Vokabular Wort für Wort auf die
Artikelserie bezogen. Nur diejenigen Grundwörter zu berücksichtigen, die
nur zu einem einzigen Zeitpunkt belegt sind, liegt im Sinne unserer Hypothese
und ist legitim als Auswahlverfahren; für die Nullhypothese, die bei Vorliegen
zweier verschiedener Autoren gilt, läßt sich auch hier korrekt behaupten, daß
Übereinstimmungen im Sprachverhalten nur in den Toleranzgrenzen des
»Zufälligen« eine Rolle spielen können.

   Tabelle V verzeichnet Nachtwache für Nachtwache die signifikanten zeitlichen Zuordnungen. Das Gesamtbild ist in fast jeder Hinsicht prägnanter als
auf dem Exklusivniveau (durchschnittlich 36 % der artikelspezifischen Grundwörter sind übrigens exklusiv in jeder Nw gebraucht): Nur eine der 16 Einzelnachtwachen ist nicht signifikant, die elfte, numerisch schwächste; und auch
das nur, weil der e-Wert für Zeitraum Nr. 68–91 unter dem empfohlenen Min-
destwert von »5« liegt (»e« = 4,27 bei einem »b« = 9 entspräche einem χ^2 = 4,19,
weshalb ich den Zeitraum einmal in gestrichelter Umgrenzung hinzusetze).
Die im Exklusivvokabular sich andeutende Schwerpunktverlagerung bestätigt
sich, wobei die Nachtwachen, die erst jetzt ein signifikantes Ergebnis zeigen,
sich in etwa in die Lücken einpassen: Eine erste Nachtwachen-Gruppe reicht
von Ende 1803 bis Anfang 1804 (Nw 1, 2, 3, 4 und tatsächlich auch Nw 15);
eine Mittelgruppe hat ihren Schwerpunkt ungefähr bei Artikel Nr. 73 vom

19.6.1804 (Nw 6, 7, 8, 9 und auch 5 und 14); eine letzte Gruppe mit den Nachtwachen 10, (11), 12, 13 und 16 scheint noch etwas später geschrieben zu sein. Artikel Nr. 107 vom 6.9.1804 ist der letzte, und zwar von drei Nachtwachen erreichte Zeitpunkt, der noch für die Niederschrift in Frage kommt. Das dürfte heißen, falls die Dienemann-Anzeige so korrekt ist, daß die »Nachtwachen« unverzüglich nach der Fertigstellung vom Verlag für den Druck entgegengenommen wurden (doch dazu und zum Erzählbeginn später).

Nicht nur sind auf dem Artikelniveau so gut wie alle Nachtwachen zu datieren, sondern auch Signifikanzniveau und Spannweite (der Zeiträume) überzeugen stärker als auf dem Exklusivniveau. Für acht der 15 signifikant gewordenen Einzelnachtwachen ist die Irrtumswahrscheinlichkeit geringer als 1 : 1000, vier Nachtwachen sind mit einer sprachstatistischen Sicherheit von mindestens 99 % zu datieren (p ≦ 1 %) und drei nur sind auf dem untersten, dem 5 %-Niveau signifikant. Statt der 29 Grundwörter auf dem Exklusivniveau enthält das artikelspezifische Niveau durchschnittlich 79 Wörter pro Nachtwache, wobei die acht »hochsignifikant« gewordenen Nachtwachen im Durchschnitt 104 Grundwörter aufweisen, die »sehr signifikanten« 65 und die drei lediglich »signifikanten« rund 53 Grundwörter. Zu der höheren statistischen Sicherheit tritt auf diesem Niveau eine erhebliche Präzisierung in der Angabe des Zeitraums. Die Spannweite schrumpft von einer Sequenz von durchschnittlich 10,3 Einzelartikeln auf eine von 5,6 Artikeln. Die 13. Nw ist nun im Rahmen der anderen, womit die Niederschrift der »Teufels-Taschenbuch«-Einleitung von dem Schreibverlauf der »Nachtwachen« klar gesondert erscheint.

Doch ein Bedenken ist immer noch nicht ausgeräumt: So wenig daran zu zweifeln ist, daß im Vergleich mit dem Exklusivniveau das artikelspezifische Niveau in toto überlegen ist, so wenig ist darum schon in jedem Einzelfall auf das Ergebnis des solideren Niveaus zu setzen oder auch auf das solideste Einzelergebnis unter den drei Niveaus. Die Verhältnisse sind komplexer; so wäre etwa die Relevanz von Nr. 73 für die Nachtwachen 8 u n d 14 noch genauer zu erörtern. Ebensowenig ist ein Ergebnis schon darum das beste, weil es den engsten Zeitraum unter konkurrierenden Signifikanzen festlegt. Wenn etwa die 7. Nw ausnahmsweise um zwei Artikel früher einsetzt als auf dem Exklusivniveau, muß dies nicht einmal weniger präzis sein, da ja eine Episode oder Teilhandlung durchaus früher verfertigt worden sein mag als das Hauptstück. Überhaupt ist immer zu bedenken, daß es sich bei den drei Niveaus um operative Konstruktionen handelt, von denen eine jede einen bestimmten »Vorlieben«-Stil anzusprechen sucht.

Gesamtniveau. Um die kurzfristig sich ändernden Schreibvorlieben eines Autors möglichst differenziert zu erfassen, auf unterschiedlichen Formulierungsebenen, sollte im »Exklusivniveau« das Moment peinlichster Seltenheit angesprochen werden und im »Artikelniveau« eine zeitpunktartige Isolation im offiziellen Sprachgebrauch des Autors. Dies waren Abstraktionsschnitte durch das Grundvokabular, das dem Autor überhaupt zur Verfügung steht. Wenn nun a l l e aufgenommenen Grundwörter in die Wahrscheinlichkeitsberechnung einbezogen werden, so gehen selbstverständlich die Effekte für jene Niveaus nicht einfach verloren; sie werden allerdings gewaltig beeinflußt durch das quantitative Übergewicht der neu hinzutretenden, oft wie zersplitternden und meist auch unauffälliger gebrauchten Grundwörter, – das Grundwortvolumen pro Nachtwache steigt von durchschnittlich 29 auf dem Exklusivniveau und 79 auf dem Artikelniveau auf nunmehr 223 Einzelwörter an! Ob sich dies als Verwischen der Datierungsgrenzen auswirkt, ist durch die Verstreuung allein noch nicht ausgemacht; denn man darf annehmen, daß das Wechseln in sprachlichen Vorlieben sich auch weit weniger spektakulär zuträgt als auf den erwähnten Niveaus, daß mithin beim Gebrauch von Grundwörtern auch allmählich sich verstärkende und dann wieder abklingende Neigungen (und Abneigungen) des Autors einherspielen. So zähflüssig und für die Zeitraum-Konturierung geringfügig sie auch sein mögen, sie müßten gegebenenfalls doch im Sinne einer Gegenkorrektur auf das mehr oder minder Unübliche der beiden anderen (Teil-)Niveaus Einfluß nehmen können. Bei den Vorstudien zum »Prolog des Hanswurstes« und zur »Teufels«-Einleitung hat sich der auf dem Gesamtniveau umschriebene Zeitraum in etwa mit dem artikelspezifischen gedeckt. Um derartige Übereinstimmungen und eben auch Differenzen plastisch herauszubringen, stelle ich in Tabelle VI (Anhang) die Ergebnisse auf dem Gesamtniveau im direkten Vergleich mit dem vorhin beschriebenen Artikelniveau vor –:

Die 11. Nw, die wegen der minimalen Fallzahl bislang nicht signifikant werden konnte, ist jetzt zuverlässig zu datieren, und zwar in etwa für den Zeitraum, der sich schon auf dem Artikelniveau kräftig als Tendenz abzeichnete. Hingegen wird die 12. Nw als einzige nicht signifikant, während sie auf dem Artikelniveau mit einer statistischen Sicherheit von über 99 % ($p \leq 0,01$) zu datieren war. Von diesem Ausfall – der bei der Einzelanalyse der Nw zu besprechen sein wird – abgesehen, hält das Gesamtniveau annähernd, was man sich von den beiden Vorstudien her versprechen durfte. Im Signifikanzgrad ist es zwar längst nicht so eindrucksvoll wie das Artikelniveau, wird doch nur bei drei Einzelnachtwachen statt acht dort die Wahrscheinlichkeit $p \leq 0,001$ erreicht und bei sieben statt nur dreien lediglich das 5 %-Niveau von $p \leq 0,05$. Dafür aber reduziert es bei der Angabe des Zeitraums noch einmal die durchschnittliche Sequenz von 5,6 Artikeln auf 4,7 Artikel (für die Einzelnachtwachen). Auch hier ist Artikel Nr. 107 vom 6.9.1804 der letzte bei der Datierung zu berücksichtigende Zeitpunkt.

Verfolgt man den Schreibprozeß auf beiden Niveaus, rücken die Nachtwachen streckenweise wie im Gleichschritt fort. Deutlicher als auf dem Artikelniveau allein tritt in der Zusammenschau auch die anfängliche Gruppierung für die Nachtwachen 1, 2, 3, 4 und 15 hervor; ihr gemeinsamer Schwerpunkt liegt eindeutig vor Beitrag Nr. 44 vom 12. 4. 1804. Von einer schmalen Mittelgruppe mit Nw 6, 7 und 8 scheint sich die 5. Nw abzusetzen und wie die umstrittene 10. Nw später angefertigt worden zu sein als es ihrer Stellung im Abdruck entspricht. Bei diesen beiden und allen folgenden Nachtwachen ist Artikel Nr. 56 vom 10. 5. 1804 der frühstmögliche Zeitpunkt und erstreckt sich der Zeitraum selbst maximal über die vier Monate bis zur Veröffentlichung von Beitrag Nr. 107. An der Schlußgruppe fällt eine abweichende Betonung für die 14. Nw auf, nicht länger ist sie nur auf Nr. 73 konzentriert, sondern auseinandergezogen bis hin zu Nr. 107. Was diese kleinen Differenzen besagen, wird im einzelnen zu erwägen sein; es müssen nicht einmal Widersprüche sein, vielmehr kann eben die unterschiedliche Perspektivierung durch die beiden Niveaus darin zum Ausdruck kommen.

Im Vergleich mit dem Artikelniveau ist am Gesamtniveau eine Gegenbewegung zu beobachten, eine Signifikanz-Schwächung und gleichwohl in der Regel eine Zeitraum-Straffung. Wie die vielen hier neu hinzutretenden Grundwörter, die immer auf auseinanderliegende Zeitpunkte verstreut sind und meist im nichtsignifikanten Zeitraum mitgebraucht werden, den Signifikanzgrad tendenziell herabsetzen, zeigt sich am besten gerade dort, wo sie mit dem Artikelniveau in der Zeitraum-Angabe noch genau übereinstimmen, nämlich in den Nachtwachen 4, 6, 13 und 15: Zieht man alle artikelspezifisch gebrauchten Wörter ab vom Gesamtniveau, das heißt betrachtet man den Effekt nur der verstreuten Grundwörter, so ist ihr Beitrag zum signifikanten Zeitraum wohl überdurchschnittlich, doch so geringfügig, daß die Signifikanz erheblich verringert wird. Und doch, trotz der »Diffusion« je auf mehrere Artikel setzen diese Grundwörter bei acht anderen Einzelnachtwachen eine Zeitraum-Straffung gegenüber dem Artikelniveau durch, besonders für die 10. und 5. Nachtwache. Bei ihnen beiden ist der Grund leicht zu erkennen. Schon auf dem Artikelniveau zeichnete sich dieser engere Zeitraum kräftig ab, ließ aber wegen seines zu geringen »Erwartungs«-Werts die Signifikanzberechnung nicht zu. Erst die auf dem Gesamtniveau miterfaßten Grundwörter ermöglichen eine korrekte Errechnung und konsolidieren – obgleich im Eigenbetrag wieder sehr bescheiden – die Grundtendenz. Den anderen Straffungen ist jetzt, für den Überblick, nicht weiter nachzugehen. Bei den Detailuntersuchungen wäre darauf zurückzukommen und auch auf den Umstand, daß das Gesamtniveau für die 8. Nw eine weitaus breitere Datierungsspanne verzeichnet.

Die Abweichungen zwischen beiden Niveaus sind sehr gering. Bedenkt man, wie energisch auf dem Artikelniveau das Grundvokabular einer Nacht-

wache nach Maßgabe der offiziellen (seltenen) Schreibgewohnheiten Klingemanns ausgemustert und als solches im Vergleich berechnet wird, dann ist es
schon erstaunlich, daß nun das Gesamtniveau zu keinem wesentlich anderen
Datierungsergebnis kommt. Allein die Hypothese von der Identität des Verfassers macht eine solche Übereinstimmung begreiflich; und selbst unter ihr
erscheint die Selektion auf dem Artikelniveau als ein derartiger Eingriff, daß
man auf das Gesamtniveau zumindest zur Gegenkontrolle nicht verzichten
möchte. Für künftige und vergleichbare Datierungen von Texten freilich
würde es wohl meist durchaus genügen, sich nur auf eines der Niveaus zu stützen; zu favorisieren wäre das Artikelniveau, das erheblich weniger Aufwand
erfordert.

Mit den drei tabellarischen Niveau-Übersichten kann es längst nicht sein
Bewenden haben. Mögen auch die Differenzen zwischen den beiden zuletzt
behandelten Niveaus den großen Ablauf der Niederschrift nicht mehr in Frage
stellen, so sind doch im Einzelfall die Akzente anders gesetzt. Methodisch
bleibt vor allem eines zu beachten: Die für die Nachtwachen signifikant
umschriebenen Zeiträume sind gemäß der Erscheinungsfolge der veröffentlichten Artikel bestimmt worden; die Schreibarbeit an den Artikeln ist aber
nicht gleichförmig. Bei Sammelbesprechungen etwa mochte die eine oder
andere Teilrezension lange schon vorgelegen haben und so zeitverzögert veröffentlicht worden sein. Zudem dürfte es für die Bearbeitungsdauer grundsätzlich gewisse, auch redaktionell zu verantwortende Prioritäten geben, – mit
unterschiedlichem Zeitdruck bei der Kritik von Neuerscheinungen, rückblik-
kenden Messeberichten, ästhetischen Abhandlungen und Theaterberichten.
Solche Zeitdifferenzen von der Niederschrift bis zur Veröffentlichung haben
bei der Datierung den Effekt, daß die so »verspäteten« Artikel(-teile) den Zeitraum entweder auseinanderziehen oder verkürzen: Falls ein wesentlich früher
schon verfertigter Beitrag erst am Ende des signifikanten Zeitraums gebracht
wird, würde er die Zeitgrenze zu weit hinausrücken; falls er zu Beginn
erscheint, würde er selber zwar wegen seiner sprachlichen Abweichungen entfallen, aber sein Erscheinungsdatum könnte eventuell noch für die Niederschrift der betreffenden Nachtwache in Frage kommen. Mithin läßt sich als
Faustregel ansetzen, daß im Zweifelsfalle die datierten Zeiträume am Zeitende
abzukürzen und umgekehrt im Zeitanfang ein wenig »früher« festzumachen
sind. Oft freilich ist zur genaueren Bestimmung auf die vielen Außendaten
zurückzugreifen, die Klingemann in seiner kritischen Tätigkeit berührt oder
verarbeitet. Auch die Nachtwachen selber enthalten zuweilen Hinweise auf
Zeitgenossen, Ereignisse oder bestimmte Publikationen.
    Wichtiger als diese Feindatierung selbst ist mir nun aber der damit einher-
gehende Versuch, wie schon die »Teufels-Einleitung« und den »Hanswurst-

Prolog« so auch die »Nachtwachen« von Klingemanns Artikeln und seinen anderen Schriften her neu zu begreifen. Indem der Datierung schrittweise gefolgt werden kann, läßt sich das Unternehmen »Nachtwachen« in mehrfachem Sinne als »work in progress« kenntlich machen: in der Lebendigkeit spontaner, auch irritierender Anregungen durch nachweisbar »gleichzeitige« Lektüren oder etwa Theater- und Konzertbesuche; in einer Fülle von Motiven und Erzählthemen (vorab dem der »Nacht« als einer Gegenzeit), die in der literarischen Biographie Klingemanns wohlvorbereitet lagen und nur einer glücklicheren Konstellation bedurften; wobei nicht lediglich externe oder interne »Einflüsse« konstatiert werden sollen, vielmehr der verwickelte Prozeß der Niederschrift selbst herauszubringen ist, der sich sowohl in vielen kleinen »Übersetzungs«- oder Überformungsdetails zeigt als auch in den Grundzügen der Komposition, in der anfänglichen Unsicherheit des Verfassers, der noch an seine letzte satirische Arbeit Anschluß sucht, um immer entschiedener zu philosophischen Fragestellungen vorzudringen.

Nicht allein der als Nachahmer verschrieene Klingemann gewinnt dabei, in den »Nachtwachen« selber läßt sich manch ungeahnte zeit- und literaturgeschichtliche Kontroverse entdecken.

2. Anfangskreis (Nachtwachen 1, 2, 4, 15 und 3)

1. Nachtwache (»Der sterbende Freigeist.«)

Den Erörterungen der jeweiligen Nachtwache stelle ich zuweilen ihre Grundwortverteilung voran, und zwar für den Zeitraum, der sich auf dem Artikelsowie auf dem Gesamtniveau signifikant ermitteln ließ. Bei Abweichungen zwischen beiden Niveaus wird immer der umfassendere, weitere Zeitraum berücksichtigt. Die artikelspezifisch bzw. darunter exklusiv gebrauchten Grundwörter führe ich dann manchmal gesondert auf, gebe hingegen vom Gesamtniveau immer nur die Enddifferenz zwischen tatsächlich-»beobachtetem« und »erwartetem« Zahlenwert pro Artikel wieder. Hier die Kurzfassung für die erste Nachtwache:

Artikel Nr.	134 (8. II. 1803)	153 (22. 12.)	15	I. 15 44 56	68	73
Grundwörter auf dem Artikel- bzw. (kursiv gesetzt) *Exklusivniveau*	1 = *»mit … Ruhe«* 1 = *doch keinesweges*	1 = *Gedanke* 1 = *mystisch* 1 = *Vergleich* 1 = *»verschwistern«* 1 = *nicht nur, sond. auch*	1 = *auffinden*		1 = *Unsterbl.* 1 = *verspre-chen*	1 = *bündig* 1 = *satirisch*
»Gesamtniveau«-						
b =	6,8	8,7	4,3	2,1 4,0 0,9	3,6	6,5
e =	4,3	4,1	3,4	1,0 3,7 1,4	5,0	5,0

Auf allen drei Niveaus liegt innerhalb des signifikanten Zeitraums (vgl.
Tab. VI) der Schwerpunkt auf dem Jahresende 1803, auf den Artikeln Nr. 134
und besonders Nr. 153. Nur sie kommen für den Erzählbeginn in Betracht,
denn Nr. 133, obwohl vermutlich zugleich mit Nr. 134 abgeschickt, hat im
Wortanteil nicht die geringste Relevanz (hat kein artikelspezifisches Grundwort und bleibt auch auf dem Gesamtniveau unter »Erwartung«). Der Ausfall von Nr. 133 läßt sich thematisch leicht dadurch erklären, daß Klingemann
in diesem Artikel, »um nicht Alles veralten zu lassen«, drei Braunschweiger
Theaterstücke hintereinander vorstellt, von denen »Ma tante Aurore« schon
für die erste Oktoberwoche als Benefizvorstellung angekündigt war (laut
»Braunschweigischen Anzeigen«)[1]. Der große Zeitabstand zwischen der Verfertigung von Nr. 133 und Nr. 134 wird um so plausibler, als dieser Doppelbei-
trag Nr. 134 nun von äußerster Aktualität ist. Im ersten Teil bringt Klingemann eine Kritik von Goethes »Eugenia« und im zweiten Teil einen Bericht
über eine »kürzlich« in Braunschweig gastierende Opernsängerin aus Turin;
»Braunschweig, 29 Oktbr.« setzt Klingemann unter seinen zweiten Teilbe-
richt von Nr. 134, und diese Datierung erlaubt eine recht genaue Festlegung
des »Nachtwachen«-Beginns. Da nämlich in den Braunschweigischen Anzeigen vom 15. Oktober die »Eugenie« (»Die natürliche Tochter«) als erhältlich
annonciert wird und ebendort sich eine Anzeige findet, wonach Signora Ger-
bini aus Turin am 20. Oktober in Braunschweig ihr Violinkonzert geben
wolle,[2] Klingemann also von dem Konzert nachweislich rasch berichtete und
auch mit seinen Überlegungen zu Goethes Stück offenbar bald hervortrat,
dürfen wir den Oktober 1803 als frühestmöglichen Zeitpunkt für die Niederschrift der 1. Nachtwache ansetzen (die zweite Oktoberhälfte eher als die
erste).

Mit der statistisch und publikationstechnisch begründeten Entscheidung
für Oktober 1803 als terminus ante quem non läßt sich nun aber auch eine
nicht unwichtige Vermutung zur literarischen Form treffen. Der Erzähltitel
»Nachtwachen« ist als solcher wahrscheinlich kein Einfall Bonaventuras.*

---

* Wobei ich ein 1790 anonym erschienenes Buch mit dem Titel »Die Nachtwachen des
   Einsiedlers zu Athos« wenigstens erwähnen möchte. Beachtenswert daran gewisse
   Attitüden geistiger Einsamkeit: »Bei Tage ist's mein Beruf, zu bethen, zu singen, zu
   gähnen, und vor langer Weile einzuschlafen. Des Nachts, wenn selbst die Thiere der
   Ruhe pflegen, wache ich, weil ich am Tage nicht arbeitete.« »Die Engeln sagen mir
   kein Wort, und selbst die Teufeln versuchen mich nicht«,[3] was leider nur allzuwahr
   ist, denn was da in drei Nachtwachen folgt (»Erste Nachtwache. – Spinoza der
   Dritte. –« »Zwote Nachtwache. – Theorie der Mirakel.« »Dritte Nachtwache. –
   Natur der Dinge.«) ist trockenes Räsonnement, spinozistisch gehaltenes mixtum
   compositum aus Theoremen Wolffs, Buffons, der Stoa, Clarkes und anderer.
       Der Braunschweiger Klingemann könnte das Buch später sehr wohl kennenge-
   lernt haben. Der Verfasser nämlich, Karl von Knoblauch, war ein Bewunderer

Wenig zuvor waren in Friedrich Schlegels »Europa«, im 1. Heft des 2. Bandes
die anonymen, »großes Rätselraten«[5] auslösenden »Erzählungen von Schauspielen« zu lesen: »E r s t e N a c h t w a c h e« lautete der Untertitel dieser von
Achim v. Arnim stammenden Besprechung französischer Schauspiele und
Theater! Daß dieses Heft – Ende September 1803 war es zu erhalten[6] – tatsächlich auch von Klingemann gelesen wurde, steht ja nach unseren Recherchen
zum »Teufels Taschenbuch« außer Zweifel: A. W. Schlegels Wort von der
»excentrischen Dummheit«, das Klingemann im Postskript zu Nr. 127, 1804
zitiert, findet sich im Anfangsbeitrag dieses Heftes, in den dort abgedruckten
Berliner Vorlesungen »Über Litteratur, Kunst und Geist des Zeitalters«[7].*

Wie aber hätte diese »Erste Nachtwache« (und Arnims einzige) Klingemann so beeindrucken können, daß er den Untertitel zum Titel und vor allem
zum Erzählprinzip des eigenen Buchs machte? Wennschon dies eine weitere
Übernahme ist, so wird auch sie erst durch Klingemanns eigene literarische
Entwicklung sowie über die Irrwege seiner Hauptfiguren verständlich. Zu
Beginn der 5. Nw wird der Leser mit der folgenden Gepflogenheit Kreuzgangs
bekannt gemacht: »Die vorige Nachtwache währte lange, die Folge war, wie
bey Jenem, Schlaflosigkeit, und ich mußte den *hellen prosaischen Tag*, den ich
sonst meiner Gewohnheit gemäß, wie die Spanier, zur Nacht mache, durchwa-
chen« und gegen ihn zur Feder greifen. Man höre nur, wie Klingemann selber
die Nacht zum Lebensraum dessen erklärt, der schreibend gegen das bürgerliche Tagesleben anhält, zu einer Gegenexistenz noch mitten im prosaischen
selbst: »Es ist ein heisser Tag, und ein spanischer Himmel scheint alles zu ver-
sengen ... ich habe oft die eigene Laune, die Fensterladen zuzuschließen, Licht
anzuzünden und durch eine künstliche Nacht den *hellen prosaischen Tag*
zu verdrängen. Ich möchte auch behaupten, ein Dichter könne am Abende

---

und Briefpartner des Braunschweiger Freigeistes Mauvillon; speziell sein Hauptwerk »Die Nachtwachen« sei in den »scharfen Angriffen gegen den christlichen
Wunderglauben ... mit größter Wahrscheinlichkeit von Mauvillons Überlegungen
beeinflußt worden«.[4]

*　Es gibt auch in Klingemanns Artikeln selber ein kleines Indiz, daß er Arnims
»Nachtwachen«-Aufsatz gelesen und daraus exzerpiert hat. Arnim bei Erwähnung
der Pariser Oper: »verzerrt durch die Sänger, entcharaktert durch den Dichter,
erscheint hier die Zauberflöte *unter dem Titel* ›Mysteres d'Isis‹«.[8]
　Klingemann bemerkt in Nr. 119 vom 4. 10. 1804, wo er u. a. über eine Braunschweiger Aufführung der »Zauberflöte« schreibt: »Bekanntlich wird auf dem ›théatre des arts‹ in Paris eine verstümmelte Bearbeitung dieser Oper *unter dem Titel*:
›les mystères d'Isis‹, aufgeführt«.
　Auch Johann F. Reichardt berichtet in seinen vielgelesenen Reisebeschreibungen
»Vertraute Briefe aus Paris geschrieben in den Jahren 1802 und 1803« von einer Aufführung der »abgeschmackten« »Mystères«, spricht aber immer nur von der
»Oper«,[9] während sich Arnim bei dem Wort »Oper« auf der Stelle und auffallend
berichtigte: »... in der Oper, wollte ich sagen, ich meine im ›Théatre des Arts‹«.[10]

und in der Nacht weit reicher darstellen, als am hellen Tage, wo die Phantasie mehr nach aussen gerichtet wird, da sie dagegen in der Nacht und Dämmerung in sich zurückgeht und ihre wunderbaren Tiefen sich eröfnen.« Der so schreibt, ist nicht etwa einer der Romanhelden Klingemanns, sondern Klingemann selber als – anonymer – Verfasser von »Gemählden der Braunschweiger Sommermesse 1802«.* Ob dies Plädoyer zugunsten der nächtlich-poetischen Arbeit buchstäblich zu nehmen ist, muß dahingestellt bleiben; jedenfalls scheint Klingemann hier von einer tiefen Neigung zu bekennen.

Wenn er dann 1803 dem anonymen Verfasser die »Erste Nachtwache« gleichsam aus der Hand nimmt und fortsetzt, dann nicht als Kopist oder Nachahmer, sondern in der Inspiration, mit der elementaren »nächtlichen« Neigung auch formtechnisch zum Durchbruch zu kommen. Wir sehen dies auch daran, daß sich Arnim, um auf elegante und muntere Weise ein gut Dutzend französischer Theater und ihre Stücke zu charakterisieren, noch die äußere Situation um ein Krankenlager her gewählt hat, mit leicht allegorischer Überhöhung der verschiedenen Personen (die Kranke, der Erzähler, die Gesunde, der Schreiber, der Weltfreund, ein Hauskobold schließlich). Dies ist ja nicht das Situationsbild, von dem Klingemann für die »Nachtwachen« ausgeht (abgesehen davon – eine kleine Hommage an Arnim? –, daß die erste Nachtwache um einen Todkranken kreist). Vielmehr ist es das schon 1802 für die Messe gebrauchte Bild, das eines umherstreifenden und sich wieder zurückziehenden Beobachters.

»Gemählde der Braunschweiger Sommermesse 1802.«

Er setzt recht zweideutig ein, wohl um die Anonymität nicht aufs Spiel zu setzen: »Ich reisete nicht in merkantilischer Hinsicht zu dieser Messe...« (was er als Braun-

---

*   Auf diesen Messebummel in Form von sechs »Ausflügen«, am 23. und 25.9. 1802 in der »Eleganten« ohne Namensangabe und nur mit zwei Asterisken erschienen, hat schon Klingemanns Biograph Hugo Burath (1949) aufmerksam gemacht: »ein Unbekannter (wahrscheinlich Klingemann)« habe dort eine – dann 1816 von Klingemann eingeführte – Schauspielerschule gefordert.[11] Den genaueren Nachweis der Autorschaft, der auf negativer »Identitätsstufe« durch das an anderer Stelle vorgestellte Exklusionsverfahren[12] zu erbringen wäre und affirmativ über die Schreibvorlieben und Stileigenheiten Klingemanns, kann ich mir hier ersparen; man könnte ihn aufgrund der vorliegenden Materialien unschwer nachvollziehen. Außerdem ist Klingemann in dem Tagebuch seiner Theaterreisen 1819 noch einmal unter eigenem Namen auf diese nächtliche Arbeitsweise zurückgekommen:

> »Auch Schillers Haus ... suchte ich an der Esplanade auf, und schaute hinauf zu den beiden Fenstern am Dache, hinter welchen der Dichter oft am Tage, bei verschlossenen Laden und angezündeten Lichtern seine Werke dictirte. Schiller gehörte zu den Nachtigallsängern, welche am Abende erst recht wach werden, und deren Begeisterung mit der heraufziehenden Nacht und unter dem gestirnten Himmel am erhabensten ausströmt. So schuf er selbst oft eine k ü n s t l i c h e Nacht um sich her, seine Phantasie zum eigenen Schaffen höher anzufeuern.«[13]

schweiger wahrlich nicht nötig hatte), »vielmehr will ich Ihnen ein allgemeines Gemählde von Braunschweig zu dieser Zeit entwerfen und Sie auffodern, mich auf meinen Spaziergängen zu begleiten.« Wie Kreuzgang seine nächtlichen Gänge oder »Nachtwachen« wiederholt mit Gemälden oder »Nachtstücken« vergleicht, werden hier die »Gemählde«-Ausschnitte in Form von sechs »Ausflügen« erzählt (»Erster Ausflug« usw.). Schon hier ist es eine Ausnahmezeit, eine positiv gesteigerte freilich, denn »eine Messe ist mir gleichsam ein festlicheres Bild des Lebens, die allgemeinen Verhältnisse sind mir höher gerückt. Alles greift frischer in einander...«:

Flüchtig wird das Warenangebot in den Buden und auf einer Galerie durchlaufen, in einer Rotunda läßt er sich das illusionistische Panorama von Toulon zeigen und stellt sich uns dann als raffinierter Flaneur vor, der sich bei seinen Streifzügen gern auch vom Zufall leiten lasse; doch all die Attraktionen und Amüsements wie das noch im Bau befindliche »Kolosseum« des Vieweghauses, Illuminationen mit den »Töchtern der Freude« im Mittelpunkt, ein Besuch im Schauspielhaus (»Die deutschen Kleinstädter« Kotzebues seien in dieser tristen Umgebung am Platz), ein Kunstkabinett im kleinen Theater eines Kaffeehauses (»mechanische Figuren, ein aerostatischer Reiter, optische Erscheinungen, alles das fliegt luftig an uns vorüber«), eine Promenade um den Wall, ein sogenannter medizinischer Garten, – das reicht ihm endlich, »man ärgert sich über die leeren Vergnügungen, so wie ich mich auch jetzt schon bei der Beschreibung zu ärgern anfange. Man möchte der Musik den Mund verstopfen und wünscht, daß sich die Arien aus dem Donauweibchen... nur endlich einmal dem Teufel verschreiben möchten... Man nimmt sich vor, nur noch den sechsten Ausflug zu beginnen und dann sich wieder in seine Einsamkeit zurückzuziehen.« Nur das poetische französische Schauspiel findet noch Gnade, und aus den schon zornigen Schlußsätzen über die Braunschweiger spricht nun doch der Kenner eher als der Zugereiste: Nach Messeschluß herrsche »hier ein ziemlich langweiliger Ton... alles Originelle wird... gehaßt, ein Paar todte Regeln gelten für Geschmack«.

So hat er sich dieser Auftragsarbeit für die Elegante doch noch mit Anstand entledigen können (allerdings bei den musikalischen und literarischen Neuigkeiten ausschließlich Arbeiten des Freundes Bornhardt und des Onkels Campe aufgeführt).

Zum erstenmal hat Klingemann auch die Technik erprobt, prononciert in den Raum des Geschehens (der Zerstreuung, der Nacht) hinauszutreten und sich für ein neues Kapitel wieder daraus zurückzuziehen und zu sammeln. »Folgen Sie mir jetzt aus meiner Wohnung und begleiten Sie mich ins Freie. / Erster Ausflug. / Wir stürzen uns mitten in das Gewühl... Lassen Sie uns... wieder hinabsteigen, und unsre Wohnung suchen. / Zweiter Ausflug. / Die Hitze hält uns den ganzen Tag gefangen ... Womit beschäftigen wir uns so lange?« (mit Büchern, wie in der 5. Nw). Von dem mißmutigen Übergang vom fünften zum sechsten Ausflug drohte schon etwas gegen Ende des vierten Ausflugs, um einmal noch durch magischen Laut beigelegt zu werden: »Über Politik wird hier viel radottirt, um die Literatur bekümmert man sich dagegen wenig, und der wahre Braunschweiger hat überhaupt das Prinzip, daß es um dasjenige, wovon er den reellen Zweck nicht mit Händen greifen kann... eine eitele Narrenposse ist. Allmählig, je weiter es in die Nacht kommt, löst sich die Menge auf, die Musik schlummert ein, die Lichter erlöschen und das Horn des Wächters überruft den letzten Laut des Orgelmädchens.«

Wie weit Klingemann sich dem Nächtlichen verschrieb, wird deutlicher noch, wenn wir im Überblick kurz die Erzählanfänge und Prologe seit 1800 verfolgen. An erster Stelle ist die Zeitschrift »Memnon« zu nennen, die er unter

eigenem Namen herausgab und für deren Titelbild, den nächtlich der Morgenröte und Neugeburt entgegenharrenden Memnon er die Prologzeilen schrieb:

> Welch leises Wehen durch den dunklen Himmel!...
> Und tiefer regt sich's unten in der Nacht
> Und streitet ringend mit dem neuen Leben.
> Der kalte Sohn stützt seine starren Hände
> Gewaltig auf den rauhen Stein, und strebt
> Sich aus der dunklen Nacht hervorzuheben.[14]

Was Titelblatt und Prolog für »Memnon«, das ist in den Romanen die
Anfangsszene, wenn der Held wie in einer Traumlandschaft erstarrt von der
eigenen Vergangenheit Abschied nimmt. Dabei enthüllt sich in den formelhaften Zügen, mit denen der Raum der Nacht jeweils umrissen wird, ein Stilcha-
rakteristikum Klingemanns (ich markiere hier wie auch sonst wörtlich wieder-
kehrende Textstellen durch Kursivschrift) –

Der chronologische Anfang von »Romano«, der Abschied des Helden von
seinem geistigen Vater Augustin:

> 1800 »Romano sah ihn nicht wieder. Auch ihm wurde jezt die Zelle zu enge und er
> *ging hinaus in* die Nacht; die Wolken zogen schnell am Monde vorüber und die
> Sternbilder *erschienen und verschwanden*, die Spitzen der Berge waren in einen
> duftigen Nebel gehüllt und nikten wie Geister zu ihm herüber, der Erdgrund lag
> schwarz und dunkel. Romano's Seele wurde düster...«.[15]
> 1802 »Albano der Lautenschläger« setzt so ein:
> »›Die letzte Nacht!‹ sagte Cesareo düster, und blickte durch das Eisengitter sei-
> nes Kerkers. Vor seinen Blikken lag Venedig, aber er unterschied die Gegen-
> stände nur undeutlich, eine ungewisse Helle zuckte durch die Luft, und der St.
> Markusthurm erhob sich ihm gegenüber, wie ein Riese, in Nebel gehüllt.
> Es schluß feierlich langsam Mitternacht, und Cesareo zählte die einzelnen
> Schläge der Klokke laut nach. Jetzt ging der Mond auf, an dem graue Wolken,
> wie Trauerschleifen vorüberzogen, so daß *Licht* und Schatten grell *mit einander
> abwechselten.*«[16]
> 1804 Erste Nachtwache.
> Die Nachtstunde schlug; ich hüllte mich in meine abenteuerliche Vermummung,
> nahm die Pike und das Horn zur Hand, *ging in* die Finsterniß *hinaus* und rief die
> Stunde ab, nachdem ich mich durch ein Kreuz gegen die bösen Geister geschützt
> hatte.
> Es war eine von jenen unheimlichen Nächten, wo *Licht* und Finsterniß
> schnell und seltsam *mit einander abwechselten.* Am Himmel flogen die Wolken,
> vom Winde getrieben, wie wunderliche Riesenbilder vorüber, und der Mond
> *erschien und verschwand* im raschen Wechsel. Unten in den Straßen herrschte
> Todtenstille, und nur hoch oben in der Luft hauste der Sturm, wie ein unsichtba-
> rer Geist.

Nicht sind es die Natur-Requisiten als solche, in denen sich Klingemanns
eigentümlich formalisierte Erzählweise durchhält, es ist vielmehr ihre defini-
torische Verwendung zum Debüt der Hauptfigur: Jedesmal folgt auf dies
nächtlich bewegte Bild die Reflexion des Helden, der sich im Übergang zu

einem neuen ungeschützteren Leben weiß und der, um Abstand zu gewinnen, sich einem Selbstbildnis seiner Vergangenheit zuwendet. Für Romano ist es noch ein im Rosenkranz verborgenes, wie übermaltes Porträt, für Cesareo, psychologischer, das Erinnerungsbild unbeschwerterer Tage und für Kreuzgang die lange Standrede an den Poeten als an ein versunkenes alter ego. In den »Nachtwachen« hat sich diese Reflexion am stärksten emanzipiert, und doch, in ihrer naturmagischen Bindung verrät sich gewissermaßen ein Atavismus des Verfassers, ja, Kreuzgang selber ist davon mitbetroffen, tritt gar nicht professionell mit Selbstbewußtsein in den Raum der Nacht hinaus und schlägt eher wie ein Ausgestoßener das »Kreuz gegen die bösen Geister«. Seine unsicheren Empfindungen münden in ein großes Vergleichsbild.

> Es war mir schon recht, und ich freute mich über meinen *einsam wiederhallenden Fußtritt*, denn ich *kam mir* unter den vielen Schläfern *vor* wie der Prinz im Mährchen in der bezauberten Stadt, wo eine böse Macht jedes lebende Wesen in Stein verwandelt hatte; oder wie ein einzig Übriggebliebener nach einer allgemeinen *Pest* oder Sündfluth.
> Der letzte Vergleich machte mich schaudern....

Diese plastische Assoziation ist neu gegenüber den beiden anderen Romanen. Das sich zuerst einstellende Bild scheint harmloser und appelliert an eine kindlich-phantastische Bewältigung der Krise. H. Michel meint die Geschichte der Messingstadt in »Tausend und eine Nacht« angesprochen zu finden, doch sind die Lebewesen, auf die dort der Emir trifft, nicht in Stein verwandelt. Wie auch immer, spürbar wird hier ein frühes Vorbild für die »Memnon«-Versteinerung heraufgerufen.* Der umschlagende Vergleich: »... oder wie ein einzig Übriggebliebener nach einer allgemeinen Pest« scheint dem Erwachsenen näher zu kommen. Klingemann gebraucht ihn wieder 1819, als er bei der Durchreise durch Kassel sich der Zeiten Jérômes, des »entnervten Lüstlings in

---

* Eine Brücke zurück zu Klingemanns Kinderzeit schlägt sein 1797 veröffentlichtes Ritterstück »Die Asseburg«. Das »historisch-romantische Gemälde« beginnt im Herzen Braunschweigs:
»1256. Braunschweig. (Platz vor dem Schlosse Dankwarderode. Links liegt die Kirche des heiligen Blasius... In der Mitte des Platzes steht auf einem Piedestale ein eherner Löwe, der vom Herzog Heinrich dem Löwen errichtet wurde...)«. Eine der beim Löwen postierten Wachen: »Hier ist's so still, als wäre ganz Braunschweig ausgestorben«.[17]
Klingemanns Elternhaus befand sich – Schritte nur entfernt, und wenn man heute zum erstenmal von Papenstieg Nr. 5 her in den Burgplatz mit dem Dom einbiegt, kann einem schon das Herz höher schlagen: Unvermutet bieten sich einem die Lebenskoordinaten des Erzählers der »Nachtwachen« dar, die räumlich ersten, mit denen sich die Phantasiegebilde und Märchen ja so gern verschwistern. Welch verwunschener Ort selber schon mit dem wie versteinerten Löwen! Im biographischen Schlußkapitel wird dies näher zu betrachten sein.

der phantastischen Pracht eines Theaterkönigs« entsinnt und pointiert mit
dem Anblick der vordem so belebten Wilhelmshöher Anlagen schließt:

> Als ich bei meiner Heimkehr mich noch einmal umsah und zum Herkules hinauf-
> blickte, welcher von seiner Wolkenhöhe stumm und ernst in die öde Gegend herab-
> schaute, in welcher die Wasser ruhten, die Tritonen schwiegen, und *kaum ein ein-*
> *zelner Fußtritt wiederhallte*, da kam es *mir vor*, als sei die *Pest* dadurch hingezogen
> und habe ein entartetes Geschlecht hinweggerafft.[18]

Der Vergleich spricht gezielt den Hofstaat um 1808 an. Sprachlich ist er wohl
als Wiederaufleben der Nachtwachen-Szene zu erkennen, klärt uns aber über
Kreuzgangs erstes, jäh verdüstertes Auftreten selber nicht auf.

»... nach einer allgemeinen Pest oder Sündfluth.« Ob der Wortgebrauch
hier nun synonym ist oder nicht, das Bild der Sündflut ist nicht lange vor
Beginn der »Nachtwachen« schon einmal von Klingemann aufgenommen
worden, nicht an beliebiger Stelle, sondern zum Auftakt des Pasquills »Freimüthigkeiten«. Hanswurst hat seinen Auftritt im »Prolog« folgendermaßen:

> (Die Szene stellt ein Theater dar. Es ist ganz dunkel, der Vorhang niedergelassen und
> kein Mensch zugegen.)
>   Arlequin
> tritt auf, er hat sich in einen rothen Mantel gehüllt, unter dem er eine brennende
> Laterne hervorzieht.

Ist dies nicht eine Vorform des Debüts unseres Nachtwächters, wie er sich vermummt, um in feindlicher Umgebung zu überstehen? Und wie bei Kreuzgang
folgt nun auch in Harlekins Prolog der desillusionierende Rückblick (»Denn
mein altes Reich wieder zu gewinnen / Dazu stehen die Sachen zu schlecht«),
der sich aktuell als Schauder vor dem Kotzebueschen Theatertreiben aus-
drückt:

> Zum Teufel, wie sieht das hier aus,
> Es gleicht schier einem Invalidenhaus;
> Und überall ein so fataler Dunst –
> Gehört der zur neuesten Kunst?
> Meine Laterne droht davon auszugehn,
> Auch scheine ich bis an die Kniee im Wasser zu stehn;
> Alles ist wie in ein Meer versunken
> Und dort liegt gar der Soufleur ertrunken!
> Zur Grabschrift ruht auf dem Kasten, bei meiner Treue,
> Der Anschlagezettel von Menschenhaß und Reue![19]

Es sieht doch so aus, als wäre neben dem »fatalen Dunst« (»Pest«-Hauch?) es
besonders dies spottlustige Eingangsbild der Kotzebueschen »Thränenfluth«-
Wirkung, das zu dem »Sündfluth«-Vergleich der »Nachtwachen«-Eröffnung
angeregt hat, ja, das nun zur Fortsetzung des Kampfes wieder aufgeboten
wird. Wie denn überhaupt der Nachtwächter in dieser Szene als Nachfolger
von Harlekin erscheint, die Außenseiterrolle entschlossen durchzuspielen

sucht und sich dabei auch weitgehend auf ästhetische Gegenwartsbelange konzentrieren wird (während die anderen Erzählungen Klingemanns in eskapisti-
schen Milieus spielten). Kreuzgangs tiefe Liebe zum Hanswurst ist so gewissermaßen auch genealogisch zu interpretieren. Wir werden sehen.

Auch der Raum der Nacht gewinnt im Jahre 1803 stärker an Bedeutung
als in den beiden erwähnten Erzählungen Klingemanns. Zur Ostermesse
1803 erschien der zweibändige Roman »Die Lazaroni. Vom Verfasser des
Romans: Albano, der Lautenspieler«. Bislang wurde er durchweg August
Mahlmann zugeschlagen, stammt aber eindeutig von Klingemann. (In dieser
Vermutung ließ ich lange nach einem Exemplar suchen, auf der üblichen
Rundreise durch die Zentralkataloge, bis Jeffrey L. Sammons mir freund-
licherweise mitteilte, daß im British Museum ein Exemplar vorhanden ist
und dort auch hypothetisch Klingemann zugeschrieben wird.) Ein stilistischer Nachweis der Verfasserschaft erübrigt sich auch hier, schon deshalb,
weil laut einer Anzeige des Musikalienverlags zu Braunschweig vom
26.2.1803 (in der Eleganten) der für Ostern bei Gräff in Leipzig an-
gekündigte Roman »Die Lazzaroni« von demselben Verfasser auch als
»Schauspiel unter dem Titel: ›die Lazzaroni‹« ausgeführt worden und bald
im Manuskript zu beziehen sei. (Das Theaterstück »vom Verfasser der
Maske«, das erst zur Ostermesse 1805 im Buchhandel zu erhalten war,[20]
erschien noch einmal 1814 unter Klingemanns Namen.) Nicht nur spielen
weite Teile des »Lazaroni«-Romans im Dunkel und Dämmer, sondern die
Nacht ist geradezu Lebenszeichen des Helden Giannino, der ein Doppel-
leben als Lazzarone und Nobile versucht (»Und dunkel steigt die Nacht herauf. / In ihren Mantel hüll' ich mich«)[21]. Von diesem letzten Trivialroman
Klingemanns ist nur noch zu bemerken, daß mit dem Einsetzen der Handlung kurz vor Morgengrauen die Memnon-Situation abgewandelt wird,
diesmal nämlich im Verhältnis von Vater und Sohn: »›Hier bin ich Vater!‹
sagte er; und als er die Augen aufschlug, glühete schon der Himmel in
Osten, und die ersten Sonnenflammen loderten über den dunkeln Lorbeer-
wald empor.«[22]

Somit läßt sich für das Jahr 1803 grob folgende Konstellation literarischer
Motive und Entwicklungen zugunsten des »Nachtwachen«-Projekts bei Klingemann ausmachen:

1. Ein Expandieren der Nacht von den Anfangsszenen hin zu einem
Grundmedium für den »Lazaroni«-Roman (das Nächtliche dominiert ebenso
die Atmosphäre des gleichnamigen Schauspiels).

2. Das nach den »Lazaroni« fertiggestellte Pamphlet »Freimüthigkeiten«
nimmt sich vom Stoff her zum erstenmal der Zeitgenossen an und erprobt in
Gestalt des Hanswursts schon die einzelgängerische Polemik des Nachtwächters.

3. Den letzten Anstoß zum Erzähltitel hat dann offenbar der anonyme Beitrag v. Arnims in »Europa« gegeben, wobei insbesondere der Serientitel »Erste Nachtwache« zum exkursionsartig sich begrenzenden Erzählen verlockt haben dürfte. Auch dies Erzählprinzip freilich hatte Klingemann selber schon für seinen Messebericht 1802 praktiziert und es auch dort schon gegen das »prosaische Tagesleben« ins Treffen geführt.

Wie aber steht es um das Pseudonym »Bonaventura« und den dadurch naheliegenden Bezug auf »Die letzten Worte des Pfarrers zu Drottning auf Seeland«, jenes »schauderhafte, mitternächtliche Gemählde«, wie am 16.3.1802 der Rezensent der »Eleganten« dies Gedicht unter den anderen »Bonaventuras« namentlich heraushebt? Jost Schillemeit vermutet, daß Klingemann den Schlegel-Tieckschen Musenalmanach gekannt hätte, »aber wahrscheinlich, ohne zu wissen, wer jener erste Bonaventura war; denn nach allem, was die reiche Überlieferung zur Jenaer Romantik erkennen läßt, gehörte Klingemann sicherlich nicht, auch während seiner Jenaer Zeit nicht, zum engeren Kreis um die beiden Herausgeber des Almanachs.«[23] Daß Klingemann den Almanach kannte, steht also dank der »Madonna«-Fußnote in Beitrag Nr. 65, 1805 fest (»das zarte Gedicht von Wilhelm Schlegel, in dessen Musenalmanache«). Ob er auch von Schellings Autorschaft wußte, läßt sich nicht mit Sicherheit sagen, einige biographische Daten machen es aber plausibel. Zunächst hatte er während der Jenaer Studienzeit von Sommer 1798 bis Ende 1801 Gelegenheit zu vielfältigen Kontakten, etwa im Hause von Christian G. Schütz, dessen Liebhaberbühne 1800 das Klingemannsche Trauerspiel »Die Maske« aufführte[24] und dessen »Neue Leipziger Literaturzeitung« die einzige uns bekannte Besprechung der »Nachtwachen« bringen sollte (am 23.8.1805). Außerdem war Klingemann in Jena nicht nur mit Altersgenossen wie Clemens Brentano befreundet, sondern lernte in diesen Jahren nach eigenen Angaben auch A. W. Schlegel und Ludwig Tieck persönlich kennen.[25] Interessanter noch in diesem Zusammenhang ist die Verquickung mit Braunschweiger Verhältnissen. Klingemanns Heimatstadt war lange Zeit Refugium Carolines, die, mit Schlegel 1796 in St. Katharinen getraut, wieder von Oktober 1800 bis Ende März 1801 ihre Wohnung in Braunschweig hatte und hier vor allem mit dem Ehepaar Campe (Klingemann nahe verwandt) und Campes Schwiegersohn Vieweg zusammenkam.[26] Die folgende, schon von F. Schultz notierte Nachricht gewinnt dadurch an Gewicht: es wurde nämlich, Monate vor Erscheinen des Almanachs, »der Pfarrer zu Drottning‹ von A. W. Schlegel und Karoline in größerer Gesellschaft zu Braunschweig vorgelesen, wobei die Anonymität nur zum Teil gewahrt blieb.«[27]*

---

*   Und zwar schreibt Caroline Anfang Januar 1801 an Schelling: »Höre, ich will Dirs nicht verbergen, auch der Pfarrer ist vorgelesen worden, und es entging niemand der

Warum aber übernahm er das Pseudonym »Bonaventura«? Betrachten wir
die Situation des Autors Klingemann 1803. Für seinen Roman »Die Lazaroni«
benutzte er das Kryptonym »Vom Verfasser des Romans: Albano, der Lautenspieler« (der »Albano« selber wurde »vom Verfasser der Maske« veröffentlicht, hübsch). Der historische Bonaventura war nun aber – Bischof von
Albano! Im Pseudonym »Bonaventura« wäre somit, via »Albano«, immerhin
ein Identitätsmerkmal des Autors enthalten, und das ist für einen Verschlüsse-
lungsstilisten wie Klingemann wahrlich nicht zu unterschätzen. Entscheidend
dafür nun, daß er unter anderen noch denkbaren Namensanklängen sich
gerade auf »Bonaventura« festlegte, war zweifellos die aufsehenerregende
»mitternächtliche« Verwendung des Pseudonyms im romantischen Almanach.
Verstärkt worden zu sein scheint dies sachliche, den »Nachtwachen« angemes-
sene Kriterium durch ein persönliches: Wie bei der 11. Nachtwache darzule-
gen, sind die »Nachtwachen« in Klingemanns Entwicklung als Umkehrform
und Widerruf seiner »Memnon«-Gläubigkeit von 1800 aufzufassen, die besonders glühend in seinem zweibändigen Künstlerroman »Romano« (1800/1801)
und hier am reinsten in der allegorischen Figur des Knaben Fortunato zum
Ausdruck kam. Im Pseudonym »Bonaventura«, das bedeutungsgleich ist mit
»Fortunato« (»Glückskind«), hätte Klingemann die beiden Extreme seiner
literarischen Entwicklung selbstironisch zusammenhalten können (und hat er
sie noch einmal in Gestalt von Kreuzgang, der als Knabe Wesenszüge von Fortunato trägt, ins Werk selbst dann aufgenommen). Daß Klingemann überhaupt das Pseudonym wechselte, lag wohl nicht nur an der gewünschten tieferen Vermummung, sondern auch daran, daß das knapper und besser klingende
»von Bonaventura« statt »vom Verfasser des Romans: Albano der Lautenspieler« das anspruchsvollere Lesepublikum der »Nachtwachen« berücksichtigen
konnte, – das »Journal von neuen deutschen Original-Romanen« hatte heftige

---

großen Wirkung dieses inkorrekten Gedichts. Anonym blieb es, wie es sich versteht; nur Luise ahndete, es möchte von Dir seyn, und sagte es mir nachher. Schlegel, der es vorlas, wurde selbst wieder ganz davon ergriffen, und ich gerieth in ein
Zittern, an dem die Vorstellung, daß dies Dein Werk sey, wie gewöhnlich keinen kleinen Theil hatte.«[28]
     Carolines jüngste Schwester Luise, verheiratet mit dem Braunschweiger Medizi-
ner Wiedemann, scheint eben nicht verschwiegen gewesen zu sein; so beklagt sich
Caroline am 12.1.1802 in einem Brief an A.W. Schlegel, daß Luise (in Jena) mündli-
che Äußerungen an Viewegs Frau weitergetragen habe.[29] Es wäre aber nicht fair, sie
darum auch für den »Pfarrer«, und schon gar nicht als ausschließliche Quelle der
Indiskretion zu verdächtigen. Klingemann hätte über manch andere Wege darauf
kommen können, – und sei es nur über den von Schultz selber erwähnten Umstand,
daß hinter dem Gedicht »Das Loos der Erde«, das laut Inhaltsverzeichnis des Almanachs auch von »Bonaventura« stammt, ein »LL.« anstelle des Pseudonyms steht.[30]
Die Braunschweiger Insider-Kenntnisse hätten ihm freilich alles erleichtert.

romantische Ambitionen,[31] der Qualitätshinweis auf den Verfasser des
»Albano« wäre so recht deplaziert gewesen. Trifft die Überlegung zu, käme
für die Wahl des Pseudonyms erst der Zeitpunkt der Kontaktaufnahme mit
dem Dienemann-Verlag in Frage.* Hier scheint die Entscheidung erst Sommer
1804 gefallen zu sein, denn die 10. Nw, die als »Nachzügler« höchstwahr-
scheinlich Juli 1804 geschrieben wurde, machte »Bonaventuras« »Pfarrer zu
Drottning« zu ihrem geheimen Erzählthema, in demselben Monat also, in
dem auch der Vorabdruck unter »Bonaventura« in der »Eleganten« erscheint.

    Doch zurück zur Anfangsnachtwache. Die wie rituelle Wiederaufnahme
der nächtlichen Eröffnungsszenen ließ vermuten, daß sich Klingemann über
die Erzählmöglichkeiten noch nicht recht im klaren war. Statistisch wird dies
durch die Beobachtung erhärtet, daß das artikelspezifische Niveau für die
1. Nachtwache äußerst schwach ausgeprägt ist; lediglich 25 ihrer 112 Grundwörter oder rund 22 % gegenüber 35 % durchschnittlich für die Nachtwachen
überhaupt werden von Klingemann in den Artikeln nur zu einem bestimmten
Zeitpunkt gebraucht. Erklären läßt sich dies nicht mit der formalen Randposi-
tion der 1. Nw, denn das Artikelniveau betrifft eben nur die Artikel unterein-
ander und berührt nicht die Stellung der 1. Nw zu den anderen Nachtwachen.
Wohl ist innerhalb der verbliebenen 25 Artikel-Grundwörter eine Konzentration auf Zeitraum Nr. 134–73 nachweisbar, hebt sich mithin die Niederschrifts-
phase noch markant genug ab gegen die anderen Zeiträume, doch relativ zu
den übrigen Nachtwachen bleibt der Grundwortbestand der 1. Nw auffällig
arm an solchen Wörtern, die Klingemann der eigenen offiziellen Sprachrou-
tine erfinderisch entgegengesetzt, nur je für einen Artikelbeitrag verwendet
hat. Dieser Mangel an Innovation deutet darauf hin, daß Klingemann mit seiner Erzähleinstellung gleichsam noch nicht recht im nächtlichen Element ist,
und dafür spricht weiterhin, wie traditionsverhaftet Kreuzgang hier wirkt und
welch später undenkbare Haltungen und Gesichtspunkte er noch einnehmen
kann: beim erwähnten Kreuzschlagen als Schutz gegen die bösen Geister

---

*   Dienemanns verlegerische Aktivitäten waren Klingemann gut bekannt. Die Publikationen des »Journals von neuen deutschen Original-Romanen« wurden seit Erscheinen des ersten Bandes in der Eleganten angezeigt und im Freimüthigen zuweilen in
Bausch und Bogen perhorresziert (»Ungeheuer« titulierte Merkel sie in Nr. 36 vom
20. 2. 1803, nachdem er schon 1802 im 79. Brief seiner »Briefe an ein Frauenzimmer«
über die erste Lieferungen hergefallen war). Speziell über Dienemanns Fehde mit
Merkel – da ist Schillemeit zuzustimmen[32] – dürfte sich die Verbindung hergestellt
haben. Dienemann ließ am 19. 2. 1803 wie Klingemann (18. 9. 1802, 22. 1. 1803 und
31. 3. 1804) eine Erklärung gegen Merkel im »Intelligenzblatt« der Eleganten abdruk-
ken, Klingemann erinnerte in den »Freimüthigkeiten« an Merkels fruchtlose Polemik gegen Dienemanns Zeitschrift »Apollon«,[33] kurz, die »Nachtwachen« mit ihren
Ausfällen gegen Kotzebue und Merkel (besonders in der 13. Nw) waren in der »Journal«-Reihe wahrlich nicht deplaziert.

bewegt er sich ebenso fraglos im überkommenen christlichen Lebensraum wie bei den Andeutungen eines zweiten Lebens, indem er vom »schönen Morgenroth des neuen Tages« redet, sich der Fortdauer dieses »unsterblichen Geistes« gewiß ist, der Illusion der Frau beispringt, »daß ihn der Schlaf zum neuen Leben stärken werde – ein holder Glaube, der im höhern Sinne sie nicht täuschte«. Auch sein Sichabwenden, um die Enttäuschung nicht schauen zu müssen, endlich die erstaunliche Sterbehilfe, im Gesang »den ersten süßen Laut vom fernen Jenseits« vorzutäuschen, – all dies ist nicht weit von der Banalität, die Klingemann in den vorangehenden Erzählungen und Stücken so gepflegt hatte. Nicht eben originell selbst die Freude am widerstrebenden Freigeist, und der Teufel gar erscheint hier – über den Geistlichen – noch schlicht als der Widersacher, denkbar fern noch dem eigenen Erleben.

2. Nachtwache (»Die Erscheinung des Teufels.«); ihr Zusammenhang mit der 1. Nachtwache

Nach Tab. VI deckt sich der statistisch umrissene Zeitraum in etwa mit dem Ergebnis für die 1. Nachtwache. Auf dem Artikelniveau reicht er wohl um zwei Artikel weiter zurück als bei der 1. Nw, doch ist dies als Indiz für eine frühere Schreibtätigkeit zu schwach; zum einen ist dieser Zeitraum Nr. 115–73 nur unwesentlich stärker besetzt als Zeitraum Nr. 134–73 oder 134–44, zum anderen sind die neu hinzutretenden Artikel Nr. 115 und Nr. 133 in ihrem Grundwortkorpus auch nicht annähernd von der Bedeutung, die sich zum erstenmal für Nr. 134 und 153 und kräftig noch einmal für Nr. 44 zeigt.

Daß die 2. Nw vor der ersten entstanden sein könnte, ist bei Kenntnis des Handlungsablaufs erst recht nicht anzunehmen. Es spricht so alles dafür, daß die beiden großen Szenen um den sterbenden Freigeist und dann um seinen Leichnam direkt hintereinander geschrieben wurden. Und diese höhere szenische Einheit macht es sinnvoll, auch sprachstatistisch b e i d e Anfangsnachtwachen als Einheit zu behandeln und neu nach dem Zeitraum ihrer Niederschrift zu fragen. Denn nun ist die Zahl der Grundwörter weitaus höher als bei beiden je recht textschwachen Einzelnachtwachen und damit auch die Chance für eine zuverlässige Datierung des Erzählanfangs. Hier die Kurzfassung für b e i d e Nachtwachen, die sich nach Tab. VI (Gesamtniveau) nurmehr über den Zeitraum Nr. 134–44 hin erstrecken:

Artikel Nr.	134 (8. 11. 1803)	153 (22. 12.)	15	I. 15	44 (12. 4. 1804)
Gesamtniveau					
b =	13,34	18,32	7,33	3,51	11,33
e =	8,66	8,25	6,81	1,94	7,37
χ^2_c =	2,02	11,10			1,62
		(p < 0,001)			

Artikel Nr. 153 vom 22. Dezember 1803, der schon bei der Einzelbetrachtung der 1. und 2. Nachtwache beidemal der Schwerpunkt war, gewinnt eine derart hervorragende Stellung im signifikanten Zeitraum, daß wir die Aussage über den frühestmöglichen Schreibbeginn (Oktober 1803 für die 1. Nw) getrost dahingehend ergänzen können, daß die beiden ersten Nachtwachen s p ä t e - s t e n s im Dezember 1803 vorlagen (auch wenn Zeitraum Nr. 134–44 auf dem Gesamt- und Nr. 134–15 auf dem Artikelniveau geringfügig höher im Signifi- kanzgrad ausfallen und darum korrekterweise als die am besten gesicherten Ergebnisse zu gelten haben).*

Gewisse erzählerische Fortschritte gegenüber der 1. Nw wird man der 2. Nw nicht absprechen. Die Verhältnisse erscheinen zweideutiger, auch hat sich in dem Verwechslungsspiel zwischen Teufel und Geistlichen die angriffs- lustige Reflexion Kreuzgangs geschärft. Noch immer aber ist die Nacht im Bann der Ritter-und-Schauerromane, deren Personal und Requisiten, inklu- sive Geistererscheinungen, Pfaffenränke und Gewitterdramaturgie wir schon in Klingemanns »Ruinen im Schwarzwalde« (1798/99) antreffen. Es genügt, nur den ersten Auftritt in den »Ruinen« zum Vergleich zu zitieren. Verteidigt bei nächtlichem Gewitter »der eisenfeste Kriegsmann« mit blitzendem Säbel den Leichnam des Freidenkers gegen Geisterattacken, so tritt dort – um die Sterbestunde seines antiklerikalen Fürsten – »der eisenfeste Stefan« mit blit- zendem Schwert einer nächtlichen Erscheinung entgegen, an der wie bei Kreuzgang – wörtlich hüben wie drüben – »ein paar feurige Augen« beein- drucken,[34] die nicht schlecht zu dem anthropomorph gehaltenen Gewitter passen: der Donner »murmelte ... vernehmlicher«, »der Donner brüllte zür- nend« heißt es in der »Nachtwache«, »der Donner brüllte immer lauter«, »der Donner murmelte leiser« in den »Ruinen«[35].

Auch Kreuzgang zeigt sich von der Standfestigkeit des Freigeistes und sei- nes Verteidigers beeindruckt, entzieht sich jedoch energisch der Tradition der Aufklärungsphilosophie, wenn er deren gegenwärtige Erscheinungsform ins Auge faßt (es ist die auf Nicolai folgende Generation mit Merkel): »... bleibt es doch heut zu Tage mit der Dichtung überall bedenklich, weil es so wenig Verrückte mehr giebt, und ein solcher Überfluß an Vernünftigen vorhanden ist, daß sie aus eigenen Mitteln alle Fächer und sogar die Poesie besetzen kön- nen. Ein rein Toller, wie ich, findet unter solchen Umständen kein Unterkom- men« und könne nur noch indirekt als »Humorist« wirken. Darin bekennt

---

* In Nr. 134 vom 8. November bezog sich Klingemann auf Ereignisse vom Oktober. In Beitrag Nr. 153 (»Einige Worte über die theatralische Musik der Franzosen«) ver- teidigte er sich ausschließlich gegen Angriffe, die jemand am 2. 11. 1803 in Nr. 36 von Merkels »Ernst und Scherz« gegen ihn vorgetragen hatte. Diese Replik schickte Klingemann möglicherweise schon im November ein, weshalb für die Datierung der beiden Anfangsnachtwachen auch schon der November 1803 in Frage kommt.

sich Kreuzgang auch intellektuell als Nachfolger von Arlequin, der sich im
Epilog der »Freimüthigkeiten« einen vom klugen Gottsched vertriebenen
Narren hieß, um so die gegenwärtigen Verhältnisse zu geißeln: »Jetzt indeß,
wie Euch allen bekannt, / Nimmt die Weisheit so überhand, / Daß man die
Thorheit ganz vergißt«, weshalb er das Publikum um Wiederaufnahme beim
Theater ersuchen müsse (»Blos damit ich Euch könnte Gelegenheit geben /
Euch Eurer eigenen Klugheit zu überheben«)[36].

Kreuzgang hat wie Hanswurst im Exil zu überstehen und muß weiter-
kämpfen, das ist der gemeinsame Ausgangspunkt. Der Raum der Nacht aber
entfaltet eigene Möglichkeiten der Begegnung und der Meditation; auch
erzählerisch verlangt er nach einer anderen Darstellung, als es bisher mit dem
ausgesprochen Sukzessiven[37] und Anschlußbedürftigen der beiden ersten
Nachtwachen der Fall war. Die Schlußphase der 2. Nw, das Handgemenge um
den aufgebahrten Freigeist wurde derart lakonisch vorgetragen, daß sich
Bonaventura veranlaßt sehen mochte, noch zu Beginn der 3. Nw nachträglich
über die nächtlichen Ereignisse Aufklärung zu verschaffen, – auch dies ein
Indiz für das anfänglich unklare Formbewußtsein des Verfassers, wird doch
erst von nun an die einzelne Nachtwache zur selbständigen Episode und
Erzähleinheit. Daß der Verfasser darum über die verschiedensten Zuweisun-
gen und Reflexionen (Kreuzgangs) um eine höhere Kontinuität bemüht sein
muß, ist eine andere Sache und nicht mit der herkömmlichen Vorstellung von
Erzählkontinuität zu verwechseln.

Nach Tab. VI gehören die Nachtwachen 3 und 4 eindeutig zum Anfangskreis
und sind zugleich weit genug von den beiden ersten entfernt, als daß sie noch
für den Erzählanfang in Frage kämen. Auf die Kurzfassungen der Verteilungs-
tabellen möchte ich in einem solchen Fall verzichten.

Nun folgt auf die beiden ersten Nachtwachen in der Datierung eher die 4.
als die 3. Nachtwache. Wohl sind die Verschiebungen geringfügig, immerhin
aber liegt bei der 3. Nw der Schwerpunkt auf Artikel Nr. 44 vom 12. 4. und bei
der 4. Nw auf Artikel Nr. 15 vom 4. 2. 1804 (beidemal $p < 0,02$). Eine läßliche
Ungenauigkeit unserer Datierungsmethode, oder doch vielleicht eine Indika-
tion?

*4. Nachtwache (»Holzschnitte; nebst dem Leben eines Wahnsinnigen als
Marionettenspiel.«)*

Klingemann behandelt in Beitrag Nr. 15, seinem ersten des Jahres 1804, ausschließlich die Hogarthschen Kupferstiche und ihre Auslegung durch Lichtenberg. William Hogarth wird zum erstenmal auch in der 4. Nw angesprochen und sein »Schwanzstück« (»Finis. Das Ende aller Dinge«) dabei ironisch
mit Kotzebues Unsterblichkeit in Verbindung gebracht. Wichtiger als die

Namensnennung des Engländers aber ist ein versteckter Einfluß der Hogarth-Studie auf die 4. Nw. Ich meine das »Lebensbuch«, das Kreuzgang zu Beginn nacherzählt, indem er sich an die Holzschnitte in diesem Buch hält. Wie er sich dazu äußert, belegt die eingehende Befassung mit Lichtenbergs Kommentaren, ja, der exklusiv gebrauchte Terminus »Kommentator« selber gibt dies zu erkennen, wenn Klingemann die Erklärungsbedürftigkeit Hogarths (durch Lichtenberg) folgendermaßen erläutert: Entgegen dem Grundsatz, daß die Malerei wie »jede Kunst sich in sich selbst beschränken muß«, gebe Hogarth »nur allein für den V e r s t a n d, nicht aber für die ganze A n s c h a u u n g, auf der doch die Mahlerei beruht, die reichste Ausbeute. Deswegen hatte er auch eines witzigen Kommentators so nöthig, weil nur ein solcher seinen verborgenen Reichthum übersehen und zusammenfassen konnte«. Der – an Lessing geschulte – Gedankengang findet sich bei Kreuzgang in dieser Form:

> Was mein Schatzgräber für Betrachtungen über seinen Fund angestellt hat, davon steht nichts auf dem Holzschnitte, weil der Künstler die Grenzen seiner Kunst nicht im mindesten hat überschreiten wollen.
> Dritter Holzschnitt
> Hier ist ein gewiegter Kommentator von Nöthen …, –

d. h. entgegen der soeben angesprochenen Grundtendenz werde doch so etwa wie ein Lichtenberg-Pendant gebraucht, und wirklich ist es nun an dem Schuster-Pflegevater, im schriftlichen Lebenslauf nähere Erklärungen zu der wie allegorischen Situation zu geben, wo der Knabe Kreuzgang, auf Hans Sachsens »Fastnachtsspielen« sitzend, aus Böhmes »Morgenröthe« liest. Entgegen auch der vorher gegebenen eigenen Auskunft: »Ich habe heut blos die Lust mich bei den Holzschnitten in dem Buche aufzuhalten«, hält sich Kreuzgang unversehens doch an den Kommentar des Schusters. Das Muster Hogarth-Lichtenberg war z u verführerisch!

> Es hat den Anschein, als spielte die Holzschnitt-Sequenz der 4. Nw speziell auf Hogarths »Weg des Liederlichen« an. Auf der 1. Platte wird dort der junge stutzerhafte Erbe neben der offenen Schatztruhe von einem Schneider vermessen, dessen Gesicht Lichtenberg so sehr ins Auge sticht:
> »Ich habe oft gehört, daß die Schneider immer desto schlechtere Arbeiter seyn sollen, jemehr sie aussehen wie ein Schuster. Ist diese Beobachtung richtig, so muß dieses ein erbärmlicher Stümper seyn, denn er sieht völlig aus wie ein Schuhflicker. Irre ich nicht, so ist auch der Kerl wirklich über die Hälfte Kalbleder. Auch ist, wie mich dünkt, so etwas von theosophisch-apokalyptischem Licht, das um die Stirne und die Lippen des Knieenden gaukelt, nicht zu verkennen, und diese Beatification, auch wenn sie sich auch hier zuweilen etwas, u l t r a c r e p i d a m, in andere Gilden verliert, besucht, so viel, ich weiß, nicht leicht ein Schneidergesicht.«[38]
> Kreuzgang beschreibt seinen Pflegevater neben der geöffneten Truhe wie folgt:
> »Sein Gesicht ist diesmal dem Künstler schon weit ausdrucksvoller gelungen. Es hat kräftige Züge und zeigt an, daß der Mann nicht blos bei den Füssen stehen geblieben, sondern ultra crepidam gegangen ist. Er ist ein satirischer Beitrag zu den Fehlgriffen

des Genies, und macht es einleuchtend, wie derjenige, der ein guter Hutmacher geworden wäre, einen schlechten Schuhmacher abgeben muß, und auch im Gegentheile, wenn man das Beispiel auf den Kopf stellt.«

Hat er es nicht selber, von Lichtenberg her, auf die Füße gestellt? Der Wortlaut und -witz von »ultra crepidam« für die unstimmigen Gildegesichter sowie Eigentümlichkeiten der Situation (die Schatztruhe am »Kreuzweg« der Helden) sprechen sehr dafür.

Wenn Artikel Nr. 15 vom 4. 2. 1804 bei der Datierung der 4. Nw herausragt, dann anscheinend deshalb, weil die Holzschnitt-Biographie geradewegs aus Klingemanns Beschäftigung mit der Hogarth-Lichtenberg-Symbiose hervorgegangen ist. Berücksichtigt man weiterhin, daß die 4. Nw in der Inhaltsangabe lautet: »Holzschnitte; nebst dem Leben eines Wahnsinnigen als Marionettenspiel«, dann scheint noch das Marionettenspiel als autobiographische Form auf Hogarth zurückzudeuten und bringt vollends der doppeldeutige Vergleich dieses Wahnsinnigen (»Ich finde es übrigens recht wohl gethan, seine Geschichte so in Holz zu schnizzen und abzuspielen«) auf den Gedanken, Hogarths Verfahren habe auf die Anlage der »Nachtwachen« überhaupt Einfluß gehabt.

Nun hat schon Gerard Gillespie am Beispiel des in der 4. und 16. Nw angesprochenen »Schwanzstücks« Spuren einer sehr genauen Hogarth-Kenntnis Bonaventuras in verschiedenen Nachtwachen vermerkt und auf »Bonaventura's painterly sensibility« aufmerksam gemacht. »Bonaventura ..., like Sterne, cites Hogarth as a supreme guide in the g r a p h i c narration of matters which elude expression in mere words. Indeed, throughout ›Die Nachtwachen‹, one figure after another ... seeks vainly to capture events, emotions, insights, and situations in language. But only the mind of the watchman, visualizing moments and scenes as if they are woodcuts or paintings, actually subjects the phenomena of life in some relative measure. And he achieves this largely through a spatial rearrangement of details ...«[39].

Läßt sich seine Beobachtung zu dem Holzschnitt- und Gemäldeartigen nicht über das Szenische hinaus verfolgen, sollten nicht die satirischen Bilder-Zyklen Hogarths für Arrangement und Großform dieser stationären Nachtwachen von Bedeutung gewesen sein, – und zwar genau in der für Klingemann entscheidenden, als nötig erachteten Symbiose mit einem Kommentator? Als »Gemählde« hat Klingemann ja schon seine Ausflüge bei der Braunschweiger Sommermesse 1802 überschrieben und in dem flanierenden »Ich« eine entschiedene Subjektivität mit satirischen Anwandlungen eingerichtet. Im vierten Ausflug, angesichts der Wachsfiguren war dieser Spaziergänger gar auf dem Punkt, sich nach der Rolle eines sachverständigen Kommentators umzusehen. »Eine recht merkwürdige Gesellschaft ist diese unbewegliche und sprachlose, in der wir uns hier befinden und ich wünschte nur den beweglichen und redenden Jean Paul noch hier zu finden, um als ein humoristischer Kom-

mentator und Erklärer jede Gestalt zu beleben, oder Lavatern ... aufstehen zu
heißen ... damit er physiognomische Parallelen ... ziehen könnte.«[40] Er zuckt
hier noch zurück, wo Kreuzgang in der 4. Nw beim Betrachten der Holzschnitte und in der 9. Nw bei Sokrates und Skaramuz ohne weiteres sich im
physiognomischen Parallelen-Ziehen versucht. Ähnlich operiert Klingemann
erst im fünften Ausflug, indem er sich die nähere Kommentierung einer Szene
durch einen Hinweis auf Hogarth erspart. »Es ist heute der erste Sonntag während des allgemeinen Handels; und der Herr Amtmann und Pastor nebst der
lieben Familie verlassen die kleinen Ortschaften in der Nähe und kommen zur
Messe. – Ein neuer Akt des Ganzen, wobei nur Hogarth und Lichtenberg fehlen. –«[41] (Gemeint ist zweifellos der »Abend« in dem Zyklus »Die vier Tages-
Zeiten«, wo eine Bürgerfamilie am Rande von Vergnügungen und Schauspielen aller Art so pitoyabel daherkommt.) Von hierher wäre es eigentlich nur ein
kleiner Schritt zu dem Experiment gewesen, einige zyklisch angeordnete
»Gemälde« (»Nachtstücke«) von einem gewitzten literarischen »Kommentator« (Kreuzgang) erzählen zu lassen.

Ich füge sogleich hinzu, daß man dabei nicht einfach an eine »Übernahme«
denken kann, schon gar nicht bei einem Schriftsteller, der sich hinsichtlich der
Eigengesetzlichkeiten der Kunstformen und ihrer Grenzen zueinander so
beschlagen zeigt. Am leichtesten vorstellbar und abzuschätzen ist noch die
Bedeutung des zyklischen Moments. Gegenüber denjenigen Interpreten, die
in den »Nachtwachen« kaum mehr als ein lockeres Arrangement von Episoden sehen, die auf einer im großen und ganzen gleichmäßigen Entwicklungs-
höhe anzusiedeln wären, ist nun doch der destruktive Prozeß hervorzuheben,
der »trotz des zuckenden Verlaufs ... eine Steigerung der abwertenden Kräfte
von der 1. zur 16. Nachtwache nicht ... verkennen« läßt (Joachim Stachow,
1957)[42]. Für eine bestimmte Phase zumindest, bis zur 9. Nw muß wiederholt
»The Rakes's Progress« zur Erläuterung von Kreuzgangs Lebensweg herangezogen werden. Wie die 4. Nw auf die Anfangstafel, ist die 8. Nw (im Turm) auf
die siebte Szene des »Liederlichen« bezogen und die 9. Nw (im Tollhaus) auf
die folgende Schlußszene. Schon jetzt, bei der 4. Nw geht einem auf, daß Klingemann mit Hogarth selber sein Spiel treibt, ihn zur Kontrastbildung zitiert,
wenn er dem frisch installierten bürgerlichen Erben unseren Findling ohne
fahrende Habe gegenüberstellt, um endlich in der 9. Nw beide zwar als bür-
gerlich gleichwertig, ohne Besitz u n d Reputation, doch auf entferntesten geistigen Niveaus zu zeigen.

Zwar vermag sich die »Gemälde«-Serie von Hogarth-Lichtenberg auch in
dieser Kontrastbildung insofern durchzuhalten, als Erfahrungen und Entwicklung des Helden nunmehr stärker nach Art eines Stationenweges, sprungweise und nicht mehr im Erzählkontinuum der Anfangsnachtwachen darge-
boten werden. Die Rolle eines »Kommentators« aber muß sich im Erzählraum

der Nacht gründlich wandeln. Eigentlich kann man das Modell Hogarth-Lichtenberg nur so weit gelten lassen, als der agierende, szenisch eingebundene Held sich von Zeit zu Zeit auch der eigenen Geschichte zuwendet. So nachdrücklich geschieht dies nur ausnahmsweise, am faßlichsten tatsächlich in der 4. Nw gegenüber den Holzschnitten mit der eigenen Lebensgeschichte (und bei der Marionettenerzählung des Unbekannten), außerdem noch in der 8. Nw gegenüber dem Schicksal des Poeten (in einer Selbstspaltung Kreuzgangs) und ebenso in der 9. Nw, wo Kreuzgang über den eigenen »Wahnsinn« zu sprechen weiß. Für dies herkömmliche, »kalte«, auf Distanz achtende Modell der Reflexion bleiben Hogarth-Lichtenberg durchaus relevant. Die Reflexion des Nachtwächters vollzieht sich jedoch wesentlich distanzlos, mimetisch, bezieht ihre Kraft aus dieser Verwundbarkeit, daß der Reflektierende empfindlich auf die Ereignisse und besonders die Passionen der a n d e r e n bezogen bleibt und das, was ihm schockartig in der »Nacht« begegnet, zugleich analytisch auf sich selbst zurückzuwenden versteht.

3. Nachtwache (»Rede des steinernen Crispinus über das Kapitel de adulteriis.«)

Wie steht es um ihre Zuordnung erst für Artikel Nr. 44 vom 12. April 1804? Als Zeitpunktangabe darf die Bestimmung von Nr. 44 nicht strikt genommen werden, da Klingemann in dem Artikel verschiedene Gastvorstellungen der »Hannöverischen deutschen Bühne während der diesjährigen Wintermesse in Braunschweig« behandelt. Wie aus den Braunschweigischen Anzeigen hervorgeht, war der 18. 2. 1804 als Meßende angesetzt bzw. der 26. 2. als letzter Spieltermin dieser Gesellschaft,[43] so daß Klingemanns Bericht ziemlich verspätet erscheint (sein entsprechender Bericht für 1803 war schon am 24. 2. 1803 in der Eleganten zu lesen). Es ist somit für möglich zu halten, daß Beitrag Nr. 44 zumindest in Teilen recht bald schon nach der in Nr. 15 gebrachten Hogarthstudie geschrieben wurde.

Der Zusammenhang zwischen der 3. Nw und den in Nr. 44 besprochenen Braunschweiger Theaterereignissen läßt sich am besten über Kreuzgangs Ausgangsposition entwickeln:

> »Als ich diese Betrachtungen anstellte, hatte ich mich in eine Nische vor einen steinernen Crispinus gestellt, der eben einen solchen grauen Mantel trug, als ich. Da bewegten sich plözlich eine weibliche und eine männliche Gestalt dicht vor mir und lehnten sich fast an mich, weil sie mich für den Blind- und Taubstummen von Stein hielten.«
>
> Als die Frau an den Treueschwüren des Mannes zweifelt, »berief sich der Mann keklich auf mich, und schwur er stehe unwandelbar und unbeweglich wie das Standbild. Da wachte der Satyr in mir auf, und ...schüttelte ich mich boshaft ein wenig, worüber beide erstaunten...«

Eine Situation wie diese schilderte Klingemann im zweiten Teil von »Albano«
(1802). Hier belauscht Albano die nächtlichen Klagen seines Vaters, der die
»Hoffnung«, seinen Sohn je wiederzusehen, längst schon aufgegeben hat –

> Er lehnte sich tiefsinnig an eine Bildsäule der Hofnung; da ging Albano leise hinzu,
> ohne daß ihn jener bemerkte, und trat hinter die Statue.
> »Ach du bist erstarret bei meiner Berührung, schöne Gestalt der Hofnung!«
> sagte Lothario gerührt – »und wirst dich nimmer wieder für mich beleben!« – Er
> machte eine rasche Bewegung nach diesen Worten, und als er erschrocken auf-
> blickte, blieb er starr und sprachlos, – denn es war die Brust des Sohnes, an die er
> sich lehnte.[44]

Eine ungewöhnlich schöne Erkennungsszene darin, wie das Standbild zum
Leben erweckt, die Hoffnung an Ort und Stelle erfüllt wird. Dieser erzählerische Einfall wird für Kreuzgang jetzt mit Gewalt ins Satirische gewendet, der
boshafte »Satyr«-Impuls in den folgenden Szenen kunstvoll ausgespielt, wobei
die Modifikation der »Albano«-Stelle auf der Hand liegt: Um die Teufelei weiter zu treiben, darf Kreuzgang nur wie von ungefähr ein Lebenszeichen geben
und erst später, in Anwesenheit des Ehemanns (des Juristen) vom Piedestal
steigen. Zu diesem Zweck der satirischen Enthüllung aber wird die Crispinus-
Statue (Kreuzgang) mit einer neuen Doppelrolle ausgestattet, wird als »Steinerner Gast« gegen den Liebhaber und als Statue der »Gerechtigkeit« gegen
den Ehemann auf den Plan gerufen. Beide Rollen nun hat Klingemann in den
Theateraufführungen, die er in Artikel Nr. 44 vorstellt, soeben kennengelernt.
Die Rolle des Steinernen Gastes oder Komturs aus »Don Giovanni«, auf die
sich der Liebhaber in der Ausgangssituation leichtfertig beruft (die Statue, die
sich zu bewegen schien, »soll als furchtbarer Gast erscheinen bei unserem
nächtlichen Mahle, meine ich's nicht redlich«) und die er im Höhepunkt wieder identifiziert (»›Der steinerne Gast‹ rief der Liebhaber schaudernd, indem
er mich erblickte«), ebendiese Baßrolle des Komturs erwähnt Klingemann –
das einzige Mal in diesen Jahren – in dem Bühnenbericht als Bravourleistung
des Sängers Strohmeyer aus jener Gesellschaft.* Wie sehr sich Klingemann
davon beeindrucken ließ, belegt ein ungewöhnlicher Erzählfehler, Kreuzgangs
wie allwissende Angabe nämlich, daß der junge Mann zuletzt »gar noch in der
Manier des Don Juan, dem er diesen Abend beigewohnt hatte«, geredet hätte.
Das fällt gehörig aus der Perspektive, weshalb man dem Verfasser der »Nacht-

---

*   Karl Strohmeyer muß in dieser Rolle unübertrefflich gewesen sein. Schon das Statua-
rische des Komturs war ihm wie auf den Leib geschrieben; unter Berufung auf zeitgenössische Stimmen beschreibt ihn Oscar Fambach mit seinem »ausdruckslosen
Dastehen auf der Bühne«[45] als eine »mehr einem Kartoffelsack als einem Menschen«-
ähnliche Erscheinung.[46] Dabei mußte selbst sein Rivale Brizzi von dem Sänger
Strohmeyer sagen: »Wenn ich dieses Mannes unvergleichliche Stimme hätte, ich
sänge damit, wie Orpheus, Todte aus der Erde heraus«.[47]

wachen« mit dem gleichen Recht hier unterstellen darf, auf Beiwohnung des »Komthurs« hin die Manier des Steinernen Gastes für seinen so kennerischen Helden adaptiert zu haben.

Versteckter, was es mit der Rolle der »Gerechtigkeit« für den Juristen auf sich hat. Im letzten Drittel seines Berichts kritisiert Klingemann »ein sogenanntes romantisches Drama, ›Eveline, oder das Burggespenst‹, nach dem Englischen des Lewis«. Er verwirft dies Schauerstück durchaus, namentlich die für ihn höchst überflüssige Erscheinung des Schutzgeistes Eveline. Das hat ihn jedoch nicht davon abgehalten, für den Höhepunkt dieser 3. Nw, wo Kreuzgang als »Gerechtigkeit« das Rendezvous in Anwesenheit des Ehemanns zum peinlichen Verhör werden läßt, auf eine Szene im »Castle Spectre« zurückzukommen.*

»Der Rüstsaal.

(An beiden Seiten sind Rüstungen auf Piedestalen aufgestellt, an denen sich die Namen ihrer vormaligen Eigenthümer befinden.)«
Percy, um eine Begegnung seiner Angela mit dem Rivalen Graf Osmond zu belauschen, versteckt sich mithilfe eines Freundes in einer der Rüstungen, deren Besitzer von Zeit zu Zeit als Gespenst umgehe.
»Nun hört meinen Plan: Osmond macht Anstalt, mit Lady Angela eine Zusammenkunft zu halten... Auf diesem Piedestal könnt Ihr unbemerkt dem Gespräch zuhören, und daraus Eure Geliebte und ihren Hüter am besten beurteilen.«

Das heißt ja wohl auch, die Rolle der »Gerechtigkeit« spielen! Als dann der liebestolle Osmond auf seine Nichte eindringt und Gewalt anzuwenden droht, wird eine unheimliche Stimme laut:

Percy   (mit hohler Stimme.) Halt!...
Osmond   (nach Percy blickend.) Es kam von dort her! – von Reginald! – War es nicht Täuschung?... Himmel! was erblick' ich? (in dem Augenblicke, wo er Angela wieder ergreift, bewegt Percy den Kommandostab drohend, und steigt vom Piedestal herab...).
Osmond: Ich kenne diesen Schild! – diesen Helm! – Rede mich an, furchtbare Erscheinung! – Steh! – Rede! –[49]

In Abwandlung dieser Szene erschreckt Kreuzgang das Pärchen in dem Augenblick, wo »das Ganze ein Gardinenstück zu werden begann«, durch den »furchtbaren Ton« seines Nachtwächterhorns, worauf er sich »auf ein leeres Piedestal, das für die Statue der Gerechtigkeit... bestimmt war, schwang, und

---

* Laut »Braunschweigischem Magazin« vom 15. und 25.2.1804 wurde das Stück von einem Kaufmann D. W. Krause »für das deutsche Theater bearbeitet«. Die mir vorliegende, bei Vieweg 1804 in Braunschweig anonym erschienene und »für die deutsche Bühne bearbeitete« Übersetzung scheint von Ludwig Wieland zu stammen.[48] Sie hält sich bei den folgenden Zitatstellen ziemlich wörtlich an das englische Original.

still und unbeweglich stehen blieb«. Auch während Kreuzgangs anschließenden Standrede als »Gerechtigkeit« scheinen einige Verhaltensnuancen
Osmonds bei seinem Pedant durchzubrechen, so wenn er zu träumen meine,
oder die Stichworte für Kreuzgang liefert: »›Ei, ei, mein Gott, was ist denn
das?‹ stammelte der Ehemann. ›Daß die Stummen zu reden anfangen, meinen
Sie?...‹«.

Gewiß, die Konstellation der Figuren ist nicht dieselbe, Kreuzgangs Rolle
bekleidet dort noch der lauschende Liebhaber, auch war es kein Ehepaar bei
Lewis. Diese Verarbeitung des Quellenmaterials werden wir immer wieder bei
Klingemann zu beobachten haben, seine außergewöhnliche Begabung zumal,
auf disparateste künstlerische Stillagen und intellektuelle Niveaus einzugehen
und sie sogleich in die neue Erfahrungsform der »Nachtwachen« zu bringen.
Schon in der Figurenzeichnung läßt sich hier die satirisch-ätzende Behandlung der Vorlage erkennen. So hat der düstere Osmond als noch ungeschliffe-
ner Vorgänger des Juristen einige handfeste Morde auf dem Gewissen, wo dieser kalte Gerechte – ein wahrlich furchtbarer Jurist – seine Todesurteile schon
in der Manier des Schreibtischtäters erledigt. Auch Osmonds Zwischenrufe
wie: »Thörin!« und: »Romanhafte Schwärmerin« werden nun, in Forcierung
des Generationsunterschieds, in einen Dialog gebracht, der so sehr die literarische Geschmacksbildung karikiert als das unvereinbare Lebensgefühl in einer
solchen Ehe: »Phantasie?... was meinen Sie damit? Ich verstehe die neuen Ter-
minologien so selten, in denen Sie jezt reden«, um ihr denn doch mit den Hinrichtungen zum Geburtstag eine Freude zu machen suchen, »weil in den
Büchern, die Sie lesen, so viele ums Leben kommen« (als hätte er z. B. »Das
Burggespenst« von Matthew Gregory Lewis bei ihr liegen gesehen). So sehr
vermochte Klingemanns satirische Version jene konventionelle Dreiecksge-
schichte mit den Lebensmaximen und dem skandalösen Aroma seiner Zeit
auszustatten, daß man die Beziehungen A. W. Schlegel – Caroline – Schelling
oder Moreau – Sophie Mereau – Brentano oder gar v. Stein – Charlotte v. Stein
– Goethe darin glaubte wiedererkennen zu müssen. Daß Klingemann eines
dieser Verhältnisse gezielt vor Augen gehabt hätte, ist nach Kenntnis der beiden Hauptquellen kaum mehr anzunehmen.

Man hat sich nach alledem mit dem Gedanken anzufreunden, daß nach den
beiden ersten Nachtwachen um den Freigeist es die 4. Nw im Dom ist, die in
der Niederschrift folgte. Die 3. Nw, als Abrechnung mit dem zeitgenössichen
Donjuanismus auch im sarkastischen Stil »leichter«, ist nach unseren Indizien
später entstanden, wenngleich der zeitliche Abstand wesentlich kürzer sein
dürfte, als es die Abdruckfolge Nr. 15, Nr. 44 nahelegt. Die eigentliche Überraschung aber kommt erst jetzt, tritt doch anstelle der 5. Nw eine der Schlußnachtwachen in den Kreis der anfänglich geschriebenen!

15. Nachtwache (»Das Marionettentheater.«)

Im Handlungsablauf folgt die 15. Nw wie übergangslos auf die 14. Nw im Tollhaus. Sprachstatistisch aber gehört sie zu dem Anfangskreis, der auf dem
Gesamtniveau nicht weiter reicht als bis Beitrag Nr. 44 (erschienen Mitte April
1804). Der Befund (Tab VI) ist hier unanfechtbar. Eine nähere Festlegung
zugunsten von Nr. 15 oder Nr. 44 wird übrigens nicht mehr möglich.
        Die Aufnahme des Bettlerlebens ist zu Beginn der 15. Nw recht gut mit der
Verstoßung sogar aus dem Narrenhaus motiviert, auch erklärt Kreuzgang
gegen Ende dieser 15. Nw, Hanswurst sei seine zweite verhinderte Liebe nach
Ophelia gewesen. Beide Anschlüsse an die 14. Nw und besonders der Übergang müssen demnach nachträglich eingearbeitet worden sein (nicht anders zu
Beginn der 3. Nw die Aufklärung über den Ausgang der 2. Nw). Wird später
dann die 15. Nw gerade zwischen die 14. und 16. Nw gestellt, so hat dieser Ein-
schub erkennbar retardierende Funktion, Atemholen und Auslauf zwischen
den beiden äußersten Lebenskatastrophen Kreuzgangs. Andere Gründe als
diese dramaturgischen wird man für die Plazierung der 15. Nw schwerlich finden. Zumal sich die Frage stellt, ob es für Kreuzgangs Entwicklung nicht
glaubwürdiger gewesen wäre, hätte er sogleich nach der Ophelia-Katastrophe
(14. Nw) mit der Welt der »Vernünftigen« überhaupt gebrochen, sich von der
»Tageswelt« abgesetzt und ohne Umschweife die Nachtwächterstelle angetreten. Stimmt man dem zu, wird man der Marionettenspieler-Existenz einen
anderen Ort in Kreuzgangs Biographie zuweisen wollen, im Umkreis der Zwi-
schenrollen ungefähr, die er im Rückblick auf die Zeit von den Jugendjahren
bis zur Injurienklage schildert (in der 7. Nw erinnert er sich summarisch seiner
Erlebnisse als Libellist, Auftragsschreiber und -redner und vor allem als Bänkelsänger). Und hat man noch den Ausruf in der 2. Nw im Ohr, wonach er
»Poet, Bänkelsänger, Marionettendirektor und alles dergleichen Geistreiches
nach einander« gewesen wäre, ist man dem biographischen Ort, wie er Klingemann bei der frühen Niederschrift vorgeschwebt haben mag, schon näher. Da
nämlich die Niederschrift der Marionettenspieler-Episode nur unwesentlich
später als die der 4. Nw (im Dom) anzusetzen ist, möchte ich fast behaupten,
daß die 15. Nw ursprünglich als Replik Kreuzgangs auf die lange, im Marionettenspiel vorgetragene Lebensgeschichte des Wahnsinnigen gedacht war.
        Mit der Bettlerexistenz, die Klingemann 1803 auch zum Thema des »Laza-
roni«-Romans machte, wird vorübergehend eine Handlung mit wechselnden
exotischen Schauplätzen eingerichtet. Während die Ereignisse der anderen
Nachtwachen sich an Ort und Stelle zuzutragen scheinen, etwa im Bann einer
mittleren Residenzstadt wie Braunschweig, weist die 15. Nw mit dem Bettlerleben in den – eben gestreiften – Umgebungen von Ätna, Fingalsgrotte, Genfersee und Rheinfall sowie mit der fahrenden Existenz des Marionettenspielers

an der deutsch-französischen Grenze zudem als einzige geographische Konturen auf. Diese nicht gewöhnliche Lokalisierung hat Jost Schillemeit bewogen, die 15. Nw dem Kreis der Schlußnachtwachen zuzuordnen, die Klingemann in etwa gleichzeitig mit dem »Schweitzerbund« geschrieben habe. Die Nachtwachen 10, 12 und 13 seien in ihren Kapiteleingängen »direkt vom Nachbarwerk her inspiriert«, und für die 15. Nw sucht Schillemeit dies durch drei Parallelstellen zu belegen, deren Triftigkeit es nun doch zu diskutieren gilt:

1. »Anklänge an das Nachbarwerk, kleinere Funkenschläge gleichsam, gibt es ... gleich zu Anfang der fünfzehnten, wo der aus dem Tollhaus Vertriebene auf merkwürdig weite Reisen geht und bei der ›alten Mutter selbst‹, der auch im ›Schweitzerbund‹ so gern berufenen, zu Gast ist, die ›noch Wurzeln in ihrem Schooße‹ hat und ›der durstigen Lippe in der dargebotenen Felsenschaale den frischen brausenden Trank des stürzenden Wasserfalls‹ reicht«.[50]

In diesem üppigen Zitat ist es allein der Ausdruck »alte Mutter«, der hier Indiz für Zeitgleichheit mit dem »Schweitzerbund« sein soll. Wenn sich damit chronologisch argumentieren läßt, dann eher vom »Lazaroni«-Roman von 1803 aus, wo dergleichen Formulierungen zuerst gebraucht wurden, und überdies wie in der 15. Nw auch hier für das Bettlerleben: »die mütterliche Erde« heißt es etwa, oder »überall ist die Erde unsere Mutter«; selbst der von Schillemeit ohne Entsprechung zitierte Kontext findet sich nun hier in dem Lazaroni-Lied:
»Der Erde entsprossen, ihr fröhlicher Sohn,
Reicht sie ihm die lieblichen Gaben.«[51]

2. »Auch der Rheinfall wird genannt...«, und zwar mit einem Bild, das auch im ›Schweizerbund‹ vorkommt: von einer ›köstlichen krystallenen Halle‹ ist hier die Rede, dort von einem ›krystallenen Bogen‹ oder auch einem ›Haus von Krystall‹«; mit der Fußnote von Schillemeit: »Bezugsobjekt ist in allen diesen Fällen ein gefrorener Wasserfall, was besonders die Bilder von ›Halle‹ bzw. ›Haus‹ verständlicher macht.«[52]

Der Zitatschnitt fällt diesmal zu knapp aus, läßt sich doch dem Kontext entnehmen, daß in der 15. Nw mit dem Bilde der (krystallenen) »Halle« gar nicht der gefrorene Rheinfall gemeint ist. Denn der Bettler bewohne hier
»... die köstliche krystallene Halle des Rheinfalles, wo statt der Deckengemälde ihm die Sonne Regenbogen über das Haupt webt, und die Natur seinen Pallast im immerwährenden Zerstören wieder aufbaut.«
Es gibt hierzu nur ein Vergleichsbild, das Schillemeit in seinem Sinne als »Parallele« hätte zitieren können: Beim Anblick eben des Rheinfalls, seiner
»gleichsam zur Vernichtung gebrachten, nun aber mit Blitzes Schnelle fortsausenden und ihm entrinnenden Fluthen, welche sich, eine der andern nachdrängend, in ewiger Folge erneuern«, fühlt Klingemann sich einmal »dicht neben das sausende Rad der Zeit gestellt«, und plötzlich trete die Sonne »aus einem Triumphthore sich öffnender Wolken hervor« – »die Staubnebel und Wassersäulen umkleiden sich mit rosiger Morgenröthe; über dem Ganzen aber spannt sich still und heilig ein siebenfarbiger Regenbogen.«

Diese Beschreibung, die in Dramaturgie und Reflexion sich an die Stelle in der 15. Nw hält und deren »Deckengemälde« in Details auffrischt, stammt freilich aus dem Reisetagebuch von 1828 und gilt einem Schaffhausen-Besuch vom Jahre 1825.[53] Was an der vermeintlichen Parallele bleibt, ist so nur der Gebrauch von »krystallen« für Gewässer, und der findet sich so des öfteren in Klingemanns vorausgegangenen Romanen (in »Albano« besingt man den »Krystall der lautern Quellen«, in einem Lied in »Romano« ist es auch Reimwort für »Wasserfall«: »Quellkristall / Spricht im Hain der Wasserfall«;[54] in plastischer Vorstellung wird in »Albano« von »Fontänen, wie krystallene schimmernde Säulen« gesprochen bzw. im »Lazaroni«-Roman vom »durchsichtigen Krystall« der Wogen[55]).

3. Das letzte Beweisstück, das Schillemeit anführt, die »ähnliche« Behandlung der französischen Revolution in der 15. Nw und im Prolog zum zweiten Teil des »Schweitzerbundes«, wird indirekt von ihm selber als Datierungsindiz insofern zurückgenommen, als er auf »ganz ähnliche« Äußerungen in Klingemanns »Charlotte-Corday«-Rezension vom 23. 10. 1804 in Nr. 127 der Eleganten hinweist. Wenn hier Zeitgleichheit vorliegt, dann allenfalls zwischen Beitrag Nr. 127 (Monate nach Abschluß der »Nachtwachen« entstanden) und jenem Prolog zum zweiten Teil; selbst dies ist nicht wahrscheinlich, da Herbst 1804 vom »Schweitzerbund« nur der erste Teil vorlag (wie eine Besprechung im »Freimüthigen« vom 22. 11. 1804 bezeugt).*

Auf der Grundlage der sprachstatistischen Datierung deuten alle Indizien darauf hin, daß Klingemann bei der Abfassung der 15. Nw noch stark unter dem Eindruck seiner Arbeiten von 1803 stand. Nur allzu deutlich wird dies über den »Lazaroni«-Roman und seine Ideologisierung des Bettlerlebens; »ein Bettler, und darum ein freierer Mann, wie der König selbst«, »reicher selbst wie der König«, war dort zu lesen,[58] und Kreuzgang erscheint hier ausnahmsweise nur als das gedankenlose Echo: »Zeigt mir einen König, der glänzender wohnen kann, als ein Bettler!« Viel gewichtiger aber und belebender ist ein

---

* So auch laut dem Verzeichnis der 1804 zur Michaelismesse herauskommenden Bücher: »Arnold an der Halden« wird dort als erster Band des »Schweitzerbundes« aufgeführt, während der zweite Band »Der Sturz der Vögte« erst zur Ostermesse 1805 im Verzeichnis erscheint.[56] Schillemeit geht darauf wohl auch deshalb nicht ein, weil er sich auf einen Klingemann-Brief vom 26. 6. 1804 an den Hamburger Verleger B. G. Hoffmann stützt, in dem der zweiteilige »Schweitzerbund« als der Vollendung nahe angeboten wird. Dem war offenbar nicht so (eine vergleichbare taktische Äußerung Klingemanns wird noch für 1828 (s. S. 158) zu dementieren sein). Speziell der fragliche Prolog zum zweiten Teil dürfte erst lange nach Abschluß der »Nachtwachen« geschrieben worden sein: Des längeren ist in diesem Prolog ja von dem »Aar« die Rede, der einst zum Sonnenkreis entflogen wäre, von Bonaparte, wie Schillemeit selber erkennt, und der schließlich so ende:
»So prangt er traurig groß dort auf dem Throne,
Mit des erschlagnen Königs blut'ger Krone.«[57]
Die spektakuläre Kaiserkrönung, auf die hier wohl angespielt wird, fand erst am 2. 12. 1804 statt.

andermal der Anschluß an die Anfang 1804 erschienenen »Freimüthigkeiten«.
Schon wie Hanswurst in der 15. Nw eingeführt wird, verrät seine Bühnen-
Herkunft:»Hoho! rief es jetzt dicht an meinem Ohre und als ich mich umdre-
hete, schaute mir ein hölzerner Hanswurst keck und trotzig ins Antlitz.« Wie
ein lebendiges Wesen und wie auf ein verabredetes Stich- oder Kennwort hin
tritt er Kreuzgang bei der Apologie des teuflisch-satirischen Lachens hier entgegen. Mit Fug und Recht, da er die Apologie schon in den »Freimüthigkeiten« und mit denselben Argumenten vorzuleben hatte. Weil alles auf der Erde
»so empfindsam und gut eingerichtet« gewesen wäre, so Kreuzgang, schickte
der Teufel,»um sich an dem Werkmeister zu rächen... das Gelächter ab, und
es wußte sich geschickt und unbemerkt in der Maske der Freude einzuschlei-
chen, die Menschen nahmen's willig auf, bis es zuletzt die Larve abzog und als
Satire sie boshaft anschaute.« Ebenso schlich sich dort der »Rothmantel« ins
Theater und erklärte:

> »Denn für meinen derben Spaß und Scherz
> Haben sie ein zu ästhetisch Herz«;
> »Aus Rache will ich nun aber keine Ordnung ehren,
> Und hier das Oberste zu unterst kehren!«
> »Ja auf Arlequins Parole, ich will es machen
> Daß sie heute wider ihren Willen lachen!«[59]

(Kein gutmütiges Lachen, zu dem er einige Male dann verführen konnte, sondern ein desillusionierendes und entlarvendes; wie er denn auch die Erwartungen der Zuschauer, ihnen zur Zerstreuung ein wenig Spaß zu machen, unterlief
und beim Abgang »boshaft ins Fäustchen« lachte[60] oder als Epilogist im
Namen der »boshaften Satire« auch deutlichere Worte ans zeitgenössische
Publikum richtete).
    In den »Nachtwachen« geht es aber um mehr als um eine Wiedereroberung
der Bühne. Das rachsüchtige Verkehren der Ordnung greift rasch auf die politischen Verhältnisse über. Bleiben auch die Aktionen der 15. Nw selber noch
im Rahmen einer Dorfposse, so erscheinen sie doch ausdrücklich vor dem
Hintergrund der »großen Tragikomödie, in der ein König unglücklich debü-
tirte, und der Hanswurst, als Freiheit und Gleichheit, lustig Menschenköpfe,
statt der Schellen, schüttelte.« In dem Gleichnis sind die äußersten satirischen, satanischen Möglichkeiten Harlekins angesprochen; und die Lust des
Scharfrichters ist sicherlich mitzudenken, wenn wir in den Höhepunkten der
erbarmungslosen, annihilierenden Wahrheitsliebe dem Bilde der zu schütteln-
den Schellen wieder begegnen (»Der Todtenkopf fehlt nie hinter der liebäugelnden Larve, und das Leben ist nur das Schellenkleid, das das Nichts umgehängt hat, um damit zu klingeln«, ließ Bonaventura im Vorabdruck seinen
Prologisten drohen; ähnlich Kreuzgang in der 10. Nw, bei seinem beklem-
menden Selbstverhör während der Hinrichtung der Nonne).

Die 15. Nw ist auf dem Artikelniveau zeitgleich mit der 3. Nw und muß auf dem Gesamtniveau noch ein wenig früher angesetzt werden. Für die Niederschrift der Anfangsnachtwachen wird somit diese Abfolge zu bedenken sein:

I. und II. Nachwachen 1 und 2 um den sterbenden Freigeist
III. Dom-Szenen der 4. Nw (Lebensbuch; Marionetten-Biographie des Wahnsinnigen)
IV. Kreuzgang als Bettler und Marionettenspieler (15. Nw)
V. Kreuzgang als steinerner Crispinus bzw. in der Rolle des Komturs und der Gerechtigkeit (3. Nw)

(Schon zur Mittelgruppe gehören die 6. Nw mit dem »Weltgericht« und die 7. Nw mit den Jugenderlebnissen bis zur Einweisung ins Tollhaus.)

Der Anfangskreis der Nachtwachen hebt sich damit nicht allein in der Datierungsgrenze (Nr. 44 als letzter Zeitpunkt auf dem Gesamtniveau) von den anderen ab, vielmehr hat er im wechselnden Gebrauch der Marionette auch einen eigenen thematischen Schwerpunkt. Die Erwähnung in der 2. Nw ist noch vage (»Marionettendirektor und alles dergleichen Geistreiches nach einander«). In der 4. Nw bereitet der wie spontane Vergleich des Mannes im Dom mit dem König Saul der eigenen Marionettentruppe sonderbar hellsichtig auf die Marionetten-Geschichte dieses Unbekannten vor. Die 15. Nw, möglicherweise als Kreuzgangs Entgegnung auf den Unbekannten konzipiert, verankert das Marionettenthema in der Lebensgeschichte unseres Nachtwächters selbst. Wiederholt er dann in der 3. Nw den spontanen Vergleich mit der Marionette beim Anblick des Juristen, der kalt mit hölzerner Stirn dasitze und wie an »unsichtbarem Drath gezogen« die Todesurteile unterzeichne, so gemahnt dies Bild der »mechanischen Todesmaschine« erneut an den Schreckensmann der 15. Nw: H a n s w u r s t ist der eigentliche Held der anfänglichen Nachtwachen, überall und in wechselnder Maskierung spukt er hervor. In Kreuzgangs erstem Auftreten als Nachtwächter mitsamt den rückblickenden Monologen lebt der kämpferische Arlequin der »Freimüthigkeiten« wieder auf. Wie dort agiert Hanswurst auch in der Erzählung des Wahnsinnigen als Prologist, Epilogist und als ein Mitspieler, der in transzendentalphilosophischer Argumentation alles verunsichert und der sich besonders gegen das Publikum verwahrt.[61] Die persönliche Betroffenheit reicht so tief, daß der Kampf stellenweise ohne Rücksicht auf den Leser, verschlüsselt weitergeführt wird; denn Hanswursts Reflexion in der 4. Nw bleibt so ohne weiteres unverständlich: »Über das Leben und den Zeitkarakter macht er die höchst albernen Bemerkungen, daß beide jetzt mehr rührend als komisch seyen, und daß man jetzt weniger über die Menschen lachen als weinen könne, weshalb er denn auch selbst ein moralischer und ernsthafter Narr geworden...«[62]. Wieso sind Hanswursts Bemerkungen »höchst albern«? Weil sie eigentlich aus dem

Munde einer Person aus dem Publikum der »Freimüthigkeiten« stammen, die
dort mit ebender Begründung den Spaßmacher Hanswurst aus dem Theater
werfen wollte: »Wir wollen nicht über uns lachen, wir wollen über uns weinen, und über die Kotzebueschen Stücke! – Comedia quasi vitae imago! Wir
sind rührende Gegenstände und keine lächerliche!« »Corrigere mores! Sitten-
verbesserung… wollen wir«, sekundierte ihr noch jemand anders.[63] Diese
damals ihm abgenötigte Rolle hält Hanswurst nun als ein »moralischer und
ernsthafter Narr« im tragischen Possenspiel der 4. Nw mit groteskem Erfolg
durch, wozu nicht zuletzt jenes Verfahren beiträgt, den Akteuren mit den
Prinzipien kritischer Aufklärung auf den Leib zu rücken, d. h. die selbstgefäl-
ligen dogmatisierten Ansprüche nicolaisch-merkelscher Aufklärung an Kant
selber zu messen. Dieser Rollenzwang gilt für Hanswurst, aber auch für den
Erzähler Kreuzgang, den Hanswurst-Spieler der 15. Nw, der uns nicht von
ungefähr zu Beginn der 3. Nw in der steinernen Ausführung des romanischen
Hanswurst (Crispin) entgegentritt.* Wenn Kreuzgang als Hanswurst-Crispin
sich wie ein Sittenprediger in diese Ehebruchgeschichte einzumischen scheint,
so wäre das Ergebnis auch hier grotesk zu nennen, da er neben dem außerehe-
lichen auch dem ehelichen Verhältnis den Garaus zu machen droht. Das ist
weder im Sinne der Commedia (»because the young adulterers are denied the
sympathy«)[68] noch erst recht im Sinne des bürgerlichen Rührstücks, dessen
Tendenz Arlequin so verhöhnte: »Ja einst kehrte nach Menschenhaß und
Reue, / Eine Ehebrecherin, nachdem sie gesündigt, zurück zur Treue!«[69] Die
zitierte Forderung der Gegenpartei, die Komödie habe Ebenbild oder Spiegel

---

* In der 3. Nw »scheint ein Zusammenhang mit Crispin, dem Hanswurst der französischen Komödie, nahezuliegen«, vermutet Rita Terras.[64] Der Übergang von der 15.
zur 3. Nw vermag diese Annahme sicherlich zu stützen. Hingegen läßt sich ein
Zusammenhang mit dem Ägypter Crispinus und überhaupt mit der Satire Juvenals,
so sehr es auch über äußere Kombinationen den Anschein haben mag, nicht gut
behaupten. Aufschlußreicher wird hier die Tradition des Burlesken und vornehmlich
der Commedia dell'arte, die Gerard Gillespie behandelt und auch für die Gestalt des
Crispinus geltend macht (»Crispin was also a standard ›commedia‹ name«)[65]. Schon
in den ersten Nachtwachen, so beim verwirrenden Zusammenstoß mit den Geistern,
bemerkt Gillespie gewisse Elemente der Commedia, was sich ja nicht schlecht mit
der Bedeutung Arlequins für den Erzählanfang verträgt.

Auch der kleine Umstand, daß Kreuzgang als Crispinus von sich als »Satyr«
spricht (das Wort erscheint nur an dieser Stelle, nur in der 3. Nw), deutet wohl auf den
Hanswurst der Commedia hin: F l ö g e l führt in seiner »Geschichte des Groteske-
komischen« (1788) die These von Batteux aus, wonach in Maske und Verhalten »der
Harlekin in gewissen italienischen Stücken … fast alle Kennzeichen eines Satyrs«
habe.[66] (Klingemann verweist auf Flögel explizit in den »Freimüthigkeiten«[67] und
indirekt in dem darauf anspielenden Postskript zu Nr. 127, indem er sich erneut mit
den »unwillkührlichen Beiträgen zur grotesk komischen Literatur unseres Zeitalters« zu befassen droht.)

des Lebens zu sein, wird in der List akzeptiert, das Spiegelbild im Sinne der satirischen Tradition zu verwenden: Die komische Muse »trägt … einen Spiegel, den sie der Wirklichkeit entgegen hält, und worin durch die innen wohnende wunderbare Beleuchtung, diese sich in dem seltsamsten Kontraste darstellt«, erklärte Klingemann am 8.9. 1804 in Nr. 108 den Lesern, wobei er ausdrücklich die Absicht mitnannte, in solch sichanschmiegender Darstellung den Zeitgeschmack zu vernichten. Vom anderen Extrem der Tragikomödie her urteilt Kreuzgang (8.Nw) über das Trauerspiel »Der Mensch« mit dem tragischen Hanswurst: »Der Tragiker hielt das schöne Antliz des Lebens mit eiserner Faust unverrückt vor seinen großen Hohlspiegel, worinn es sich in wilde Züge verzerrte und gleichsam seine Abgründe offenbarte in den Furchen und häßlichen Runzeln …« (Die Spiegelmetapher geht vermutlich auf Mösers Schrift »Harlekin oder Vertheidigung des Groteske-Komischen« (1761) zurück, wo Harlekin einmal s e i n e »Art der Übertreibung« erläutert: »Ich traf vor einigen Tagen meine alte ehrliche Colombine beym Nachttische vor ihrem Hohlspiegel an. Ich erschrak … Jede Runzel erschien … wie eine frisch gepflügte Furche«.)[70]

In den beiden folgenden Nachtwachen wird der Spiegel einem größeren Publikum vorgehalten. Sie vermitteln gewiß nicht die aufregendsten geistigen Erfahrungen; auch wird die Zeitkritik unscharf, wo die Sozialsatire es auf vermeintlich allgemein-menschliche Schwächen anlegt. Erst mit der 8.Nw wird ein Wendepunkt erreicht, wenn der Blick zurück auf den fällt, der die anderen nicht ohne Selbstgerechtigkeit zu dekouvrieren trachtete.

3. Mittelgruppe (Nachtwachen 6, 7 und 8)

6. Nachtwache (»Das Weltgericht.«)

Die Datierung dieser ersten zur Mittelgruppe gehörenden Nachtwache macht weiter keine Schwierigkeiten. Beide signifikant gewordenen Niveaus (Tab. VI) zeigen übereinstimmend an, daß Klingemann sie zugleich mit den Artikel schrieb, die er vom 31. März bis zu 19. Juni 1804 in der »Eleganten« veröffentlichte.

Die Außendaten stützen dies Ergebnis. Zunächst ist hier – wie oft bemerkt – vom »seeligen Kant« die Rede. Das Epitheton besagt jedoch allein nicht viel, da es leicht nach Kants Todestag (12.4. 1804) irgendwann einmal hinzugefügt worden sein könnte. Gewichtiger wird da schon die Einarbeitung einer zeitgeschichtlichen technischen Entdeckung, der von Samuel Day erfundenen Kontrolluhr für Nachtwächter. Schillemeit hat im »Freimüthigen«, in der Nähe der Besprechung von Klingemanns »Freimüthigkeiten«, die Quelle ausfindig gemacht; Anfang März wird dort die Nachtuhr mit den Worten vorgestellt:

> Der Engländer Samuel Day Esqu. hat im vorigen Jahre von der Engl. Regierung ein Patent über gewisse Uhren erhalten, die er watchman's noctuaries oder labourer's regulators nennt. Der Zweck derselben ist, eine Controlle abzugeben ... Das Zifferblatt derselben liegt horizontal und ist versteckt, und nur durch ein kleines Loch an der Thür ... sieht die jedesmalige Stundenzahl heraus. ... In diese Löcher wird nun von dem Nachtwärter, so oft er an der Uhr ankommt, ein Zeichen eingesteckt. Da die Uhr immer fortgeht, so kann er nur an dem Loche, das eben verschwinden will, also in kein früheres, das Zeichen einstecken. So muß er die Nacht über immer herumgehen, indem ihm am Morgen vom Polizeiofficier alle Zeichen nachgezählt werden, und sein Rufen unterbleibt ohne Nachtheil für die Schlafenden. Die Uhr selbst innen aufschließen kann er nicht, denn dazu führt allein der Polizeiofficier den Schlüssel.[1]

Klingemann hat für die 6. Nw die umständliche Beschreibung wieder gestrafft, bringt dabei aber kein Detail, das nicht schon im »Freimüthigen« erschienen wäre –

> Er stellt die »von Samuel Day erfundene watchmanns noctuaries« in einer Fußnote vor: »Diese Nachtuhren sind so eingerichtet, daß der Nachtwächter jedesmal in ein bis dahin verstektes Loch, das erst bei der bestimmten Stunde hervorrükt, einen Zettel stekt, zum Belege, daß er regelmäßig umhergegangen ist. Am Morgen schließt dann ein Polizeioffizier die Uhr auf, um zu sehen, ob in jedem einzelnen Loche der Zettel sich vorfindet.« (Aus »Zeichen« macht er »Zettel«, was naheliegt.)

Das Einbringen dieser Nachtwächter-Kontrolluhr und das dadurch ermöglichte Verbot von Horn und Stundenausrufen hat bekanntlich die interne Chronologie der Nachtwachen empfindlich gestört. Diese Episode des Jüngsten Gerichts ist – in der Abdruckfolge – die erste, die sich weit in der Vergangenheit zugetragen haben soll (»einmal ... in der letzten Stunde des Säkulums«) während die zuvor gebrachten Nachtwachen 1, 2 und 3, in denen Kreuzgang von Horn und Rufen Gebrauch macht, auf einer Gegenwartsebene angesiedelt sind, die in der Zeit *nach* jenem Verbot spielt. Laxheit oder Vergeßlichkeit des Verfassers? In »Romano« (1801) gibt es einen Präzedenzfall, wenn der alte Camillo in der Schlußszene plötzlich wieder auf der Harfe spielt, die er in einer hochdramatischen Szene zuvor »zertrümmert« hatte. Dort konnte es schwerlich ein Vergessen oder Versehen sein, allzu demonstrativ widmete sich der Alte gleich nach der Zertrümmerung einer anderen Kunst, der Malerei, und blieb doch gewissermaßen beim Thema: »Das meiste war Skizze aus Angelos jüngstem Gerichte, und es glückte ihm hier oft die Gruppen auf eine ungewöhnliche Weise zusammen zu stellen.«[2] Spätestens dieser Übergang, die Verknüpfung mit dem Jüngsten Gericht macht nun doch stutzig, auch Kreuzgang spricht von einem »Michel Angelos Gemälde« angesichts des Jüngsten Tages, den er mutwillig statt der Zeit ausrief und wofür er mit dem Verbot des Hornes büßen sollte.

Spielt der Erzähler mit dem Zeitfehler in ähnlicher Weise wie jener satirische Zuschauer der 6. Nw, der just im »Indifferenzmomente zwischen Tod und Auferstehung« mit seinem Selbstmord experimentiert? In »Romano« war das Zerschlagen der Harfe ein symbolischer Akt und die Beschäftigung mit dem Jüngsten Gericht die nächst Stufe, die auf nichts anderes als auf Camillos Apotheose zuführte: Die Schlußszene des Romans mit Harfe und Sonnenaufgang ist pure Allegorie und stellt die Erfüllung des apollinischen, poetischen Memnon-Kultbildes dar. Was Kreuzgang in der 6. Nw. widerfährt, ist demnach als Travestie von Camillos Schicksal, eines Stellvertreters Apollos zu interpretieren. Das Ausrufen des Jüngsten Tages, das Kreuzgang in vorbereitenden Wendung wie der vom »Ausstreichen« der Weltgeschichte schon in die Nähe und Kompetenz des Dichtergottes gerückt hat, dies Einnehmen eines überzeitlichen Standpunktes wird in dem alten memnonischen Selbstgefühl gedemütigt und zum Zeichen dessen ihm Horn und Stundenausrufen untersagt, – das Horn war ja nie bloßes Instrument, wie Kreuzgang Stentorstimme war es ein Attribut, das gerade auch als »antipoeticum« noch die p o e t i s c h e Autorität des Nachtwächters bezeugte.

Ein zweites Mal und diesmal ohne Reservatio mentalis findet sich Kreuzgang der prosaischen Zeit ausgesetzt. Wird dazu die Kontrolluhr als polizeitechnisch ausgeklügelteste Erfindung dem »Freimüthigen« entnommen, so ist dies ein in der Folgerichtigkeit schon ingeniöser Griff Klingemanns, denn es war der Mitherausgeber Merkel selber, der Apoll statt der Lyra die Guitarre aufdrängte und ihn schrittweise seiner poetisch-metrischen Sprache beraubte. »Die Zeit! – O ich hätte nicht geglaubt, daß die Zeit so unverschämt in die Unsterblichkeit sich mischen würde!« klagte Apoll zuletzt.[3]

Der chronologische Verstoß ist als solcher also herzlich uninteressant und sollte vielmehr – wie bei Camillo – als Zusammenstoß mit der allegorischen Dimension des Geschehens bemerkt und verstanden werden.* Wie wenig die Zeitdimension dieses Gerichtstages nach naturalistischen Kategorien zu vermessen wäre, geht schon daraus hervor, daß die Grundzeit der Jahrhundertwende mit dem »gleichzeitig« dort gegebenen Hinweis auf den »seeligen« Kant kollidiert (ein Anachronismus, der doch von anderer Qualität ist als der

---

* Auch in den »Freimüthigkeiten« hat Klingemann sein chronologisches Spiel mit der Nichtexistenz getrieben. Mit Verwunderung bemerkt einer der illusionistisch befangenen Zuschauer, »daß es Niemanden aufgefallen ist, daß Theobald [d. i. Merkel] noch immer vorkommt, da er doch schon im ersten Akt seinen Geist aufgab« (er starb einen unfreiwilligen Rollentod)[4]. Im Falle Merkel zielt das wortwitzig auf das Dasein des Geistlosen, das ähnlich Kreuzgang nun beim Anblick »einiger junger Freigeister, welche jezt Synonyma mit Geistlosen sind«, bespöttelt (womit die exzentrisch-Dummen um den »Freimüthigen« angesprochen sind).

auch nicht recht passende Zeitpunkt der Dayschen Erfindung, denn letzterer ist in der Fußnote weggelassen und so gleichsam zeitlich neutralisiert worden).

Das Verbot wird in den folgenden Nachtwachen wiederholt angesprochen, nicht nur wie gehabt bloß als Überleitung zu Beginn der 7. Nw, sondern auch zu Beginn der 8. Nw und noch zweimal als Klage in der 10. Nw. Zeigt nicht schon der Affekt dieser Verlustmeldungen an, daß die Nachtwachen 7, 8 und 10 später geschrieben wurden und die Nachtwachen 1 bis 3 früher als die 6. Nw?

Unserer Datierungsstatistik zufolge schließt sich die 6. Nw besonders eng an die 3. Nw an, und wenn sich Kreuzgang dort in der Rolle des Komturs oder der »Gerechtigkeit« gefällt, so nunmehr als Ausrufer des Weltgerichstages. Was in dieser Steigerung auch zum Vorschein kommt, ist der beschränkte und sadistische Zug gewisser Satire, die anderen in ihrer Entblößung vor sich zu sehen (oder lieber noch unter sich). Noch hat Kreuzgang nicht die zerreißenden Selbstzweifel erfahren, die den »Nachtwachen« allererst ihren Rang geben.

7. Nachtwache (»Selbstportraitiren. – Leichenrede am Geburtstage eines Kindes. – Der Bänkelsänger. – Injurienklage.«)

Artikel Nr.	153	15	(31.3.1804) I.15	44	(10.5.) 56	68	73	77	83	91	99	107
Gesamtniveau												
b =	11,8	10,8	5,7	8,1	6,2	7,3	14,8	9,5	11,4	11,4	1,2	8,8
e =	9,5	7,8	2,2	8,5	3,2	11,5	11,7	7,3	10,6	9,2	1,8	7,4

Auf dem Gesamtniveau wird die 7. Nw für die etwa 4-5 Monate von Nr. 153 bis Nr. 56 signifikant. Auf dem Artikelniveau jedoch weist sie die breiteste Spannweite unter allen Nachtwachen auf (über 8 Monate von Nr. 153 vom 22. 12. 1803 bis Nr. 107 vom 6. 9. 1804). Zur Erklärung dessen mag man zunächst an die wechselnden Sujets und Episoden dieser 7. Nw denken und für möglich halten, daß die eine oder andere Passage zu einem stark abweichenden Zeitpunkt geschrieben wurde. Nähere Untersuchungen bestätigen dies aber nicht, weder der etwas nachgestellte Injurienprozeß noch die Übergangszeit von der Leichenredner-Episode bis zum Auftreten als Bänkelsänger lassen sich sprachstatistisch einem anderen Zeitraum zuordnen. Der Grund scheint vielmehr in der Zusammensetzung der Artikel zu liegen. Geht man die korrespondierenden Artikel von Nr. 153 bis Nr. 107 noch einmal auf dem Gesamtniveau durch (oben), kommen zwei besonders schmale Texte als mögliche Zeitpunkte in Betracht, wie schon für die 6. Nw das »Intelligenzblatt« Nr. 15 (I. 15) und, neu hier, Beitrag Nr. 56 vom 10. Mai 1804. Die Artikel liegen im

Erscheinen 6 Wochen auseinander; die zwischenzeitlich erschienene Sammel-
besprechung von Nr. 44, 12 Tage nach I.15 abgedruckt, war jedoch in großen
Teilen wahrscheinlich eher abgeschlossen als I.15 vom 31. März (Klingemanns
Entgegnung auf Merkels Rezension der »Freimüthigkeiten« vom 23. Februar).
Würden somit die beiden schmalen Artikel I.15 und Nr. 56 zeitlich aneinan-
dergrenzen in ihrer Abfassung, hätte dies für die Datierung der (7.) Nw, die
gerade in diesem Zeitraum entstanden ist, gewisse Nachteile: Wegen der minimalen »e«-Werte bei diesen beiden Artikeln wäre schon auf dem Gesamtniveau keine Einzeldatierung möglich; und erst recht auf dem numerisch noch
schwächeren Artikelniveau könnten sie nicht einmal vereint dem Test unterzogen werden, sondern blieben von vornherein auf die angrenzenden Artikel
und deren noch feststellbare »Nähe« zur 7. Nw angewiesen. Das Exklusivniveau, numerisch das schwächste, ist davon paradoxerweise nicht so sehr
betroffen. Denn falls die Vermutung zutrifft, daß die (einmalige) Wiederholung des komplexen Grundworts in einem Artikel bzw. in einer Nachtwache
schreibpsychologisch vergleichsweise zeitverzögert auftritt, würden die in der
7. Nw zum erstenmal gebrauchten Exklusivgrundwörter in späteren Artikeln
als in den »gleichzeitigen« I.15 und Nr. 56 wiederholt werden. Jedenfalls ist für
die 7. Nw auf der Basis von nur 19 Exklusivwörtern der Zeitraum I.15-Nr. 107
signifikant geworden und läßt sich ausnahmsweise einmal eine Nachtwache
auf dem Exklusivniveau um zwei Artikel enger als auf dem Artikelniveau eingrenzen! Vertauschte man also die Reihenfolge von Nr. 44 und I.15, erhielte
Zeitraum I.15-Nr. 56 auf dem Gesamtniveau das höchste signifikante Ergebnis
(p < 0,001 statt p < 0,05 für Zeitraum Nr. 153-56) und wäre auf dem Artikelniveau am relativ stärksten übersetzt.

Während für I.15 vom 31.3. der März 1804 als Abfassungzeit in etwa fest-
steht, da Antwort auf Merkels Rezension vom 23.2., enthält der andere mit-
favorisierte Artikel Nr. 56 keine genaueren Zeitindizien als das Erscheinungsdatum vom 10. Mai 1804. »Ich habe in diesem Augenblicke eine französische
Übersetzung von Schillers ›Jeanne d'Arc-en-ciel‹, wie sie Jean Paul genannt
wünscht, vor mir liegen«, beginnt Klingemann die Besprechung. Besagte
»Regenbogen«-Titulierung findet sich im 1802 erschienenen dritten Band des
»Titan« (22. Jobelperiode), liegt genau so weit zurück wie das Erscheinungsdatum dieser Übersetzung aus Paris und hilft hier nicht weiter.

In der 7. Nw selber wird auf das Buch eines Zeitgenossen Bezug genommen, wenn Kreuzgang seine Schlußattacke gegen die Richter so begründet:

> Ja, da nach Weber über Injurien im ersten Abschnitte pag. 20 an denjenigen Perso-
> nen die auf das Recht auf Ehre Verzicht gethan haben, keine Injurie begangen wer-
> den kann, so darf ich auch der Analogie gemäß folgern daß ich Sie da Sie als Icti und
> Gerichtspersonen schlechthin von der Moralität sich losgesagt haben, hier an offener
> Gerichtstätte mit allen möglichen moralischen Injurien überhäufen darf ...

Hermann Michel: »Gemeint ist das Buch des hervorragenden Juristen Adolph Dietrich Weber ›Über Injurien und Schmähreden‹, 1, Schwerin und Wismar 1793. Der betreffende Passus findet sich – auch in den späteren Auflagen – auf S. 27«, nämlich als Meinung des von Weber bekämpften Voetius[5]. Klingemann bezog sich allem Anschein nach auf die 3. Auflage, deren 1. Band 1803 erschienen war (Webers »Vorerinnerung« datiert vom 27. 2. 1803, hingegen die für den 2. Band vom 19. 8. 1804); denn Kreuzgang macht ausführlicher von diesem 1. Band – nicht schon vom 2. Band! – Gebrauch, als es Michel schien, so schon für den zweiten Passus von Kreuzgangs Selbstverteidigung: »... in dem Falle, worin ich mich jezt als Inquisit hier befinde, sprechen Sie die Gesetze frei, so erlaubt Ihnen die lex 13. § 1. und 2. de iniuriis geradezu diejenigen zu injuriiren, die Sie selbst wegen Injurien in Ihrem Gerichtsgarn gefangen halten.« Michel, indem er diesen Satz buchstäblich nimmt: »Ein solches Gesetz gibt es nicht.«[6] Weber selber jedoch streift es, versteckt in einer längeren Fußnote des 1. Bandes: »Juris executio non habet iniuriam L. 13 § 1.2. D. de iniur.«[7] Und eine weitere Stelle aus dem 1. Band Webers dürfte der Autor der 7. Nw verarbeitet haben, ist doch die Nichtverurteilung Kreuzgangs wegen partiellen Wahnsinns im Einklang mit Webers These, »Wahnsinnige, Rasende, Kinder und völlig Betrunkenen können ... keiner eigentlichen Injurie sich schuldig machen«, da ihnen der »animus iniuriandi« abgehe[8]. Vom 2. Band, der immerhin so verlockende Abschnitte hat wie »Über die Injurien der Schriftsteller«, läßt sich keinerlei Einfluß ablesen, starkes Anzeichen dafür, daß Klingemann nur die seinerzeit erschienene 3. Auflage benutzte und somit diese juristischen Szenen nach Frühjahr 1803 und vor Herbst 1804 (Webers »Vorerinnerung«) schrieb. Das ist nicht eben überwältigend als zusätzliche Datierungshilfe, als Beleg für eine gewisse Konstanz des 1801 abgebrochenen Jurastudiums aber erwähnenswert.*

Nicht als Datierungs-, aber als Verständnishilfe sind auch die folgenden Außendaten zu berwerten. Der angeklagte Kreuzgang stellt uns seine Richter in einem komplexen Vergleichbild vor:

> Vor mir saßen an der Tafelrunde ein halb Duzend mit den Gerechtigkeitsmasken vor dem Antlize, worunter sie ihre eigene _Schalksphysiognomie_ und _zweite_ Hogarthsgesichtshälfte verbargen. Sie verstehen die Kunst des Rubens, wodurch er vermittelst eines einzigen Zuges ein lachendes Gesicht in ein weinendes verwandelte, und wenden sie bei sich selbst an ...

Wer nach einer ähnlichen Gerichtsszene bei Hogarth Ausschau hält, wird enttäuscht, er hat nichts Einschlägiges geliefert, das dem »Collegium medicum« entspräche, auch »The Bench« mit den Porträts der vier Königlichen Richter

---

* Das rätselhafte Kürzel »Icti«, das Kreuzgang in der zitierten Schlußstelle gebraucht, erscheint übrigens im 2. Band von »Kunst und Natur« wieder.[9]

hat keinen Bezug. Was gemeint ist, geht aus einer Klingemannschen Kritik der Schauspielerin F. Bethmann von 1807 (Nr. 160 der Eleganten) hervor.

> Bewundernswürdig sei ihr »jeu mixte« in einer Beichtszene – »jedes Wort erhält hier gleichsam eine doppelte *Physiognomie* von Ehrlichkeit und *schalkhafter* Bosheit, und ich erinnerte mich dabei unwillkürlich an das Lichtenbergsche j u s u t r u m q u e in Hogarths witzigem Gemälde, das unter der Aufschrift ›a Midnight modern Conversation‹ bekannt ist, wo in *zwei Hälften* eines und desselben *Gesichts* die Spitzbüberei und Redlichkeit sich brüderlich theilen.«

Eine der Gestalten aus der »Punschgesellschaft« ist also gemeint, der Advokat oder »englische marchand de droit«! Durchaus kann man – andere wie ich selber – diesen Kupferstich studiert haben in der Lichtenbergschen Fassung, ohne dabei auf die Szene in der 7. Nw zu kommen. Auch hat wohl Klingemann selber dem Hogarth-Vergleichsbild nicht recht getraut und darum zur Verdeutlichung die bekannte Rubens-Episode folgen lassen. Betrachtet man die Lichtenberg-Stelle näher, ist ein weiteres Mal eine charakteristische Abweichung in den beiden Fassungen Klingemanns festzustellen. Lichtenberg schreibt kommentierend:

> Das Jus utrumque, wenigstens Recht und Unrecht, dämmert noch aus den zweierlei Augen, auch sitzt die Perücke so doppelt und so zweierlei da, als nur etwas Einfaches sitzen kann; doch scheint die linke Seite die Rechts – Seite zu sein, wie man finden wird, wenn man die rechte mit dem Finger bedecken will. In der einen Hand hält er die Dose, und in der andern ein Glas Punsch, doch scheint Buridans Esel hier für die rechte Seite gestimmt. Es läßt wenigstens als habe sein s t e h e n b l e i b e n d e s Lächeln einigen Bezug auf die Rede seines Nachbars zur Rechten, der vielleicht einen Fall vorträgt, wobei etwas zu verdienen ist; allein er denkt nicht mehr; oder, wenn er denkt: so ist es nur so, wie Leute noch in den Zehen fühlen, denen man die Beine längst abgenommen hat.[10]

»Schalksphysiognomie und zweite Hogarthsgesichtshälfte«, wie es in der 7. Nw heißt, weicht von diesem Lichtenbergschen Originalporträt genau in die Richtung hin ab – und über denselben Wortlaut –, die Klingemann 1807 in der Formulierung von der »doppelten Physiognomie von Ehrlichkeit und schalkhafter Bosheit« findet.

Mit dem breit ausgeführten »Selbstportraitiren« der 7. Nw reflektiert Kreuzgang zum erstenmal entschlossen auf das eigene gefährdete Leben. Die andauernde Selbstverwirrung über die eigene Herkunft und die – noch launige – Hypothese, Kreuzungsprodukt zwischen dem Teufel und einer Heiligen zu sein, zeigt ihn just in der Mitte zwischen den »Wunderkind«-Jahren und der Desillusionierung am Grabe des Schwarzkünstlers. Jetzt eigentlich erst kommt der Erzähler auf die schweren Selbstverfremdungen der Hauptfigur. Sie kündigen sich in der Leichenrede zum Geburtstag des Stiefbruders an, wo Freude und Schmerz vom Individuum abgetrennt gedacht, zu Leichenwürmern des Lebens selbst erklärt werden, bis endlich die Leichenträger die Freuden des einzelnen »und ihn selbst« hinwegführen könnten. Das »und« zeigt blitzartig die Selbstzerstörung auf Kreuzgangs weiteren Stationen von Narrenhaus und Klostergang auf; und bei diesem Verlust des fraglosen »Selbst« läßt sich dann nicht mehr mit Begriffen der Transzendentalphilosohie so spaßen und kokettieren wie etwa in der 6. Nw, wo Raum und Zeit als Gegenkategorien zur Unsterblichkeit aufgeboten werden. Hier schon mißlingt die Selbstverteidigung mit der spielerisch-kopfverdrehenden Argumentation, den Richtern mehr praktische Kompetenz abzuverlangen und zugleich doch die eigene Tat als poetisch-moralische gleich doppelt jeder Rechtssprechung zu entziehen. Das Richterspielen soll sich denkbar verkehren.

Wohlgemerkt, immer ist hier von der Konsequenz in der Niederschrift der Nachtwachen die Rede und nicht schon in der dem Leser vorliegenden Biographie Kreuzgangs. Mit der Rekonstruktion des Schreibprozesses haben wir allerdings die Chance zu verfolgen, wie Klingemann schritt- oder sprungweise zu einer Selbstkritik vorstößt, die in der Frage nach Wesen und Bestimmung des Menschen den metaphysischen Skandal nicht scheut. Die zuletzt vorherrschenden Sozialsatiren sind Druchgangsstationen schon deshalb, weil die Angriffslust des Satirikers ja immer noch ein gut Stück Glauben an die Reaktionsfähigkeit seiner Opfer voraussetzt. Gegenüber den Anfangsnachtwachen hat sich allerdings einiges verschoben. Am besten läßt es sich im Vergleich mit der Konstruktion der »Freimüthigkeiten« erfassen, wo Hanswurst im Parterre um seine theatralische Wiedererstehung kämpft, während auf der Bühne selber der Dichtergott, mit Amor zusammen von Merkel eingefangen, für ein im Kotzebueschen Geschmack zu verfertigendes Lustspiel Dienst tun soll und dafür gehörig zurechtgestutzt werden muß. Harlekin hat es nur mit durchschnittlichen Vertretern des zeitgenössischen Publikums zu tun und zieht sich dabei recht gut aus der Affäre, greift aber nicht in die Hauptszene ein. Das hat sich geändert; Kreuzgang ist der Hanswurst-Rolle der Anfangsnachtwachen gewissermaßen entschlüpft und auf die Bühne gesprungen. Dabei setzt er sich genau den Verfolgungspraktiken aus, die von Merkel an Apoll ausgeübt wurden; nicht nur werden ihm die poetischen Attribute abgesprochen (6. Nw), sondern auch Merkels Androhung in den »Freimüthigkeiten«, man habe »jetzt die Injurienklage gegen solche Dichter, die die Leute persönlich auf das Theater zu bringen wagen!«,[11] hat sich in der 7. Nw an ihm erfüllt. In der 8. Nw wird der Konflikt so verschärft, auf Leben und Tod, daß Kreuzgang endlich auch über den Horizont der »Freimüthigkeiten« hinaus muß.

8. Nachtwache (»Des Dichters Himmelfahrt. – Absagebrief an das Leben. – Prolog des Hanswurstes zu der Tragödie: der Mensch.«)

Gleich der 7. Nw weist auch die 8. Nw einen ungewöhnlich langen Zeitraum bei der Datierung auf, diesmal statt auf dem Artikel- auf dem Gesamtniveau:

Artikel Nr.	81	102	103	115	133	134	153	15	I.15	44	56	68	73	77	83
Gesamtniveau															
b=	25,24	11,9	6,0	10,7	6,7	14,7	11,8	10,7	2,9	13,0	3,7	16,1	22,73	9,0	16,0
e=	18,57	12,3	6,5	8,9	6,3	12,1	11,5	9,5	2,7	10,3	3,9	13,9	14,15	8,9	12,8
χ^2_c=	2,05												4,61		
	(p<0,15)												(p<0,05)		
	nicht signif.												signifikant		

Der Schwerpunkt liegt deutlich genug bei Artikel Nr. 73 vom 19.6.1804; wie der gesamte Jahreszeitraum wird schon er allein auf dem 5%-Niveau signifikant, und da Nr. 73 auf dem Artikelniveau gar das herausragende Ergebnis zeigt (p<0,001), scheint die Datierung der 8. Nw zugunsten dieses Zeitpunkts ausgemacht.

Nun wurde schon der letzte Teil der 8. Nw, der »Prolog des Hanswurstes« einer Sonderdatierung unterzogen. Innerhalb des höchstsignifikanten Zeitraums Nr. 73-83 war es wieder Artikel Nr. 73, der als einziger auch für sich selbst signifikant werden konnte. Sollte etwa der »Prolog«, der für den Vorabdruck in der Eleganten sicherlich von Klingemann überarbeitet wurde, allein für die Sonderstellung von Nr. 73 verantwortlich sein? Zu betrachten ist einmal die 8. Nw a b z ü g l i c h des »Prologs«:

Artikel Nr.	81	102	103	115	133	134	153	15	I.15	44	56	68	73	77	83
Gesamtniveau															
b=	16,9	8,9	3,3	7,1	5,2	8,7	3,8	8,7	1,1	9,7	1,4	11,1	10,7	5,3	7,5
e=	11,6	7,7	4,1	5,6	3,9	7,5	7,2	5,9	1,7	6,4	2,4	8,7	8,8	5,6	8,0

Hier spielt Beitrag Nr. 73 kaum mehr eine Rolle und verschiebt sich der Schwerpunkt leicht zugunsten von Nr. 15-44 hin. Allerdings ist das Ganze weit ab von einem signifikanten Ergebnis und bleibt fast so banal wie das Einzelergebnis für Nr. 81 und Nr. 44. Einzig auf dem Artikelniveau wird diese Szene im Poetenturm signifikant, und zwar für Zeitraum Nr. 115-73 (p<0,05). Kurz: Während der »Prolog« einen festumrissenen Zeitraum bei der Datierung erhält (Nr. 56-83), bleibt das Ergebnis für die Poetenturm-Szene ziemlich undeutlich und läßt trotz leichten Nachdrucks auf Nr. 15–73 auch die Möglichkeit einer früheren Schreib- oder Konzeptionsphase zu.

Was denn bedeutet der Tod dieses Dichters für die »Nachtwachen«? Von der ersten Nachtwache an präsent, hat der Poet für Kreuzgang einen heiklen Rang. »Ich war einst deinesgleichen«, erinnert sich Kreuzgang, um sogleich auf den »poetisch« abweichenden Status der Nachtwächterexistenz hinzuweisen. Diese Sonderstellung beschreibt er vorzugsweise via negationis, als Nicht-mehr-Hungernmüssen, Nicht-mehr-Enttäuschtsein über die Folgenlosigkeit der Kunst. Der Anteilnahme aber kann sich Kreuzgang dadurch so wenig entziehen, daß er gerade im Moment des höchstens Entsetzens, beim Anblick des Erhängten in eine verräterische Identifikation verfällt. Diejenigen, ruft er aus, die ohne Kenntnis und Gefühl über den Gesang des Poeten urteilten, »mußten ... dich eben deines guten gebildeten Vortrags wegen zu den Nachtwächtern zählen, wie ich denn deshalb auch einer geworden bin«! Was in dieser Szene auch für die Identitätsfindung des Literaten Klingemann liegt, wird kenntlicher, wenn wir dem vagen Hinweis der Grundwortverteilung folgen und bis auf das Jahr 1803 zurückgehen. Noch einmal also sind die »Freimüthigkeiten« zu betrachten, insofern, als Klingemann in ihnen noch vor dem Letzten zurückschreckt. Er nähert sich dem Konflikt zunächst im komischen Kontrast, so wenn Apoll auf Merkels prosaische Sprache einzugehen und Lyra und Flügel gegen Guitarre und Kotzebuesche Naivenkleidung einzutauschen hat. Als Kotzebue den Gott auch von der Idee der Unsterblichkeit abzubringen sucht und den Hungernden gegen »recht humane« poetische Beiträge in Pension setzen will, bricht Apoll gegenüber Amor in Klagen aus:

> Die Umstände! Die Zeit! ... sag mir, was bin ich jetzt? Ein unglückliches Mittelding zwischen Himmel und Erde, schwebe ich bald auf- bald abwärts, und finde nirgends eine Heimath. Wo ich jemals einen Geist mit göttlichem Feuer entzündete, da verzehrte er sich in der eigenen Flamme, und seine Mitwelt erkannte die hohe Beglaubigung nicht, die er aussprach; so machte meine Begeisterung nur Unglückliche, und der höchste Flug wurde für sie das tiefste Verderben![12]

In den »Freimüthigkeiten« gelingt es Apoll noch, dank der Verwundung durch Amor, sich der alten Attribute wieder zu bemächtigen und auf der Suche nach den Musen in Liebeswut das Kotzebuesche Szenendekor und Theater zu verwüsten. In der 8. Nw aber wird an dem Poeten als dem erklärten Stellvertreter Apollos das drohende Schicksal exekutiert, peinlich genau, wenn Kreuzgang ihn vis-à-vis dem Kinderporträt an der Manuskriptschnur erhängt vorfindet:

> Er »schwebte an ihr als ein gen Himmel fahrender Heiliger, recht leicht und mit abgeworfenem Erdenballast über seinem Werke.« »Der Arbeitstisch des Dichters, dieser Altar des Apoll, war ein Stein, denn alles vorräthige Holz, bis auf den abgelöseten Rahmen des Gemäldes, war längst seine nächtlichen Opfern zur Flamme verzehrt«; auf dem Stein das Trauerspiel »Der Mensch« und der »Absagebrief an das Leben«, »die lezte zurückgebliebene Asche von einer Flamme, die in sich selbst ersticken mußte.«

Dieser Poet erleidet den Märtyrertod nicht allein für seine Kunst, vielmehr enthüllt die sakrosankte Wortwahl Kreuzgangs, der ihn als »begeisterten Apo-

stel« »im hohen Olymp« hausen und nun als »einen Heiligen« (jenes
«unglückliche Mittelding«!) über dem »Altar des Apoll« mit den »Reliquien«
seiner Schriften schweben sieht (welch »höchster Flug«!), die Schuldgefühle
dessen, der sich davongestohlen und dem Hungertod des Unverständnisses die
gesicherte anspruchslose Existenz vorgezogen hat. Es ist dies weithin die
Situation Klingemanns selber, der sich während dieser Zeit auf einen subalter-
nen Beruf (Adjunkt bei seinem Vater, einem Registrator) hinzubewegen hatte
und seine Schriftstellerei einschneidend reduzieren mußte. Und erst dadurch,
daß der Erzähler den Mut nimmt, die unhaltbare Lage des Poeten einzugeste-
hen, wird auch der Rolle des Nachtwächters ein Äußerstes abverlangt. Nicht
mehr weiß Kreuzgang wie noch in der Weltgerichtsepisode einen heimlichen
Verbündeten um sich, ungeschützt und selber rücksichtslos, ohne einen Funken der alten memnonischen Begeisterung tritt er in die Nacht hinaus , ein
Einzelgänger, dem nun auch das eigene Ich problematisch werden soll.

Soweit hat sich die Poetenturm-Szene als Verschärfung des in den »Freimüthigkeiten« entwickelten Konflikts fassen lassen. Neu an der 8. Nw ist die Verknüpfung mit dem »Ugolino«-Stoff. Sie erlaubt es, in der Leitmotivik des Ver-
hungerns das Schlimmste darzustellen und dennoch, indem dieser Poet sinn-
bildlich von sich als einem zweiten Ugolino spricht und von seinen Dichtwer-
ken als den mitverurteilten Kindern, jeder naturalistischen Drastik aus dem
Wege zu gehen. Daß Klingemann dies auch so gesehen hat, ist einer 1807 in der
Eleganten (Nr. 98) erschienenen Kritik zu entnehmen, wo er sich anläßlich des
»Ugolino« von K. A. Buchholz (nach Dante und Gerstenberg) über die
Untauglichkeit des Stoffes für eine dramatische Behandlung ausläßt. »Es ist
wahr, der tragische Held kann den stärksten Todesstreich ertragen, aber er
muß rasch geführt werden und nicht in ein langsames zu Tode martern ausar-
ten«, andernfalls sich »die echte Kunst entsetzt abwendet. Der Gerstenberg-
sche Ugolino, in dem alle Schrecknisse einer furchtbaren Wahrheit mit der
Schönheit im Kampfe liegen, läßt darum einen Riß durch die ganze Menschheit zurück, den kein Gott wieder heilen kann.«

Klingemann hat nicht wieder von einer so fundamentalen Erschütterung
bekannt. Sie beherrscht schon den Poeten selber, der am »Sarge meines lezten
Kindes« (des »Menschen«) ausruft: »Ich hinterlasse nun nichts, und gehe dir
trozig entgegen, Gott, oder Nichts!«

»Diese Höllen-Breugelsche Skizze aus dem Dante«, wie Klingemann in der Kritik
1807 formuliert, hat ihn auch später so beschäftigt, daß er der erklärten Untauglichkeit zum Trotz selber ein 1824 veröffentlichtes »Ugolino«-Fragment hinterlassen
hat. Es besteht nur aus den drei ersten Szenen des 1. Akts; sie spielen in einem Zimmer des Regierungspalastes zu Pisa, kommen im Szenarium aber der Krisis in der
Poetenstube nahe: Wenn in der Nachtwache der Blick von dem Toten auf sein Kinderporträt zrückfällt und Kreuzgang dabei sieht, wie »aus dem Engelshaupt eine
Höllenbreugelische Larve geworden« wäre, dann baut sich die Szenerie hier so auf,

daß sich für Ugolino beim Porträtieren seiner Kinder und seiner selbst das Gräßliche
etappenweise andeutet, – sind in der 8. Nw auf dem verwitterten Gemälde »die Farben schon halb verlöscht, so wie dem Aberglauben nach auf den Portraiten Verstor-
bener die Wangenröthe verfliegt«, so erschreckt hier bald ein »alter Maler-Aber-
glaube«: »Man sagt, wer sich vor seinem Bilde fürchtet, / Der müsse sterben!« und
wendet sodann Ugolino sich von dem eigenen Porträt ab: »Hinweg – das Bild hat
glühend rothe Wangen; / Das deutet Schimpf und Schande!«[13] Nur diese Maler-
szenen hat Klingemann wiedergegeben, ohne weitere Erklärung. Wie in einem Spiegel ist in ihnen die Katastrophe der 8. Nw zu erblicken, wird die Zeitraffung bei dem
Lebensporträt verkehrt.

Gerade der Umstand, daß die 8. Nw wie keine andere als Sprung oder Bruch-
stelle in Klingemanns Entwicklung anzusehen ist, scheint mir auch das
Zurückschlagen bei der Datierung begreiflich zu machen; Klingemann hat hier
die wichtigsten poetischen Positionen seit »Memnon« aufgenommen und ver-
worfen. Zweifellos reicht die Schreibarbeit nicht bis Nr. 81 vom 7.7.1803
zurück, doch könnte die Turmszene schon während der Anfangsnachtwachen
vorskizziert worden sein. Vom ersten Auftritt an wird ja auch das Verhungern
des verunglückten Poeten als Menetekel beschworen, besonders kleinlich
noch in Kreuzgangs Gegenbild vom »ehrlichen Handwerk, das seinen Mann
ernährt«. Und noch eines folgt aus dieser Lebenskrise des Literaten, insofern
auch die offiziell schon von Klingemann behandelten Themen hier abgefertigt
werden: Die Identifizierung des Pseudonyms ist dadurch, paradoxerweise im
Moment der strengsten Selbstdistanzierung, erheblich erleichtert worden.
Nicht von ungefähr hat Jost Schillemeit die für sein weiteres Nachforschen
entscheidenden Anfangsindizien[14] dem Umkreis des »Chores« und der »Tragödie« aus der 8. Nw entnehmen können. Unter der Zusatzbedingung freilich,
sie als pure »Verbalparallelen« zu klassifizieren und sich durch den Kontext,
der ihnen einen neuen Sinn zuweist, nicht irritieren zu lassen. Insbesondere
Klingemanns Parteinahme für den Gebrauch des Chores in Schillers »Braut
von Messina«, vorgetragen in seinem weithin bekannt gebliebenen Essay in
der »Eleganten« (Mai 1803), hat hier eine Schlüsselstellung und erscheint im
»Wortlaut« ausführlich in der 8. Nw wieder, so zwar, daß Hanswurst sie in
seiner Agilität als Gegen-Chor befehdet und selbst verspottet. Klingemann
damals: »Der Chor ist der ächten Tragödie ... dadurch, daß er die Gefühle des
erschütterten Zuschauers besänftigt und gleichsam sogleich als eine zweite
höhere Natur ausspricht, unentbehrlich.«[15] Der »Prolog«-Dichter 1804: »Die
alten Griechen hatten einen Chorus in ihren Trauerspielen angebracht, der
durch die allgemeinen Betrachtungen die er anstellte, den Blick von der einzelnen schrecklichen Handlung abwendete und so die Gemüther besänftigte. Ich
denke es ist mit dem Besänftigen jetzt nicht an der Zeit ...«. Während folglich
Klingemann 1803 den Chor von jedem Eingreifen in die Handlung ausschloß,
soll Hanswurst in seiner neuen Schicksalsrolle vielmehr heftig aufwiegeln und

in Zorn setzen; und verteidigte Klingemann seinerzeit die Einführung der Masken, welche die Individualität des Schauspielers verbergen könnten, und ebenso die Erhöhung durch Rhythmus und Kothurn (»so daß die Schauspielkunst nicht mehr durch die Kleinlichkeit ihrer Ausführung die erhöheten Schöpfungen der Poesie zu parodiren scheint«), so begrüßt Hanswurst die Masken nur aus seiner Demaskierungslust heraus und die Verse als eine nur »komischere Lüge, so wie der Kothurn nur eine komischere Aufgeblasenheit« sei. Wie man dies als Parallelen behandeln und darin nur den »wörtlichen Gleichklang«[16] berücksichtigen kann, ohne auf Klingemanns Entwicklung oder wenigstens das Rollensprachliche des »Prologs« einzugehen, bleibt Schillemeits Sache. Eigentlich hätte er auf diese Anfangsindizien hin die weitere Suche einstellen müssen.*

Wie schon bei der Betrachtung der 4. Nw anzumerken war, sind die Nachtwachen 8 und 9 auf die beiden letzten Stationen von Hogarths »Liederlichen« bezogen. Die vorletzte (7.) Platte zeigt Rakewell zusammen mit anderen Individuen im Schuldturm; wie dem Poeten der 8. Nw ist ihm die letzte Hoffnung, seine Gläubiger zu bezahlen, durch die Absage des Verlegers soeben genom-

---

* Nur das erste der Anfangsindizien aus der 8. Nw wird bei Klingemann nicht im Gegensinne gebraucht. Es ist die Grundwort-Formel, die in Nr. 68 vom 7. 6. 1804 den »Tell« von Veit Weber kennzeichnen soll:
»... man könnte fast die vielen Personen in *einen einzigen* Protagonisten zusammenschmelzen, *der zu Thespis Zeiten mit dem Chore die ganze Tragödie ausmachte.*«
Die Fußnote zu »Protagonist« lautet in der 8. Nw: »So hieß der e i n e Akteur *der zu* T h e s p i s *Zeit mit dem Chore die ganze Tragödie ausmachte.*«
Das wäre so natürlich ein ermutigendes Anfangsindiz, hätte nicht schon, was Schillemeit bei der Besprechung dieser Parallele nicht erwähnt, Michel auf den »Siebenkäs« als auf die Quelle der »Nachtwachen«-Stelle aufmerksam gemacht. Es heißt dort:
»*Zu Thespis Zeiten* sang der C h o r u s die ganze Tragödie handelnd ab, und *ein einziger* Schauspieler, der Protagonist *hieß,* fügte einige Reden ohne Gesang über die Tragödie hinzu...«.[17]
Keineswegs zeigt sich das Klingemann Eigentümliche schon im bloßen Gleichklang mit der Nachtwachen-Stelle, sondern allein in der sprachlichen Übernahme und Umgestaltung des fremden Textes (Jean Pauls): »*Zu Thespis Zeiten*« entnahm Klingemann für Nr. 68 noch direkt dem »Siebenkäs«, die 8. Nw hingegen redet von »Thespis Zeit«; umgekehrt findet sich (erläuternd) »*hieß*« nur in der 8. Nw und im »Siebenkäs«. Bleibt somit weiterhin Jean Pauls Formulierung der gemeinsame Ausgangspunkt für Nr. 68 und die 8. Nw, so hebt sich nun erst um so klarer das der 8. Nw und Nr. 68 Gemeinsame ab: die exklusiv gebrauchte Formel »*mit dem Chore die ganze Tragödie ausmachen*«. Das steht so nicht bei Jean Paul und ist nur indirekt angelegt, wenn er die auf Thespis folgende historische Hinzufügung eines Deuteragonisten und dann Tritagonisten streift. Genau dies hat Klingemann sich beidemal ersparen wollen und den historischen Exkurs mithilfe der Exklusivformel gekappt und doch berücksichtigt.

men worden; auch sehen wir das retournierte Schauspiel auf dem Tisch liegen und Rakewell selber in einem Zustand der Enttäuschung, in dem er gleichsam »sein eigner Henker durch Verzweiflung« werde. Umbringen wird er sich hier nicht, sondern stattdessen im Tollhaus seine »Beisetzung unter den bürgerlichen Toden« (Lichtenberg) erleben. Schon hier ist die Todesart des Poeten in einem Detail angezeigt, einer merkwürdigen, das Bild beherrschenden Flugapparatur auf dem Betthimmel, über deren Besitzer unser Kommentator schreibt: »Er eilte auf Adlerschwingen der Ode dem Olymp zu, blieb aber, so wie oft sein Vorbild, zwischen dem Himmel der Bettlade und der Stubendecke eingeklemmt stecken; mit dem Kopf nach unten«.[18] Dies besagt auch, daß die für die 8. Nw zitierte Formulierung der »Freimüthigkeiten« (»ein unglückliches Mittelding zwischen Himmel und Erde, schwebe ich bald auf- bald abwärts«) vermutlich ihrerseits schon auf Hogarths Turmszene zurückweist. Bedenkt man jedoch, in welch polemischer Absicht dies Detail für die Verfolgung Apolls eingesetzt wurde und wie gravierend das Verfolgungsmotiv in der 8. Nw erscheint, kann eigentlich nicht mehr das Detail als solches interessieren, sondern allein, inwiefern die entschiedene Überformung derartiger Einzelzüge und selbst Episoden nunmehr Tendenz und Aufbau der »Nachtwachen« profilieren hilft. Zunächst wird die Vermutung gestützt, daß Klingemann die Poetenturm-Szene schon bei Schreibbeginn oder spätestens in der 4. Nw vor Augen hatte und daß er auch die nachfolgende Katastrophe im Tollhaus vorskizzierte oder doch sich vormerkte. Was aber haben die Nachtwachen 8 und 9 noch mit Hogarths Sozialsatire gemein? Gerade im Beibehalten der äußeren Stationen dieses »Weges« heben sie sich von dem moralisierenden Duktus dieser Skandalgeschichten ab und überführen sie, all ihrer Ketzereien im einzelnen zum Trotz, des Konformismus mit bürgerlichen Mustern der Ausgrenzung. Nicht so sehr den betrügerischen, dilettierenden Schriftstellern respektive Schwachköpfen ergeht es so, sondern mittlerweile vorzüglich ihren rebellischen geistigen Antipoden. Und die »Nachtwachen« verdienten diesen Titel nicht, steuerten sie nicht selber auf die sanktionierte geistige Umnachtung zu und suchte Kreuzgang dabei nicht die eigene philosophische Einstellung zu definieren.

4. Schlußkreis (Nachtwachen 9,12,13,14 und 16)

9. Nachtwache (»Das Tollhaus. – Monolog des wahnsinnigen Weltschöpfers. – Der vernünftige Narr.«)

Die 9. Nw gehört zu der großen dritten Gruppe von Nachtwachen, deren frühester Zeitpunkt bei Artikel Nr. 56 liegt (erschienen am 10. Mai 1804). Für die

9. Nw erstreckt sich die in Frage kommende Artikelsequenz über drei Monate hin, von Nr. 56 bis Nr. 91 auf dem Gesamtniveau (p < 0,01) und von Nr. 56 bis Nr. 99 auf dem Artikelniveau (p < 0,001); davon weicht ausnahmsweise auch das Exklusivniveau nicht ab.

»An episode perhaps influenced by the depiction of Bedlam in the English novel and by Hogarth«, mutmaßte schon Gillespie.[1] Daß sich die Station im Tollhaus wirklich auf Hogarth bezieht, d. i. auf Hogarth-Lichtenberg, geht aus der folgenden grundsätzlichen Reflexion über Welt und Narrenhaus hervor, die Lichtenberg seiner Beschreibung des Londoner Bedlams vorausstellt:

> In dem Mikrokosmos nämlich, worein er hier versetzt ist, wird es ungefähr so gehalten, wie in dem ausgebreiteten Makrobedlam, der Welt selbst; es liegen nicht alle Narren an Ketten, und selbst die Ketten haben ihre Grade ... nur die von einem tiefern und gefährlichern Grade werden in den numirten Cellen beygesetzt [wie Rakewell in dieser Szene].[2]

Berühmt geworden, bekannter zumindest – zu Recht – als Lichtenbergs Seitenhieb gegen dergleichen »Sekten«-Absonderungen im Leben überhaupt ist Kreuzgangs einleitende Ausführung über die Menschheit, die sich zwiebelgleich organisiere und sich in ihrer »Weltreligion« immer aufs neue wieder einkapsele; er leitet nicht minder pointiert über:

> Eben so ist es mit dem allgemeinen Irrhause, aus dessen Fenstern so viele Köpfe schauen, theils mit partiellem, theils mit totalem Wahnsinne; auch in dieses sind noch kleinere Tollhäuser für besondere Narren hineingebaut. In eins von diesen kleinern brachten sie mich jezt aus dem großen ... [der Welt].

Der Bezug ist deutlich genug. Wie souverän und durchtrieben geht der Erzähler der 9. Nw mit diesem Gleichnis nun um! In Lichtenbergs Digression bleiben Welt und Tollhaus in schlichter Parallele, Kreuzgang dagegen hat das Mikro-Makro-Verhältnis mit Vorbedacht in das umfassendere Zwiebel-Gleichnis hineingezogen. Die Menschheit »schiebt immer eine Hülse in die andere bis zur kleinsten, worin der Mensch selbst denn ganz winzig stekt«, das klingt so noch nach unverbindlicher Satire, wird in der Übertragung auf das Tollhaus schon bedenklicher und entpuppt sich als Affront gegen die entwickelte Reflexionsphilosophie (Fichtes), deren Vertreter hier, der wahnsinnige Weltschöpfer, monologisierend gleichsam im Kern aller Selbsteinkapselungen plaziert erscheint. Die Zwiebel mit dem »winzig« darin steckenden Menschen ist sowohl Prinzip des erzählerischen Procedere als auch Gleichnis für ein Reflexionsverfahren, dem nach Abstraktion von allen empirischen Bedingungen das (reine) Ich zurückbleiben soll. »Jeder vermag jezt aus der unbedeutenden Hülse, wie es ihm beliebt, ganze Kosmogonien, Theosophien, Weltgeschichten und dergleichen ... herauszuziehen«, kommentiert Kreuzgang das Selbstgespräch dieses Welt- und Menschenverächters, in dem ihm der subjektive Idealismus wie in einem Zerrspiegel zur Kenntlichkeit entstellt erscheint.

Auch Kreuzgang der Tollhäusler ist den Gefahren der Ichphilosophie ausgesetzt, setzt sich zugleich aber in einer Art zur Wehr, die so intensiv und
durchdacht nur von e i n e r literarischen Gestalt gegen Fichte vorgelebt wurde:
von Schoppe. Dem »Titan« widmete Klingemann 1803 in Nr. 81 eine glühende
Besprechung und beklagte den Tod Schoppes alias Leibgebers als das am tiefsten zu bedauernde Ereignis (um so mehr freut es ihn offenbar, in Nr. 68 bei
der Besprechung der »Flegeljahre«, in Vult einen wiedererstehenden Schoppe/
Leibgeber zu erkennen). Kreuzgangs Nähe zu Schoppe ist der Forschung
nicht entgangen,[3] ist freilich als Bündnis und auch in Einzelzügen stärker als
angenommen. Schon Kreuzgangs Hinken scheint mir weniger auf den »Diable
boiteux« von Lesage (so Michel) anzuspielen – dann schon eher szenisch auf
den »Satyr«-Harlekin[4] –, als vielmehr auf Schoppe und überhaupt den Leibge-
ber-Komplex.* Bei jener einleitenden Charakteristik, »daß die *fixe Idee* der
mit mir eingesperrten Narren *meistens* eine *angenehme* war«, nimmt Kreuzgang dann ein Wort auf, mit dem Schoppe den Wahnsinn, den ihm der Kahl-
kopf prophezeit, herunterzuspielen sucht: »*meistens* geb' er, was das ganze
Leben, Tugend und Weisheit nicht könne, eine f o r t d a u e r n d e *angenehme
Idee*'« (mit der »Titan«-Fußnote: »Ein Engländer bemerkte, daß unter den
fixen Ideen des Irrhauses selten die der Unterwürfigkeit vorkomme; meistens
bewohnen es Götter, Könige, Päbste, Gelehrte.«)[7] Schoppe nennt sich, für den
Fall des Wahnsinns, einmal »das Nachtstück eines Menschen«,[8] und Kreuzgang geht im allerletzten Satz der 9. Nw getreulich darauf ein, indem er »ein
anderes Nachtstück«im Tollhaus in Aussicht stellt («Nachtstück« in der 1.
und 5. Nw hat dagegen beidemal den herkömmlichen Grundsinn).

Hogarths Rakewell taugt so in beiden Nachtwachen nur als traurige Kon-
trastfigur zu Kreuzgang und seinen Verbündeten. Las Lichtenberg den
Lebensinhalt dieses Sensualisten noch aus dem Blick der Verzweiflung (im
Schuldturm) heraus, boshaft fragend, ob er wohl Rennpferde und dergleichen
Zerstreuungen noch einmal vor dem geistigen Auge vorbeiziehen sehe, so fiel
der letzte Blick des erhängten Poeten auf das eigene Kinderporträt, das Kreuzgang als Sinnbild seiner künstlerischen Hoffnungen nahm. »Der Geist, der nie
sein stärkster Teil war, erlag endlich«, bemerkt Lichtenberg trocken über seinen Helden. Für Schoppe aber würde der inspirierende Irrenarzt Öhlmann
die Diagnose für Kreuzgang wiederholen können, daß sein »Wahnsinn, gerade
wie bei andern eine Indigestion durch zu häufigen physischen Genuß,

---

* Leibgeber bringt sich auch im »Protektorium« zu seinem »Clavis Fichtiana« nachdrücklich als der »Hinkfuß« in Erinnerung, der direkt aus Jena von Disputen mit
  Fichte gekommen wäre.[5] Über verschiedene Stellen im »Clavis« wird sein Hinken
  zum ironischen Symbol der Treue zur Erde, das gegen den Flug in die »höchste Höhe
  der Reflexion« die am Ich »klebende Realität der Sinnenwelt« zu bedenken gibt.[6]

durch übertriebene intellektuelle Schwelgerei entstanden sei.«* Auch wäre bei beiden »Fichte« das spezifizierende Stichwort. Mit tieferem Sinn allerdings für den Verfasser des »Clavis Fichtiana seu Leibgeberiana«, für Schoppes so entsetzliche Angst, »der Ich« könnte ihm begegnen, ein Wechselbalg aus dem intellektuellen Ich der Wissenschaftslehre[9] und der eigenen, in den immer neuen Namensformen durchlebten, wieder abgeschnittenen und revenanthaft nachdrängenden Ichbildung. Schoppe, um es zynisch zu sagen, ist sich dabei immerhin eines »Ich« sicher, während sich für Kreuzgang mit der Nichtigkeit dieser nächtlich erfahrenen Welt zugleich auch die um so schärfer geprüften Fundamente von Selbstgewißheit, -gefühl und persönlicher Substantialität auflösen. Den Höhepunkt dieser Ich-Kritik soll wirklich die Begegnung mit Ophelia bringen, die hier schon für die 9. Nw zu Beginn als fataler »Wonnemonat« angekündigt, doch aufgeschoben wird, um anläßlich der Visite Öhlmanns mit den eigenen durchdachten Diagnosen aufzuwarten. Kühn und schön, daß Kreuzgang bei der Vorstellung der Mitnarren das eigene Narrenkämmerchen einbezieht; der exorbitante philosophische Trieb, vom Pflegevater schon am Knaben beobachtet, hatte Kreuzgang zunehmend entzweit mit den Zeitgenossen und wird nun, in der Isolation, beinahe rituell als eigener Typus der Reflexion vorgestellt. Das Ergebnis der Selbstdefinition seiner fixen Idee: »Daß ich mich selbst für vernünftiger halte als die in Systemen deducirte Vernunft und weiser als die docirte Weisheit«, hat sich – so – aus den Analysen seiner Mitnarren und besonders des Weltschöpfers ergeben. Gegen die vergötzende Selbstreflexion, die in systematischer Deduktion alle Weltverhältnisse aus sich zu hecken unternehme, gegen diesen gefährlich mit dem Weltball Spielenden führt er nur andeutungsweise das neue Reflexionsverhalten der »Nachtwachen« auf, das »mit dem Systeme nicht im Reinen ist«, weil es wesentlich auch mimetisch operiert, sich den äußersten Erfahrungen der »Nacht«, Sterbevorgängen vor allem überläßt und so, das Entsetzen und das Nachdenken auf unerhörte Weise ineinanderführend, vorstößt zu dem Gedanken, daß die Individualität allein, das empirische Ich auf Nichtsterblichkeit Anspruch habe. In dieser metaphysischen Kritik des Todes (als »Nihilismus« verkannt!) löst sich Kreuzgang zuletzt auch polemisch von Jean Paul und aus der Nachfolge der Brudergestalten Schoppe – Graul – Siebenkäs – Vult – Giannozzo und Leibgeber, transzendiert so noch dessen Erwartung: » Ich gedenke aber noch die Zeit zu erleben, daß meine Fichtische Wissenschaftslehre von

---

* Was nicht etwa eine bloße Spottdiagnose Bonaventuras ist. Im »Braunschweigischen Magazin« (24. 10. 1801) behauptet ein Dr. Reid in seiner Abhandlung über den Wahnsinn:

> »Eine gemeine … Veranlassung des Wahnsinns ist die übermäßige Anstrengung der Geisteskräfte«. So »findet man gelehrte Schwelger, die bloß auf Stillung ihres Heißhungers nach Büchern erpicht sind…«.

Nachtwächtern (statt der historischen Epochen, die man ihnen abzusingen angerathen) vorgetragen wird ...«.[10]

Als erste Nachtwache aus dem Schlußkreis hält die 9. Nw zugleich noch deutlich Verbindung mit der 8. Nw, insbesondere in der doppelten Abgrenzung von Hogarth. Die in der Datierungsstatistik voneinander ablösbaren Gruppierungen bleiben demnach doch zu stark ineinander verschränkt, als daß man einfach von Sonderbereichen und -themen sprechen könnte. Immerhin läßt sich sogar hier erkennen, daß mit dem zeitlichen Abstand eine Neuorientierung erfolgt, daß Hogarths künstlerischer Einfluß mit der Wendung zur Subjektivität versiegt ist. Nach dem Tod des Poeten, im Zeichen geistiger Erniedrigung und Isolation bricht Kreuzgang nun zu Nachtwachen auf, in denen die Individualität philosophisch vehement verteidigt und neu nach dem L e b e n sbestand der K u n s t gefragt wird: In der 12. Nw treten zwei Gestalten als Zwillingsexempel für falsche künstlerische Autonomie auf; im Mittelpunkt der 13. Nw, die versteckt auch Kunstphilosopheme Schellings und Goethes behandelt, stehen Kunstvoyeure, deren Ersatzverlangen dem perfekt täuschenden Schein von Leben gilt. Im Gegenzug zu derartigen Fälschungsversuchen handelt die 14. Nw von dem leidenschaftlichen Wagnis, dem Wahnsinn der Ophelia nachzuleben und dabei das Tödliche neuzeitlicher Reflexion (seit Descartes u n d Shakespeare) für das Individuum darzustellen. Die 16. Nw an den Gräbern Ophelias und des Vaters zieht die Folgerungen, in denen außer mit Jean Pauls Todesbildern auch mit Schillers ästhetizistischem Modell abgerechnet wird.

Ein Blick auf die Datierungstabellen zeigt, daß Klingemann die Nachtwachen 9, 12, 13, 14 und 16 ungefähr in dieser ihrer Numerierungs- bzw. Abdruckfolge niedergeschrieben haben dürfte. Zeitlich später folgen die Nachtwachen 5 und 10, die beide auf dem Gesamtniveau um Beitrag Nr. 91 ihren Schwerpunkt haben; umstrittener ist die sehr kurze 11. Nw, doch auch sie läßt sich mit einigem Recht als eine der »nachträglich« geschriebenen ansetzen und kann so den fingierten Zusammenhang mit der 10. Nw bewahren (»Bruchstück aus der Geschichte des Unbekannten« der 10. Nw zu sein). Ob auch diese Epilog-Nachtwachen 5, 10 und 11 um einen eigenen Fragekomplex kreisen, ist noch nicht zu entscheiden; vorläufig vereinigt sie nur, daß man sie als n i c h t gewiß von »Bonaventuras« Hand stammend einschätzen konnte.

12. Nachtwache (»Der Sonnenadler. – Die unsterbliche Perücke. – Der falsche Haarzopf. – Apologie des Lebens. – Der Komödiant.«)

Als einzige Nachtwache wird die 12. auf dem Gesamtniveau nicht signifikant! Allein auf dem Artikelniveau läßt sich eine Schreibphase von etwa vier Monaten (Nr. 56-107) nachweisen (p < 0,01). Überblick für alle Niveaus s. S. 103.

Artikel Nr.	56 (10.5.)	68	73	77	83	91	99	107 (6.9.)
Artikel- bzw. Exklusiv-Niveau	1 = sehr heftig 1 = »vor s. liegen haben« 1 = versetzen in 1 = »noch folgende«	1 = recht gut 1 = immer interessant 1 = Unsterblichk.	1 = Spiegelfechterei 1 = zu tbun hab. mit 1 = alles Vortrefl. 1 = »nach... noch« (mod.) 1 = etwa (mod.) 1 = »anders« 1 = »einmal« (mod.)	1 = (trag.) »Situation« 1 = unsterbl. 1 = mindestens 1 = verschiedene (iter.) 1 = »nun einmal«	1 = künstlich 1 = »möchte wünschen«	1 = belauschen 1 = unterbrechen 1 = »unterbrechen in« 1 = vergebl. 1 = s. versetzen in	1 = Geschäft	1 = Alter 1 = Menschenschl. geschl. 1 = Sitte 1 = zugeben in 1 = »aber« vs. »scheinen«
Gesamtniv.								
b =	5,04	8,89	12,07	9,00	6,85	8,30	1,23	9,58
e =	2,61	9,42	9,57	6,03	8,68	7,51	1,44	6,09

Bemerkenswerter noch als die Nichtsignifikanz auf dem Gesamtniveau ist ihr Ausmaß, denn der höchste χ^2-Wert für Zeitraum Nr. 56-77 entspricht einer Zufallswahrscheinlichkeit von etwa 20 unter 100 Fällen und ist nicht einmal als Tendenz-Indiz ernst zu nehmen! Da die 12. Nw im Grundwort-Aufbau (Tab. III) nicht nennenswert von den übrigen Nachtwachen abweicht und sich auch sonst kein Störfaktor erkennen läßt, erklärt sich der Ausfall auf dem Gesamtniveau womöglich so, daß hier tatsächlich einmal Episoden zu verschiedenen Zeitpunkten verfaßt und dadurch festumrissene Datierungsgrenzen aufgehoben oder verdeckt wurden. Das Gesamtniveau, das ja im allgemeinen die engsten Zeiträume anzeigt, würde bei der Datierung schwerer getroffen werden als das großzügiger operierende Artikelniveau, das auseinanderliegende Zeitpunkte leichter umgreifen kann. Um einen Anhaltspunkt zu gewinnen, wo in etwa die verschiedenen Erzählpassagen der 12. Nw zeitlich anzusiedeln wären, muß man sich schon die Mühe machen, die oben aufgeführten 32 Grundwörter des signifikanten (Groß-)Zeitraums Nr. 56-107 qualitativ daraufhin zu untersuchen, wo bei ihnen der Kontext noch Spurenelemente eines »gleichzeitigen« Gebrauchs in dieser 12. Nw und in den Artikeln aufweist. Bei den folgenden fünf Grundwörtern wird auch das Sinnumfeld hüben wie drüben näher qualifiziert:

Nr 56) *sehr heftig*   Der Herausgeber von Schillers »Jeanne d'Arc-en-ciel«, Mercier, »erlaubt sich in einer Vorrede sehr heftige Invektiven gegen Voltaire's ›pucelle‹ und gegen Voltaire selbst, dagegen vergöttert er Schillern ...«. 12. Nw, S. 143: »Ich kannte wirklich einen Frühprediger der durch nichts zu Thränen zu bewegen war, außer wenn er sich selbst sehr heftig reden hörte« (Kreuzgang beim Anblick des Komödianten).

Das ist nicht eben bestechend, doch die Verknüpfung von »sehr heftig« mit einer »Rede«-Form versteht sich nicht von selbst; auch läßt sich der die »Jungfrau« »Vergötternde« ohne weiteres in die Gestalt eines »Frühpredigers« umsetzen (und umgekehrt, doch ist der Angriff in Nr. 56 furioser und scheint so Vorbild für die Nw-Stelle geworden zu sein).

Nr. 56) *vor sich liegen haben*   »Ich habe in diesem Augenblicke eine französische Übersetzung von Schillers ›Jeanne d'Arc-en-ciel‹, wie sie Jean Paul genannt wünscht, vor mir liegen. Der Übersetzer ist Herr C. F. Cramer zu Paris, und der Herausgeber C. S. Mercier«; letzterer vergötere Schiller, meine aber, daß dieser zum gegenwärtigen Zeitpunkt durch die Wahl einer französischen Heldin sich kaum für die Ernennung zum citoyen (1792) habe bedanken wollen.
Auf S. 145 fragt Kreuzgang während seiner Apologie des Lebens den Komödianten: »Bessere Verfassungen? Haben sie nicht, wie auf einer Landkarte die verschiedenen Farben, eine Menge vor sich liegen? Gehen Sie nach Frankreich, Freund, wo die Verfassungen mit den Moden wechseln, da können sie alle der Reihe nach anpassen, aus einer Monarchie in die Republik, und aus dieser wieder in eine Despotie fahren;

sie können dort groß und klein, kurz nach einander, und zuletzt wieder ganz
gewöhnlich sein«.

Was man da »vor sich liegen hat«, führt beidemal direkt auf die wechselvolle
jüngste Geschichte im politischen Regime Frankreichs; mehr noch, das in der
12. Nw folgende, breit ausgemalte Vergleichsbild von den Modezwängen der
Verfassungen (s.o.) wurde anscheinend selber noch durch ein gleich anschließend gebrauchtes Schneider-Gleichnis des »gegen seine eigene Nazionalpoesie
wüthenden« Herausgebers Mercier inspiriert:

> Figurez-vous un tailleur, qui aurait une coupe déterminée et tant d'aunes de drap
> seulement, pour faire l'habit, soit d'un nain, soit d'un géant, soit enfin de toutes les
> tailles d'individus possibles ...

(Mercier macht aber seinem Namen – »Kurzwarenhändler« – alle Ehre, wird
Klingemann dabei gedacht und amüsiert versucht haben, Merciers Bemerkung
zu Schiller und der veränderten politischen Konstellation dann in das Modegleichnis der 12. Nw zu kleiden.)*

Nr. 73) *es zu thun haben mit* »Göthens Faust dringt als Faust in das Geisterreich;
dieser (= Schinks) *hat es mit dem Geiste* nur noch nebenbei zu thun. Sein Hunger
und Durst sind aber sehr physischer Natur ...«

---

*   Das Gespann Mercier-Cramer hatte schon gewisse Spuren in der deutschen Literatur hinterlassen. Louis-Sébastien Mercier (1740–1814), Verfasser der Satire »L'an
2440«, fand zum erstenmal im Sturm und Drang stärkere Beachtung; seine von H. L.
Wagner übersetzte Schrift »Du théâtre« (1773), in der er damals schon gegen das
klassische französische Theater Front machte, sollte ursprünglich von Goethe mit
Anmerkungen versehen werden. Später, während der Französischen Revolution
brachte ihn der Braunschweiger Campe in den »Briefen aus Paris« (1798) als seinen
Cicerone und als einen der großen Wegbereiter der Revolution wieder ins
Gespräch.
Karl Friedrich Cramer (1752–1807), Mitglied des Göttinger Hains, in Goethes »Das
Neueste von Plundersweilen« (1781) als Klopstock-Anbeter tüchtig verbleut, wegen
seiner politischen Ansichten 1794 als Professor der griechischen und orientalischen
Sprachen in Kiel entlassen, lebte seit 1796 als Buchdrucker, Übersetzer und Mitarbei-
ter Merciers in Paris. Wie Mercier war er Briefpartner Campes, und ihm kündigte er
auch 1798 seine Revanche dafür an, daß Goethe ihm in den »Xenien« mit den »Wör-
tern: Krämer, Hausierer und Lakay«[11] zu nahe getreten war. Am deutlichsten in
dem Xenion
        »Der Hausierer.
Ja das fehlte nur noch zu der Entwicklung der Sache,
Daß als Krämer sich nun Kr... nach Frankreich begiebt.«[12]
Es läßt sich jetzt auch besser nachvollziehen, warum Klingemann bei dem kurzen
Verriß von Cramers Schiller-Übersetzung auf den – bedeutungsverwandten –
Namen seines literarpolitischen Verbündeten so achtete; gescheiter als diese Xenien
selber setzte er hier und in der Nachtwache deren Wortspiel fort.
Die Hauptstoßrichtung bei den staatsphilosophischen Gleichnissen der 12. Nw zielt
übrigens auf den Philanthropismus Campes (dazu mehr im biographischen Schluß-
kapitel).

S. 142: Dem Fetischisten falle es nicht schwer zu beeindrucken, »die Kreatur wohnt nun einmal im Leibe, und *hat es mit* diesem lieber *zu thun* als *mit dem Geiste*; es ist keine Spiegelfechterei, wenn ich ihm erzähle, daß jemand, vor dem ich einst wie Göthe … einherwandelte, mir die Versicherung gab, das amüsire ihn mehr als Göthens neueste Schriften. – Man zieht mich seitdem an die vornehmsten Tafeln und ich befinde mich wohl dabei« (à la Schink gewissermaßen).

Erwähnenswert auch hier die Kombination, daß sich dem Grundwort (einer Wendung) ein davon unabhängiges »Geist«-Leib-Widerspiel zugesellt und sich – wie für »Mercier« – mit »Göthe« eine weitere Sinn-Aura darum legt (sachgerecht wieder im Artikel und wohl in assoziativer Nachfolge in der Nachtwache).

> Nr. 91) *vergeblich* Klingemann vermutet, daß bei der Schilderung Gottes im »Messias« des Lesers »Fantasie bei dem vergeblichen Versuche, das Begrenzte mit dem Unendlichen zu vereinbaren, erschöpft« werde.
> S. 141) Der Fetischist: »Ich hab's auf alle Weise versucht mich fortzubringen aber immer vergeblich …«

Die Verknüpfung mit einem Versuch ist sehr banal und reicht nicht an die anderen Kombinationen heran.

> Nr. 107) *aber* vs. *scheinen* »Als die griechische Poesie und ihr Nachhall, die lateinische, untergegangen war, *schien* in der anarchischen Periode des Mittelalters der Genius ganz *von der Erde ent*flohen zu seyn. *Aber* das Menschengeschlecht kann eben so wenig ohne Poesie, als ohne Liebe bestehen, und so lange nur noch Eine Tugend im Gemüthe Raum findet, so nahet sie sich wieder sie zu besingen, und aus dem letzten Keime die volle schöne Blüthe wieder hervorzu*führen*.«
> S. 140: »Oft erhebt sich der Mensch wie der Adler zur Sonne und *scheinet der Erde ent*rückt, daß Alle dem Verklärten in seinem Glanze nachstaunen; – *aber* der Egoist kehrt plözlich zurük und statt den Sonnenstrahl wie Prometheus geraubt zu haben und zur Erde herabzu*führen*, verbindet er den Umstehenden die Augen, weil er glaubt es blende sie die Sonne.«

Die so oft disputierte Nachtwachen-Stelle, die nach den »Sonnenadler« der neueren Geschichte fragt, hat hiernach in Beitrag Nr. 107 eine Variante, die als solche schwerlich auf den ersten Blick zu erkennen ist. Erst die Grundwort-Opposition (»scheinen-aber«) läßt auch den tieferliegenden Duktus der Argumentation hervortreten, der trotz der Abweichungen im Gegenstand (Adler; Poesie) und im Resultat (Zugrundegehen; Wiederaufleben) sich in den Vergleichsbildern durchhält. – Wie weiter unten zu sehen, entpuppt sich diese Stelle in Nr. 107 als ein »missing link« in der Genese des Sonnenadler-Motivs bei Klingemann.

Wie nun sollte die minuziöse Untersuchung des Kontextes dieser fünf Grundwörter bei der Datierung weiterhelfen können? Innerhalb des Zeitraums Nr. 56–107 scheint es zwei Schwerpunkte für jeweils eine bestimmte Episode dieser 12. Nw zu geben, zum einen Artikel Nr. 56, dessen Gegenstellen beidemal aus Kreuzgangs Begegnung mit dem Komödianten stammen, und zum anderen die Schlußartikel von Nr. 73 an, die im Kontext mit dem Anfang der 12. Nw bzw. mit der folgenden ersten Episode um den Fetischisten korrespondieren. Halten wir uns daran und machen neu den statistischen Test, so roh je für eine Hälfte der 12. Nw. Zunächst für die »Sonnenadler«-Einleitung und den Auftritt des Fetischisten (von S. 140 bis 143, d. h. bis: »Ich ließ den Narren laufen.–«):

Wirklich wird nun auch auf dem Gesamtniveau ein Zeitraum signifikant:

$$Nr. 73\text{-}107 \qquad b = 24,55 \qquad e = 15.90 \qquad \chi^2_c = 4,18 \qquad p < 0,05$$

Und da hier auch auf dem Artikelniveau Zeitraum Nr. 73-107 das höchste Ergebnis erzielt (p < 0,01), darf diese Datierung des ersten Erzählteils als gut gesichert gelten. Problematischer ist der Befund für die größere zweite Hälfte der 12. Nw (S. 143-148), die Kreuzgang und den Schauspieler zeigt. Obgleich hier kein Zeitraum signifikant wird, verlagert sich doch, wie unten zu sehen, der Schwerpunkt deutlich von Zeitraum Nr. 73-107 zurück auf Artikel Nr. 56, der vorhin in der Kontextanalyse so auffiel; neu mit in Betracht kommt jetzt Beitrag I. 15, dessen zeitliche Postion umstritten schien (s. S. 108):

Ein weiteres Mal hat es den Anschein, als müßte Artikel Nr. 44 in der zeitlichen Abfolge der Niederschrift den Platz mit Beitrag I. 15 tauschen. In diesem Fall würde der Zeitraum für die beiden äußerst schmalen Artikel I. 15 und Nr. 56 auf dem Gesamtniveau zwar immer noch nicht signifikant werden (immerhin aber auf dem Artikelniveau für Zeitraum I. 15-77: p < 0,02), jedoch im Verein mit der mikrophilologischen Betrachtung wenigstens als Tendenzanzeige stark genug sein.

Während also die anfänglichen Szenen um den Fetischisten nachweislich erst mit den vom 19. 6. bis 6. 9. 1804 erschienenen Artikeln im Grundwortbestand korrespondieren, gehört die Komödianten-Episode mit starker Wahrscheinlichkeit einer früheren Arbeitsphase an, die in etwa von März bis Mai 1804 reicht.

Zu Beginn der 12. Nw findet sich jener Passus über den »Sonnenadler«, dessen Auslegung in der Bonaventura-Forschung so umstritten war. Es lohnt sich schon darum, bei Klingemann einmal paradigmatisch zu verfolgen, wie sich das – zuletzt – auf Napoleon gemünzte Gleichnis über die Jahre hin entwickelt hat.

12. Nw »Oft erhebt sich der Mensch wie der Adler zur Sonne und scheinet der Erde entrückt, daß Alle dem Verklärten *in* seinem *Glanze nachstaunen*; – aber der Egoist kehrt plözlich zurük und statt den Sonnen*strahl* wie Prometheus geraubt zu haben und zur Erde herabzuführen, verbindet er den Umstehenden die Augen, weil er glaubt es blende sie die Sonne.
Wer kennt den Sonnenadler nicht, der durch die neuere Geschichte *schwebt*!«

Artikel Nr.	1.15	44	56	68	73	77	83	91	99	107
	1 = denken von 1 = werth sein	—	1 = sehr heftig 1 = vors. liegen haben 1 = versetzen in	1 = recht gut 1 = immer inter. 1 = Unsterbl.	1 = alles Vortrefl. 1 = »etwa« anders	1 = »Situat.« 1 = unsterbl. 1 = verschiedene	1 = künstlich	1 = vergebl. 1 = s. versetzen in	1 = Geschäft	1 = Alter 1 = Menschengeschl. 1 = Sitte
Gesamtniveau										
b =	2,48	3,21	3,93	5,75	6,27	5,57	4,00	4,47	1,15	5,29
e =	1,19	4,52	1,70	6,14	6,23	3,93	5,65	4,89	0,94	3,70

1800, in »Memmon« »Auch der Flug des Adlers ist kühn, wir blicken ihm *staunend nach*, und obgleich er die Sonne nie erreicht: so *schwebt* der königliche Vogel doch *in* ihrem *Glanze*, und er trinkt ihren Feuer*strahl*, und wiegt sich in der goldenen Wolke, die unter ihm sich ausspannt. – Schillers Poesie ist die hohe Offenbahrung des reineren Zeitkarakters. –«[13]

Noch ist das Bild frei von jedem »egoistischen« Rückschlag, denn es bezeichnet den strebenden »idealischen« Künstler, dessen Werk in Sonnennähe »auf einer gewissen Höhe stehen geblieben ist«. Das Bild zeigt den »Sonnenstrahl«-Räuber der 12. Nw (Prometheus) gleichsam noch im Zustande seliger Unschuld – »und er trinkt ihren Feuerstrahl, und wiegt sich …«.

1801, »Romano« »Ein königlicher Adler stieg zur Sonne auf, höher und höher, bis sein Flügerpaar entzündet schien und in goldne Strahlen entbrannte. ›Er nähert sich ihr unendlich; – sagte der Alte – ob er gleich sie nie erreicht. Sein starkes Auge vermag sie zu schauen die Königinn des Tages, und *erblindet nicht*; – doch was die Nacht magisch in sich verhüllt, das entzündet seine Lieder nicht. Er hat auch nie geliebt‹«.[14]

Wieder ist Schiller angesprochen, energischer aber wird hier das »Aufsteigen« des Adlers behandelt, und neu tritt – in der Form der Verneinung – der Motivzug der allzu starken Blendung angesichts der Sonne hinzu. Schon kündigt sich das »Egoistische« an, hier noch als mangelnde Liebesfähigkeit; auch droht etwas vom Absturz hervor, indem der Mythus von Prometheus leicht verdrängt wird durch den anderen von Ikarus – »bis sein Flügelpaar entzündet schien …«.

1804 Von dieser Schiller-Abkunft des Sonnenadlers her wird jetzt eher begreiflich, daß die hochpolitische Applikation des Bildes in der 12. Nw derart umständlich vorbereitet wird durch dichterische Verrätselungen:

> Es geht nun einmal höchst unregelmäßig in der Welt zu, deshalb unterbreche ich den Unbekannten im Mantel hier mitten in seiner Erzählung, und es wäre nicht übel zu wünschen, daß mancher große Dichter und Schriftsteller sich selbst zur rechten Zeit unterbrechen möchte,* so auch der Tod in der rechten Stunde das Leben großer Männer – Beispiele liegen nahe.
> Oft erhebt sich der Mensch wie der Adler zur Sonne … Wer kennt den Sonnenadler nicht, der durch die neuere Geschichte schwebt?

Nr. 107 Sprachliche Details bei der Loslösung von Schiller läßt erwähnter Grundwort-Kontext erkennen:

---

* Der Hieb gilt gewiß vornehmlich Schiller. Den Vorwurf des Redseligen und der Langatmigkeit erhebt Klingemann Monate später in Nr. 123 (vom 23. 10. 1804) der »Eleganten«, wo er den soeben im Buchdruck erschienenen »Wilhelm Tell« rezensiert. In Artikel Nr. 143 (29. 11. 1804) spricht er diesbezüglich gar von einem »alten Fehler« Schillers.

Als die griechische Poesie und ihr Nachhall, die lateinische, untergegangen war, *schien* in der anarchischen Periode des Mittelalters der Genius ganz *von der Erde ent*flohen zu seyn. *Aber das Menschengeschlecht kann eben so wenig ohne Poesie, als ohne Liebe bestehen, und so lange nur noch Eine Tugend in dem Gemüthe Raum findet, so nahet sie wieder sie zu besingen, und aus dem letzten Keime die volle schöne Blüthe wieder hervorzuführen.*

Wie gesagt, die Abweichung von der Sonnenadler-Tradition ist so evident, daß darüber das gemeinsame Neue mit der Nachtwachen-Stelle fast verschwindet: Vor allem ist es die entschlossene, nunmehr eigens syntaktisch aufgebaute Gegenbewegung, die über die unscheinbare Oppostion »scheinen-aber« verläuft und die auch materiell in der »Erde« ihren Dreh- und Angelpunkt erhält. Und wenn die Abwendung von Schiller sich in der 12. Nw über den Zwischenraum der »großen Dichter« und dann der »großen Männer« vollzieht, um endlich nur noch von »dem Menschen« zu reden, für den Prometheus prototypisch einst den »Strahl« herabgeführt habe, dann wird in Nr. 107 erst das Muster der griechischen Poesie und danach »das Menschengeschlecht« überhaupt angesprochen, dessen poetisches Genie alles wieder »aus dem letzten Keime« hervorführe, – ein prometheisches Beleben mit starker Annäherung an den Phönix-Mythus diesmal. Dessen »Keim« wird im tugenhaften »Gemüthe« selbst lokalisiert, so wie bei dem politisch scheiternden Prometheus d i e Gegentugend des »Egoismus« verantwortlich gemacht wird. – Dieser Zusammenhang zwischen »Egoismus« und »Gemüth« geht am klarsten aus der letzten »Adler«-Stelle hervor.

1805, Prolog zum 2. Teil des »Schweitzerbundes«
Klingemann identifiziert nun auch offiziell Napoleon mit dem Sonnenadler –

»Weh dem Jahrhundert; wie ward es betrogen!
Auf Einen Mann verwiesen vom Geschick,
Der, gleich dem Aar, zum Sonnenkreis *entflogen,*
Im Glanz sich zeigte dem *erstaunten* Blick«.

»Nichts hemmte ihn in seinem kühnen Lauf;
Wo Felsen in die Wolken sich erheben,
Da kämpft' er unaufhaltsam sich hinauf –
Bis er, der nie den Sieger noch gefunden,
Im eignen Busen wurde überwunden.

Da sank, der kühn sich über sich entschwungen,
Im raschen Sturze tief zu sich herab,
Und was dem Bürger göttlich war gelungen,
Fand in des Herrschers Brust ein stilles Grab.

Es welkt der Lorbeer, den er sich errungen,
Zum dürren Zepter wird der Feldherrnstab;
So prangt er traurig groß dort auf dem Throne,
Mit des erschlagnen Königs blut'ger Krone.«[15*]

Das Sonnenadler-Gleichnis steht nicht von ungefähr zu Anbeginn der 12. Nw, die den betrügerischen Umgang mit den Insignien der Größe sowie mit der Schauspielkunst behandelt. Und die wie in einem gigantischen Zerrspiegel das Anfangsbild am Ende wieder aufnimmt, wenn dem Getäuschten war,

> wie wenn ich mich jezt in der Nacht unter dem zugedeckten Monde, weit ausdehnte, und auf großen schwarzen Schwingen, wie der Teufel über dem Erdball schwebte. Ich schüttelte mich und lachte, und hätte gern all die Schläfer unter mir mit eins aufgerüttelt, und das ganze Geschlecht im Négligée angeschaut ... um den ganzen abgeschmackten Haufen boshaft auszupfeifen.

Einer der heftigsten mimetischen Impulse Kreuzgangs, der sich so einem ins Satanische gesteigerten »schwarzen« Sonnenadler anverwandelt, aus der politischen und künstlerischen Enttäuschung rachsüchtig auf die Erde zurückstürzend. – Was ihn so in Rage brachte, zunächst der Fall des Fetischjägers, ist nicht weniger zeittypisch. Schillemeits Vorschlag, in dem Fetischisten eine Selbstpersiflage des Verfassers zu sehen, hat nach Sammons zuletzt auch Rosemarie Hunter-Lougheed (1980) widersprochen. Diese These vom literarischen Nachahmer Klingemann lasse »den Geist der 'Nachtwachen' gravierend verkennen«[17] und sei zudem durch die folgende Quellenlage konkret zu widerlegen: Die »Elegante« bringt am 28. 5. 1803 (Nr. 64) einen ersten Beitrag »Zum Kapitel seltsamer Liebhabereien«, in dem ein Paar alte Schuhe von Kant die besondere Verwunderung des Verfassers erregt. Ein Dresdener Schuhliebhaber, so der Referent, habe zur Ostermesse endlich auf dem Postwege von Königsberg die Schuhe erhalten, »jeder Schuh war von dem Philosophen besonders versiegelt und hatte die Aufschrift ›manu propria, Kant‹«; letzteres habe Kant wohl ironisch gemeint. Nach Hunter-Lougheed macht der Fetischist der 12. Nw in ebendieser ironischen Stillage weiter, wenn er behauptet, »daß ich jetzt in Schuhe einherschreite in denen einst Kant eigenfüßig ging«. Ergänzend zu ihren beiden weiteren Bezugstexten vom Juni und August 1803[18] wäre noch auf einen »Eleganten«-Beitrag zu »Nachbeterei und Nachahmungssucht« vom

---

* Sollte noch das Wort »Egoist« vermißt werden (»im eignen Busen ... überwunden«, hieß es hier), könnte man es einem Vortrag Klingemanns (1819/20) über »Die Fürsten Chawansky« von Ernst Raupach entnehmen: »... wie der schrecklichste und größeste Mensch unseres Zeitalters als ein natürlicher Sohn der vollendetsten Selbstsucht erscheint, so ist auch Sophie in der Hauptsache nichts anderes als eine kecke Egoistin.« – »Napoleon ist natürlich damit gemeint«, merkt der Herausgeber P. A. Merbach an.[16]

    Der Übergang von Schiller auf Bonaparte hat für Klingemann offenbar auch eine innere, zeitpolitisch umfassende Berechtigung. Schiller selber zeigte sich ihm ja soeben (in Nr. 56 bei Mercier) opportunistisch wie Bonaparte in Geschichte und Nachgeschichte der Französischen Revolution verstrickt. – In der 16. Nw wird Schiller noch einmal über das Bild des Sonnenadlers – einer Künstler- und Herrscherallüre – zu identifizieren sein.

5.7.1804 (Nr. 80) hinzuweisen, in dem Kants Beinkleider, Schuhe und
Strümpfe wieder eine Rolle spielen. Klingemann entnahm das Motiv also den
Disputen des letzten Jahres, gab ihm dabei aber eine Wendung, die diesen
Schlußkreis der Nachtwachen so auszeichnet; ich meine die Suche nach einer
hochartifiziellen Identität, die als »Kunstleben« in jedem Fall riskant verläuft.
Der Fetischist ist selber über die üblichen Sammelmotive schon hinaus,
bedient sich der Ruhmsucht wahrlich als ein Virtuose, indem er eine Selbstzer-
legung in berühmte Gesichts- und Körperpartien pflegt, weiterhin die gesam-
melten und am eigenen Leibe getragenen diversen Bekleidungsstücke samt den
dazu stimmenden Verhaltensweisen auszuspielen weiß und so dem Schauspieler, der auf ihn folgt, in der eklektizistischen Identität verwandt ist.

Die nächtliche Suizid-Probe dieses Schauspielers auf dem Kirchhof verwirrt
tiefer. Zugrunde liegt ihr die Anmaßung, ausschließlich in den eigenen Empfindungen die Ressourcen des Theatralischen aufzuspüren, unbekümmert um
Bühnenwirklichkeit und Dramaturgie der Leidenschaften. Klingemann hat
solche Schauspielpraxis und schon die ihr entgegenkommenden Stückeschrei-
ber immer wieder angegriffen in diesen Jahren. Ruft der Komödiant am Ende
der 12. Nw aus:

> Nüchternheit ist das Grab der Kunst! Ich fahre in die Leidenschaften möglichst hin-
> ein, wie in Schlachthandschuhe, ich spiele meine Karaktere mit Gefühl ...,

dann konstantiert Klingemann die Folgen bei Gelegenheit einer Braunschweiger Aufführung der »Braut von Messina« (Nr. 118 vom 2. 10. 1804):

> Nicht selten erscheint mir das Theater wie ein Kampfplatz, auf dem die Karaktere
> der Dichtung mit den Schauspielern im heftigen Streite begriffen sind. Ein Glück ist's
> dann immer noch, wenn der poetische Kämpfer den Sieg behält, und der Schauspie-
> ler gleichsam ohnmächtig unter ihm daliegt – aber wehe, wenn der umgekehrte Fall
> eintritt und irgend ein handfester theatralischer Held der Poesie rüstig Trotz bietet!
> – Heute gab es Überwundene auf beiden Seiten, auch Todte selbst will man vom
> Schlachtfelde getragen haben.

Der »Gefühls«-Kult, das wird für die 13. Nw weiter zu verfolgen sein, steht
bei Klingemann für die Kotzebue-Merkel-Ästhetik schlechthin. Für die
Schauspielkunst im besonderen erhebt er früh schon in seinen Briefen über
Schillers »Jungfrau« (1802) jenen Vorwurf der Täuschung und läßt auch in den
»Freimüthigkeiten« Kotzebues Natürliches Clärchen ausrufen: »Suche ich
nicht immer jedermann zu täuschen, so daß man mich noch niemals für eine
fingirte, sondern jedesmal für die wirkliche Person gehalten hat!«[19] Es ist
nichts anderes als dieses Zusammenwirken von naturalistischer Dramaturgie,
illusionistischer Verkörperung eigenster Empfindungen, die sich beim Publikum Vertraulichkeit zu erschleichen sucht und im Paradegefühl der »Rührung« ein Stück Scheinmoralität auf Kosten der künstlerischen Integrität
erzeugt, das Kreuzgang so empört und grandios außer sich bringt.

13. Nachtwache (»Dithyrambus über den Frühling. – Der Titel ohne das Buch.
– Das Invalidenhaus der Götter. – Der Hintere der Venus.«)

Auf beiden maßgeblichen Niveaus erreicht jedesmal Zeitraum Nr. 68-83 mit
den Beiträgen vom 7.6. bis 12.7. 1804 das stärkste signifikante Ergebnis (das
Gesamtniveau auf dem 0,05-Niveau und das Artikelniveau auf dem 0,001-
Niveau). Eine weitere Differenzierung ist nicht mehr möglich. Ohnehin
gehört dieser Zeitraum zu den bestdefinierten auch darin, daß der vorange-
hende Halbjahres-Zeitraum Nr. 134-56, der für die anfänglichen Nachtwachen so bedeutsam war, hier auf jedem Niveau unterdurchschnittlich besetzt
ist und so die 13. Nw als eine der zuletzt geschriebenen ausweist. Diese besondere Schwäche von Nr. 134-56 trägt allerdings dazu bei, daß auf dem Exklusivniveau, wo Nr. 134-56 nur ein einziges Grundwort enthält, der signifikante
Zeitraum ausnahmsweise einmal bis ins Jahr 1805 reicht, von Nr. 73 bis Nr.
35,– was nicht so dramatisch ist, wie es aussehen mag, da auch hierbei der
Schwerpunkt auf Zeitraum Nr. 73-83 liegt (bei 8 Exklusivgrundwörtern
gegenüber einem »erwarteten« Wert von nur 2,75).

In dem kalkulierten Kontrast ihres Aufbaus könnte diese 13. Nw auch
»Kunst und Natur« überschrieben sein, um einmal die von Klingemann so
geschätzte Problemformel Lessings (wie auch Goethes) zu gebrauchen. Die
große Tirade gegen die Kunstliebhaber und Dilettanten hat ja ein merkwürdiges Vorspiel, Kreuzgangs Dithyrambus über den Frühling, in dem er die vorher schon vertretene These vom andauernd sich zerreißenden, verschlingenden und wiederkäuenden Leben in der ältesten und gefeiertsten Gestalt aufnimmt, der des bacchantischen Taumels. Daß dabei wirklich an die dionysi-
sche Herkunft des Dithyrambus zu denken ist, zeigt eine Vorform dieser
Szene in »Albano der Lautenspieler« (1802).[*] Trotz der aufkommenden Klage
war für Albano die Nachfeier der Dionysien (zum Frühlingsfest) durchaus
noch in der Weltfrömmigkeit gehalten, die den Menschen im Einklang mit

---

[*]   Albano, während der Feier des Frühlingsfestes »wie der üpppige Gott der Freude«
(Bacchus-Dionysos!) umherstreifend, steigt – wie Kreuzgang – »auf eine Anhöhe,
wo sich die Scene, wie ein lachendes Gemählde vor ihm entfaltete: es war ein Strom
des feurigsten Lebens ... daß alle Blumen frischer aufblüheten, und selbst der
Sonnengott auf seiner Bahn stehen blieb ... Albano rief, mit weit ausgebreiteten
Armen: ›O reiß mich mit dir mächtige Welle, und stürze mich fort in das schwellende
Leben... – Warum verhüllst du deine Kräfte, heilige Natur, und stürzest auch als
mächtiges Schicksal uns entgegen? da du Blumen zaubern kannst und Gesänge, und
in brennenden Farben dein Leben entglüht! Fahre sanft über meine Wunden dahin
...!‹
   Er ergriff sein Instrument, und strömte die Gefühle seiner Brust in glühenden
Dythyramben aus, daß die Töne in das Thal herabweheten, wie ein verspäteter Nach-
hall aus der goldenen Vorzeit.«[20]

Natur und Geschichte weiß. Kreuzgang hingegen läßt den Dithyrambus hart abbrechen bei dem Stichwort »der Mensch« und stellt im großen Schauspieldichter-Vergleich nun die Gegenfrage, – an eine stiefmütterliche Natur nämlich, deren letztes Geschöpf in ihrem Buche blättere und blättere und nichts als einen Gedankenstrich hinter seinem Rollen-Namen vorfinde. Kreuzgang befindet sich im Gegensatz auch zu der entwickeltsten, von Klingemann in »Memnon« noch gefeierten Philosophie Schellings, zu seinen so versprechenden Formulierungen im »System des transzendentalen Idealismus« (1800): »Was wir Natur nennen, ist ein Gedicht, das in geheimer wunderbarer Schrift verschlossen liegt. Doch könnte das Rätsel sich enthüllen, würden wir die Odyssee des Geistes darin erkennen, der wunderbar getäuscht, sich selber suchend, sich selber flieht«.[21] Nachdrücklicher noch fordert Schelling dies für die Geschichte. »Wenn wir uns die Geschichte als ein Schauspiel denken, in welchem jeder, der daran Teil hat, ganz frei, und nach Gutdünken seine Rolle spielt, so läßt sich eine vernünftige Entwicklung dieses verworrenen Spiels nur dadurch denken, daß es Ein Geist ist, der in allen dichtet, und daß der Dichter, dessen bloße Bruchstücke, (disjecti membra poetae), die einzelnen Schauspieler sind, den objektiven Erfolg des Ganzen mit dem freien Spiel aller einzelnen schon zum voraus so in Harmonie gesetzt hat ...«; dabei »sind wir Mitdichter des Ganzen, und Selbsterfinder der besonderen Rolle, die wir spielen.«[22] Von diesem Selbstbewußtsein, das in sich jeden Gegensatz von Freiheit und Notwendigkeit aufgehoben weiß, findet sich nichts mehr bei Kreuzgang.

Wenn nun auf den abbrechenden Dithyrambus über die Natur die Begegnung mit den Kunstliebhabern folgt, so wäre auch dies als (indirekte) Antwort auf Schelling zu lesen, auf seine enthusiastische Einschätzung der Kunst, die Klingemann, selbst ohne daß er das »System« 1800 in Händen gehabt hätte, für »Memnon« in wesentlichen Punkten teilte.[23] Die konkrete Gegnerschaft der 13. Nw aber verkörpert sich in den Kennern und Dilettanten, in denen Klingemanns Erfahrungen im täglichen polemischen Umgang mit der Kunst seit »Memnon« reflektiert erscheinen. Ziemlich neutral gehalten ist dabei noch die Rahmensituation, die beliebte Besichtigung eines Antikenkabinetts, mit Fackeln gar,

> um bei dem sich bewegenden Lichtscheine die Todten drinnen möglichst lebendig sich einzubilden[:] ... mächtig bäumten sich die Drachen um den kämpfenden Laokoon und die sinkenden Söhne.

So stand schon der Titelheld von »Romano« (1800) vor dem Laokoon:

> Ich besah die Gruppe des Nachts beim Scheine der Fakkeln, die Flammen zitterten in der Luft und in dem abentheuerlichen Spiele von Schatten und Licht fingen die Körper an sich zu bewegen und lebten vor meinen Augen; die Schlangen schlugen ihre gräßlichen Knoten um des Vaters und der Kinder Glieder ...[24]

Romano, Verächter der Plastik »wegen ihrer starren toten Kälte«, konnte sie nur in diesem Extremfall schätzen, und auch Kreuzgang äußert den grundsätzlichen Vorbehalt bei der Plastik, sie könne nicht »den Haupttheil alles Lebens, das Leben selbst, einblasen«. Soweit jedoch, wie gesagt, erscheint die Rahmensituation selber frei von Polemik und beeindruckt »bei dem täuschenden Fakkelglanze« am Ende selbst Kreuzgang.* Die szenische Provokation ist erst da, als »ein kleiner Dilettant von den Anwesenden an einer medicäischen Venus ohne Arme« hinaufzuklettern und, beinahe tränend vor Begeisterung, das Kunst-Hinterteil der Göttin zu küssen versucht. Die Attribute, die Bonaventura diesem Dilettanten zumißt, stammen aus dem Fundus der öffentlichen Verunglimpfungen, mit denen die romantischen Parteigänger Garlieb Merkel bedacht haben. Kreuzgang:

> Junger Kunstbruder! – redete ich ihn an. – Der göttliche Hintere liegt Ihnen zu hoch, und Sie kommen bei Ihrer kurzen Gestalt nicht hinauf, ohne sich den Hals zu brechen!...Wir sind seit dem Sündenfalle...*merklich* kleiner geworden, und schwinden von Zeit zu Zeit immer mehr, so daß man in unserm Säkulo vor allen solchen *halsbrechenden Versuchen*, wie der vorliegende ist, ernstlich warnen muß.

Stehendes Motiv in den Polemiken gegen Merkel ist dessen bescheidenes Körpermaß, selbstverständlich gern sogleich im übertragenen Sinn ausgespielt. Das berüchtigte »Sonett« (1800) von A. W. Schlegel und L. Tieck schließt, nach dem – auch von Goethe für den »charmanten kleinen Merkel« ähnlich gewählten[26] – Reimwort »ferkeln«:

> Journale, fürchtet Merkeln!
> *Merklich* zeigt er verkleinernde Natur,
> Schon ward Merkur durch ihn zum Merkelnur.

(»Merklich« steht gewiß nur dieser Namensanspielung wegen in dem Nachtwachen-Passus; das Modaladverb gehört sonst nicht zum Grundwortbestand Klingemanns, weder in den anderen Nachtwachen noch in den Artikeln des Zweijahreszeitraums wird es von ihm gebraucht. Wie gleich unten darzustellen, hat sich Klingemann selber im spöttischen Umtaufen von »Merkel« hervorgetan.) Im Jahr darauf erhält Merkel, der die »Genoveva«-Terzinen Tiecks mit dem Triolett verwechselte, von Schlegelscher Seite auf einer Visitenkarte gedruckt das hochmütige »Triolett«, das anhebt und schließt:

> Mit einem kleine Triolett
> Will ich dir, kleiner Merkel, dienen.[27]

---

* Noch 1828 stellt Klingemann in »Kunst und Natur« diese Praxis vor. »Hochkräftige, gewaltige Werke der antiken Plastik, wie z.B. den furchtbar erhabenen L a o - k o o n, pflegen Beschauer, um sich einen eigenen Genuß zu bereiten und die Gestalten gleichsam in Bewegung und täuschendes Leben zu versetzen, gern, zur Abwechselung, des Abends bei Fackelscheine zu betrachten.«[25]

Von diesen Attributen machte Klingemann nun schon in den »Freimüthigkeiten« Gebrauch, wo Merkel alias »Theobald« sich ja gleichfalls mit einer Gottheit anlegt und dem eingefangenen Apoll das Versmaß auszutreiben sucht: »Seht, so bin ich z. B. mit Göthens Braut von Korinth umgegangen und habe sie ganz heruntergebracht. – Ach ich habe die Prosa g a r l i e b , m e r k e auch, daß ich ganz für sie geschaffen bin« (diese Stelle erschien im Vorabdruck vom 14. 4. 1803 in der Eleganten unter Klingemanns Namen). Als Apoll ihn probeweise einmal in poetische Begeisterung versetzt, gerät Theobald in Lebensgefahr – »Die Kunst erscheint mir wie ein Riese – o weh! ich habe dafür keinen Sinn, ich komme um!« »Begeistert mich lieber ins Kleine …; um die Sache ins Große zu treiben, scheint ein gigantischer Körperbau nöthig zu seyn, – und ich bin von Natur klein, wie Ihr seht!« Selbst die kleine Dosis Begeisterung macht ihn aber benommen, und er warnt aus solcher Erfahrung seinen gleichfalls angegriffenen Famulus Max: »wenn Du Dir nur nicht den Hals dabei brichst«.[28] Originär bei Klingemanns Merkel-Polemik ist mithin die Verschränkung zweier kleiner Teilmotive, der Kleinlichkeit seiner Begeisterung bzw. der »Frazze der Begeisterung« (Kreuzgang) und des Halsbrecherischen dabei. Letzteres Motiv setzte Klingemann zum erstenmal in seiner »Öffentlichen Erklärung« an Merkel (ZeW 1802, Intelligenzblatt vom 18. 9.) ein, indem er die spaßhaften Effekte Merkelscher Ästhetik auf ihn behauptete –

> nur ein einziges Mal ausgenommen, wo der Reiz zu angreifend wurde, und ich bei seinem *halsbrechenden Versuche*, Götheische Verse in Prosa zu übersetzen, um ihre Schönheit zu beurtheilen, in ein wirklich gefährliches Lachen verfiel, das mir leicht den Tod hätte zuziehen können.

Wo Merkel bei Klingemann auftritt, ist Kotzebue meist nicht fern. Wie sein Mitherausgeber des »Freimüthigen« hat auch Kotzebue Werke der bildenden Kunst besprochen. In Beitrag Nr. 68 vom 7. 6. 1804 der »Eleganten«, einem Artikel, der zu unserem Datierungszeitraum gehört und der die zu besprechenden Neuerscheinungen (»Flegeljahre«, Webers »Tell« und Kotzebues »Erinnerungen«) kurioserweise gleich der 13. Nw in Form eines Rundgangs durch ein Museum vorstellt, bezeichnet Klingemann Kotzebue als »Dilettanten« (das Wort erscheint nur in diesem Artikel) und fährt fort: »Hr. v. K. setzt den Grund des Beifalls seiner literarischen Produkte in die Wahrheit der Empfindung, die, nach ihm selbst, darin herrschen soll, und die er über alle Kunst der Darstellung hebt. Ich hingegen in den bloßen Dilettantismus, der in jeder Rücksicht den Karakter der Zeit ausmacht, und den er sich auf das vortheilhafteste, und, wie er gezeigt, besonders zu seinem eigenem Vortheil angeeignet hat.« Klingemann beläßt es bei diesem allgemein gehaltenen Verdikt. In dem Buch selber, den »Erinnerungen aus Paris im Jahre 1804« schildert Kotzebue einen Besuch im »Museum Napoleon« und bekennt vor dem Eintritt in die Antikengalerie: »Ich theile mein Gefühl so gut ich kann dem Leser mit, und verwehre Niemanden ein anderes Gefühl oder auch gar keines dabei zu haben … Mit einer Rührung erpressenden Ehrfurcht steht man plötzlich unter drittehalb hundert der herrlichsten Denkmäler des griechischen und römischen Alterthums«, und er läßt angesichts der Venus von Medicis seinem Gefühl dann auch freien Lauf.« Was kann ich denn dafür, daß diese Venus mir wie ein ganz artiges Kammermädchen vorkommt, die von dem jungen Herrn von Hause im höchsten Negligé überrascht wird, und sich seinem lüsternen Blicke nicht ganz ernstlich zu entziehen sucht?«²⁹ Wie lautete da noch Kreuzgangs bündige Empfehlung?: »Küssen Sie den Hintern, junger Mann, küssen Sie, und damit genug!«

Merkel muß sich demnach mit Kotzebue brüderlich in die Eigenschaften dieses »Dilettanten« der 13. Nw teilen. Kotzebues Dilettantismus hat durchaus Methode; wie er in den »Erinnerungen« mit der mediceischen Venus umgeht, macht sie fast schon tauglich für eines seiner Bühnenstücke, in denen das Fremde von Kulturen, historischen Stoffen oder auch sozialer Schichten aufgelöst wird in eine obskure, nicht ohne sexuelle Anregungen funktionierende – bürgerliche – Universaltugend. Eigentlich nur in Parodien und Travestien wie »Cleopatra« und »Ariadne auf Naxos« gelingen ihm einige pietätlose Streiche, indem er die Herrschaftszeichen und -gebärden der Götter mit denen von Zeitgenossen konfundiert. Für seine ernster gemeinten Adaptionen aber trifft Klingemann den Kern der Sache, wenn er in den »Freimüthigkeiten« Apoll wie Kotzebues »Wildfang« gekleidet auftreten läßt; und Apolls Klage:

> O warum ward uns doch Unsterblichkeit zu Theil,
> Und warum deckten seines Tempels Trümmer nicht
> Zugleich den Gott; daß dies Geschlecht er schauen muß!³⁰

nimmt Kreuzgang jetzt heftiger auf, zürnend über das »Invalidenhaus unsterblicher Götter und Helden, hineingebaut zwischen eine erbärmliche Menschheit«, der er dann, in der repräsentativen Gestalt des Dilettanten zuruft: »Ach, man soll die alten Götter wieder begraben!« Dem falschen, distanzlosen Umgang mit dem Nachlaß einer alten Kultur, die man wenigstens im ästhetischen Genuß glaubt an sich drücken zu können, zieht Kreuzgang ihre erneute Herauslösung aus dem Traditionszusammenhang vor. Bis auf weiteres jedenfalls, denn in seiner Trauer über die verstümmelnde »tückische Zeit« spürt man doch von dem Verlangen, an das Verschüttete und von Zeit zu Zeit Wiederauftauchende Anschluß zu finden, ja, es meldet sich darin auch sein metaphysischer Widerwillen gegen den Zeitablauf an (Thema der 16. Nw).

Sonderbar, daß Kreuzgang dann noch einmal die Natur in Person ins Treffen führt und zum fingierten Gutachter dieser Torsos setzt. Die ganze Argumentation wird erst verständlich, wenn man die von Kotzebue und Merkel ver-

fochtene Ästhetik einer illusionistischen Natürlichkeit als die angegriffene
unterstellt und sie überdies in die größere europäische Tradition einzuordnen
weiß. Kreuzgang greift hier nämlich, ohne es auszusprechen, dafür aber in
wörtlicher Referenz Goethes Kritik am Prinzip der Natur-Nachahmung auf,
wie sie in dem »Propyläen«-Aufsatz »Diderots Versuch über die Mahlerey«
(1799) vorgetragen worden war. Kreuzgang:

> Führen Sie die Natur, die ächte meine ich, wo möglich in Person einmal in diesen
> Kunstsaal, und lassen Sie sie reden. Beim Teufel, sie wird lachen … Lassen Sie sie
> sprechen, ob sie jemals zu dieser Zehe diese Nase, zu diesem Munde jene Stirn, zu
> dieser Hand jenen Hintern wirklich geschaffen haben würde; – ich wette sie würde
> verdrießlich werden, wenn Sie ihr so etwas einreden wollten! Dieser Apoll wäre viel-
> leicht ein Krüppel, hätte sie ihn von der kleinen Zehe fortgesetzt, dieser Antinous ein
> Thersites und jener tragische gewaltige Laokoon gar eine Art von Kaliban, wenn
> nach Naturgesetzen alles reformirt werden sollte.

Diderot, in Goethes »Propyläen«-Übersetzung:

> »Wir sagen von einer Statue: sie habe die schönsten Proportionen. Ja nach unsern
> armen Regeln, aber was würde die Natur sagen.« »Es sey mir erlaubt den Schleyer …
> auf die medicäische Venus überzutragen, so daß man nur die Spitze ihres Fußes
> gewar werde. Übernehme nun die Natur zu dieser Fußspitze eine Figur auszubilden,
> so würdet ihr vielleicht, mit Verwunderung, unter ihrem Griffel ein häßliches und
> verschobenes Ungeheuer entstehen sehen; mich aber würde es wundern, wenn das
> Gegentheil geschähe.«[31]

Wie nun? Teilt Kreuzgang die Ansicht Diderots, und müßte auch ihm die
Natur entgegentreten und mit Goethe antworten?:

> Es ist genug, daß diese Fußspitze zu dieser, und zu keiner andern Statue passe, daß
> dieses Kunstwerk … mit sich selbst, in Übereinstimmung sey …: der Fuß ist von
> Marmor, er verlangt nicht zu gehen, und so ist der Cörper auch, er verlangt nicht zu
> leben … kein ächter Künstler verlangt sein Werk neben ein Naturprodukt, oder gar
> an dessen Stelle zu setzen; der es thäte, wäre wie ein Mittelgeschöpf, aus dem Reiche
> der Kunst zu verstossen, und im Reiche der Natur nicht aufzunehmen.[32]

Wie argumentiert denn Kreuzgang? Als Kritiker auftreten läßt er doch die
Natur hier nur, um seinen Protest gegen die zudringliche »Menschwerdung
dieser Götter« sinnfällig ad absurdum zu führen, – monströs wäre das Ergebnis, »wenn nach Naturgesetzen alles reformirt werden sollte«, d. h. wenn man
mit der Merkel-Kotzebue-Maxime des Natürlichen Ernst machen wollte. Der
Natur darf nach Kreuzgang eben kein Urteilsrecht in der Kunst eingeräumt
werden, dies im Gegensatz zu Diderot, der in gleichlautender Situationsbe-
schreibung gerade das (Noch-)Nichtheranreichen der Kunst an die Organisation der Natur bemängelt und durch ein um so eifrigeres Studium menschlich-
»natürlichen« Verhaltens wettzumachen verlangte.

Nicht ohne tieferen Grund schließt Kreuzgang hier an Goethes Kritik an.
Goethe sucht ja nicht so sehr Diderots Schrift von 1765 zu treffen, der er

durchaus ein gewisses historisches Verdienst im Kampf gegen die allzu peni-
blen Anatomiestudien und Manierismen akademischer Modellübungen zubil-
ligt, als vielmehr aktuell jene, die »sich auf der breiten Fläche des Dilettantismus und der Pfuscherei, zwischen Kunst und Natur hinschleifen«.[33] Wenn für
ihn »dieses Vermischen von Natur und Kunst die Hauptkrankheit ist, an der
unsere Zeit darniederliegt«,[34] so erinnern wir uns an die Erklärung Klingemanns in der zitierten Besprechung Kotzebues von Nr. 68, wonach der Dilettantismus »in jeder Rücksicht den Karakter der Zeit ausmacht« (ähnlich dann
im Programm zum »Teufels Taschenbuch«). Freilich, die Position, von der aus
er urteilt, ist nicht die klassizistische, bei ausgesprochener Hochschätzung
auch noch zuletzt der »Natürlichen Tochter« und ihrer »Kombinirung des
antiken und modernen Styls« (Nr. 134 vom 8. 11. 1803) hat sich Klingemann
doch als Hauptverfechter romantischen Kunstverständnisses in der Eleganten
profiliert. Wie sehr er gleichwohl in der Einschätzung, daß Kunst von jeder
Nachahmung und Täuschung entlastet sein müsse, von Goethe gelernt hat,
geht aus dem folgenden Zitat aus der »Jungfrau«-Schrift von 1802 hervor – wie
Kreuzgang gibt auch er die Quelle nicht näher an: einen »Propyläen«-Auf-
satz (»Über Wahrheit und Wahrscheinlichkeit der Kunstwerke«, 1798)[35] –:
»Göthe sagt sehr scharfsinnig: ein Gegenstand aus der Kunst solle nicht w a h r
s c h e i n e n, sondern nur den S c h e i n d e s W a h r e n haben; und in dieser fei-
nen Unterscheidung ist das Wesentliche in dieser Rücksicht sehr genau
bestimmt.« Die beruhigende Folgerung aber, die Klingemann damals daraus
zog: »Der Schein verwandelt sich jetzt in unsere eigene Willkühr, denn wir
wissen, daß er uns nicht täuschen will; er ist unsere eigene freie Schöpfung, die
wir selbst wieder zerstören können, wenn sie uns zu mächtig wird«,[36] sie soll
in der 14. Nw bei Kreuzgangs großem Lebensexperiment mit Ophelia erschüttert werden – »die mächtige Hand des Shakespear, dieses zweiten Schöpfers,
hatte sie zu heftig ergriffen«. »Für mich war es ein interessantes Schauspiel«,
entsinnt sich Kreuzgang; aus dem Zuschauer wird im Tollhaus nun der Mitspieler, und darin, wie sich Ophelias artistischer Wahn unter dem Einfluß idealistischer Selbstreflexion verschärft, wird die 14. Nw selber zu einem der
ergreifendsten Texte der Weltliteratur.

14. Nachtwache (»Die Liebe zweier Narren.«)

Beim Vergleich der drei Datierungstabellen liegt die 14. Nw ungefähr in dem
Zeitraum, der sich auch für die 16. Nw ermitteln läßt. Anzeichen für eine etwas
frühere Niederschrift ist neben dem Exklusivniveau besonders das Artikelniveau, wo Beitrag Nr. 73 (19. 6. 1804) mit dem höchsten signifikanten Wert für
die 14. Nw herausragt. In der Tat wird sich bei der Untersuchung der 16. Nw
deutlicher zeigen, daß die 14. Nw in ihrem Schwerpunkt ein wenig früher

anzusetzen ist als jene Schlußnachtwache; für jetzt belasse ich es darum bei dem Befund, daß sie »gleichzeitig« mit den Artikeln geschrieben wurde, die Klingemann 1804 von Nr. 73 bis Nr. 107 (19. 6. bis 6. 9.) in der Eleganten veröffentlichte.

Betrachteten die Nachtwachen 12 und 13 einige handfeste Existenzrücksichten, denen die Kunst unterworfen werden könnte, so wird jetzt umgekehrt von der Kunstproduktion her das Eingreifen ins Leben verfolgt und kann so der Zusammenstoß auch auf ein experimentelles Niveau gebracht werden. Äußerst glücklich dabei die Wahl der Schauspielkunst, des empfindlichsten Mediums, das Wesen von Fleisch und Blut für die versuchte Identifikation von Menschenleben und Kunstgebilde bereithält. Warum aber der Rückgriff auf das Stück von Shakespeare, wo doch die Fragestellung der 14. Nw bald grundsätzlicher wird und gar Kreuzgang-»Hamlet« sich über theologische Naivitäten seiner Bühnenrolle lustig macht? Halten wir uns noch einmal an die Charakterisierung Shakespeares:

> … die mächtige Hand des Skakespear, dieses zweiten Schöpfers, hatte sie zu heftig ergriffen, und lies sie zum Schrecken aller Gegenwärtigen nicht wieder los. Für mich war es ein interessantes Schauspiel, dieses gewaltige Eingreifen einer Riesenhand in ein fremdes Leben, dieses Umschaffen der wirklichen Person zu einer poetischen …

Was hier so fasziniert und als das spezifische Genie Shakespeares gefeiert wird, ist das Gewalttätige seiner poetischen Gestaltung. Dies Charakteristikum hat Klingemann in den Jahren vor den »Nachtwachen« allenfalls gestreift, wenn er etwa 1800 von der »allmächtigen Kunst des Shakespear« redet.[37] 1808 jedoch, in einem Essay über die romatische Tragödie, finden sich zwei für die Interpretation der 14. Nw aufschlußreiche Formulierungen. Zuerst hebt er das Überwältigende und in Bann Schlagende dieses poetischen Verfahrens hervor –

> Skakespear … hatte die Natur bis in ihre geheimste Werkstatt verfolgt, und sein Genius zwang sie, ihm zu dienen. So rief er den Hamlet, den Lear, Makbeth und Othello hervor, und jedes Gedicht war sein eigener Mikrokosmos und schwang sich mächtig um seine eigene Axe. Spätere Dichter erwärmten sich alle an seinem Feuer …

Er fährt fort: »Was Skakespeare als lebendiges Vorbild einleitete, das vollendete eine metaphysische Philosophie, die das gerechte Eigenthum der Deutschen ist, und die, so viele Widersprüche sie auch veranlaßte, gerade dadurch den Blick zum Ideale hin immer mehr schärfte.«

Shakespeare als Wegbereiter des Deutschen Idealismus! – »Das Fatum über den Wolken stieg in die Brust herab, und der Blick wandte sich von der Höhe in die Tiefe des eigenen Gemüthes. So wurde der Mensch sein höchstes Studium …«[38].

Die letzte anschauliche Formulierung gibt nicht weniger als das doppelte, historisch sich abstufende Kompositionsverfahren der 14. Nw zu erkennen, zunächst das schicksalhafte Eindringen ins Innerste der Persönlichkeit, deren Wahnsinn sodann s e i n e: zeitgenössische Methode hat und Fragen der Transzendentalphilosophie zwischen »Ophelia« und »Hamlet« erörtern läßt, – in der Frage nach dem »Sein«, dem »Ich«, dem »An sich«, der »Unsterblichkeit«, auch in »Hamlets« Anspielungen auf Fichte, dessen Appell, sich selbst zu denken, er schließlich in dem Alptraum exekutiert.

Noch einmal, diese eigentümlich idealistische Wendung, in der die Frage nach dem Sein oder Nichtsein entlang den einzelnen Etappen des alten Monologs (»Nichtsein«, »Schlaf«, »Traum«) gelöst wird aus der einfältigen, sprich: vorkritischen Sicht Hamlets, ist nicht ohne philosophisches Vorverständnis dieser Stelle schon bei Shakespeare selbst möglich. Und es ist daher nicht ohne Interesse, daß Klingemann noch 1828 den philosophischen Impuls des Monologs vehement gegen einen Kommentar Ludwig Tiecks verteidigt, der in seinen »Dramaturgischen Blättern« das »Sein oder Nichtsein« unzulässig eng von Hamlets Racheauftrag an Claudius her ausgelegt hätte. Dies nicht ohne Schuld des Übersetzers: »Schlegel hat, des Verses wegen, übersetzt: ›das ist h i e r die Frage!‹ Davon steht aber im Originale (›that is the question‹) nichts, und der Satz ist nicht auf das Besondere, sondern vielmehr auf das große allgemeine Fragezeichen, über Fortdauer oder Vernichtung nach dem Tod gestellt, welches bis jetzt noch durch keine genügende Antwort beseitigt ist.«[39]

Dieser dezidiert philosophische Frageansatz wird nicht allein in dem Briefwechsel selbst vertieft, sondern schon die Begleitbedingungen ihres Rollenspiels, vorab »Hamlets« Ausfälle gegen das Publikum steigern sich zugleich mit seinem Diskurs ins Metaphysische. Seine Reminiszenz, »einst aus Ingrimm über die Menschheit« den Hamlet gespielt zu haben, als Gastrolle, um »mich gegen das schweigend dasitzende Parterre eines Theils meiner Galle zu entledigen«, diese kleine Aggression, die er auch in seinem Widerruf der Situation bringt, »als wir noch blos auf dem Hoftheater uns zum Vergnügen der Zuschauer liebten«,[40] sie wird nun in dem Maße, in dem beider Rollenspiel sich von der »Hamlet«-Vorgeschichte löst und neu als Selbsterkundung definiert, auf eine entsprechend höhere Zuschauer-Instanz übertragen: anfänglich in Kreuzgangs Hypothese, daß bei Liebesenthaltung »unser Herrgott, oder wer sonst zulezt den Erdball noch einmal anschauen will, ihn zu seiner Verwunderung von Menschen durchaus entvölkert gefunden hätte«; endlich auch in seiner Hoffnung auf »einen lezten Schauspieler, der grimmig das Papier zerreißt und aus der Rolle fällt, um nicht mehr vor einem unsichtbar dasizenden Parterre spielen zu müssen.«

Aber das ist beinahe schon sein letztes Wort in der Korrespondenz. Mit
welchen Skrupeln hatte er nicht erst hineinzufinden in sein Rollenspiel! »An
den Mond«, »An die Liebe«, »Hamlet an Ophelia«, so muß er sich, parodi-
stisch sich freischreibend von den literarischen Vermarktungen des Gefühls,
seiner Zellennachbarin nähern und die Maske der Liebe, die zu tragen auch er
sich verurteilt findet, seinerseits maskieren, den Zwang zur geschlechtlichen
Liebe mit dem Bewußtsein überspielen, daß er nur als »Liebeskranker«
Gegenliebe suchen mag. Aufrichtig in seinem Grimm, ist er dabei auch zweideutig in seinem spielerischen Anbändeln mit der alten Rollenbeziehung, wie
er denn überhaupt in vielen wörtlichen Anspielungen auf den »Hamlet«
immer sowohl Anschluß sucht – wie anders könnte er die Verwirrte, noch den
Muschelhut ihres Geliebten Besingende ansprechen! – als auch nachdrücklich
und immer fordernder die Differenz. Ophelia zögert, sich seiner wortreichen
Kapitulation anzuschließen und im Ressentiment zu zeugen, sucht in ergrei-
fendem Scharfsinn ihrer Selbstspaltung auf der Spur zu bleiben und von ihrem
ersten Satz an zu unterscheiden zwischen den Ansprüchen ihrer Rolle, der sie
sich noch verpflichtet weiß (um den Wahnsinn ahnend), und dieser frei wäh-
lenden »Ich«-Instanz, an die eigentlich auch er appelliert, wenn er mehr Frei-
zügigkeit gegenüber der alten Rolle verlangt. Ophelia entzieht sich dem nicht
einfach, sie bittet allerdings um Beistand, um sich vor sich selbst zu verantwor-
ten und ihrer Verwirrung zu entkommen: »Hilf mir nur meine Rolle zurückzulesen, bis zu mir selbst. Ob ich denn selbst wohl noch außer meiner Rolle
wandle, oder ob alles nur Rolle, und ich selbst eine dazu...«. Und hier versagt
Kreuzgang, der nichts als ihre zweite Alternative gelten läßt, alle Differenzen
zwischen Bühnen- und Lebensrolle herunterspielt, da er in allem gleichermaßen nur den einen Prozeß des Sichauflösens oder »Verwandelns« am Werke
sehe und gegen solch universelles Sterben im Grunde nur den Verzicht aufs
Leben, das »Zerreißen« des Papiers als Abhilfe weiß. Seine Theater- und Rol-
lenmetaphorik wird hier totalitär, verschließt sich ihrem Hilfegesuch und
bringt ihn auch intellektuell um das Artistische, reflektiert sich in der Schwebe
Haltende ihres Wahns. Statt derart »zurückzulesen«, setzt denn Ophelia alles
auf ein »Fortlesen bis zum Ende und zu dem exeunt omnes, hinter dem dann
doch wohl das eigentliche Ich stehen wird«: sie sucht den Tod, so nur hofft sie
doch noch aus dem behaupteten Sterberepertoire herauszufinden.

Ihre Suche nach dem Selbst hatte sie immer schon exemplarisch verstanden,
metaphysisch zur Erkundung »des Menschen« und seiner traumähnlichen
Substantialität. Wenn sie dazu schreibt: »Die Alten hatten Götter, und auch
einen darunter, den sie Traum nannten, es mußte ihm sonderbar zu Muthe
sein, wenn es ihm etwa einfiel sich für wirklich halten zu wollen, und er doch
immer nur Traum blieb. Fast glaube ich der Mensch ist auch solch ein
Gott...«; dann ist sie beinahe auf dem Punkte, auf dem das sich selbst befra-

gende »Ich« in Fichtes Schrift »Die Bestimmung des Menschen« (1800)* gegen
Ende des Buches »Wissen« anlangt: »Ich: Es gibt überall kein Dauerndes,
weder außer mir, noch in mir, sondern nur einen unaufhörlichen Wechsel. Ich
weiß überall von keinem Sein, und auch nicht von meinem eignen. Es ist kein
Sein. – Ich selbst weiß überhaupt nicht, und bin nicht. Bilder sind ... Ich
selbst bin eins dieser Bilder; ja, ich bin selbst dies nicht, sondern nur ein ver-
worrenes Bild von den Bildern. – Alle Realität verwandelt sich in einen wunderbaren Traum, ohne ein Leben, von welchem geträumt wird, und ohne
einen Geist, dem da träumt...«.[42] Bei Fichte hat diese Einsicht nur Zwischen-
stufe für das abschließende Buch »Glaube« zu sein, heilsamer Schock, als dem
Ich aufgeht, was mit der Auflösung der Außenwelt in Bewußtseinsbestim-
mungen auch ihm selber droht. Ophelia hat von dieser Gefahr, nicht mehr
deutlich das »Ich« als sich festigendes und steuerndes Bewußtsein den immer
befremdlicher wechselnden »Bildern« und Vorstellungen entgegenstellen zu
können, nicht erst (»popular«-)theoretisch erfahren, vielmehr schon von der
prekären Identität des Schauspielers her, laufend auch ein anderer zu sein. Im
Rollen-Wahn, der von ihr Besitz ergreift, bricht also eine gewisse professio-
nelle Deformation der Persönlichkeit hervor, wobei nun freilich die besondere
Rolle der wahnsinnigen Ophelia dies nicht bloß raffiniert veranschaulicht,
sondern aus sich selbst heraus schon – wie bei Shakespeare – daraufhin angelegt ist, der eigenen Verwirrung nachzusinnen. Darin weiterzudenken, ist
wahrlich schwindelerregend und macht es verständlicher, daß sich die Ophelia
der 14. Nachtwache in einem Reflexionsprozeß zur Wehr setzt, der in dem
Rigorismus, mit dem er ein allen Verwicklungen entzogenes »Ich« zu erretten
sucht, ebenjener methodischen Selbst-Spaltung folgt, die so entschieden allererst das idealistische Reflexionsmodell herausgebildet hat: Der Reflektierende
sucht hiernach zu vermitteln zwischen einem »empirischen«, beschränkten
Ich (eigentümlich »verwirrt« bei Ophelia) und einem angeblich »reinen« Ich,
das der Intention nach jenes individuierte in allen seinen Weltverhältnissen
ermöglichen soll, aber als unbedingtes selber nie zu erfassen ist.[43] Dies innere
Versagen idealistischer Reflexion hat sich wohl deshalb immer wieder termi-
nologisch zudecken und aushalten lassen, weil ja massiv die christliche Tradition dahintersteht, die These von der Gottesebenbildlichkeit des Menschen,
die der neuzeitlichen Reflexion die Kraft gab, sich zum Erfassen des Wahren
vom weltlich Seienden weg- und der Verfassung des menschlichen Bewußt-
seins zuzuwenden.[44] In der 14. Nachtwache aber wird dies versteckteste theologische Residuum, das »reine« Ich oder die »absolute Tathandlung« Fichtes
als das monströse Denkergebnis dessen erfahren, der zur Selbstsicherung alles

---

* Schon im »Clavis Fichtiana seu Leibgeberiana« wird Fichtes »Bestimmung«, besonders ihrer konfusen »Popularität« wegen, vor allem anderen angegriffen.[41]

Fremde systematisch von sich gehalten hat und zuletzt panisch sich um sich selber bewegen muß. Ophelia selbst stößt nicht mehr auf das Nihilistische solcher Ich-Suche – sie will ja desorientiert bleiben bis in den Tod –, sondern Kreuzgang in dem großen Vernichtungstraum, der sich auf wunderbare Weise auf die Sterbende, das tote Kind Gebärende eingestellt hat. Träumend kommt er dem Imperativ zur Selbstreflexion nach, der seit Descartes' Anspruch, unter Bedingungen sogar des Traums das Ich als fundamentum inconcussum gewinnen zu können, das neuzeitliche Denken beherrscht hat. Kreuzgang:

> Es dünkte mich, als entschliefe ich. Da sah ich mich selbst mit mir allein im Nichts, nur in der weiten Ferne verglimmte noch die letzte Erde, wie ein auslöschender Funken – aber es war nur ein Gedanke von mir, der eben endete. Ein einziger Ton bebte schwer und ernst durch die Öde – es war die ausschlagende Zeit, und die Ewigkeit trat jetzt ein. Ich hatte jezt aufgehört alles andere zu denken, und dachte nur mich selbst! Kein Gegenstand war ringsum aufzufinden, als das große schreckliche Ich, das an sich selbst zehrte, und im Verschlingen stets sich wiedergebar. Ich sank nicht, denn es war kein Raum mehr, eben so wenig schien ich emporzuschweben. Die Abwechselung war zugleich mit der Zeit verschwunden, und es herrschte eine fürchterliche ewig öde Langeweile. Außer mir, versuchte ich mich zu vernichten – aber ich blieb und fühlte mich unsterblich! –

Descartes' Methode, im Denken zweifelnd die Außenwelt als unzuverlässig zu eliminieren, kehrt entwickelt in Fichtes »Wissenschaftslehre« wieder, wo sie als »abstrahierende Reflexion« so vorgestellt wird:

> Irgendeine Tatsache des empirischen Bewußtseins wird aufgestellt; und es wird eine empirische Bestimmung nach der andern von ihr abgesondert, so lange, bis dasjenige, was sich schlechthin selbst nicht wegdenken und wovon sich weiter nichts absondern läßt, rein zurückbleibt.[45]

Dies nicht Wegzudenkende, da allem Bewußtsein Zugrundeliegende, Selbstbewußtsein, das in der reinen Agilität einer Tathandlung nie als Tatsache zu erfahren sei, das entpuppt sich für Kreuzgang, der das Verfahren des »Wegdenkens« in Traumbildern zu Ende führt, als blindwütiger kannibalischer Automatismus. So hat sich denn die Frage, die Fichte an das empirische und dem Kreislauf der Natur verfallene Ich rhetorisch stellen läßt: »Wozu ... dieses Ungeheuer, unaufhörlich sich selbst verschlingend, damit es sich wiederum gebären könne, sich gebärend, damit es sich wiederum verschlingen könne?«,[46] bei Kreuzgang durchgehalten bis zu der Entdeckung, daß das »reine« Ich selbst dieses Schreckliche wäre, das »im Verschlingen stets sich wiedergebar«.*

---

* Im zweiten Teil seiner Arabeske »Die Ruinen im Schwarzwalde« (1799) bringt Klingemann eine Traumszene, die er in Details der Annihilierung und auch im Zusammenhang mit der Liebestragödie für die 14. Nw verwenden wird:
»Er blickte in die Höhe – und siehe! da rolte es über ihm zusammen, und der Himmel wischte sich weg, wie man auf einer nassen Tafel ein Gemälde aus-

16. Nachtwache (»Das Böhmerweib. – Der Geisterseher. – Das Grab des Vaters.«)

Die 16. Nachtwache, mit der das Erzählgeschehen chronologisch abschließt, wurde wahrscheinlich nicht als letzte geschrieben. Sie gehört aber ohne Zwei-

löscht. Keine Sonne strahlte mehr – er sah in das ungeheure Weit, das für ihn in Eins zusammenfiel, da kein Gegenstand ein Ziel bezeichnete. – Erschrokken starte er um sich her – da schwand auch die Erde – immer mehr und mehr; ein Stück nach dem andern zerbrökkelte. Jezt blieb nur noch der kleine Fleck übrig worauf er lag, und weiter war nichts mehr. Es war ihm als stände er allein in dem Mittelpunkte des endlosen Nichts ... er wagte nicht mehr zu athmen. Da fiel plözlich Etwas zu seinen Füßen nieder – er sah es blinken – es war ein Dolch! Schnell griff er darnach – ein tiefer Seufzer drängte sich aus seiner Brust – und in dem Augenblikke schlug er die Augen auf und erwachte!«

(Weiterhin »tappt« auch Alessandro wie Kreuzgang nach dem mißlungenen Suizid davon und stößt auf seine Ophelia, die wahnsinnig gewordene Marie, – »sie hatte den Schooß voll abgefalner welker Blätter und war ämsig bemüht die dürren Zweige in einen Kranz zu verschlingen«; sie stirbt noch in derselben Nacht, und ihre letzten Gebärden finden sich im Umkreis der sterbenden Ophelia wieder: »Sie hob langsam den Finger auf und sagte leise: ›Still! Marie schläft – weckt das arme Mädchen nicht auf!‹ Sie legte sich auf den Boden nieder und hielt den Athem an sich.«)[47]

Auch wenn einzelne Übereinstimmungen sich im Wortwörtlichen noch etwas näher verfolgen lassen –: »Es war ihm als stände er allein in dem Mittelpunkte des endlosen Nichts. – Er wolte aufschreien; aber er hörte seine eigene Stimme nicht«; Kreuzgang: »Es war mir, als stände ich dicht am Nichts und riefe hinein, aber es gäbe keinen Ton mehr...« –, so wird doch in der 14. Nw ein neues subjektives Prinzip für den Vernichtungsprozeß aufgeboten. Während in den »Ruinen« etwas als Katastrophe von außen herandrängt, der Himmel »sich wegwischt« und die Erde dahinschrumpft bis auf die Stelle des gelähmt Daliegenden, wird alles nun als Gedankenarbeit des Helden erfahren, der sogleich die Vision der verglimmenden Erde korrigiert (»aber es war nur ein Gedanke von mir, der eben endete«) und dessen entschiedene Tendenz, nur sich selbst zu denken, auch zu einem neuen philosophischen Resultat gelangt.

Allein der Vergleich beider Traumversionen unterstützt die – ähnlich von Werner Kohlschmidt vertretene[48] – These, daß es die Position Fichtes ist, die, nach den eher noch satirischen Attacken in der 9. Nw, in der 14. Nw im Kern selbst zerstört werden soll. – Fichtes Name fällt in Klingemanns dichterischem Werk erst im Epilog der »Freimüthigkeiten«. Ehe Hanswurst dort über das sich setzende Ich der »Wissenschaftslehre« herziehen darf, muß er sich selber erst in einer annihilierten Situation behaupten; er hat nämlich auf der »leeren Bühne« zu einem nicht mehr vorhandenen Publikum zu sprechen und zieht sich so aus der Affäre:

»Allein, da Fichte es bündig darthut,
Wie die ganze Welt nur im Ich beruht,
So rede ich mein Ich an, und denke dabei
Daß es allhier das Publikum sei!–«[49]

Fichtes Anspruch (es »liegt alles in uns selbst und ist außer uns nichts Reelles«: so eine Anspielung bei Kreuzgang-Hamlet)[50] wird hier von Hanswurst à la Münchhausen traktiert.

fel mit zu dem Kreis der in den letzten Monaten, d.h. ungefähr von Mai bis August 1804 entstandenen Nachtwachen. Denn bei höchster statistischer Signifikanz (p<0,001) sind auf dem Artikel- und Exklusivniveau Zeitraum Nr. 56-107 sowie auf dem Gesamtniveau (p<0,01) Zeitraum Nr. 68-107 für die Niederschrift zu ermitteln. Daß sogar das Exklusivniveau so genau zu den beiden anderen Niveaus stimmt, war ähnlich nur noch für die 9. Nachtwache zu beobachten.

Tabelle VI belegt für die beiden zuverlässigsten Niveaus, daß im Vergleich mit der 14. Nw der für die Niederschrift in Frage kommende Zeitraum etwas weiter zurückreicht, nämlich statt nur bis Artikel Nr. 73 vom 19. Juni bis zu Nr. 56 vom 10. Mai. Und doch scheint die 16. Nw nicht vor der 14. Nw geschrieben worden zu sein, da bei näherer Betrachtung der jeweiligen Verteilungsstärken beide Nachtwachen auf dem Gesamtniveau eine doppelte, aber gegensinnige Aufgipfelung aufweisen: Liegt bei der 14. Nw der Schwerpunkt eindeutig auf Artikel Nr. 73 vom 19. Juni (p<0,01) und weist Nr. 107 nur einen leichten, längst nicht signifikanten zweiten Nebengipfel auf, so werden jetzt bei der 16. Nw beide Artikel-Zeitpunkte signifikant:

Artikel Nr.	56	68	73 (19.6.)	77	83	91	99	107 (6.9.)
Gesamtniveau								
b =	2,88	14,71	18,92	9,80	11,19	9,65	0,83	13,43
e =	3,12	11,26	11,40	7,21	10,38	8,98	1,73	7,25
χ^2_c =			4,32					4,50
			(p<0,05)					(p<0,05)

Bei keiner anderen Nachtwache erreichen gleich zwei, Monate auseinanderliegende Artikel signifikante Werte, bei keiner anderen auch ist darunter Beitrag Nr. 107, der bei der Datierung der »Nachtwachen« zuweilen als letzter Zeitpunkt in Frage kommt. Dies legt die Vermutung nahe, daß die 16. Nw nicht in einem Zuge niedergeschrieben wurde; ich habe darum versucht, eine jede der drei Episoden, die Bonaventura bei der »Inhalts«-Angabe für die 16. Nw aufgeführt hat, für sich zu datieren:

Nicht signifikant wird dabei das schmale Mittelstück um den Geisterseher, das nur 55 Grundwörter enthält. Aber die beiden anderen, mit je ungefähr 120 Grundwörtern gleich starken Episoden um den Poeten und die Mutter (S. 184–191) sowie dann um Kreuzgangs große Schlußmonologe am Grabe des Vaters (S. 194–199) bestätigen die Vermutung: Die anfänglichen Begegnungen mit dem Poeten und der Mutter zeigen ein signifikantes Ergebnis für Zeitraum Nr. 153-83 (auf dem Artikelniveau) bzw. Nr. 15-83 (Gesamtniveau), hingegen bei Kreuzgangs Monologen für Zeitraum Nr. 56–107 (Artikelniveau) bzw. Nr. 73-107 (Gesamtniveau). Ja, Artikel-Zeitpunkt Nr. 107 vom 6. September 1804, der für die Anfangsszenen auf dem Kirchhof stark unterrepräsentiert ist, stellt sich bei den Schlußmonologen als der mit Abstand stärkste Einzelartikel heraus (fast 10 Grundwörter bei kaum 4 »erwarteten«).

Diese Monologe am Grabe des Vaters sind denn wahrscheinlich doch die letzten Textstücke aus Bonaventuras Feder. Daß zwischen Beginn und Abschluß dieser Nachtwache noch die Nachtwachen 5, 10 und 11 in der Niederschrift anzusetzen wären, sollte auch für die Interpretation von Belang werden.

Zu den Anfangsszenen. Der Schwerpunkt liegt hierbei auf der Artikelsequenz Nr. 68-83 (veröffentlicht vom 7.6. bis 12.7.04), so daß auch diese Szenen sehr wohl nach der 14.Nw entstanden sein könnten. Hatte Kreuzgang dort in dem Briefwechsel mit Ophelia behauptet: »Alles ist auch nur Theater, mag der Komödiant auf der Erde selbst spielen, oder zwei Schritte höher, auf den Brettern, oder zwei Schritte tiefer, in dem Boden, wo die Würmer das Stichwort des abgegangenen Königs aufgreifen«, dann variiert er dies hier, wenn er den Kirchhof als seinen »Lieblingsort« ausgibt, als »dieses Vorstadtstheater, wo der Tod dirigirt, und tolle poetische Possen als Nachspiele hinter den prosaischen Dramen aufführt, die auf dem Hof- und Welttheater dargestellt werden«. Possenhaft in diesem Sinne ist für ihn schon die egalitäre Grundsituation einer »lustigen brüderlichen Gesellschaft« von Grab zu Grab. Possenhaft geraten aber insbesondere die Auftritte derer, die nun vor der Gewalt des Todes bei ästhetischen, religiösen, naturwissenschaftlichen oder metaphysischen Prinzipien ihr Heil suchen.

Wie schon in dem großen Vernichtungstraum der 14.Nw nimmt Kreuzgang, eingeschlafen am Denkmal des Alchimisten, die Außenreize eines aufsteigenden Gewitters auf; auch träumt er die Ambition des Poeten, der sich durch Deklamieren auf dem Friedhof zu inspirieren suche, wunderlich weiter, indem er hinter dem Rücken des Poeten dessen Gedicht über die Unsterblichkeit von den Umliegenden als Appell verstanden wissen will, als Erweckungsruf zur Auferstehung, dem sie sich mokant entzögen. Woher die groteske Überschätzung des dichterischen Worts? Offenbar hat dieser Traum magische Ingredienzien, von der Entfesselung der Elemente an (für den Poeten eine Art Epiphanie der »zweiten Welt«) über das dubiose Sichbesprechen mit den Totenschädeln bis zur Faszination durch das kabbalistisch verrätselte Denkmal. Es ist die alchimistisch-zauberische Überschätzung von Symbol und Wort, in deren Bann diese Episode und sie sich anschließende um die Zigeunerin stehen. Und sieht man dem Treiben aufmerksamer zu, wird man darin von dem verzweifelt Gewalttätigen des »Faust«-Fragments wiedererkennen. Am faßlichsten wird diese Anspielung – Wolfgang Paulsen hat noch einmal daran erinnert[51] – über das Zeichen des »Erdgeistes«, durch welches die Zigeunerin und der Alchimist seinerzeit den Teufel gebannt hätten. Noch die erotische Erhitzung dabei (»Nun fing es an in der Nacht um uns her sein Wesen zu treiben, und wir merkten, daß wir nicht allein waren. Ich schmiegte mich in dem gezogenen Kreise dicht an deinen Vater, wir berührten zufällig das Zeichen des Erdgeistes, und wurden warm beisammen..«) ist bei Faust zu verspüren, der zufällig, beim Umschlagen von Nostradamus' Buch das Zeichen des Erdgeistes erblickt hat (»Ich fühl's, du schwebst um mich, erflehter Geist! / Enthülle dich! / Ha!... / Ich fühle ganz mein Herz dir hingegeben!« Der Erdgeist: »Wo bist du, Faust... / Der sich an mich mit allen Kräften drang?«)[52]. Nun ist Goethes »Fragment« schon 1790 im Druck erschienen bzw. zuletzt innerhalb der siebenbändigen Unger-Ausgabe der »Neuen Schriften« (1792–1800), so daß es für unsere interpretierende Datierung nicht viel herzugeben scheint. Dies ändert sich allerdings sogleich dadurch, daß Klingemann in Nr. 73 vom 19. Juni, also genau in dem kurzen Zeitraum Nr. 68-83, der für die Niederschrift dieser Anfangsszenen ermittelt wurde, auf Goethes »Faust« näher eingeht. In seiner Besprechung von Johann Schinks »Johann Faust« (1804) zieht er systematisch den Goetheschen »Torso« zum Vergleich heran, wobei Schink natürlich schlecht wegkommt (sein Stück ist aber so übel nicht und hat gar in der Verquickung des überlieferten Fauststoffes mit der Transzendentalphilosophie Fichtes als der größten Versuchung für Faust einige bemerkenswerte Szenen). Wichtiger als gewisse Motive aus Schinks »Dramatischer Phantasie« wie Fausts Weihe zum »Dienste der Nacht« oder die idealistische Verkehrung der Realität[53] werden für die 16. Nw Klingemanns vergleichende Studien des Teufels bei Goethe: »still, schleichend, ohne viel höllischen Aufwand, fast gebildet und gefällig, aber tief in sich seiner Bosheit gewiß« (Nr. 73). Denn diese Worte nehmen nicht nur Attribute aus Bonaventuras »Teufels-Taschenbuch-Einleitung« vorweg (s. S. 34), sondern stimmen auch zu den dürren Angaben der Wahrsagerin über den, der nicht so finster wie Kreuzgang gewesen wäre, der sich gar »erboth... Pathenstelle zu vertreten; er mochte ein angenehmer Mann in seinen besten Jahren sein«. Bedeutender noch für die metaphysische Stoßrichtung der 16. Nw wird die Gestalt Fausts selber. Die aufblitzende innere Verwandtschaft zwischen Kreuzgang und dem väterlichen Schwarzkünstler gibt deutlich genug zu erkennen, daß Goethes Faust für Klingemann eine Leitfigur im Kampf gegen den Tod und für ein neues, nicht mehr christlich inspiriertes Unsterblichkeitsverlangen geworden ist. Schon die nächtliche Ausgangssituation inmitten der Gräber scheint sich auf die Eingangsszene »Nacht« zu beziehen und auf Fausts Klage, in totem Wissen begraben zu sein, in »diesem Bücherhauf, / Den Würme nagen, Staub bedeckt«, umgeben von »Thiergeripp und Todtenbein«, – »Das ist deine Welt! Das heißt eine Welt!«[54] Nicht schon, daß Faust sich darüber der Magie ergibt, sondern wie er dies unternimmt, ist für Klingemann in Artikel Nr. 73 zum Spezifikum bei Goethe geworden: »Faust dringt als Faust in das Geisterreich...«. Diese gestisch-pointierende Formulierung wird gegen Ende der 16. Nw wieder zu identifizieren sein,

wenn Kreuzgang in dem auflodernden Wunsch, zusammen mit dem alten
Schwarzkünstler »dem Riesen der zweiten Welt gerüstet entgegenzugehen«,
die zum Gebet gefalteten Hände mit Gewalt auseinanderreißt! Nur der
ertrotzte Himmel habe für sie Wert.

Derweil nun die Zigeunerin das Grab des Vaters aufbreche, um sich von dem
fortgeschrittenen Verwesungsprozeß zu überzeugen, trifft Kreuzgang auf den
Geisterseher. Diese Episode ließ sich als solche nicht datieren. Wann auch
immer entstanden, ist sie doch vorzüglich in das Geschehen eingepaßt. Indem
sie die Verwesung bis hin zu der Phase des leeren Grabes phantasmagorisch
vorführt, macht sie allererst das Sensationelle des wie mumifizierten Vaters
begreiflich, das als metaphysisches Geheimnis eines Schwarzkünstlers Kreuzgang so visionär für eine zweite Welt begeistern kann. Der Geisterseher: »Ich
betrete diese Orte nicht gern, denn ich habe einen wunderbaren Sinn mit auf
die Welt gebracht, und erblicke wider meinen Willen auf Gräbern die darunter
liegenden Todten mehr oder minder deutlich, nach den Graden ihrer Verwesung«. Dazu lautet die Fußnote Bonaventuras: »Ein Beispiel dieser originellen
Geisterseherei findet sich, wenn ich nicht irre, in Moritz Magazin der Erfahrungsseelenkunde.« Hermann Michel konnte schon die Bezugsstelle im
»Magazin« ausfindig machen, eine im 3. Band von 1785 anonym eingerückte
Nachricht, die dann im 7. Band von 1789 in den genaueren Umständen berich-
tigt wird. Das Magazin ist 1783–93 erschienen und 1797 wieder aufgelegt worden. Klingemann kannte selbstverständlich den »Anton Reiser«, in dem Karl
Philipp Moritz seine unglückliche Zeit als Braunschweiger Hutmacherlehrling
aufarbeitete; 1819 und 1821 noch kommt er in seinem Reisetagebuch auf den
Roman zu sprechen.[55] Mag sein, daß der »Anton Reiser« ihn auch auf das
Magazin führte, das ja einige Auszüge aus dem psychologischen Roman
brachte. Ein naheliegender Anlaß zur Beschäftigung mit dem Magazin war
auch die Fehde von 1789 zwischen Moritz und Klingemanns Onkel Joachim
Campe. Campe hatte Moritz als Mitarbeiter an seinem »Revisionswerk«
gewonnen und ihm darauf einen Vorschuß für seine Italienreise zukommen
lassen. Moritz blieb die Beiträge schuldig, lieferte endlich die bedeutende, aber
nur schmale Schrift »Über die bildende Nachahmung des Schönen«, deren
geschäftlichen Mißerfolg Campe beklagte. Als daraufhin Moritz die weiteren
Werke woanders verlegen ließ, »eine Handlungsweise, die Campe nicht mit
Unrecht als Treuebruch auffaßte«, kam es »zwischen den Kämpfenden zu
einem erbitterten Zeitungskriege (Allgemeine Litteratur-Zeitung, 1789,
16. Mai bis 22. August, 6 verschiedene Erklärungen)«, in dem auch Goethe zu
vermitteln suchte. »Doch blieb es nicht bei den Zeitungserklärungen. Jeder
der Beiden veröffentlichte vielmehr eine Schrift, zuerst Campe: ›Moritz, ein
abgenöthigter trauriger Beitrag zur Erfahrungsseelenkunde‹…«[56]. Ein

gelungener polemischer Titel. Und ich kann mir gut vorstellen, daß Klingemann (geb. 1777) nicht erst die 2. Auflage von 1797 benutzt hat, sondern
schon, frühreif wie er war und angestiftet durch die Aufregungen um den
Onkel, in den Jahrgang 1789 des – weithin populär geschriebenen – Magazins
geguckt und dort jene entscheidende Berichtigung mit wachsender Verwunderung gelesen hat:

> Der blinde Literat und Pädagoge Pfeffel (übrigens ein guter Bekannter Campes)
> schildert dort eine Begebenheit aus dem Jahre 1759 – »Am hellen Tage in meinem
> außerhalb der Stadt liegenden Garten« sei er mit einem jungen Geistlichen spazie-
> rengegangen. Dieser, der »zuvor nie da gewesen war, fühlte auf einem gewissen
> Platze einen Schauer, den ich am besten mit einer elektrischen Erschütterung ver-
> gleichen kann. Wir beide waren allein. Ich mußte mehrmahls in ihn dringen, bis er
> mir sagte, daß ihn dieser Schauer fast immer an Orten anwandle, wo Jemand begra-
> ben liegt. Er fügte hinzu, die Dunkelheit der Nacht würde vermuthlich seine Wahr-
> nehmung bestätigen.« Als sie des Abends wiederkehrten, habe der junge Mann ver-
> sichert, »eine kaum fünf Fuß hohe Dunstsäule zu erblicken, die ihm einer weiblichen
> Figur ähnlich schien. Ich trat dicht auf die Stelle, konnte ihn aber nicht dazu bewe-
> gen ein gleiches zu thun. Ich fuhr mit dem Stocke und mit der bloßen Hand überall
> umher, ohne weder einen Widerstand noch einen andern Eindruck zu empfinden.
> Mein Gefährte versicherte mich, so wie ich die Dunstsäule zertheilte, flöße sie wie-
> der, gleich einer getrennten Flamme, zusammen.«
> Nachdem er diesen Versuch öfter mit Freunden vergeblich wiederholt hätte, habe er
> den Geistlichen endlich mit Hilfe seines Bruders gewaltsam auf die besagte Stelle
> geschoben: »Zittern und Grauen ergriffen ihn«. Im folgenden Frühling habe er in
> Gegenwart von noch lebenden Zeugen auf dem Platze nachgraben lassen und dort
> »ungefähr fünf Fuß in der Erde, unter einer isolirten Schichte Kalchs, sehr vollstän-
> dige Reste eines menschlichen Gerippes« gefunden.
> »Wahr ists, daß mein schätzbarer Freund, den ich nach dieser Operation auf die
> Stelle führte, nicht die mindeste Abneigung oder Erschütterung mehr spüren
> ließ…«.[57]

Wie erklärte sich noch der Geisterseher der 16. Nw?: »Ich betrete diese Orte
nicht gern, denn ich habe einen wunderbaren Sinn mit auf die Welt gebracht,
und erblicke wider meinen Willen auf Gräbern die darunter liegenden Todten
mehr oder minder deutlich, nach den Graden ihrer Verwesung«; »wenn der
Körper sich mehr und mehr auflöst, verliert sich auch das Bild in Schatten und
Nebel, und verfliegt zuletzt ganz wenn das Grab leer ist«.

Auf Klingemanns Verwandtschaftsbeziehungen war bei der Moritz-
Campe-Fehde schon deshalb einzugehen, weil das Magazin damals anscheinend nicht sehr beachtet wurde. Die Herausgeber des Nachdrucks von 1978,
Bennholdt-Thomsen und Guzzoni haben außer einer Briefstelle Schillers von
1788 keine Äußerungen anderer Autoren von Rang auffinden können, auch
nicht von Hörern der Ästhetik-Vorlesungen Moritz' wie Ludwig Tieck und
Alexander von Humboldt.[58]

> Dies freilich wäre zu korrigieren, macht sich doch Tieck im zweiten Teil seines
> »Peter Lebrecht« (1795) im 12. Kapitel unverkennbar über das »Magazin der Erfah-

rungsseelenkunde« lustig. Nach Meinung des Amtmanns Sintmal könnte die soeben vorgetragene Erzählung des Fremden «eine recht interessante Abhandlung für die Erfahrungsseelenkunde werden..., wenn man sich die Mühe geben wollte, alles recht umständlich auseinanderzusetzen.«[59] Damit auch läßt sich für uns ein aktueller Bezug auf die 16. Nw herstellen; Klingemann hat in dem Doppelartikel Nr. 107/108 (»Einige Worte über Ludwig Tieck. Auf Veranlassung seines Lustspiels: Oktavianus.«) einen Essay über Tieck gebracht, seinen ausführlichsten Beitrag in der Eleganten überhaupt zu einem Schriftsteller. Wie üblich, geht er kaum ins Detail und erwähnt namentlich nur die »Genovefa« und eben den »Kaiser Oktavianus«. Er ist aber Tiecks Schriften zu diesem Anlaß sicherlich noch einmal durchgegangen; frische Spuren finden sich in den »Nachtwachen« selber, wo in der 12. Nw über einen angeblich Tieckschen Tic (»niesen wie Tiek«) gescherzt und hier in der 16. Nw Tiecks »Blaubart« metaphorisch angesprochen wird, – und zwar ausgerechnet in einem psychologischen Exkurs, der wie bei Sintmal mit seinem Spott nicht zurückhält: »Welch ein helles Licht nach dieser Rede [der Zigeunerin über seine Herkunft] in mir aufging, das können sich nur Psychologen vorstellen; der Schlüssel zu meinem Selbst war mir gereicht... – da sah es aus wie in Blaubarts Kammer«. Wenn diese »Selbst«-Aufklärung nicht wie im »Peter Lebrecht« auf den Titel von Moritz' Zeitschrift zielt: »Gnothi sauton oder Magazin der Erfahrungsseelenkunde«!

Die besondere Mittlerrolle Tiecks für Moritz' Magazin läßt sich noch besser belegen. »Peter Lebrecht« hieß nicht nur das erfolgreiche Buch Tiecks, sondern auch das Pseudonym, unter dem Tieck 1797 »Ritter Blaubart. Ein Ammenmährchen« veröffentlichte. Schon von daher wird es plausibel, daß Klingemann wirklich auch das Buch »Peter Lebrecht« noch einmal durchstöberte und, dabei auf die recht wichtigen Schlußszenen um den Fremden gestoßen, Sintmals Anspielung auf das Moritzsche Magazin verstehen mußte. Und wovon handelt diese Erzählung des Fremden? Nicht von einer der so häufig im »Magazin« gebrachten Geschichten zur Traumkunde, zum »Gemüth« oder »Ahndungsvermögen«, zur forensischen oder Entwicklungs- und Sprachpsychologie, sondern von einer der seltenen Geistererscheinungen, ja, sie kann sich eigentlich nur auf die von Pfeffel geschilderte Episode beziehen.

Den Vergleich zwischen den drei Texten kann ich hier nicht in der wünschenswerten Breite ausführen und nur meinen Eindruck festhalten, daß diese Episode der 16. Nachtwache in der Ausarbeitung zu einer Liebesgeschichte auf Tiecks Version zurückgeht, daß aber Bonaventura auch unabhängig von der Tieckschen Fassung den Pfeffelschen Text gelesen haben muß. Kurz, wir haben es bei der Geisterseher-Episode der 16. Nw wohl mit einer sehr seltenen Überlagerung von Lektüren zu tun: Bei der Arbeit am Tieck-Essay wurde Klingemann auf die (zweiphasig erzählte) Geistergeschichte im »Peter Lebrecht« aufmerksam, konnte – vermutlich – dank des Leserlebnisses von 1789 ihre Herkunft aus dem angesprochenen Magazin sofort erkennen, und das heißt durchschauen, welches Spielchen Tieck hier zugleich mit dem Leser trieb (: Falls der Fremde ihnen noch einmal mit einer solchen Geschichte käme, so der skeptische Schwiegersohn zu Sintmal, werde er ihm »sagen, daß wir das alles schon irgendwo gelesen haben«!)[60], und spielte nun seinerseits in der Neugestaltung und speziell in der wie unsicher klingenden Fußnote der 16. Nw mit dem Leser,– »wenn ich nicht irre« wäre so eine Untertreibung brillantesten Spielwitzes.

»Das Grab des Vaters« heißt die im Druck letzte Episode der »Nachtwachen«. Sie enthält nichts anderes als das metaphysische Testament Bonaventuras. Die

Literaturkritik konnte über den »Nihilismus« dieses Buches bisher nur kurz-
schlüssig, ohne zureichende Kenntnis der Voraussetzungen urteilen, unter
denen Kreuzgang das »Nichts« zu seiner letzten Einsicht erklärt. Sein mäch-
tigster latenter Gegner, dem nicht nur spöttische Bemerkungen galten, ist
nicht erst seit der 14. Nw die Transzendentalphilosophie, die besonders in der
Variante von Fichte, Klingemanns Jenaer Lehrer ernstlich auf die Probe
gestellt wurde: Zu »Nichts« führte das Grundverfahren der »abstrahierenden
Reflexion«, sofern es bei Ophelia und Kreuzgang das persönlich gefährdete
Selbst bewahren sollte. Ebendiese Verteidigung des konkreten, individuellen,
Lebensgeschichte bildenden »Ich«, dies Ankämpfen gegen seine Verflüchti-
gungen zu einem Substrat allgemeinster Kategorien, das als solches den Tod
des einzelnen überdauere oder gar vernünftig rechtfertige, steht als letztes Kriterium hinter dem »Nihilismus« Kreuzgangs. Auch Dieter Arendt, der die
Fichte-Kritik der 9. Nw in das Zentrum seines Nihilismus-Konzepts gerückt
und sie bestimmter als üblich als »Demaskierung der Gottähnlichkeitsmaske
und... Hinweis auf das hinter der Maske lauernde Nichts« gedeutet hat,[61]
scheint mir den springenden Punkt dabei zu verkennen. Angesichts der
mephistophelisch-fichteschen Versuchung des Menschen (»Eritis sicut
Deus!«) beabsichtige Kreuzgang, »die Verführung rückgängig zu machen und
ihn hinzuweisen auf seine kreatürliche Bedingtheit, auf seine prima conditio:
Staub, Nichts.«[62] Das ist doch kein »Hinweis« für Kreuzgang, er verzweifelt ja
geradezu an der Sterblichkeit des Menschen! Denn das Unerhörte seines
Nihilismus zeigt sich genau jetzt, als er, angesichts des Totenschädels, dem
Horizont der Transzendentalphilosophie eine originelle Wendung zugunsten
der Individualgeschichte gibt:

> Was ist nun dieser Pallast, der eine ganze Welt und einen Himmel in sich schließt;
> dieses Feenschloß, in dem der Liebe Wunder bezaubernd gaukeln; dieser Mikrokos-
> mos... der Tempel gebar und Götter, Inquisitionen und Teufel; dieses Schwanz-
> stück der Schöpfung – das Menschenhaupt! – – die Behausung eines Wurmes. – O was
> ist die Welt, wenn dasjenige was sie dachte nichts ist und alles darin nur vorüber-
> fliegende Phantasie! – Was sind die Phantasieen der Erde, der Frühling und die Blu-
> men, wenn die Phantasie in diesem kleinen Rund verweht, wenn hier im innern Pan-
> theon alle Götter von ihren Fußgestellen stürzen... O rühmt mir nichts von der
> Selbstständigkeit des Geistes – hier liegt seine zerschlagene Werkstatt, und die tausend
> Fäden, womit er das Gewebe der Welt webte, sind alle zerrissen, und die Welt mit
> ihnen. – –

»...und die Welt mit ihnen.« Die metaphysischen Implikationen dieser Todes-
klage hat man einfach übersehen oder nicht ernst genommen. Gerichtet ist sie
gegen den knappen Bescheid, das Ich habe nur als absolutes und nicht als indi-
viduiertes Ewigkeitswert (Fichte zur Wissenschaftslehre: »Nur die Vernunft
ist ihr ewig; die Individualität aber muß unaufhörlich absterben«)[63]: Nihilismus ist für Kreuzgang nichts anderes als der transzendental geschulte Pro-

test, daß mit dem Tod des Individuums, des einzigen Sinnschöpfers und -trägers, »Welt« immerzu neu und unwiederholbar vernichtet werde, Protest gegen die beschönigenden Vorstellungen, in den Kreislauf der Materie eingesenkt zu sein, gegen die Palingenesen, wie sie soeben noch der Geisterseher vertreten hatte (»die Gestalten der Verweseten nehmen eine freundlichere Gestalt an und blühen als schöne Blumen wieder auf«) und wogegen Kreuzgang, den Schädelwurm in der Hand, das Sinnbild eines schmarotzenden Universums setzt. In witziger Konsequenz spricht er diesen Wurm gleichsam als den Statthalter aller Menschengenerationen an, richtet in dem höhnischen Kompliment: »Den Idealismus wie vieler Philosophen hast du auf diesen deinen Realismus zurückgeführt?« die Spitze gegen die Erhöhung des Todes im Namen von Vernunft und Glauben (Fichte: »Tod und Geburt ist bloß das Ringen des Lebens mit sich selbst, um sich stets verklärter und ihm selbst ähnlicher darzustellen«)[64]. Wie gegen solches Ringen die hyperbolische Titulierung des Leichenwurms als »Laokoons Schlange«, die »alles umwindet«.[*]

Die sich steigernden Etappen der letzten Nachtwachen sind im Lichte dieses nihilistisch formulierten Protestes neu zu interpretieren, als tastende oder entschlossene Versuche, der natürlichen Sterblichkeit des Menschen über eine »künstliche« Lebensform zu entkommen oder sie ihr abzutrotzen, wie lächerlich und eitel auch immer: ob in dem fetischistischen Jagen nach den Genieattributen der »Unsterblichkeit«, dem täuschenden Auflebenlassen der Statuen bei Fackelglanz, dem experimentierenden Eingreifen des »zweiten Schöpfers« Shakespeare in ein Menschenleben oder zuletzt in dem poetischen Erweckungsritual, das den finsteren Beschwörungen des Todes folgte. Selbst die wie beiläufig in den »Nachtwachen« verstreuten Appelle an eine »Übersetzung« des Menschen erscheinen nunmehr bedenklicher, so in der 4. Nw das noch unter idealistischem Vorzeichen stehende Aperçu, »als ob das Leben das Höchste wäre, und nicht vielmehr der Mensch, der doch weiter geht als das Leben«, so auch dann Hanswursts Drängen auf eine »Revision des Menschengeschlechts«. Zu denken ist ferner an den wie seelsorgerischen Skrupel Kreuzgangs, ob am Jüngsten Tage die verpfuschte Geschichte noch »in eine höhere Sprache zu übersetzen« wäre (6. Nw), wobei in der 13. Nw an Gottes Stelle »Mutter Natur« gerückt ist, deren unglückliches, letztes und unfertiges Geschöpf »Mensch« das Buch zuschlagen solle, »bis der Dichter bei Laune ist, die leeren Blätter... vollzuschreiben«. Schließlich wird Kreuzgangs Befürchtung, man könnte nach einem Jahrtausend »die Ärzte als schädliche Mitglieder

---

[*] »Laokoonsschlange« (Schreibung!) ist bei Klingemann noch einmal 1819 nachzuweisen, auch hier hyperbolisch für den Tod: Die Darstellerin der sterbenden Cleopatra »rang wild mit der sie umwindenden Laokoonsschlange« (»sich im Todeskampfe windend«, wie er auch formuliert).[65]

des Staates ausreuten, weil sie das Mittel gegen den Tod aufgefunden« (8. Nw), in der erbitterten Emphase gerade jetzt verständlicher, wo ihn der Anblick des wie mumifizierten Vaters so außer sich bringen wird.

> Wie seltsam – als das stille Schlafkämmerchen sich aufthat, in dem ich keinen Schläfer mehr erwartete, lag er noch unversehrt auf dem Kissen, mit blassem ernsten Gesichte und schwarzen krausen Haaren um Schläfe und Stirn; es war noch die abgeformte Büste vom Leben, die hier in dem unterirdischen Museum des Todes zur Seltenheit aufbewahrt wurde, und der alte Schwarzkünstler schien dem Nichts Troz bieten zu wollen.

Zum Verständnis dieser Situation und der folgenden Eloge Kreuzgangs auf das »Pantheon« hat man auf eine merkwürdige Szene in »Albano der Lautenspieler« zurückzugehen. Albano, auf dem Kapitol, dem »Haupt«-Berg Roms an eine Statue gelehnt, »rief... begeistert aus:

> ›Ja du warst würdig das Haupt der Welt zu seyn, und nicht mit Unrecht thaten die Etruscischen Wahrsager diesen Ausspruch, als sie das Haupt erblickten mit dem unversehrten Antlitze, das ohne zu verwesen, hier in der Erde geruhet hatte. Die größesten unter den Menschen betraten diese Stäte, und sie ist geweihet durch unzählige Triumphe, als Rom sich allein herrschend den Erdkreis unterwarf!‹«[66]

Das Wunder scheint sich zu wiederholen. Wie das unversehrte Haupt für Rom eine triumphale Geschichte wahrsagen ließ, so reißt hier die unversehrte – durch die mütterliche »Wahrsagerin« freigelegte! – »Büste« Kreuzgang hin zu der Vision eines Pantheons unsterblicher Menschen.*

Dieser letzte Monolog der »Nachtwachen«, Kreuzgangs zornige Tirade gegen die wider Willen dem toten Vater wie zum Gebet gefalteten Hände und

---

* Als Quelle für die »volksetymologische Deutung des Wortes Capitolium als caput Oli, Kopf des Olus« (Alföldi)[67] dürfte Klingemann eine Livius-Stelle benutzt haben, die übersetzt lautet: »Hier liegt das Kapitol, wo einst nach der Auffindung eines menschlichen Hauptes die Weissagung erging, an diesem Ort werde das Haupt und die Herrscherin der Welt erstehen.«[68]

Schon Albano auf dem Kapitol preist dann dem Wortsinn nach ein Pantheon, »der alten Götter bunt Gewimmel«, wodurch sich der menschliche Geist verherrlicht hätte.[69] Und noch 1811 wird Klingemann »Pantheon« und »Capitol« synonym verwenden.[70]

Zum Abschluß noch ein wunderschöner Zufall: Nach einer Fußnote von Franz Schultz (1909) muß Ernst von Lasaulx, ein Schüler Schellings, der in einem Brief an Görres vom 28. 3. 1831 Bonaventuras »Nachtwachen« als »eines der merkwürdigsten und entsetzlichsten Bücher, die jemals geschrieben worden«, bezeichnet hatte, einst ein faszinierendes geisterhaftes Gespräch geführt haben: »Herr Professor Ernst ... teilte mir mit, daß ihm Lasaulx in einer Mondnacht auf dem Kapitol – soweit seine Erinnerung reicht: im Jahre 1853 – von den Nachtwachen gesprochen und Schelling als Verfasser bezeichnet habe.«[71] Sollte ihn nicht vornehmlich die 16. Nw mit Kreuzgangs so entsetzlichen Konklusionen dort in Bann geschlagen haben? An dem Ort, dessen Geschichte Klingemann zu ebendiesen Grabesszenen inspiriert hatte?

seine Begeisterung über ein zweites Pantheon, wird zu einem wahren Schluß-
feuerwerk, in dem er die brillantesten Gedanken von Zeitgenossen zum Tode
und zu einer Neuerstehung aufsteigen und zerstieben läßt. Nach Shakespeare
zitiert Klingemann kryptisch hier die beiden ihm liebsten Schriftsteller, Jean
Paul und Schiller. Jean Paul, dem wir die erschütterndsten poetischen Bilder
des Todes verdanken, wird zunächst mit einer Stelle aus dem »Luftschiffer
Giannozzo« aufgenommen. Der »Giannozzo« war als komischer Anhang
zum zweiten Band des »Titan« Ostern 1801 erschienen; in seiner Besprechung
des »Titan« in Nr. 81 der Eleganten (vom 7. 7. 1803) erwähnt Klingemann, daß
ihm »unter Jean Pauls Schriften... bis vor der Herausgabe des Titan die ersten
beiden Theile des ›Siebenkäs‹ durchaus am liebsten« gewesen wären. Aus den
angesprochenen Teilen (»Bändchen«) des »Siebenkäs«, denen u. a. das
bekannte Zitat zu der »Protagonisten«-Rolle unter Thespis entstammt (s.
S. 97), läßt er denn auch Kreuzgang für das zweite Todesbild zitieren:

»Und warum betet er denn?‹ fragte ich
zornig – da drüben über uns im Himmels-
see funkeln und schwimmen zwar unzäh-
lige Sterne, aber wenn es Welten sind, wie
viele kluge Köpfe behaupten, so giebt es
auch Schädel auf ihnen und Würmer, *wie
hier unten*; das geht so fort durch die
ganze Unermeßlichkeit, und der Baseler
Todtentanz wird dadurch nur um so lusti-
ger und wilder und der Ballsall größer –
O wie sie alle, die auf den Gräbern umher-
laufen, und auf einer *tausend*fach
geschichteten *Lava* vergangener Geschlechter – wie sie alle nach Liebe wimmern, und nach einem großen Herzen
über den Wolken... Wimmert nicht länger – diese Myriaden von Welten saußen
in allen ihren Himmeln nur durch eine
gigantische Naturkraft, und diese schreckliche Gebärerin, die alles und sich selbst
mitgeboren hat, hat kein *Herz* in der eigenen Brust, sondern formt nur *kleine* zum
Zeitvertreib, die sie umher *vertheilt*...«

Giannozzo:
»Nein, nein, glaube nicht, Paternoster-
schnur von Welten über mir, daß ich
getröstet und weinerlich je aufschauen
und sagen werde: ach dort droben!
O das Dortdroben werden auch
Siechkobel umschiffen, und die Schiffska-
pitäne darin werden Kalender genug
machen über ihr nur anders verrenktes
Personale unter ihnen und werden zur
Erde sagen: wahrscheinlich t o u t c o m m e
c h é s n o u s !«[72]
Lese man eine Chronik aus Hof über
den Dreißigjährigen Krieg, so sei es
schändlich, das Leben »auf dieser aus *tausend*jähriger *Asche* gegründeten Kugel«
zu beklagen, allenfalls dürfe man sich fragen:
»Wenn nun der verhüllte Unendliche...
die Unermeßlichkeit vor deinen Augen
öffnete und dir sich zeigte, wie er *aus-
theilt* die Sonnen – die kleinen Menschen-
herzen – und unsere Tage und einige
Thränen darin: würdest du dich aufrichten aus deinem Staube gegen ihn und
sagen: ›Allmächtiger, ändere dich!‹«[73]

Das sind Zitate, in denen sich jemand lossagt von seinem Vorbild, Zitate, die
sich gegen Jean Pauls so bezeichnende Kunst richten, die atheistischen Gedanken und Bilder immer wieder gleichsam in Klammern zu setzen, am liebsten
und sichersten unter dem Vorzeichen Gottes selbst: Wie die – noch zu bespre-

chende – »Rede des toten Christus vom Weltgebäude herab, daß kein Gott sei«
(ein Titel, bei dem jedem Teufel das Herz im Leibe lachen könnte) dadurch
entschärft wird, daß sie als ein Traumprodukt ausgegeben und dem Titel überdies noch eine Art Gebrauchsanweisung (Glaubenstrost) als Fußnote beige-
steuert wird; wie schon in der »Unsichtbaren Loge« (1793) die Ekelvision des
lebendig begrabenen Ottomar (»Ich habe mit dem Tode geredet, und er hat
mich versichert, es gebe weiter nichts als ihn«)[74] relativiert wird durch das
Begehren einer »ewigen Brust« und durch flankierende Kommentare des
Erzählers, so nimmt hier Giannozzos Anrede an den, der eine »Paternoster-
schnur von Welten« über ihm wäre, seiner Untröstlichkeit den Stachel, als er,
in Sturmeseile viele Stunden im Ballon hinweggesaust über das tödlich-lächer-
liche Treiben des »Welttheaters«, den Tränen nahe ist. So endlich ist die Stelle
aus dem »Siebenkäs« schon als »Extrablättchen über den Trost« überschrieben
worden und enthält doch solche Bilder wie das übernächste – »Wenn das lange
schwere Schwert des Krieges auf die Menschheit niedersinkt und wenn tausend bleiche Herzen zerspalten bluten – oder wennn im blauen reinen Abend
am Himmel die rauchende heiße Wolke einer auf den Scheiterhaufen geworf-
nen Stadt finster hängt, gleichsam die Aschenwolke von tausend eingeäscher-
ten Herzen und Freuden: so erhebe sich stolz dein Geist, und ihnen ekle die
Träne und das, wofür sie fällt, und er sage: ›du bist viel zu klein, gemeines
Leben, für die Trostlosigkeit eines Unsterblichen...‹«.[75] Wie könnten derartige Apelle noch Gehör finden, nach diesen Bildern? So hat denn auch Kreuzgang die rhetorische »Frage« Jean Pauls, ob man sich aufrichten würde gegen
den, der die Menschenherzen austeile, aufgegriffen und sie beantwortet: Diese
Instanz, eine schreckliche Naturkraft, habe selber kein Herz in der Brust; die
anderen mögen ihre Illusionen behalten, – »liebt und girrt so lange diese Herzen noch zusammenhalten! – Ich will nicht lieben und recht kalt und starr bleiben, um wo möglich dazu lachen zu können, wenn die Riesenhand auch mich
zerdrückt!« In einem Brief an Paul Thieriot vom 14.1.1805 verrät Jean Paul,
der einzige Zeitgenosse, von dem eine baldige Lektüre der »Nachtwachen«
bezeugt ist, seine Betroffenheit: »Lesen Sie doch die Nachtwachen von Bonaventura... Es ist eine treffliche Nachahmung meines Giannozzo; doch mit zu
vielen Reminiszenzen und Lizenzen zugleich. Es verräth und benimmt viele
Kraft dem Leser.« Jean Paul wird nicht zuletzt an die zitierte Stelle aus dem
»Giannozzo« gedacht haben, die bei der Interpretation der 16. Nachtwache
bislang übersehen wurde. Auch hätten ·wir die »Lizenzen«, die er dabei
beklagt, auf Bonaventuras Umgang mit seinen Todesbildern zu beziehen – was
Jean Paul selber bei der Lektüre Kraft gekostet haben dürfte.

    Erst nach dieser zornigen Rede über das abgenötigte Händefalten und die
alles zerquetschende Riesenhand steigert sich Kreuzgang in die Euphorie eines
neuen, zu erstürmenden Pantheons, einer höheren Welt göttlicher Schönheit,

die der unverwest Gebliebene womöglich entdeckt hätte. Ist das nur eine leere Geste? Oder der dramaturgisch spektakuläre Aufflug vor der allerletzten tiefsten Enttäuschung? Man hat wirklich in diesem Himmel selbst schon eine Erscheinungsform des »Nichts« gesehen.[76] Nach der kryptischen Verbindung mit dem unversehrten Haupt und der Pantheon-Prophetie sollte jedoch mehr dahinterstecken. Eine erste Annäherung ermöglicht ein Grundwort, das von Klingemann exklusiv in Nr. 56 (10. 5. 1804) gebraucht wurde, einem Artikel, der bei der Datierung der Schlußmonologe als frühestmöglicher Zeitpunkt in Frage kam. Es ist die komplexe Argumentationsformel *»wenn... wäre, so möchte«*. Kreuzgang:

> Weißt du es etwa besser, Teufelsbanner – und steigt über diesem zertrümmerten Pantheon ein neues herrlicheres auf, das in die Wolken reicht, und in dem sich die kolossalen ringsumher dasizenden Götter wirklich aufrichten können, ohne *sich an der niedern Decke* die *Köpfe* zu *zerstoßen* – – *wenn* es wahr *wäre, so möchte* es zu rühmen sein, und es dürfte schon die Mühe verlohnen zu zu schauen, wie mancher unermeßliche Geist auch seinen unermeßlichen Spielraum erhielte, und nicht mehr zu würgen brauchte und zu hassen, um groß zu sein, sondern frei in die Himmel emporsteigen könnte, um dort sein strahlendes Gefieder auszubreiten. – Der Gedanke könnte mich fast erhizen! – Nur alle dürften sie mir nicht erstehen wollen; alle nicht! – Was wollten so viele Pygmäen und Krüppel in dem großen herrlichen Pantheon, in dem nur die Schönheit thronen soll und die Götter!

Klingemann verwendet diese Argumentationsformel in Nr. 56 für ein ähnliches, durch die Formel selbst nicht vorgezeichnetes Sinnumfeld. Er bespricht in dem kurzen Beitrag die französische Übersetzung von Schillers »Jungfrau von Orleans« und merkt dabei als »sehr interessant« an, wie Mercier, der Schiller vergötternde Herausgeber der Übersetzung, in seinem Vorwort gegen die »eigene Nazionalpoesie wüthet, vorzüglich gegen die Tragödie; er nennt sie:

> »la pauvre Melpomène française, qui liée, emprisonnée, garottée dans les dures et étroites chaînes des unités de temps et de lieu, *se bat incessament la tête contre* les parois de son étroit cachot.« – *Wenn* diese Fesseln der Einheit das einzige Übel *wären*, woran die französische Poesie litte, *so möchte* man sie immer noch hingehen lassen!

Das Bild, wie die tragische Muse sich an den engen Kerkerwänden den Kopf stößt, nein »z e r stößt« (»se bat i n c e s s a m e n t la tête«), hat sich Klingemann anscheinend so eingeprägt, und zwar mitsamt der im eigenen Kommentar folgenden Argumentationsformel, daß er jetzt, für die visionäre Befreiung aus dieser Gefängnissituation, den Anschluß wiederum über jene Formel sucht. Die Wiederaufnahme der Formel ist somit ein Fall assoziativer Rhetorik. Nicht assoziativ aber ist der Bezug auf Schiller. In Nr. 56 wird Schillers »Jungfrau« oder »Jeanne d'Arc-en-ciel« (!) im Gegensatz zu der traurigen Lage der französischen Muse gesehen. In der 16. Nw ist es ebenfalls Schillers romanti-

sche Tragödie, die als Gegenbild zu dem unwürdigen alten Pantheon aufgeboten wird. Schon der Kreuzgang so »erhizende« Gedanke eines »frei in die
Himmel emporsteigenden« Geistes deutet auf das Bild des »Sonnenadlers« der
12. Nw, das bei Klingemann vornehmlich Schillers Erkennungszeichen gewesen ist. Und auf die »Jungfrau« selbst bezieht sich Kreuzgang – wie nur hat
man auch dies verkennen können? – beim Erläutern seines Worts von dem
»großen herrlichen Pantheon, in dem nur die Schönheit thronen soll und die
Götter«:

> Nur ihr mögt euch aus dem Schlummer erheben, ihr großen königlichen Häupter,
> die ihr mit den Diademen in der Weltgeschichte erscheint, und ihr begeisterten Sän-
> ger, die ihr von den Königlichen entzückt redet und sie verherrlicht!

Das sind keine unverbindlichen, elitären Phantasien, wie man meinen konnte,
vielmehr spielt die Rede von den Sängern und den Königlichen auf »Karls
schönes Wort über die Poesie« an, das Klingemann in seiner 1802 erschienenen, besonders gegen Merkel (den »Pygmäen«!) gerichteten Schrift »Über
Schillers Tragödie: Die Jungfrau von Orleans« selber so zitierte:

> Edle Sänger dürfen
> Nicht ungeehrt von meinem Hofe ziehn.
> Sie machen uns den dürren Scepter blühn;
> Sie flechten den unsterblich grünen Zweig
> Des Lebens in die unfruchtbare Krone;
> Sie stellen herrschend sich den Herrschern gleich;
> Aus leichten Wünschen bauen sie sich Throne,
> Und nicht im Raume liegt ihr harmlos Reich.
> Drum soll der Sänger mit dem König gehen,
> Sie beide wohnen auf der Menschheit Höhen![77]

Die ganze Bedeutung dieser Anspielung geht erst an dem Umstand auf, daß
Klingemann als entschiedene Antithese zu dem »poetischen Reich Karls« das
aufklärerische Lebensideal des englischen Heerführers Talbot vor Augen führt
und sich dazu an die letzten Worte des Fallenden hält. »Sein Ende rückt heran
– und sterbend noch bleibt er der Vernunft getreu; Poesie und Glaube nahen
sich ihm nicht, und seine letzte Einsicht ist – in das Nichts.

> Bald ist's vorüber! Und der Erde geb' ich,
> Der ew'gen Sonne die Atome wieder,
> Die sich zu Schmerz und Lust in mir gefügt –
> Und von dem mächt'gen Talbot, der die Welt
> Mit seinem Kriegsruhm füllte, bleibt nichts übrig,
> Als *eine Handvoll* leichten *Staubs*. – So geht
> Der Mensch zu Ende – und die einzige
> Ausbeute, wie wir aus dem Kampf des Lebens
> Wegtragen, ist die Einsicht in das Nichts,
> Und die herzliche Verachtung alles dessen,
> Was uns erhaben schien und wünschenswerth. –

Wahrlich, es schaudert uns, diesen kühnen Mann sterben zu sehen...«.[78]
Solch scharfe Antithetik kennzeichnet ja die Schlußdramaturgie der
16. Nachtwache, die Feier eines Pantheons, in dem die Sänger den Herrschern
gleichgestellt wären, woraufhin sofort der Zusammenbruch erfolgt, die Annihilierung des erwünschten Kampfgenossen gegen den Riesen der Zweiten
Welt –

> Bei der Berührung zerfällt alles in Asche, und nur auf dem Boden liegt noch *eine*
> *Handvoll Staub*... Ich streue diese Handvoll väterlichen Staub in die Lüfte und es
> bleibt – Nichts!

Klingemann hat demnach die Konstellation der »Jungfrau«, wie sie sich ihm
1802 in eigener Interpretation darstellte, nur aufgegriffen, um ihr – wie den
Zitaten Jean Pauls – eine polemische Wendung zu geben. Schiller konnte für
ihn damals noch die Dissonanz zwischen den Sphären des poetischen Glaubens (am Hoflager Karls) und des aufgeklärten Unglaubens (repräsentiert
durch Talbot) auflösen; in der tragischen Liebe Johannas zu Lionel nämlich sei
im Stücke selbst eine Synthesis der feindlichen Prinzipien angelegt und auch
verwirklicht.[79] Zum Ende der 16. Nw bleibt die Antithetik nicht nur unver-
mindert in ihrer Schärfe, vielmehr wird die Utopie »Pantheon« durch das
peinliche Verschwinden des vermeintlichen Entdeckers und Weggenossen
schier zur Illusion.

> Den Begriff »Pantheon« hat Klingemann in dem Aufsatz von 1802 nicht gebraucht,
> zur Umschreibung von Karls Wort über das Hoflager und auch für die »Himmel-
> stadt« seines Lehrers René war er wohl ziemlich deplaziert. Plötzlich aber, in einem
> anderen »Jungfrau«-Aufsatz fällt der Begriff, in dem Artikel »Wer ist der schwarze
> Ritter in der Jungfrau von Orleans?« in Nr. 55 vom 7. Mai 1805.
> Klingemann zitiert einige Zeilen aus Talbots letzter Rede über das »Nichts« und
> fährt fort:
> »Unstreitig derjenige Karakter, der im schneidendsten Gegensatze mit dem poe-
> tisch religiösen Theile des Gedichts steht, und dessen Tod noch dazu durch die kräf-
> tigste und in sich vollendetste Darstellung um so schwerer auf das Ganze eindrückt.
> Nun aber schwebt über dieser Tragödie der glänzende Himmel einer höhern
> Welt, gleichsam wie die in das Unermeßliche emporsteigende Kuppel eines Panthe-
> ons, und das zweite Leben schaut hell und leuchtend in das Irdische hinein, und
> umstralt die darin wandelnden Gestalten. Ein solcher Stral fällt denn auch durch die
> Worte der Jungfrau:
>> Hätt' ich
>> Den kriegerischen Talbot in der Schlacht
>> Nicht fallen sehn, so sagt' ich Du wärst Talbot!
> auf diesen und auf den schwarzen Ritter. Aber es durfte nur ein rasches Schlaglicht
> seyn, gleichsam ein Blitz, den derselbe Moment gebiert und vernichtet, eben weil
> durch eine anhaltendere grelle Beleuchtung der Zweck der Erscheinung auf eine
> harte und prosaische Weise sich offenbart hätte. Aus diesem Grunde wandelt der
> Geist des Talbot mit fest geschlossenem Visire, das er nimmer öffnet, und er verräth
> sich nur durch den selbst in ein zweites Leben hinübergetragenen Haß, der... sich
> durch die ganze Geschichte beider Nachbarvölker forterbt.«

Hier wie 1802 gehört das »Pantheon« stark zu dem Lebensideal der französischen Partei, ihrem Glauben an ein höhere Welt der Phantasie. Doch mag man den Einfluß des »Nachtwachen«-Endes daraus ersehen, daß die Gegengestalt des »Materialisten« so sehr an Gewicht gewonnen hat, daß Talbot selber mit seinem Haß in dieses Pantheon aufgenommen erscheint! Als hätte Kreuzgang mittlerweile das Pantheon allein erstürmen können, weiterhin zwar unversöhnt in seinem Haß, dem Kennzeichen seiner Familie.

Ein Wort noch zu der letzten, »faustischen« Gebärde Kreuzgangs, wie er dem toten Kampfgenossen im Zorn die gefalteten Hände auseinanderreißt. Das Händefalten selbst hatte Klingemann einmal in den »Ruinen im Schwarzwalde« (1798) als heimtückische, den Mord an einem Fürsten kaschierende Konvention gekennzeichnet (»Da lag Fiorentino auf seinem Lager; bleich und entseelt, noch eben diese hohe Ruhe in seiner Miene, die er im Leben gehabt hatte; die Hände waren gefaltet, der Mund halb geöfnet, als ob er während eines Gebets verschieden wäre.«)[80]. Im ersten Teil des »Schweitzerbundes«, »Arnold an der Halden«, den Klingemann wohl streckenweise in Überschneidung mit den »Nachtwachen« schrieb, ist gar das Auseinanderreißen zum Gebet gefalteter Hände angedeutet. Verlangte Kreuzgang vom Vater: »Nur betteln sollst du mir nicht um den Himmel – nicht betteln – lieber ertroze ihn, wenn du Kraft hast«, so ruft Arnold vor seinem gefolterten, erblindeten Vater Heinrich aus:

> Soll ich durch Gotteslästerung den Himmel stürmen? (bitter lachend) Doch nein; es
> ist der Himmel leer, und kein Auge schaut von dort zu uns nieder!
> HEINRICH. Was er an Dir jetzt frevelt, schreib dem Sohne gut!
> ARNOLD. Nicht beten, blinder Mann; nur jetzt nicht beten![81]

Beider Gesten sind hier nicht explizit gemacht, man wird sich aber leicht vorstellen können, daß bei der Ausführung der Darsteller des Heinrich die Hände faltet und daß Arnold ihm bei der empörten Widerrede auch die Hände auseinanderreißt. Doch sind dies Subtilitäten. Wichtiger als der Nachweis derartiger Vorarbeiten bei Klingemann selber ist Kreuzgangs erneute Anspielung auf den »Siebenkäs« (1796), auf jene berühmte »Rede des todten Christus vom Weltgebäude herab, daß kein Gott sey«.

> Ich lag einmal an einem Sommerabende vor der Sonne auf einem Berge und ent-
> schlief. Da träumte mir, ich erwachte auf dem Gottesacker... Ich gieng durch unbe-
> kannte Schatten, denen alte Jahrhunderte aufgedruckt waren. – Alle Schatten stan-
> den um den leeren Altar und allen zitterte und schlug statt des Herzens die Brust.
> Nur ein Todter, der erst in die Kirche begraben worden, lag noch auf seinem Kissen
> ohne eine zitternde Brust, und auf seinem lächelnden Angesicht stand ein glückli-
> cher Traum. Aber da ein Lebendiger hinein trat, erwachte er und lächelte nicht
> mehr, er schlug mühsam ziehend das schwere Augenlied auf, aber innen lag kein
> Auge und in der schlagenden Brust war statt des Herzens eine Wunde. Er hob die

Hände empor und faltete sie zu einem Gebet; aber die Arme verlängerten sich und löseten sich ab und die Hände fielen gefaltet hinweg...

Jetzt sank eine hohe edle Gestalt mit einem unvergänglichen Schmerz aus der Höhe auf den Altar hernieder und alle Todte riefen ›Christus! ist kein Gott?‹ Er antwortete: ›es ist keiner.‹

Der ganze Schatten eines jeden Todten erbebte, nicht blos die Brust allein, und einer um den andern wurde durch das Zittern zertrennt.

Christus fuhr fort: ›Ich gieng durch die Welten, Ich stieg in die Sonnen und flog mit den Milchstraßen durch die Wüsten des Himmels; aber es ist kein Gott. Ich stieg herab, so weit das Seyn seinen Schatten wirft und schauete in den Abgrund und rief: *Vater, wo bist du*; aber ich hörte nur den ewigen Sturm, den niemand regiert ...‹[82]

Das Wegfallen der gefalteten Hände, das Zerfließen auch der Schatten, das Fragen nach dem Vater, wonach nun Jean Paul in grausigen Bildern das Nichts erfahrbar zu machen sucht, – geht nicht Kreuzgang in seinen letzten Worten darauf ein, lakonischer und unerbittlicher, wenn er die Händer auseinanderreißt? –

›Wehe? Was ist das – bist auch du nur eine Maske und betrügst mich? – Ich sehe dich nicht mehr *Vater – wo bist du?* – Bei der Berührung zerfällt alles in Asche, und auf dem Boden liegt noch eine Handvoll Staub... Ich streue diese Handvoll väterlichen Staub in die Lüfte und es bleibt – Nichts!‹

›Drüben auf dem Grabe steht noch der Geisterseher und umarmt Nichts!‹

›Und der Wiederhall im Gebeinhause ruft zum leztenmale – Nichts! –‹

Mir scheint, dies i s t eine Anspielung, eine Persiflage christlichen Gottesverständnisses, bei der Kreuzgang selber Christi Rolle im »Siebenkäs« übernimmt und zur Betonung seiner metaphyischen Verlassenheit den »Vater« anredet. Zudem ist es folgerichtig als Namensspiel, auf der letzten Station eines »Kreuzganges« auch noch der Dreifaltigkeit ein dreifaches »Nichts!« entgegenzusetzen.

Jean Paul hätte niemals so kalt mit dem christlichen Glauben spielen können. Bei ihm ist »Nichts« als alles erschütternde Erfahrung noch unmittelbar auf den Tod Gottes bezogen, während es für Kreuzgang der Tod des Menschen ist, seine Sterblichkeit, die jede Sinnsetzung wieder zerschlägt. Gottes Tod ist für Kreuzgang schon ausgemacht; für Jean Paul aber bleibt dieses Ereignis nur unter Schock erfahrbar, so sehr, daß er sich in der »Rede« auch vor Kotzebueschen Mitteln nicht scheut und die gestorbenen Kinder als eigene Gruppe aus den Gräbern vor Christus treten läßt, der sie »mit strömenden Thränen« als Waisen bezeichnen muß. Offenbar ist das ein Widerruf des biblischen Christusworts; es meldet sich darin aber auch die paternalistische Gottesvorstellung an, die überhaupt für Jean Pauls Auffassung des Atheismus-Nihilismus entscheidend wird. So bezeugt es auch der als Trost gedachte Vorbericht zu dieser geträumten »Rede«: »Das ganze geistige Universum wird durch die Hand des Atheismus zersprengt und zerschlagen in zahlenlose quecksilberne Punkte von Ichs, die blinken, rinnen, irren, zusammen und auseinander fliehen, ohne Bestand und Einheit. Niemand ist im Universum so sehr allein, als ein Gottesläugner – er trauert mit einem verwaiseten Herzen, das den größten Vater verlohren, neben dem unermeßlichen Leichnam der Natur, den kein Weltgeist regt und zusammenhält, und der im Grabe wächset und trauert so lange, bis er sich selber abbröckelt von der Leiche.«[83] Den einen Vorwurf gegen den Atheismus, den Jean Paul in der Klage über den Verlust des Väterlichen erhebt, hat Kreuzgang in der Rede über das »Wimmern... nach einem großen Herzen über den Wolken« kühl pariert. Der andere Vorwurf freilich, der Atheismus löse notwendig auch eine geistige Krise aus, eine Verabsolutierung und Diffusion der vordem fürsorglich eingebundenen »Ichs«, scheint als Gefährdung und Versuchung auch für Kreuzgang zu gelten. Präzisiert für die zeitgenössische Poesie hat Jean Paul den Vorwurf in der »Vorschule der Ästhetik«, die in etwa zur gleichen Zeit wie das Buch »Nachtwachen« im Herbst 1804 erschien. Er schreibt in dem zweiten Paragraphen über die »Poetischen Nihilisten«:

> »Wo einer Zeit Gott, wie die Sonne, untergehet: da tritt bald darauf auch die Welt in das Dunkel; der Verächter des Alls achtet nichts weiter als sich, und fürchtet sich in der Nacht vor nichts weiter als vor seinen Geschöpfen.« Diese »gesetzlose Willkür des jetzigen Zeitgeistes, – der lieber egoistisch die Welt und das All vernichtet, um sich nur freyen Spiel – Raum im Nichts auszuleeren und welcher den Verband seiner Wunden als eine Fessel abreißet«, müsse »sich zuletzt auch an die harten, scharfen Gebote der Wirklichkeit stoßen und daher lieber in die Öde der Phantasterei verfliegen, wo er keine Gesetze zu befolgen findet als eigne, engere, kleinere, die des Reim- und Assonanzen-Baues.«[84]

Dies sind, da ist Dieter Arendt zuzustimmen, deutliche Spitzen gegen die Romantiker und speziell gegen Friedrich Schlegels Wertschätzung der poetischen »Willkür«. Doch klingt dies wirklich auch wie ein Kommentar zu den »Nachtwachen«?[85] Hat Kreuzgang sich nicht in einem fort den schlimmsten Erscheinungen der (gesellschaftlichen) Wirklichkeit gestellt und ästhetizistischen Fluchtversuchen immer schärfer widersetzt (sich beiläufig auch in der 4. Nw über Assonanz und Reim mokiert)? Freilich ist ihm mit dem Zerfall eines transzendenten Sinnbezugs auch das »Ich« selbst fragwürdig geworden. Diese seine Unsicherheit und Orientierungssuche läßt sich aber bestimmt nicht auf die Formel »Egoismus« oder »Ichsucht« bringen; dagegen hat ihn nicht zuletzt die laufende Kritik an der Fichteschen Philosophie gefeit, an den Versuchungen der Reflexionsphilosophie, von ihrer theologischen Abkunft her dem reinen »Ich« demiurgischen Rang zu verleihen. Auch wäre ein Aspekt seiner selbstquälerischen Befragung noch genauer herauszubringen: Diese Suche nach einem vielleicht noch möglichen fundamentum inconcussum, das den Namen »Ich« wirklich verdiente, hat sich nie selbstherrlich von einem Gegenüber gelöst und ist ihren Höhepunkten, in der Ophelia-Nachtwache und der noch zu untersuchenden Begräbnisszene der 10. Nw, verstrickt geblieben in Leiden und Sterben anderer. Ihr Tod erst hat Kreuzgang auch zu einer persönlichen Erfahrung des »Nichts« vordringen lassen, mimetisch als Vivisektion des »Ich«.

5. Nachzügler: Die in der Forschung umstrittenen Nachtwachen 5, 10 und 11

Stilistisch und auch in der Erzählhaltung scheinen diese Nachtwachen so stark von den übrigen abzuweichen, daß man sie einem anderen Verfasser als »Bonaventura« glaubte zuschreiben zu müssen. Aufgrund rudimentärer sprachstatistischer Vergleiche kam Karl Hofmann in seiner Prager Dissertation (1921) zu dem Ergebnis, an den Nachtwachen 5, 10 und 11 – ebenso wie an den beiden Anfangsnachtwachen – sei neben Clemens Brentano (seinem »Bonaventura«) auch dessen Braut Sophie Mereau beteiligt gewesen.[1] Gar hätten beide im Falle der 11. Nw »offenbar ein ihnen vom Verleger vorgelegtes Manuskript Wetzels bearbeitet, wenn nicht gar ergänzt. Auch Nadler hat sich dieser sonderbaren Vorstellung von einer ›Doppelarbeit‹ nicht entziehen können, dafür aber ganz andere Kandidaten in Vorschlag gebracht – nämlich ›Schelling und seine Gattin Karoline.‹«[2] Mit guten philologischen Gründen haben vor allem Wolfgang Paulsen und Jeffrey L. Sammons dieser Vorstellung widersprochen; sie ist aber noch von Jost Schillemeit vertreten worden.

Sofern es wirklich noch einer Antwort bedurfte, hat sie vorliegende Datierung gegeben. Selbst für die mit 77 Grundwörtern extrem schmale 11. Nw hat sich wenigstens auf dem Gesamtniveau Klingemanns Verfasserschaft nachweisen lassen. Auch gibt die Datierung als solche schon zu erkennen, was es mit dem Streit auf sich haben könnte. Da nämlich die drei Nachtwachen allem Anschein nach erst nach den anderen niedergeschrieben wurden, sind sie, ohne daß man sie deswegen als Lückenbüßer abqualifizieren könnte, in die Abfolge der anderen eingeschoben worden und zudem auch unter starkem, zunehmenden Zeitdruck entstanden, – wirkt die 5. Nw, die virtuell noch bis Beitrag Nr. 56 (abgedruckt am 10. Mai) zurückreicht, in der Tat »recht motivirt und vernünftig zu Papiere« gebracht (Kreuzgang), so herrscht in der 10. Nw, deren frühester Bezugsartikel am 7. Juni erschien, der so verwirrende fliegende Szenenwechsel vor und befremdet vollends in der 11. Nw (ab Nr. 73 vom 19. Juni) eine ekstatisch-aufgeregte Erzählmanier. Auch verschiebt sich der Schwerpunkt, der bei der Datierung der 5. Nw auf den beiden Artikeln Nr. 83 und 91 liegt, für die 10. Nw merklich auf Nr. 91 hin; so daß der »Prolog des Hanswurstes«, unmittelbar davor im Druck erschienen (in Nr. 87 vom 21.

Juli), ein weiteres Indiz dafür ist, daß wir es bei diesen drei Nachtwachen mit Nachzüglern zu tun haben.

5. Nachtwache (»Die Brüder.«)

Gleich zweifach unterscheidet sich die 5.Nw von den anderen Nachtwachen. Inhaltlich ist sie als einzige die Reproduktion einer früher zu lesenden – und auch früher verfertigten – Episode, der Lebensbeichte nämlich, die der Unbekannte in der 4.Nw in Gestalt eines Marionettenspiels vorgetragen hatte. Auch ist sie als einzige Nachtwache in der »Er«- statt in der »Ich«-Form erzählt. Indem nun Kreuzgang jene Erzählung »in klare langweilige Prosa übersetzt«, ist er zwar als »Ich« nicht in den üblichen rhetorischen und syntaktischen Mitteln präsent, bleibt aber ausdrücklich als vermittelnde Persönlichkeit erhalten. Anders als bei der 11.Nw, wo der Blindgeborene in einem kraß abweichenden, schwärmerischen Erzählstil aus seinem Leben mitteilt und wo der Anteil der Modaladverbien und Konjunktionen an den Grundwörtern schon sensationell niedrig ist (nach Tab. III nicht einmal 4 % statt der gut 12 % im Durchschnitt der Nachtwachen), liegt hier bei Kreuzgangs »Übersetzung« der Anteil mit etwa 10 % nicht weit vom Durchschnitt. Die »Er«-Form hat jedenfalls die Datierung der 5.Nw nicht erheblich erschwert: Hochsignifikant hat sich auf dem Artikelniveau Zeitraum Nr. 56–91 und signifikant auf dem Gesamtniveau Zeitraum Nr. 83–91 bestimmen lassen.

Welche Stellung im Erzählganzen hat die 5. Nachtwache? Dorothee Sölle hat die Thematik der ungleichen, über die Geliebte mörderisch verfeindeten Brüder so nicht akzeptiert. »Ponce und Juan nehmen ein Sturm-und-Drang-Motiv auf und entsprechen in der Gestaltung einer frühromantischen, tragischen Novelle«; die 5.Nw tauge daher eigentlich nur als ein »Gegenbild« zur 4.Nw, »das sie um so stärker unterstreichen soll«.[3] Der Effekt ist nicht zu leugnen. Wäre dies aber, so als Konstruktion, nicht allzu aufwendig, und lebt die Marionetten-Version der 4.Nw nicht kräftig genug in sich selbst, als daß sie dieses wortreich-psychologisierenden, rhythmisch geglätteten Kontrastes bedürfte? Wo freilich auch andere gewiegte Interpreten wie Sammons sichtlich verlegen werden, kann es nicht wundernehmen, daß man diese Nachtwache schlicht als Schlüsseltext zu verstehen gesucht hat. Schon 1903 war Richard M. Meyer die Geschichte der 4.Nw wie »eine beispiellos kecke Verspottung der ›Braut von Messina‹«[4] vorgekommen, und ähnliche Deutungen wurden bald auch für die »Übersetzung« der 5.Nw angestrengt, so von Erich Eckertz in der stark flunkernden Entschlüsselungsstudie »Eine Spiel mit Schelling und Goethe gegen die Schlegels von Caroline«[5]. (Goethe hat man neuerdings gar für den großen Unbekannten im Mantel beansprucht, diesmal – und auch mit recht lustigen Kombinationen – im Kampf um Charlotte von Stein.[6]) Doch

zurück zu der Vermutung, Schillers »Braut von Messina« sei mitgemeint, eine
Ansicht, die Franz Schultz halb unterstützte und halb wieder entkräftete
durch die Bemerkung, neben der »Braut« könnten noch Klinger oder Leisewitz angesprochen sein.[7] Nun hat kein anderer als Klingemann selber schon
die stoffliche Verwandtschaft zwischen der »Braut« und den Sturm-und-
Drang-Stücken angemerkt. Er schreibt 1809 in der Besprechung des Trauerspiels »Franzeska und Paolo« (H. Keller), das auf »die bekannte reizende Episode in ›Dante's Inferno‹« zurückgehe: »Das tragische Centrum darin ist, wie
in den Zwillingen, dem Julius von Tarent und der Braut von Messina, ein Brudermord aus Eifersucht.«[8] So geht denn die Geschicht der 5. Nw (und der
4. Nw) in ihrem Kern nicht auf Schillers »Braut von Messina« (1803) zurück,
sondern auf eine Novelleneinlage im zweiten Teil von Klingemanns
»Romano« (1801): »Franceska da Polenta«. Die Beziehung zwischen der
Novelle und der 5. Nw hat auch Jost Schillemeit gesehen, einen überzeugen-
den Nachweis jedoch dadurch vertan, daß er es bei zwei isolierten Motiven
(dem Flötenspiel und dem Schwächeanfall des Liebhabers) beließ.[9] Es gibt
aber tieferliegende Verbindungen, so schon bei der Konstruktion der Rahmensituation. Wird die Geschicht der 4. Nw von einem südländischen Wahnsinnigen erzählt, der bei aller Anstrengung den Tod nicht finden könne und
den daher Kreuzgang mit dem Ewigen Juden vergleicht, so wird diese Episode
aus Dantes »Hölle« (5. Gesang) von Camillo vorgetragen, der seit dem Tod
seiner Beatrice in heiligen Wahnsinn versunken sei und wiederholt sein ahas-
verisches Leben beklagt (»ich bin schon längst begraben... ein unglücklicher
Schatten, der... überall herumwallt und getrieben von einem tiefen Verhängniß über die Erde hinzieht«; »Sehnsucht nach den fernen heil'gen Landen, /
Hat mich auf das weite Meer getrieben«, / »Wünscht' am Felsenriffe zu zerschellen«; / »Aber frei dem Tode hingegeben, / Ward ich nicht für immer seine
Beute«[10]). Die näheren Umstände ihres Todes erfährt der Leser nicht, doch
deutet Camillos nachfolgende Dante-Vision auf eine entsprechende Lebens-
tragödie hin: »Ich erwachte noch im Grabe – da riß mich eine unsichtbare
Hand auf, und führte mich hinab in den Inferno«; »Verzehrt von Liebes-
schmerz fand ich die beiden, / Die Dante uns in seinem Liede nennt«, – und
nun folgt in Form der Novelle, gewissermaßen selbst schon in Prosa übersetzt,
was Camillo von dem unglücklichen Paar erfahren hätte:

> In der Zeichnung der beiden Brüder, die nach Dante die Namen Lanciotto und Paolo
> tragen, erkennen wir Ponce und Juan wieder. Und zwar in dem Zustande n a c h ihrer
> Verwandlung; wenn dort also Ponce erst als Ehemann »kalt neben dem glühenden
> Bruder da« steht, dann wird hier Lanciotto von Beginn an gemieden, »da sein Betra-
> gen etwas rauhes und hartes hatte, und selbst seine Gestalt durch ein gewisses starres
> Wesen zurückschreckte«[11].
> Als Paolo von einer Reise zurückkehrt, findet er die Geliebte als Braut des Bru-
> ders vor: »Starr wie eine Bildsäule stand er da, und alle Lebensgeister entflohen aus

dem sterbenden Antlitze«; er läuft davon und liegt dann »in dem düstern Haine auf kaltem Boden in einer starren Fühllosigkeit«. (Wenn Ponce dem von der Suche Zurückkehrenden die Gemahlin vorstellt, steht Juan »starr und eingewurzelt«, sinkt bewußtlos auf den Denkstein nieder und stürzt schließlich hinaus ins Freie.) »Paolo hatte es sich selbst geschworen, ihr niemals seine Liebe durch Worte zu offenbaren und er hielt streng auf seinen Eid. Wenn sie allein beisammen waren, ergriff er die Flöte und begleitete ihr Spiel auf der Guitarre – aber hier entstand ein Gespräch zwischen ihnen, zarter, als es die Worte auszudrükken vermochten. Sie griff leise in die Saiten und entlokte ihnen zärtliche Klagen, dann weheten wie aus der Ferne die sanften Töne der Flöte her und schienen die rührenden Klänge zu umschlingen und vereint mit ihnen leise zu verhallen.« (»In seiner Seele war alles fest und entschieden, doch floh er seinen eigenen Umgang, um dem dunkeln Gefühle keine Worte zu geben, und sich nicht gegen sich selbst erklären zu müssen. So suchte er, gegen sich geheimnißvoll, Ponces Landgut auf, und trat in Donna Ines Zimmer; sie erkannte ihn rasch...: dann ergriff sie bebend die Harfe, und wie Juan ihr Spiel mit der Flöte begleitete, hub das verbotene Gespräch ohne Worte an, und die Töne bekannten und erwiederten Liebe. So bliebs bis Juan kühner wurde, die mystische Hieroglyphe verschmähete, und die *schöne* geheimnißvolle *Sünde* in heller Rede offenbarte.«)

Dies Eingeständnis muß in der Novelle für die berühmte Stelle bei Dante aufgespart werden, wo die beiden beim Lesen des Lancelot-Romans einander verfallen. Lakonisch dann das Ende, das schon das Schicksalsmotiv der 5. Nw (»Das Schicksal hatte die Katastrophe tükkisch vorbereitet«) enthält: »Lanciotto war zurückgekommen, und wählte den kürzern Weg durch den Wald. Ein Knabe der das Pferd führte, ging mit einer Fakkel voraus, und der Ritter folgte ihm gedankenvoll. Das rachevolle Verhängniß brachte ihn an die Stelle, wo die Liebenden ruheten, und seiner nicht gedachten. Schon stand er vor ihnen und sie bemerkten ihn, in ihre Liebe versunken, nicht. Rasch fuhr ein Dolch aus seinem Gürtel, und der kalte Stahl senkte sich tief in den Busen der Unglücklichen; – sie fühlten den Schmerz nicht, und ihre Seelen entflohen, mit der *schönen Sünde* beladen, in die Unterwelt.«

Von der Charakteristik der Nebenbuhler ebenso wie von der Handlungsführung hat Klingemann, ohne weitere Umstände, wieder für die »prosaische« Fassung der 5. Nw Gebrauch gemacht. Über einige abweichende Züge kann man nur spekulieren. So hat sich der umrätselte Page (ein Liebes- und Todesgenius) womöglich aus dem begleitenden Knaben mit der Fackel entwickelt. Auch mag man weiterhin die »Braut von Messina« dafür geltend machen, wie das erst in der 5. Nw auftretende Inzest- mit dem Schicksalsmotiv (nach Ödipus) verknüpft wird. Immerhin beschäftigte sich Klingemann in Nr. 57 und 58 von Mai 1803 mit dem »Chor in der Tragödie; besonders in Beziehung auf Schillers Braut von Messina« und ließ Formulierungen aus diesem Aufsatz verwandelt in der 8. Nw wiederkehren (s. S. 96f). Diese Berührungen erlauben aber noch nicht, von einer gezielten Parodie der »Braut« zu reden. Wie schon Michel bemerkte, ist die Konstellation zu diesem Zwecke nicht genau genug, insbesondere kommt ja die schwesterliche Geliebte (Beatrice) mit dem Leben davon und bleibt die Psychologie der Brüder ohne eigentliche Entwicklung. Und gewiß hätte Klingemann zum Zwecke einer Parodie nicht in dem

Ausmaß auf den eigenen Roman zurückgegriffen. Ein solcher Rückgriff ist auch die metaphorisch höchst gewagte Umwandlung Ponces in der 5. Nw:

> Juans Härte war verschwunden und er stand ganz in Flammen wie ein Vulkan… … Ponces ehmalige Milde dagegen war zu Sprödigkeit geworden, und er stand kalt neben dem glühenden Bruder da, aller falscher Flitter war von seinem Leben abgefallen, und er glich einem Baume der seines vergänglichen Frühlings*schmuckes* beraubt, *die nackten Äste* starr und verworren in die Lüfte aus*streckt*. – So entzündet derselbe Blizstrahl einen Wald, daß er tausend Nächte hindurch den Horizont beleuchtet, indeß er flüchtig über die Heide hinfährt und nur die spärlichen Blumen versengt daß sie verdorren und keine Spur zurücklassen.

Das Gleichnis vom Lebensbaum lautete in »Romano« so:

> Ein einziger Blitzstrahl hat ihn zerstört, seine Lebenskraft ist vernichtet, und er steht verdorrt da, als eine bittere Erinnerung… der *Schmuck* des Himmel sinkt von dem Stamme nieder, und er *streckt* entlaubt *die nakten Äste* durch die weite Luft.[12]

Ein letzter bedeutender Rückgriff betrifft die Zeichnung der Frau. In »Romano« hielt sich Klingemann weitgehend an die Dante-Vorlage, wonach Franzeska von ihrem Vater zur Ehe mit dem Ungeliebten gezwungen wurde. In den beiden Nachtwachen dagegen hat sich die Frau dank ihrer künstlerischen Begabung emanzipieren können. Die Colombine in der Marionettenversion der 4. Nw wird als »prima donna der Gesellschaft« eingeführt, und davon findet sich einiges bei Ines schon für ihren ersten Auftritt, die Liebesbegegnung mit Juan in einem Amphitheater. Die Urszene hierzu schrieb Klingemann in dem auf »Romano« folgenden »Albano der Lautenspieler«, als der Held in einem Amphitheater beim Anblick einer »prima Donna« außer sich gerät. Ich stelle zuerst Kreuzgangs »Übersetzung« vor:

> Es war zu Sevilla als Juan untheilnehmend einem Stiergefechte beiwohnte. Sein Blick schweifte von dem Amphitheater ab, über die über einander emporsteigenden Reihen der Zuschauer, und haftete weniger bei der lebenden Menge als den bunten phantastischen Verzierungen und den gestickten Teppichen die die Balustraden bedeckten. Endlich wurde er auf eine einzige noch leere Loge aufmerksam, und er starrte mechanisch dahin, wie wenn hier erst der Vorhang des wahren Schauspiels für ihn sich heben würde. Nach einer langen Pause erschien eine einzelne ganz in schwarze Schleier gehüllte hohe weibliche Gestalt…
> Endlich war der Moment gekommen, und wie eine weiße Lilie blühete eine zauberische weibliche Gestalt aus den Gewändern auf, ihre Wangen schienen ohne Leben und die kaum gefärbten Lippen waren still geschlossen; so glich sie mehr dem bedeutungsvollen Bilde eines wunderbaren übermenschlichen Wesens, als einem irdischen Weibe.
> Juan fühlte zugleich Entsetzen und heiße wilde Liebe, es verwirrte sich tief in ihm, und ein lauter Schrei war die einzige Äusserung die seinem Munde entfuhr. Die Unbekannte blickte rasch und scharf nach ihm hin, warf den Schleier über, und war verschwunden. Juan eilte ihr nach, und fand sie nicht. Er durchstrich Sevilla vergeblich.

Im »Lautenspieler« (1802) schrieb Klingemann:

Aus Neugier folgte Albano dem Strome des Haufens, und trat in das prächtig ver-
zierte Theater; eine bunt geschmückte Menge hatte die Plätze besetzt, und als die
Kerzen brannten, beleuchteten sie ein Gewühl von Anmuth und Mannigfaltigkeit.
Die Neugier war auf das höchste gestiegen, als der Vorhang emporflog... – ihr
Gesicht war verhüllt, und als der Schleier sank taumelte der Schauspieler zurück,
tausend Stimmen in dem Amphiteater schrieen auf, und Albano sprang außer sich
von seinem Sitze empor... Jubelnd wurde ihr Name ausgerufen, doch fand man sie
nirgends... Albano durchlief betäubt noch alle Straßen von Florenz.[13]

Später findet er sie wieder: Es

ruhete unter einem Gewinde von Weinranken eine weibliche Gestalt, von einem
leichten weißen Gewande umflossen, und drückte die gewölbte Laute an ihre Brust,
sie bewegte sich nicht, und glich, nachlässig hingestreckt, mehr einer ruhenden Bildsäule, als einem lebenden Wesen. Ein Laut der Überraschung floh über Albanos Lippen, da sprang die Gestalt schnell empor, und wie sie den Jüngling erblickte, floh sie
in schnellem Laufe über die Felsen hin.
Albano eilte ihr nach, aber er konnte sie nicht mehr erreichen.[14]

Man könnte noch einige kleinere Selbstzitate anführen, darunter aus dem
Roman »Die Lazaroni« (1803) Nebenmotive wie die ödipale Enthüllung, doch
mag dies gut sein. So prägnant haben sich noch für keine Nachtwache anderweitig schon ausgestaltete Erzählmotive und -strukturen beibringen lassen.
Der doppelte Umstand, daß die 5. Nw ein Nachzügler ist, läßt eigentlich nur
den Schluß zu, daß Klingemann in höchste Zeitnot gekommen war und sich
thematische einfach von den besten Momenten aus der eigenen Trivialproduk-
tion anregen und fortreißen ließ. Auch stilistisch kam es zu gewissen Annähe-
rungen, wie zu sehen. Weshalb die Selbstironie, mit der Kreuzung von der
Übersetzung »zur Lust und Ergözlichkeit der gescheuten Tagwandler«
spricht, doch wohl etwas tiefer zielen und Klingemanns eigene Leihbiblio-
thekspraxis mittreffen dürfte. Noch toller scheint er es in den Nachtwachen 10
und 11 zu treiben, die wie aus kleinen und kleinsten Motivfetzchen zusam-
mengeflickt wirken. Das Treiben hat aber System.

*10. Nachtwache (»Die Winternacht. – Der Traum der Liebe. – Die weiße und
die rothe Braut. – Das Begräbniß der Nonne. – Lauf durch die musikalische
Tonleiter.«)*

Klingemanns Artikel in Nr. 91 der Eleganten, für die 5. Nw ungefähr gleich
stark wie Beitrag Nr. 83, hat für die 10. Nw beinahe Monopolstellung erreicht.
Wenngleich auf dem Artikelniveau der breitere Zeitraum Nr. 68-99 am besten
gesichert ist ($p < 0{,}01$), zeigt doch schon auf diesem Niveau Beitrag Nr. 91 mit
9 »beobachteten« bei knapp 2 »erwarteten« Grundwörtern das bemerkens-
werteste Ergebnis (und läßt sich nur wegen des allzu geringen »e«-Wertes
nicht berechnen). Auf dem Gesamtniveau aber wird Nr. 91 mit einer Irrtums-

wahrscheinlichkeit von p<0,001 so beherrschend, daß praktisch nur dieser Zeitpunkt für die Datierung der 10.Nw in Frage kommt. In Nr. 91 vom 31. Juli bespricht Klingemann nur ein Buch, »Die Inselfahrt« von Theobul Kosegarten. Wann genau diese »Ländliche Dichtung« 1804 ausgeliefert wurde, habe ich nicht feststellen können (das vordatierte Erscheinungsjahr 1805 deutet eher auf den frühen Sommer als auf den Jahresanfang 1804 hin). Dies läßt sich aber verschmerzen, daß Kosegartens frömmelnde und zuweilen komisch homerisierende Dichtung für die »Nachtwachen« ohne Bedeutung ist. Zudem nimmt die 10.Nw selber auf ein datierbares Ereignis Bezug; ich meine die kleine, schöne Huldigung an Koch:

> Ganz in der Ferne ist leise kaum vernehmbare Musik, wie wenn Mücken summen, oder Koch zur Nacht auf der Mundharmonika phantasirt.

»Dieser Koch war ein Invalide, der sich durch kunstfertig ausgebildetes Mundharmonikaspielen im Umherziehen sein Brot verdiente«, erläutert Hermann Michel und macht auf Jean Pauls »Hesperus« (1795) als vermutliche Quelle für Bonaventura aufmerksam.[15] Es ist jedoch davon auszugehen, daß Klingemann Koch selber gehört hat, denn in den »Braunschweigischen Anzeigen« vom 19. Mai 1804 (39. Stück) findet sich folgende

> Konzert-Anzeige.
> Künftigen Donnerstag, den 24sten Mai, wird Herr Franz Koch, aus Salzburg, sich im Behlendorfischen Saale auf seiner sogenannten Mundharmonika hören zu lassen die Ehre haben. Dieß Instrument besteht aus zwei gewöhnlichen Maultrommeln oder Brumm-Eisen, denen aber die vieljährige Übung und das richtige Gefühl dieses Künstlers eine bewunderswerthe Wirkung mitzutheilen gewusst hat... Herr Koch ist auch erböthig, sich in Privatgesellschaften hören zu lassen, wenn er nur einige Stunden vorher davon benachrichtigt wird. Sein Logis ist im blauen Engel Nr. 14.

Zur Untermauerung dessen sei ein Bericht im »Morgenblatt für gebildetet Stände« vom 6.4.1808 (Nr. 83) herangezogen. In einem anonymen, kurzen Artikel aus Braunschweig (nach meinem stilistischen Dafürhalten nicht von Klingemann, auch wenn er zuweilen im »Morgenblatt« publizierte) wird von einem Konzert des Blinden Dulon mit seinem ebenfalls blinden Schüler berichtet. »Dulons geisterähnliches Echo ging übrigens auf dem großen stark mit Zuhörern besetzten Saale fast ganz verloren. Man muß es, so wie Kochs Maultrommelspiel, nur bey Nacht hören.« Wie in der 10.Nw imaginiert, war also Koch offenbar damals in Braunschweig zur Nacht zu hören gewesen. Mit guten Gründen darf darum das Konzert um den 24. Mai 1804 als terminus post quem für die 10.Nw angesetzt werden, die nach unserer statistischen Datierung spätestens zum 31. Juli (Erscheinen von Nr. 91) abgeschlossen war. (Übrigens ist Franz Koch, so weit ich sehe, bis 1808 nicht wieder in Braunschweig aufgetreten.)

Überraschenderweise spielt die 10. Nw in einer Winternacht. Die Nähe
freilich zur 5. Nw zeigt sich an einer neuerlichen Übersetzung des Lebensbaumes – ins Winterliche: »Alles ist kalt und starr und rauh, und von dem Natur-
torso sind die Glieder abgefallen, und er streckt nur noch seine versteinerten
Stümpfe ohne die Kränze von Blüthen und Blättern gegen den Himmel.« Zur
Erklärung des Umschlags in eine Winternacht hat Jost Schillemeit den Einfluß
des »Arnold an der Halden« (Herbst 1804 erschienen) geltend gemacht, den
Klingemann in etwa gleichzeitig mit den letzten Nachtwachen verfaßt haben
müßte. Dies ist in der Tat anzunehmen und Schillemeit darin beizupflichten,
daß zumindest eine Szene des Schlußteils von »Arnold« auch in der 10. Nw
eine bedeutende Rolle spielt.* Es ist jene furchtbare Stelle, als Kreuzgang den
Bettler erfrieren läßt. »I do not know of a single parallel to the scene in the
literature of the time, in Germany or out«, kommentiert Sammons[18] Kreuzgangs Verhalten und seine verruchten Überlegungen während dieses Todes-
kampfes –

> Ein Bettler ohne Dach und Fach kämpft mit dem Schlummer, der ihn so süß und
> lockend, in die Arme des Todes legen will… Da ist das Gesicht schon starr und kalt,
> und der Schlaf hat die Bildsäule seinem Bruder in die Arme gelegt.

In »Arnold an der Halden« ist diese Szene weit vorsichtiger gehalten, gemil-
dert durch den Dialog und zudem nur als Phantasiebild ausgeführt:

> Knecht. Maria Jesus! Was mögen jetzt die Pilger leiden, die auf dem St. Gotthardus
> sich versteigen!
> Hadloub. Das liegt am Tage! – Und so heimlich weiß es einen zu beschleichen; erst
> naht die Müdigkeit, ein süßer Schlummer – die Augen sinken schon, man kann nicht
> widerstehen: der Arme setzt sich nieder – o weh, jetzt fesselt ihn der Schlaf, noch
> hört man Athemzüge, doch der Hauch erfriert vor Nase und Munde – jetzt ist's
> geschehen, da sitzt die Leiche vor mir, und Arme und Beine erstarret wie zu Eis!
> Die Knechte. (die staunend zuhorchten.) Erbarm sich Gott der Seele!
> Ein Knecht. Wie kann sie nur aus dem erfrornen Leibe fahren!
> Ein anderer. Und ohne Beicht' und Absolution!
> Ein dritter. Setz dich nicht, Walter! Ich fühle mich schon schläfrig![19]

Harmlos ist die Szene eben nicht, sie streift schon die grausige Posse, entschärft durch Mitleid und dabei doch peinlich in der Vorstellungskraft, mit der
sich der Minnesänger Hadloub wie als Zuschauer vor dem Erfrierenden aufzu-
bauen versteht. Den Einfluß dieser Winterszene auf die 10. Nw hat also Schillemeit recht plausibel gemacht, wendet sich aber vorschnell dann gegen Inter-

---

* Auch zwischen der 5. Nw und »Arnold« gibt es Berührungen. »Rasch zog er den
  Dolch und führte wild den Stoß, – jezt kam er zur Besinnung; der Dolch stekte tief
  in dem Stamme eines Baumes, und nur seine Phantasie hatte den Brudermord begangen.«[16] Wie Juan meint der verwirrte Arnold den mörderischen Rivalen vor sich zu
  sehen: »er zieht das Schwert und stößt es in die Eisrinde eines Baums«[17] (eine nicht
  ganz geglückte Übersetzung, die wiederum mit dem Bild des Lebensbaumes spielt).

preten wie Sammons, die in der 10. Nw, »in diesem wie Scherben durcheinanderliegenden Haufen von Motiven irgendein eigentümliches Kompositionsgeheimnis aufzufinden« bemüht wären.[20] Gegen diesen Eindruck des Zusammenhanglosen und Zerfahrenen, den ja Franz Schultz (1909) auf dem Gewissen hat, ist an Sammons' Beobachtung zu erinnern: »How is it possible for the careful reader not to observe that all three anecdotes turn upon the same dichotomy of love and death?«[21]

Ist aber Kreuzgang nicht in der ersten Episode um den erfrierenden Bettler, unter dessen Lumpen er eine braune Locke findet, die ihn zu dem Gebet »Der Traum der Liebe« inspiriert, von allen guten Geistern verlassen? Bei diesem Raisonieren, ob Sein oder Nichtsein besser sei für den Erfrierenden; ob dieser Vogelfreie nicht den Wohnungen mit Frühlingsbildern an den Wänden die mütterliche Natur vorziehen müsse, die zuweilen ihre Kinder erdrücke, aber treu zu ihnen halte, – so daß alle Schuld bei den Brüdern dieses verstoßenen Josef liege, der darob entschlummern möge? Für kurz scheint er den Toten zu bedauern, doch nur, um so emphatischer den »ernsten Jüngling« anzubeten, den Tod selbst in seiner befremdlichen Ästhetisierung, – »die weiße Rose des Todes ist schöner als ihre Schwester«, »über dem Grabhügel der Geliebten schwebt ihre Gestalt ewig jugendlich und bekränzt und nimmer entstellt die Wirklichkeit ihre Züge«. Was ist mit der seltsamen Lähmung Kreuzgangs und seinem Gebaren eines Opferpriesters?

Die zweite Episode führt das Bild von der weißen und der roten Rose weiter aus, kontrastiert die Totenwache der blinden Mutter mit der Hochzeitsfeier des Treulosen im Zimmer darüber. »Erklärt mir doch den nächtlichen Spuk!« ruft Kreuzgang aus, und seine Aufforderung will bei all dem Fragwürdigen ringsum nun doch ernst genommen sein –

»Lenore reitet vorüber...« setzt er selber erklärend an, kommt dann jedoch ohne weiteres zu der Geschichte dieser verratenen Liebe. Von dem eigentlichen Thema der Ballade Bürgers, dem Hadern mit Gott aus verzweifelter Liebe und der diabolischen Bestrafung, ist hier keine Spur. »Man weiß nicht recht, wie diese Hindeutung auf die ›Lenore‹ zu verstehen ist«,[22] meint denn Schultz und kanzelt Michel ab, der sich durch diese Szene doch an Bürgers »Lenore« gemahnt fühlte, die ihrerseits an Schellings Gedicht »Die letzten Worte des Pfarrers zu Drottning auf Seeland« erinnere[23]. Michel hat seine Vermutung leider nicht näher begründet, so daß Schultz leichtes Spiel damit hatte. »Lenore reitet vorüber –«, das kann nicht bedeuten, wie Schultz probeweise (und zur besseren Widerlegung) vorschlägt, daß »Lenore als Spukgeist ihre bräutliche Leidensgefährtin« holen komme. Die Lenore der Ballade reitet ja nicht ohne Begleitung durch die Nacht, sondern ist in der Gewalt dessen, den sie für ihren wiedergekehrten Geliebten hält. Dieser nächtliche Ritt mit dem »Zunderreiter« ist es zweifellos, auf den Kreuzgang anspielt und der auch in

den motivischen Höhepunkten wie dem Treffen auf einen Leichenzug und
dem so unerwarteten letzten »Hochzeitsbettchen« jetzt in der Nachtwachen-
Episode wiederersteht. Es geht aber um viel mehr. Der Zunderreiter ist die
heimliche Leitfigur überhaupt der 10. Nachtwache. Bonaventura hat sich kurz
vor der Niederschrift der 10. Nw nachweislich näher mit dieser Gestalt
beschäftigt; in dem Schlußpassus des als Vorabdruck gebrachten »Prologs des
Hanswurstes zu einer Tragödie: der Mensch« spricht Hanswurst über den
Spaß, die Lebensmasken des Menschen eine nach der anderen abzuziehen, bis
zu »der letzten verfestigten, die nicht mehr lacht und weint – dem Schädel
ohne Schopf und Zopf, mit dem der Tragikomiker am Ende abläuft«. Sein programmatisches Bild geht in wörtlichem Zitat auf den gräßlichen Moment ein,
als der Zunderreiter sich endlich als solcher der Braut zu erkennen gibt.

> Des Reiters Koller, Stük für Stük,
> Fiel ab wie mürber Zunder.
> Zum Schädel, ohne Zopf und Schopf,
> Zum nakten Schädel ward sein Kopf.[24]

Spätestens zum Zwecke des Vorabdrucks in der »Eleganten« hatte sich Klingemann für das Pseudonym »Bonaventura« zu entscheiden. Daß er sich in diesem Zusammenhang mit Bürgers »Lenore« befaßte, ist ganz gewiß kein Zufall.
Wie vorhin erwähnt, ließ sich schon Michel über die Nähe von Bürgers Ballade
zu »Bonaventuras«, d. h. Schellings Dichtung im Schlegel-Tieckschen Musenalmanach von 1802 aus: »›Die letzten Worte des Pfarrers zu Drottning‹ zeigen ein rechtes ›Nachtstück‹ voll spukhafter Elemente. Man fühlt sich an Bürgers ›Lenore‹ erinnert und – an die Szene in der zehnten Nachtwache, bei der
der Verfasser selbst an Lenore gemahnt.«[25] Zur Verbindung der »Lenore« mit
der zweiten Episode der 10. Nw habe ich das Nötige gesagt. Jetzt zur Verbindung zwischen Schellings »Nachtstück« und Bürgers Ballade, die Schultz
ebenfalls wütend bestreitet. Sein Hauptargument dabei – das er auch gegen die
Verbindung mit der 10. Nw anführt – ist dies, daß »Schelling den sagenhaften
Stoff seines ›Pfarrers‹ fix und fertig vorfand und nur in Verse goß«.[26] Nun hält
sich Schelling wirklich recht genau an den von Henrik Steffens in Jena ver-
mittelten Stoff[27] und weicht überdies in reimtechnischen Feinheiten stark von
Bürgers Ballade ab. Ein Einfluß ist damit aber nicht ausgeschlossen, und als
unverdächtiges Zeugnis dafür mag Carolines Brief an A. W. Schlegel vom
10. 7. 1801 stehen, in dem sie Tiecks briefliche Kritik an Schlegels Romanze
»Fortunat« (gleichfalls für den Musenalmanach vorgesehen) zurechtrückt:
Der »Fortunat« sei nun wahrlich kein Schauerstück, was Tieck »Bürger darin
nennt, ist wohl, was wir hier die alte nordische Idee von Untreue genannt
haben. – Übrigens was den wahren Schauer erregt, da gilt nur der Pfarrer.« Im
Umkehrschluß besagt dies doch, daß Schellings »Pfarrer« in dieser Hinsicht

eben ein echter »Bürger« ist. (Mit »Bürger« ist die »Lenore« gemeint, wie auch Erich Schmidt in seinem Briefkommentar gesehen hat.)[28]

Man kann Schellings/Steffens' Geschichte spielerisch auch einmal so lesen, als wäre sie der »Lenore« selbst entsprungen. Die Ausgangslage nämlich, wie der Pfarrer aus seiner geistlichen Nachtwache herausgerissen und von zwei Gestalten, »schwarz wie die Nacht«, genötigt wird, ihnen noch zum Hochzeitsschmaus zu folgen,[29] liegt schon in dem Befehl des Zunderreiters an den Leichenzug:

»Mit, mit zum Brautgelage!
Kom, Küster, hier! Kom mit dem Chor,
Und gurgle mir das Brautlied vor!
Kom, Pfaff', und sprich den Segen,
Eh wir zu Bett' uns legen!' – «[30]

Als wäre er einer aus dem Gefolge des Zunderreiters, der mit Lenore zum Friedhof jagt und dort versinkt, geht es in nächtlicher Eile mit dem Pfarrer zur Kirche, wo er dem Paar in der Nähe eines frisch geöffneten Grabes den priesterlichen Segen geben muß.

Man bemerkt vielleicht schon, daß mit Schellings »Pfarrer« auch die dritte Episode der 10. Nw verknüpft ist, in der die Nonne lebendig in der Klostergruft begraben wird. Doch halten wir einen Moment ein, um die Beziehungen zwischen Schelling-Bonaventura und Bürgers »Lenore« für Klingemann einzuschätzen. Die nachweisliche Beschäftigung mit der »Lenore« während des Zeitpunkts, da es das Pseudonym anzunehmen galt (beim Vorabdruck des »Prologs«), legt die Annahme nahe, daß Klingemann beim Überlesen von Bonaventuras Nachtstück auch auf den Einfluß der »Lenore« aufmerksam wurde, die ihm selbstverständlich geläufig war.* So weit fällt dies noch nicht aus dem Rahmen dessen, was einem belesenen Literaten auffallen mochte. Diese literarischen Umstände seines Pseudonyms hat er aber nun in dem Nachzügler der 10. Nw selber zum Thema gemacht, hat die – vermeintliche – Abhängigkeit seines Vorläufers von Bürger namentlich gekennzeichnet (in der

---

* Gar hat sich Klingemann später einmal mit Lenore selbst identifiziert. Bei einem Bergwerksbesuch (1819) »wird von zwei weißen Berggeistern, ein sogenannter Wurstwagen vorgefahren, auf welchem ich mich hinter meinem Führer in reitender Stellung niederlasse, indeß jene Kobolde, einer voran, der andere hinterdrein, sausend mit uns von dannen fahren. Der Stollen ist so eng, wie ein aufgerichtetes Sarggehäuse, und die Schädel müssen ohnfehlbar an den Marmorwänden zerschellen, wenn wir uns nur um eine Handbreit zuweit nach dieser oder jener Seite hinüberlehnen. Da gilt es also graden Stand halten, und ich sitze kerzenaufrecht hinter meinem Vormanne, welcher mir oft, wenn der Bergwind uns pfeifend entgegensaust, wie der geheimnißvolle Zunderreiter in Bürgers Lenore vorkommen will. – Endlich, nach einer halbstündigen Gallopade, erscheint tief vor uns in der Ferne ein kleiner Stern«, und bald sind sie am hellen Tageslicht, »wo meine Frau, welche mich, sammt meinem Führer, schon im Bauche der Erde begraben wähnte, uns jubelnd empfängt.«[31] Klingemann an Lenores Stelle hinter dem Zunderreiter! Die Identität noch des Vorbildes seines Bonaventura-Vorbildes hat Bonaventura hier angenommen.

»Lenore«-Episode) und zugleich, in einer letzten und für ihn typischen Steigerung, das Motiv der Todesbraut zum Gegenstand seines Erzählens gemacht. Schon in der ersten Episode klingt dies in Kreuzgangs Gebet an den Tod an (opferpriesterlich-gelähmt wie Schellings Pfarrer, der »die bleiche Braut... dem Tod verbunden«). In der zweiten Episode variiert er also die hochzeitlichen Stationen der Lenore bis zum »tückischen Brautgesang« (10.Nw) der Grablegung. Und zieht in der dritten Episode nun alle Register.

Auch hier – um es nicht zu vergessen – steht Klingemann merklich unter Zeitdruck und läßt, ehe er zum eigentlichen Höhepunkt der Nachtwache kommt (»Lauf durch die Skala«), eine Reihe eigener schauerromantischer Motive wiedererstehen. Ich führe wenigstens eine Szene aus dem »Albano« an, wo die »bräutlich geschmückte« Cölestina geweiht wird und sich ihr Geliebter am Hochaltar erdolcht. Zunächst Kreuzgang:

> »Ich ging einsam um die Mauer herum, die wie ein geweiheter Zauberkreis die heiligen Jungfrauen umschließt«. – In der »Kirche herrschte tiefe Stille unter den Heiligen, die von den Wänden herabschaueten, nur wenn dann und wann ein Windstoß durch das Orgelwerk fuhr, heulte eine Pfeife unangenehm.
>
> Der Zug ward endlich durch die Säulen sichtbar – viele schweigende Jungfrauen und in der Mitte die wandelnde Braut des Todes«, bis zuletzt von den »lebenden Todten« eskortiert.

In »Albano«:

> Die Bilder der Heiligen schauten ernst in die geschmückte Kirche herab, und schienen einen stillen Kreis zu schließen, in den nichts Ungeweihetes sich eindrängen konnte... Da nahete sich der lange Zug der Nonnen und umgab, wie ein Kreis von Verstorbenen, den Hochaltar.[32]

Kreuzgang hat sich so postiert, daß er die Gruft im Auge behalten kann, dieses »einsame Entkleidungskämmerchen für den abgehenden Menschen«, – das Bild führt die »Zopf-und-Schopf«-Stelle der »Lenore« bzw. des »Prologs« weiter aus. Ja, der folgende schreckliche große Monolog Kreuzgangs kreist im Grunde um nichts anderes als um den Totenschädel hinter allen Masken, nicht bloß hinter dem heimlichen Lächeln der Todesbraut (das ihn so irritiert wie der freudige Brautblick den Pfarrer zu Drottning). Kreuzgang scheint an die Stelle der Todgeweihten versetzt zu sein, sieht sich umringt von den Larven. Wie bei Ophelias Hinsterben, das er halb unwillkürlich begleitete, stimmt er auf seine Weise ein in das individuelle Leiden und transponiert es zugleich, will die maskenhaften Erscheinungen des Lebens überhaupt, die großen Empfindungen wie Freude, Schmerz und Zorn durchschauen –

> ›Und die Larven drehen sich im tollen raschen Tanze um mich her – um mich der ich Mensch heiße – und ich taumle mitten im Kreise umher, schwindelnd von dem Anblicke und mich vergeblich bemühend eine der Masken zu umarmen und ihr die Larve vom wahren Antlize wegzureißens; aber sie tanzen und tanzen nur – und ich

– was soll ich denn im Kreise? Wer bin ich denn, wenn die Larven verschwinden sollten? Gebt mir einen Spiegel ihr Fastnachtsspieler, daß ich mich selbst einmal erblicke ... – das ist wohl das Nichts das ich sehe! – Weg, weg vom Ich – tanzt nur wieder fort ihr Larven!‹

Jezt steigt die Nonne in die Gruft hinab. O endet doch das Spiel daß ich's erfahre ob's eigentlich auf Scherz oder auf Ernst hinausläuft. Folgt doch noch auf dem lezten Wege der Braut des Todes eine Maske – es ist der Wahnsinn. Die Larve lächelt heimlich – ob dahinter das wahre Antliz schaudert, oder verzückt ist – wer sagt es mir? ... Jezt erblicke ich nur noch durch eine kleine Lücke beim Lampenschein das heimliche Lächeln der Begrabenen – jezt blos ein wenig sich durchstehlenden Schimmer – nun ist alles verdeckt, und die lebenden Todten singen zur guten Nacht ein ernstes miserere über dem Haupte der Begrabenen. –

Bei dieser mimetischen Handlung, in der er die Hinrichtung eines anderen als Lauf durch die Tonleiter begleiten muß, befindet sich Kreuzgang in der Lage des Seeländer Pfarrers, der in pervertierter Nachtwache (»als einsam ich beym Wort des Herrn gewacht«) und wie willenlos dem Meuchelmord assistieren muß. Kreuzgang freilich hat das entsetzliche Genie, den nächtlich erlebten Terror nach innen zu wenden, zu eigener seelischer Zergliederung. Schellings Pfarrer ist wie in Trance, wird schon auf dem Weg zur Kirche durch »fernen Laut, wie ich ihn nie vernommen« auf den Höhepunkt eingestimmt:

> Und alsbald hör' ich durch die Kirche zittern
> So Orgelton als sonderbare Klänge,
> Dergleichen auch den stärksten Sinn erschüttern.[33]

Wie in bewußtem Abstandsuchen zu dieser Erschütterung läßt Kreuzgang seinen Monolog auch mit dem Orgelton (über Windstöße) anheben, setzt ihn zugleich jedoch durch das Tonleiter-Gleichnis davon ab: »Der ganze Akt hätte für einen poetisch weichlich gestimmten Zuschauer etwas Schauder erregendes, eben durch die fast mechanisch schrekliche Weise auf die er vollzogen wurde, gehabt, so wie denn die tragische Muse, je weniger Händeringens sie macht, um so mehr erschüttert. Mein Gemüth indeß (das einem mit Vorsatz widersinnig gestimmten Saitenspiele gleicht...) wurde wenig ergriffen, und es kam im Grunde nichts weiter als ein toller Lauf durch die Skala zuwege«.

Nachgeschichte Wie eng die 10. Nw und darin das Motiv der lebendig begrabenen Nonne (Braut) mit Schellings »Pfarrer« und dem Pseudonym »Bonaventura« verquickt ist, geht unerwartet aus einer späten Debatte im Braunschweiger »Mitternachtblatt für gebildete Stände« hervor. In Nr. 177 vom 5. 11. 1827 schreibt ein Anonymus:

»Bonaventura's Pfarrer zu Drottning, neu aufgewärmt.

In der Leipziger Zeitschrift ›Hebe‹ vom 2. August 1827 (Nr. 92) wird unter dem Titel: ›Die Braut im Grabe‹, eine mysteriöse Trauungs- und Mordgeschichte erzählt, die aus den Papieren des Pastors Burmtius in O**, dicht an der schwedischen Gränze, genommen seyn soll. Es mag wohl einige und 30 Jahre her seyn, daß die nemliche Geschichte von einem geachteten, damals noch unter dem Namen Bonaventura schreibenden Dichter* in Terzinen vorgetragen worden ist. Hier sind sie:...« (und es folgt ein leicht überarbeiteter Abdruck des Gedichts aus dem Musenalmanach von 1802). In Nr. 178, nach dem vollständigen Abdruck fährt der Unbekannte fort:

»Es ist in der Hauptsache ganz das Nemliche, was Herr Fr. Busch in der Hebe prosaisch erzählt... Woher stammt nun wohl diese seltsame Sage, die bei aller abenteuerlichen Unwahrscheinlichkeit die Zeichen einer absichtlichen Erdichtung nicht an sich trägt? Es würde dem Einsender Dieses angenehm seyn, wenn Herr Busch die Quelle nennen wollte, aus welcher er geschöpft hat, vielleicht auch Ort und Zeit der angeblichen Thatsache.

Die Wahrheit zu sagen, so sieht das Ganze aus, wie ein krankhafter (und darum lebhafter) ängstlicher Traum, den ein Pfarrer an der Ostseeküste einmal geträumt, in psychischer Krankheit für wahr gehalten, niedergeschrieben und in seinem Pulte hinterlassen hat. Übrigens ist die Erzählung nur eine Katastrophe, aber von so starker Wirksamkeit, daß es fast zu verwundern ist, wenn noch niemand eine Vorgeschichte dazu erfunden hat.«**

Soweit der anonyme Beitrag. Es drängen sich sicherlich einige Fragen auf, vorab die: Warum richtete der Einsender seine Anfrage nicht an Redaktion und Publikum der Leipziger »Hebe« und stattdessen an das in Braunschweig erscheinende »Mitternachtblatt«? Die einfachste Antwort wäre wieder die, in Klingemann, Mitarbeiter an dieser Zeitschrift seit 1826 und auch 1827 schon hervorgetreten,[35] den möglichen Verfasser zu sehen. Doch kann eine (grobe) mikrostilistische Untersuchung des Textes diese Vermutung nicht stützen. Sollte nicht der Herausgeber Müllner selbst die Anfrage gemacht oder zumindest vermittelt haben? Sein Rückgriff auf die Leipziger Zeitschrift würde sich einfach dadurch erklären, daß er auch in jenen Jahren den Wohnsitz in Weißenfels hatte, – unweit von Leipzig. Er war gut vertraut mit den Leipziger Verhältnissen und namentlich mit der »Hebe« (auf die man in diesen Jahren im »Mitternachtblatt« des öftern und zuweilen polemisch zu sprechen

---

*   In der Fußnote zu »Dichter« heißt es: »Der als Philosoph berühmte Schelling.« Diese ja doch leicht korrigierende Fußnote stammt vermutlich vom redigierenden Adolf Müllner, dem Verfasser des »29. Februar«, der außerdem sinnerleichternd (dabei auch -verfälschend) und rhythmisch glättend in den Text von 1802 dann eingegriffen haben dürfte. Die Auskunft zum Pseudonym: »Schelling« könnte er spätestens aus Raßmanns »Pantheon« von 1823 gehabt haben.[34]

** In Nr. 27 vom 18.2.1828 erfolgt dann eine ausführliche, wohl von Müllner stammende Replik auf jene Anfrage: In Nr. 146 der »Hebe« habe inzwischen der Freiherr von Seckendorff in Altenburg auf die Quelle (Steffens) aufmerksam gemacht; auch habe Benedikte Naubert mit »Rosalba« (1818) doch schon eine Art »Vorgeschichte« dazu geschrieben.

kommt)[36], weshalb er ohne weiteres eine interessante Sache wie diese (zumal mit gewissem Beiklang in der Überschrift!) auf sein in Braunschweig erscheinendes Blatt umleiten mochte. Er selber ist meines Ermessens nicht mit dem Einsender identisch, nicht wegen jener Korrektur, die er ja selber hätte fingieren können, sondern ebenfalls aus sprachlichen Gründen.

Klingemann kann auch nicht auf indirektem Wege auf Müllner eingewirkt haben. Denn ab Mai 1827 befand er sich in einer äußerst prekären Lage, als Müllner den Abdruck einer Klingemannschen Abhandlung über das Braunschweiger Theater zum Anlaß nahm, mit dem Verleger Vieweg abzurechnen, der den Beitrag ohne Wissen Müllners vertragswidrig hatte einrücken lassen. Klingemann bittet Müllner brieflich wiederholt (und vergeblich), auf seine Lage am Hoftheater Rücksicht zu nehmen. Am 9.5.1827 erläutert er ihm gewisse Umstände: Er hätte Vieweg zur Bedingung machen müssen, daß bei dem fraglichen Artikel »kein Wort weder gestrichen noch verändert oder zugesetzt werden dürfe«, da er bei dem »Fürsten selbst persönlich verpflichtet und Ihm für jedes Wort um so strenger responsabel sei, als hier noch kürzlich ein Kritiker, der unberufen in das Werk hineinschwatzte, für längere Zeit im Verhafte hatte zubringen müssen.«[37] Der weit vom Schuß sitzende, notorisch streitsüchtige Müllner wird immer rabiater und verdächtigt Klingemann wiederholt, mit Vieweg unter einer Decke zu stecken. Die nächsten erhaltenen Briefe (nach Juni 1827) datieren erst wieder von März 1828; sie behandeln immer noch gereizt jene Affäre, doch scheint Müllner, der inzwischen mit Vieweg prozessiert und als Verleger gebrochen hat, einzulenken.

Ungelegener hätte Klingemann die Diskussion um »Bonaventura« schwerlich kommen können. Mit einem Hinweis auf die erneute Verwendung des Pseudonyms oder auf das Thema der 10. Nw hätte er seine Entdeckung als Verfasser eines Buches riskiert, das in der 6. Nw unverkennbar Braunschweiger Verhältnisse an den Pranger gestellt hatte (wo die »Fürsten und Herrscher... mit Menschen statt mit Münzen bezahlen, und mit dem Tode den schändlichen Sklavenhandel treiben«). Auch fehlte es nicht an Willkürakten des gegenwärtigen Herzogs.* So daß es mit der Direktion des Hoftheaters (und der Uraufführung von »Faust« Januar 1829!) sicherlich vorbei gewesen wäre und Klin-

---

* »Entgegen allem geltenden Staatsrecht hatte er 1827 die Regierungshandlungen seines königlichen Vormunds ... für ungültig erklärt. Der 1820 erlassenen erneuerten Landschaftsordnung, die ... den freien Bauern eine Vertretung von 20 Abgeordneten gewährt hatte, sprach er rechtswidrig jede Gültigkeit ab. Der Geheime Rat v. Schmidt-Phiseldeck ... ward so drangsaliert, daß er ... über die Grenze flüchten mußte. Der greise Oberjägermeister von Sierstorpff wurde mit seiner Gemahlin außer Landes verwiesen. Als das Obergericht zu Wolfenbüttel diese Maßnahmen für rechtswidrig erklärte, ließ der Herzog den Urteilsspruch vor den versammelten Richtern durch seinen Beauftragten zerreißen. Den Landdrost von Cramm ... setzte er ab und strafte ihn durch ein an die ganze Beamtenschaft gerichtetes Umgangsverbot.«[38]

Wie er sich in die Theaterangelegenheiten seines Generaldirektors Klingemann einmischte, ist noch im Schlußkapitel kurz zu würdigen.

gemann leicht den – wie er an Müllner schreibt – »Spaziergang« Phiseldecks
April 1827 von Braunschweig nach Hannover hätte wiederholen dürfen.
Und jetzt ereignet sich etwas Merkwürdiges. In dem Moment, als die drohende Affäre mit Müllner beigelegt ist, ja noch in demselben Brief vom
30. 6. 1828, in dem er seine herzliche Freude darüber äußert, »daß Sie die obge-
waltete Differenz, in die ich wider meinen Willen hineingewirbelt war, als aus-
geglichen betrachten und ihrer zwischen uns nicht wieder gedenken wollen«,
bietet er Müllner ein Szenenfragment »zur Ausstellung« im »Mitternachtblatt« an. Es wird dort am 11.8.1828 abgedruckt und lautet:

> Einleitung zu einem Trauerspiele: ›Bianca di Sepolcro‹ oder Das Leben nach dem
> Tode.

Das Motiv der »Braut im Grabe« also, soeben noch bei »Bonaventura«-Schel-
ling erörtert, wird von Klingemann mit den Worten angekündigt: »Die Idee
zu diesem Trauerspiele ist durch die Novelle: ›Lenore di San Sepolcro.‹ von L.
Schefer entstanden; die dramatische Gestaltung ist dagegen ganz Eigenthum
des Verfassers«. In dem besagten Brief an Adolf Müllner hat Klingemann es
recht eilig mit dem Vorabdruck, bedinge sich »als einziges Honorar nur eine
bald mögliche Beförderung der Scene, damit sie der Absendung des gesamten
Manuskriptes an die Bühnen zuvorkomme.«[39] Diese Begründung dürfte vor-
getäuscht sein, denn über ein Jahr später erst, am 5. 10. 1829 (Nr. 129) bringt
Klingemann im »Mitternachtblatt« einen weiteren Auszug mit der Bemerkung, daß dieses Trauerspiel soeben vollendet und in der Abschrift bei ihm
(und bei Theodor Hell in Dresden) zu beziehen sei. Auch sind Zeitpunkt und
Szenenauswahl wiederum zu gut gewählt, als daß man noch länger an puren
Zufall glauben möchte: Wie die zuerst gebrachte »Einleitung«, die im Höhepunkt im Zeichen der weißen Rose, der »schönsten Todten in dem Leben«
steht, unverzüglich nach Bannung der Gefahr am Ort der »Bonaventura«-
Debatte veröffentlicht wurde, so schiebt Klingemann jetzt, da er nach seiner
Entlassung durch den Herzog am 18. 9. 1829 nicht mehr viel zu verlieren hat,
die folgenden Szenen aus der »Bianca di Sepolcro« nach –:

> »Das Kloster... Es ist Nacht, die ewige Lampe brennt. Einzelne Töne der Todten-
> glocke hallen, ausschlagend, noch durch das Gewölbe wieder. Leonore in Novizen-
> tracht, knieet am Hochaltare betend. Die Schwester Pförtnerinn, hat die Thüren
> geschlossen...«.
>   Leonore erwartet ihren Geliebten Heliodor, der sie mithilfe ihrer Amme aus
> dem Kloster holen soll. Die als Vampyr maskierte Amme erschreckt sie: »Was
> schreist Du auf? – Ich bin's, mein Leonorchen! –
>   (Entlarvt sich.)
> Ein Wachsgesicht! 'Sist draußen Karneval,
> Und wie die Larven wild und toll verkehren,
> Schleicht Klugheit sicher durch sie hin zum Ziele! –
> Drum tretet ein, mein junger Herr. –

Heliodor (naht sich in dem Augenblicke, wirft die Maske von sich und ruft entzückt): Du bist's!! –

> Du weiße Rose – ...«.

Leonora (Eleonore), dies deutet die Alte an, soll an Stelle einer frisch Verstorbenen
in die Klostergruft; die Leiche der anderen soll – zur Unkenntlichkeit verbrannt – in
Leonoras Zelle gelegt und sie selbst zum Schein beerdigt werden. Doch statt auf den
Rat der Amme zu hören und von der Gruft weg lieber »auf die schönen Heil'genbil-
der« zu schauen, erliegt sie der grausigen Versuchung. Wie vom Wahnsinn geschlagen, glaubt sie in der weggetragenen Leiche sich selbst zu erkennen und fürchtet nun
die Rache ihrer »bleichen Schwestern« drunten:

> »Sie reihen sich, entsetzliche Gespenster,
> Zum ernsten Zuge hinter meiner Bahre,
> Und folgen ihr hinab, hinab – hinab –«.

Verbindungen zur 10. Nw und auch zu Bürgers »Lenore« lassen sich sicherlich
unschwer herstellen. Verdeckter, vage ausgeführt, aber wahrlich aufregend ist
der Bezug auf »Bonaventura's Pfarrer«. Signalisiert uns der Titel, daß an die
»Bonaventura«-Diskussion (über jene Neufassung »Die Braut im Grabe«)
angeknüpft werden könnte, so geht nun ein Monolog Eleonoras (immer noch
im Vorabdruck vom 5. 10. 1829) auf die exponiertesten Stellen des im »Mitternachtblatt« abgedruckten Nachtstücks von Schelling-Bonaventura ein; neben
dem zweideutigen Höhepunkt sind es vor allem die Anfangs- und Schlußzei-
len, die in der Beichte des Pfarrers so lauten:

> Die müden Glieder neigen sich zur Erde,
> Und *bald* kann ich dieß Schweigen nicht mehr brechen,
> Es sieht mich an *mit flehender Gebehrde*
> Das stumme Bild, und dringt mich noch zu sprechen.
> Warum o Erde, hatt'st du keinen Mund,
> Und warst so träg die Frevelthat zu rächen?
> Ihr ew'gen *Licht*er, die des *Himmel*s Rund,
> So weit es reicht, mit stummen Glanz erfüllen,
> Ist das Verbrechen auch mit euch im Bund?

Nach dieser Apostrophe berichtet der Pfarrer nun, wie er gegen Mitternacht,
im »nächt'gen Graus« die Braut unter zweideutigen Umständen getraut hätte,
– »bleich als käm' sie aus dem Grabe«; »Mit einem Blick – ich werd' ihn nimmer schauen – / Und dieser Blick schien mir ein willig Zeichen«. Das Gedicht
schließt:

> O Quell des Heiles, unerschöpfter Born,
> Von dem der Gnade reiche Ströme fließen!...
> Laß schlafen endlich, laß sich endlich brechen
> Des Herzens Noth und des Gewissens Dorn.
> Dir ziemt es, das Verborgene zu rächen,
> Und neigst dich auch des Sünders fernern Bitten,
> Laß dieses Blatt zu ferner Zukunft sprechen
> Und *nimm* mich auf in deine ew'gen Hütten.
>
> Bonaventura.[40]

Eleonore, von der sich die Pförtnerin mit den Worten verabschiedet hat:
»Auch Dir, mein Kindlein, scheint die Brust beschwert«, offenbart sich in
dem Monolog:

>»Und wenn nicht *bald* die Rettungsstunde schlägt,
>Zieht mich's hinunter in das Grabgewölbe,
>Hinunter zu den bleichen, stillen Schwestern! –
>(*die Arme ausbreitend*)
>O öffne dich, du Kuppel dieses Doms,
>Laß *Licht* und Sonne auf mich niederströmen,
>Den *Himmel* zeig mir, des Geliebten Bild;
>Daß ich verderbe nicht in Nacht und Grauen! –
>Noch regt sich nichts – die Mitternacht muß nahe sein! – ...
>Liebt er mich auch – so heiß wie ich ihn liebe? –
>Er liebt mich, ja! Sind Blicke Seelen sprache,
>So hat er Ew'ge Treue mir geschworen,
>Weit über's Grab hinaus, bis hin zu Dir,
>Madonna, Schmerzensreiche, schöne Mutter,
>Vor der ich meinen Busen offenbare,
>Daß, Ewigliebende, Dein Kind Du richtest! –
>Mit Ihm zu Dir! das wäre süßes Sterben
>Und willst Du mir ein selig Loos bereiten,
>*Nimm* uns vereint hinauf zu Deinen Wonnen!
>   [Ende des Monologs][41]

Was auf den ersten Blick nur unverbindliche Berührungspunkte enthält, läßt
sich doch genauer als Transposition lesen. Situation und seelische Not des
Pfarrers (drohender Tod, Beichtverlangen) werden auf die Braut des Todes selber übertragen. Dieser Kunstgriff, auszugsweise Staffage, Dramaturgie,
Gestik und Wortwahl »Bonaventuras« aufzunehmen und dem Liebeskonflikt
der Braut zu unterlegen, zeigt sich vor allem bei der Apostrophe, in der man
sich – stark verunsichert noch und vom Verstummen bedroht – dem Himmelslicht eröffnet; sodann bei der Blick-Sprache, deren Deutung den Höhepunkt
beherrscht; und bei der Schlußwendung, himmlische Bestrafung und Aufnahme zu erflehen.* Beachtenswert auch einige kleinere Umformungen. Aus
der Anfangszeile »Die müden Glieder neigen sich zur Erde« wird, angemessen
verstärkt: »Zieht mich's hinunter in das Grabgewölbe« (wie in das »frisch
geöffnete Grab«, das der Pfarrer später erblicken soll). »Ihr ew'gen Lichter«,
ruft der Pfarrer aus und kommt auch in seiner Erzählung leitmotivisch auf das
(stumme) Himmelslicht zurück; Eleonore ruft mit dem »Licht« des Himmels
zugleich ihren Geliebten, »Heliodor« an, weshalb es einigermaßen plausibel
wird, daß ihre Sehnsucht nach dem rettenden Geliebten auch in christlich-

---

* Und macht uns nicht Klingemann darauf aufmerksam, daß schon Schellings Gedicht
ein anderes Gebet in sich aufgenommen hat? – »Ach neige, / Du Schmerzensreiche, /
Dein Antlitz gnädig meiner Noth!«

himmlische Todessehnsucht umschlagen kann (der Umschlag bleibt aber immer noch befremdlich genug, Folge der engen Anlehnung an die Sterbebereitschaft und die »letzten Worte« des Pfarrers).

Die Buchfassung (1830) des so grellen wie banalen Trauerspiels bringt die Szenen des Vorabdrucks so gut wie unverändert.* Leidlich vertieft werden eigentlich nur zwei Motive aus der 10. Nachtwache. Zum einen, wie auch in der 10. Nw doppelt ausgeführt, das Umringtwerden von Karnevalslarven (gegen die Heliodor auf Leben und Tod zu fechten hat) bzw. von jenen bleichen Schwestern (von denen die Braut eingescharrt zu werden wähnt); zum anderen das Motiv des Wahnsinns, der die lebendig Begrabene begleite, indem hier Leonora gar der eigenen Totenmesse beizuwohnen meint (»...die Orgel endet in einer Dissonanz«)[43] und so gewissermaßen Kreuzgangs Beobachterposition für sich selbst übernimmt.

Bei zurückhaltender Deutung könnte man meinen, die »Bonaventura«-Diskussion habe Klingemann dazu angeregt, die »Nachtwachen« noch einmal zu lesen und seinerseits neu aufzuwärmen, d. h. ohne andere Absichten damit zu verfolgen. Diese Erklärung befriedigt aber schon deshalb nicht, weil Ort und Umstände des Vorabdrucks sowie die Auswahl gerade der für das Pseudonym »Bonaventura« zentralen Szenen die Annahme rechtfertigen, daß Klingemann hier, immer noch vorsichtig (über Schefers Novelle) und mit spielerischer List, bestimmte Spuren legen wollte. Und damit nicht genug, hat er nun in dem 3. Band seines vielgelesenen Reisetagebuchs »Kunst und Natur«, der soeben (1828) erschienen und von Müllner selbst noch im April aufwendig vorgestellt worden war,[44] zwei schimmernde Preziosen angebracht, die jedem nur einigermaßen mit den »Nachtwachen« vertrauten Leser auffallen muß-ten. Ich meine die in der Eleganten seinerzeit im »Prolog des Hanswursten« abgedruckten Stellen über Erasmus Darwins »Handthierung« und Goethes »Mandandane«, Stellen, deren Fußnoten *nicht* in diesem Vorabdruck 1804, wohl aber in der Buchausgabe der »Nachtwachen« und nun wörtlich wieder im 3. Band 1828 gebracht werden (das kleinste und feinste Indizium seiner Autorschaft: s. S. 43). In all den Kleinigkeiten zeichnet sich doch eine Strategie ab. Und man muß sich darum endgültig mit dem Gedanken vertraut machen,

---

* Hier auch, im 5. Akt legitimiert sich das Verfahren, das Wort des Pfarrers (»mit *flehender* Gebehrde«) in der G e b ä r d e der Braut zu identifizieren (»die Arme ausbreitend...«). Leonora, die sich in einem Grabgewölbe verbergen muß, bezieht sich in ihrer Verzweiflung unverkennbar auf jene anfängliche, apostrophierende Gebärde und spricht dabei nun auch das Wort selber aus:

  »Vergebens heb' ich aus der Gruft die Arme
  Zum hellen, gold'nen Leben *flehend* auf;
  Ich bin auf ewig in die Nacht verstoßen,
  Und finde todt nur bei den Todten Zuflucht.«[42]

daß Klingemann, nach der Vertreibung des Herzogs im Gefolge der Julirevo-
lution 1830 wieder als Theaterleiter eingesetzt, sich noch deutlicher zu erkennen gegeben hätte, wäre er nicht ein paar Monate darauf, am 25.1.1831 plötzlich einem »Lungenschlag« erlegen.

Auch den langjährigen Konflikt mit seinem Herzog, der das 1818 von Klingemann
ins Leben gerufene Braunschweiger »Nationaltheater« nach seinem Regierungsan-
tritt zum Hoftheater ummodelte und Klingemann als herzoglichen Generaldirektor
engagieren konnte, hat Klingemann in diesem letzten Schauspiel behandelt, in der
Entwicklung nämlich zwischen dem Künstler Heliodor und dem mäzenatischen
Grafen Grimaldi. In der ersten Szene des Stücks, die im Palast des Grafen spielt,
sucht Grimaldi dem Maler fürstliche Belohnungen aufzudrängen und will sich als
»zweiter Vater« anerkannt sehen; Heliodor spricht von goldenen Fesseln und gibt
erst beim Wort des Grafen nach:

> »Des Künstlers Stammbaum greift hoch in den Himmel,
> Ihn schmückt der ächte, angeborne Adel,
> Und neben Rafaels und Dante's Namen,
> Gehn Könige der Vor- und Nachwelt unter!« (l. c., S. 119)

Grimaldis Enthusiasmus überfliegt also noch die von Schiller bzw. Kreuzgang gegen
Ende der 16. Nw beschworene Gleichstellung der Künstler und Fürsten. Zum uner-
bittlichen Verfolger wird der Graf dann, als Heliodor ihn beim Wort nimmt (und
nicht mehr auf seine Tochter Bianca verzichten will). Immer wilder dagegen nun
Heliodors stolzes Hervorkehren der eigenen Herkunft und Ausbildung als Waffen-
schmied; sein leises Drohen mit »guten, scharfen Klingen« (S. 124) kulminiert in
jener Fastnachtsszene, als er gegen Helfershelfer des Grafen zu kämpfen hat –

> »…Ficht mit mir im Mantel!
> Sie stickten ihn mit Deinen Stammbaums-Blättern,
> Daß sie mein Malerpinsel roth grundire!
> …fahr' zum Teufel, wie Dir's ziemt!
> Doch sag zum Abschied Deinem Schwiegervater
> Wie Künstler sich am Ahnenpöbel rächen…
> Schwertfeger bin ich, wollt Ihr Klingen proben? –
> Hei rings umher welch lustig toller Fasching!
> Zurück, ihr Larven, sonst entlarv' ich Euch!« (S. 209f.)

Wenn das kein Spiel mit dem eigenen Namen unseres »Klinge«-Künstlers ist! Eine
Abrechnung, die durch die exotische Inzestfabel und durch Details wie die Umkehrung des Altersunterschieds verdeckt und dabei doch öffentlich vorgetragen wurde:
Der schon Entlassene konnte sein Stück März 1830[45] noch auf der herzoglichen
Bühne aufführen lassen; seine Frau Elise, deren nur widerwillig vom Herzog verlän-
gerter Kontrakt auslief und für die Klingemann Oktober 1829 eine Anstellung bei
der Leipziger Hofbühne gefunden hatte,[46] spielte zum Abschied die Rolle der dämonischen Sibylla, Biancas (Leonoras) Amme, die aus Rache an dem Grafen, der sie als
»böser, bleicher Todtengräber« aus seinem Hause verbannt hätte (S. 152f.), den Konflikt zwischen den Männern mit Erfolg schürt. Bei der zweiten Braunschweiger Aufführung habe man – wie Klingemann am Ende der Buchausgabe anmerkt – dann aus
»zweckmäßigen« und auch für weitere Aufführungen vertretbaren Gründen die
Schlußszene fortgelassen, in der Sibylla als triumphierendes »memento mori« vor
den zusammengebrochenen Grafen hintritt.

Folgt man Klingemanns Hinweisen und vergleicht sein Stück mit Schefers Novelle, hebt sich Heliodors Konflikt sofort und scharf von der Vorlage ab. Die Entführungsgeschichte der Novizin zwar wird in vielen Details beibehalten, Schefers Held jedoch, ein blasser Hauptmann namens Georg von Nostiz, bleibt ohne Vergangenheit und entwickelt kein Verhältnis zu dem Grimaldi der Novelle. Und wie Grimaldi erst bei Klingemann zu einer gewichtigen Figur mit Fürstenallüren wird, so handelt erst bei ihm Sibylla aus persönlichem Ressentiment. Auch die Verbindungsmotive mit Schellings Gedicht bzw. der 10.Nw finden sich so allein in Klingemanns Stück: Leonoras nächtlich flehender Monolog, ihr Wahnsinn, die Orgeldissonanz, die umringenden Karnevalslarven und ihr Tod im Grabgewölbe.

11. Nachtwache (»Ahnungen eines Blindgebornen. – Das Gelübde. – Der erste Sonnenaufgang.«)

Mit ihren 77 Grundwörtern hat diese Nachtwache die mit Abstand niedrigste Fallzahl, noch die Einleitung zum »Teufels Taschenbuch« ist hier stärker. Auch sie läßt sich datieren, zwar schwach im Signifikanzgrad (p < 0,05 auf dem Gesamtniveau), recht bestimmt jedoch für einen schmalen Zeitraum (Nr. 73–91). Ungefähr derselbe Zeitraum (Nr. 68–91) deutet sich auf dem Artikelniveau an, bleibt aber ein wenig unter der Signifikanzschwelle. Weitere Angaben, etwa zum Schwerpunkt, läßt die Fallzahl nicht mehr zu. Statistisch verläßlich ist so nur das Urteil, daß die 11.Nw in zeitlicher Nähe zur 10.Nw verfaßt wurde.

Die 11.Nw ist in der Forschung womöglich noch umstrittener als die 5. oder die 10.Nachtwache. Daß man sie einem anderen Verfasser als Bonaventura zuschreiben wollte, kann bei rein grammatikalischer Betrachtung nicht verwundern, weicht sie doch für den Anteil an Konjunktionen und Modaladverbien (Tabelle III) enorm vom Grundwortbestand der anderen Nachtwachen ab. Berücksichtigt man freilich, daß die 11. die einzige Nachtwache ist, die laut Erzählfiktion *nicht* aus der Feder Kreuzgangs stammen soll, sondern als Bruchstück aus der Geschichte des Unbekannten in Manier einer Tagebuchaufzeichnung vorgelegt wird (»Ich liebe das Selbst – drum mag er selbst reden!«), dann darf dies grammatisch und erst recht in Stil und Ethos aus dem Rahmen fallende Erzählstück eigentlich nicht mehr befremden. Schillemeit, der hier auf Materialien zugunsten eines anderen Autors hofft,[47] hat sich deswegen den Unmut von Sammons zugezogen: »Er macht den Eindruck, als ob er die Funktion der Erzählung des ‚Unbekannten im Mantel' in der 11.Nachtwache als Vorgeschichte der Erzählung von der lebendig begrabenen Nonne in der 10.Nachtwache nicht begriffen hätte, und nimmt den alten, wirklich hoffnungslosen Vorschlag auf, die 11.Nachtwache könnte von einem anderen Verfasser stammen.«[48]

Was hat es mit dieser Vorgeschichte auf sich? Erfahren hätte Kreuzgang sie von dem Unbekannten, dem er vor der Klostermauer begegnet war und dem er

nachher das Neugeborene übergibt. Vorgetragen wird nun aber nicht die Lie-
besaffäre selber, sondern ihre Fundierung in der Kindheit: wie der Blindgeborene die Spielgefährtin Maria durch das Gelübde seiner Mutter verliert, das
Waisenkind dem Himmel zu weihen, sollte je dem Knaben das Augenlicht
geschenkt werden. Dieser seelische, ödipal besetzte Kampf zwischen der
Sehnsucht, die Sonne (die Mutter) zu sehen und der Furcht, darüber die
Freundin zu verlieren, beherrscht die Vorgeschichte, um zuletzt merkwürdig
überstrahlt zu werden durch die hymnische Szene, wie der Knabe bei Tagesanbruch die volle Sehkraft erhält.

Die letzte Szene hat noch die stärksten Irritationen in der Forschung her-
vorgerufen, und um auch diese stilistische Variante bei Klingemann zu belegen
(und beiläufig auch die Hypothese vom Zeitdruck zu stützen), führe ich Schil-
derungen von Sonnenaufgängen in »Romano« und »Albano« an.

> 11. Nw: »... – aber am Himmel zogen die Geister mächtiger heran, und wie die
> Sterne verlöschten, flogen *goldene Rosen* über die Berge empor in den blauen Him-
> mel, und ein zauberischer Frühling blühete in der Luft – immer mächtiger und
> mächtiger – jetzt wogte ein ganzes Meer herüber, und Flamme auf Flamme brannte
> in die Himmelsfluthen.
> *Da stieg über den* Fichten*wald*, in tausend Strahlen wiederleuchtend, wie eine
> entzündete Welt die ewige Sonne *empor!*... Als ich wieder erwachte, da schwebte
> der Gott der Erde in den Lüften, und die Braut hatte alle ihre Schleier zerrissen, und
> enthüllte ihre höchsten Reize dem Auge des Gottes. –«
> »Romano« (1801): »Aber wie der Maler das Netz vor sich ausspannt und die glän-
> zenden Farben darüber hinwirft, so entzündet sich jezt die weite Luft, und der Mor-
> gen streut *goldene Rosen* vor sich her, vorüber er hinwallt...
> *Da steigt* der junge Tag *empor über* die *Wälder* und schüttelt seine glühenden
> Lokken, und die erwachende Erde dampft ihm Wohlgerüche entgegen... Und alles
> Leben sehnt sich jezt hinauf zu dem hohen Jünglinge, aber alle diese Sehnsucht ent-
> brennt zu einem einzigen Liebesblikke in seinem glühenden Auge«.[49]
> 11. Nw: »Überall war Heiligthum – der Frühling lag wie ein süßer Traum an den
> Bergen und auf den Fluren... die Schmetterlinge als fliegende gaukelnde Blumen in
> den Lüften – Gesang aus tausend Kehlen, schmetternd, jubelnd, lobpreisend – und
> das Auge Gottes aus dem unendlichen Weltmeere zurückschauend und aus der Perle
> im Blumenkelche.«
> »Albano« (1802): »Ein warmer Himmel ruhete über der Erde, aus der der Früh-
> ling brennend aufging, und alles mit Glanz und Schönheit überhüllte. Bunte Vögel
> schienen in dem Luftmeere zu schwimmen, und wiegten sich auf aufkeimenden
> Blüthen, und alles war Liebe und Wonne ringsum.«[50] (»Bunte Schmetterlinge, / Die,
> Blumen gleich, in dem Gezweige spielen«, heißt es wieder 1818 bei Klingemann.)[51]

Der Vergleich der Szenen mit der 11. Nw macht gleichermaßen den erzählerischen Rückgriff Klingemanns und den Fortschritt dabei deutlich. Insbesondere das Bilddetail der goldenen Rosen wird kühner ausgeführt; Camillo hält
sich umständlich an das Gleichnis des Malernetzes, in »Albano« erscheint an
dieser Stelle nur das »goldene Netz der Morgenröthe«[25], und in der 11. Nw
werden die goldenen Rosen ohne weiteres wie Farbtupfer über den Malgrund

des blauen Himmels geworfen. Es liegt aber etwas Bedeutenderes in dem Vergleich. Bei den beiden Vorläufern der Nachtwachen-Szene handelt es sich
nämlich gar nicht unmittelbar um Sonnenaufgänge, sondern in »Albano« um
die Beschreibung eines Gemäldes und in »Romano« um ein Sinnbild des visio-
nären Malers Camillo – um sein »Fragment über Poesie«! So liegt uns denn
mit der 11. Nw selber ein vielfach übermaltes poetisches Bild vor –:

Schon einmal suchte Klingemann die Poesie im Bild des Sonnenaufgangs
zu erfassen, in seinem wichtigsten und auch bekanntesten literarischen Projekt
»Memnon«. Hugo Burath stellt das Unternehmen in seiner Klingemann-
Monographie (1948) ausführlich vor. »Im Sommer des Jahres 1800 erschien bei
Wilhelm Rein in Leipzig die Zeitschrift ›Memnon‹, herausgegeben von Klingemann, der ihren Inhalt allein mit den Freunden Brentano und Winkelmann
bestritt.

Der Umschlag des Großoktavheftes dieser Zeitschrift zeigte die Memnon-
säule mit der Sphinx, dem Symbol der Jahrhundertwende. Der Name war
Klassizismus, der Inhalt Romantik Schlegelschen Geblütes. Alexandrinischer
Mythos verknüpfte den homerischen Bericht von dem Helden Memnon, dem
Sohn der Eos, den Achill erschlug, mit jener Kolossalstatue (Amenophion)
von Medinet Habu bei Theben, die nach der Zertrümmerung durch ein Erdbe-
ben unter dem Anhauch der Frührotstrahlen getönt haben soll gleich dem
Klang einer gesprungenen Saite. Dieses Naturwunder legte die Deutung nahe,
Memnon erwidere den Gruß der Mutter Erde. Anspielungen hierauf lagen in
der Zeit. Jean Paul nennt 1798 Herder die ›klingende Säule der dumpfen Bau-
mannshöhle der Welt‹; im Februar 1800 schreibt ihm Herder: ›Ihr Stil ist ein
tönender Memnon vor Apollo‹… Ein Fragment des Novalis verkündete: ›Der
Geist der Poesie ist das Morgenlicht, das die Statue des Memnon tönen macht.‹
Dazu kam nun, daß Jacob Böhmes ›Aurora oder die Morgenröte im Aufgang‹
(1612) von der jungen Generation als eins der ›Urbücher der neuen Kultur‹
gefeiert wurde. Friedrich Schlegel nannte es ›die Morgenröte begrüßen‹, wenn
er seine Ideen aussprach. Zum Überfluß begann man ›Goethe‹ auf ›Morgenröte‹ zu reimen! War es ein Wunder, daß es Goethe denn doch zu viel Morgenröte war?

So wußten bei dem Namen ›Memnon‹ alle Freunde der Dichtkunst, um
was es ging. Daß man gläubigen Herzens einem neuen Frührot der Poesie
zustrebte, verkündete überdies ein schwerflüssiges Eingangsgedicht Klingemanns. Im übrigen hatte der Herausgeber den dichterischen Anteil den Freunden überlassen und sich darauf beschränkt, in theoretisierenden Aufsätzen
›An Julius‹, ›Religion‹, ›Poesie (Fragmente an Louise)‹ und in ›Briefen über
Schillers Wallenstein‹ die romantische Kunstansicht dazulegen.«[53] »In Brentano funkelte schon dichterische Traumherrlichkeit, in Winkelmann stammelte Mitgerissenheit, in Klingemann, dem an Verstandesklarheit und Wissen

Abb. 2

Überlegen«, klärte sich Führerschaft«, das Ganze »ein einziger Freund-
schaftstempel jungen Dichtertums«.[54]

Es scheint sehr, als habe Klingemann »Memnon« geradezu als Antwort auf
jenes vorletzte Fragment aus Friedrich Schlegels »Ideen« (Anfang April 1800
soeben im »Athenäum« erschienen) hinzustellen gesucht; Schlegel: »Ich habe
einige Ideen ausgesprochen, die aufs Centrum deuten, ich habe die Morgenröthe begrüßt nach meiner Ansicht, aus meinem Standpunkt. Wer den Weg
kennt, thue desgleichen nach seiner Ansicht, aus seinem Standpunkt.«[55] Denn
das Einleitungsgedicht von »Memnon«, das laut Inhaltsangabe seinerseits
»Memnon« heißt, wurde in der Voranzeige der »Allgemeinen Literatur-Zei-
tung« vom 26.4.1800 noch als »Begrüßung der Morgenröte« angekündigt.[56]
Es sei hier vollständig wiedergegeben, da Memnons Verhältnis zu der Mutter
Aurora für den Blindgeborenen der 11.Nw und für die »Nachtwachen« überhaupt von hoher Bedeutung ist.

> Es sitzet starr in traurig-düsterm Harren
> Das dunkle Bild, und alles Leben schweigt;
> Rauh steigt es aus der stillen Nacht hervor,
> Und blickt, wie die Bedeutung, ernst und schweigend,
> In's tiefe Dunkel und zum fernen Morgen.
> Gefesselt an der rohen Masse Schwere
> Erstarrt die Bildung, nie ersteht die Form;
> Denn ach, noch schweigt der schöne inn're Ton,
> Der alles Leben weckt und ruhig hält –
> Die Nacht ist stumm, und nur am goldnen Licht
> Entzünden sich des Lebens Harmonien. –
>   Welch leises Wehen durch den dunkeln Himmel!
> Die Wellen kräuseln sich im hohen Osten,
> Und sieh, da steigt ein ferner sanfter Schimmer,
> Des schönen Lichtes stiller Geist empor –
> Und tiefer regt sich's unten in der Nacht
> Und streitet ringend mit dem neuen Leben.
> Der kalte Sohn stützt seine starren Hände
> Gewaltig auf den rauhen Stein, und strebt
> Sich aus der dunkeln Nacht hervorzuheben.
> Da rührt sein stummes Flehn die holde Mutter,
> Sie blickt ihn an, und ihre treue Liebe
> Erwärmt sein kaltes abgestorb'nes Herz –
> Aurorens erster Strahl legt golden sich
> Um seine Stirn, und froh durchzittert ihn
> Des neuen schönen Tages süße Hoffnung;
> Der träge Schlummer flieht von seinen Augen,
> Und an dem goldnen Licht entzündet sich
> Der erste Ton und hallt harmonisch wieder.[57]

Der Sonnenaufgang ist hier als Geburtsvorgang dargestellt, als Erblicken des
ersten Lichts (naheliegend bei dem mythologischen Hintergrund der Mem-

nongestalt). Solche Geburt, oder vielmehr Wiedergeburt erwartet auch den Blindgeborenen der 11.Nw beim Anblick der Sonne – »Meine Brust hob sich stürmischer. Ich stand an den Pforten des Lebens, gleichsam um zum zweiten-male geboren zu werden«.

> Da rührt sein stummes Flehn die holde Mutter,
> Sie blickt ihn an, und ihre treue Liebe
> Erwärmt sein kaltes abgestorb'nes Herz –
> Aurorens erster Strahl legt golden sich
> Um seine Stirn… –

»›Armer Knabe, du verstehst es nimmer, du bist blind geboren!‹ antwortete sie gerührt und fuhr sanft mit der Hand über meine Stirn und meine Augen«, als der Knabe aufgeregt nach der Sonne fragt. Ihre Geste zu Beginn der 11.Nw verrät schon die Verwandtschaft der Mutter mit Aurora, der Rosenfingrigen, und den Schluß der 11.Nw überstrahlt ihr schmerzlich belebender Blick – »Plötzlich rauschte es hinter mir – neue Schleier fielen von dem Leben – ich schaute rasch zurük und sahe – ach zum erstenmale! das weinende Auge der Mutter!

O Nacht, Nacht, kehre zurük! Ich ertrage all das Licht und die Liebe nicht länger!«

Auch der Schlußsatz deutet auf den höheren Sinn. Es geht gar nicht mehr um die Spielgefährtin Maria und die Furcht, sie zu verlieren; diese »Vorge-schichte« zur 10.Nw ist wie vergessen vor der Erscheinung der »Mutter«, die eine mögliche – hier zuletzt dementierte – Wiedergeburt des Lebens aus der Poesie verkörpert.* Wenn also die 10.Nw die Vorgeschichte des Pseudonyms »Bonaventura« zu ihrem heimlichen Thema macht, dann stellt die 11.Nw in allegorischer Form die Vorgeschichte der »Nachtwachen« selber dar und for-dert zu der biographischen Interpretation auf, das Buch als Klingemanns strik-

---

* Es ist kein eigentlicher Widerspruch, wenn die aufgehende Sonne in der 11.Nw zunächst als »Gott« und dann als mütterliche Lichterscheinung gesehen wird. Dies eben ist die klassische Doppelgestalt der Sonne, als Helios der Lichtgott (der auch Blinde heilt) und als Aurora (Eos) die schwesterliche Morgenröte (die in Trauer um ihren Sohn Memnon Tautropfen vergießt – »… das weinende Auge der Mutter«?). Ihre Farben der Morgendämmerung, Gold, Safrangelb und Rosenrot sind in den goldenen Rosen aus »Romano« und der 11.Nw wiederzufinden. Die Nachtwache scheint auch auf die metaphorische Gewalt der Aurora, welche die Sterne fliehen macht, anzuspielen (»die Sterne erblaßten wie vor Schrecken«).

Helios selber ist bekanntlich – so auch in der Briefstelle bei Jean Paul – eine Erscheinungsform von Apollon (Phöbus), dem Gott der Dichter, dessen trauriges gegenwärtiges Schicksal Klingemann 1803 in den »Freimüthigkeiten« und dann in der 8.Nw in Gestalt seines verhungernden Jüngers beklagt hat. So feiert schon der Maler Camillo, mit Harfe und Sehergabe zugleich als ein Stellvertreter des Gottes gezeichnet, im Bild des Sonnenaufgangs die Poesie, wie sie »die Welt zu einem ewi-gen Kunstwerk« dichte.[58]

ten und gründlichen Widerruf von »Memnon« zu lesen: Der Sohn der Nacht
muß im Zustand der Todesstarre verharren, das Leben in seiner konkreten
geschichtlichen Gestalt bleibt für Kreuzgang unfähig zu poetischer Steigerung
und Verklärung. Auf die gewandelte Lage geht speziell der Schlußsatz der
11. Nw ein, ein Mißton, wo die frühromantische, spinozistische Kunstreligion
von »Memnon« sich hochgestimmt fand.

Zu dieser Deutung hatte ich schon in dem »Rohmanuskript« von 1973
angesetzt, das in dem Arbeitstitel »Zersprungene Identität« Klingemanns Entwicklung von »Memnon« zu den »Nachtwachen« ins Auge faßte. Was damals
– sicherlich noch zu forciert – als »programmatisches Sichidentifizieren mit
dem Klingemann der Antike« bezeichnet wurde, als eine erstaunliche und
schon »irrwitzige selbsterlösende Gleichsetzung mit dem Stummen«,[59] diese
»Memnon«-Gläubigkeit von 1800 ist nun ergänzend von dem poetischen
Freundschaftsbund her zu betrachten. Denn daß Memnons Neugeburt Klingemann so nachhaltig faszinieren konnte, bis zur Umkehrform der »Nachtwachen«, erklärt sich nicht bloß aus der Inbrunst, mit der er selber permanent die
Morgenröte in der Zeitschrift feiert, sondern erst in der besonderen Zusam-
menarbeit mit den beiden poetischen Studienfreunden.

Da ist zunächst August Winkelmann (1780–1806), Neffe von Johann
Anton Leisewitz und wie Klingemann vom Braunschweiger Collegium Carolinum zum Studium nach Jena gekommen. Winkelmann hält sich in seinen drei
Sonetten und in dem »Quartett, am Grabe eines Knaben« besonders folgsam
an Titel und Programm der Zeitschrift. In dem »Quartett« nimmt er beschöni-
gend das Mythologem von Auroras Tautränen auf:

> Die Lebenden weinen / Still auf das Grab;
> So weinet der Morgen / Auf Blumen herab;
> Nach jeglicher Nacht / Die Sonne erwacht.[60]

Sein Sonett »Das Klavier« ist eine unfreiwillige Parodie der Memnon-Situation:

> Ich stehe einsam, still und schweigend hier,
> Was mir im Schooße wohnet, Niemand siehet;
> Ich selber ahn' es leise nur, daß mir
> In innerer Brust ein heilig Feuer glühet!
> Und wie Du mich berührst, so leb' ich Dir…[61]

Brentano geht weit freier mit dem poetischen Kultbild um. Wiederholt wendet
er sich gegen die Versuchungen passiver Resonanz, die mit Memnon gegeben
sind und setzt die subjektive Produktivität gleichberechtigt hinzu. Freier
wechselt er auch zwischen Tag und Nacht, so in seiner »Phantasie«:

> Das Aug' der Sonne glühet / Zur Blume, die aufsteht,
> Den heißen Gruß; / Auf Mondeslippen blühet
> Der Blume, die heimgeht, / Der stille Kuß.[62]

Sein Wechselgesang »Guittarre und Lied« (»Wache auf, Du süßes Lied, /
Öffne Deine goldnen Augen«) wird im zweiten Frühlingsbild der 11.Nw
nachgespielt:

> Guitarre. Kannst Du in den Himmelsseen?
> Keine Freiheit mehr ersehen,
> In den fernen
> Goldnen *Sternen*
> Die *wie Blumen* drinnen *brennen*
> Keinen Frühling mehr erkennen.[63]

11.Nw: »Der Frühling lag wie ein süßer Traum an den Bergen und auf den Fluren
– die *Sterne* des Himmels *brannten als Blumen* in dem dunkeln Grase, aus tausend
Quellen stürzte das Lichtmeer herab«. (Welch geschickte Textmontage: Klingemann hat sich beim Vergleich zwischen Sternen und Blumen von dem »wie« gelöst
und stattdessen »als« gesetzt, womit bei ihm die Sterne, die ja soeben »erblaßt« und
»erlöscht« waren, auch nach Tagesanbruch noch »brennen« können.)

Brentanos dritter Beitrag zu »Memnon«: »Die Rose, ein Mährchen«, ist wegen
des nicht fortgesetzten Erscheinens der Zeitschrift fragmentarisch geblieben.
Ein Bild daraus hat Klingemann wiederum »verkehrt« zitiert; Brentano läßt
seinen Helden Margot einen Sonnenuntergang besingen:

> Ich sah wohl die *glühenden Locken* / Am Berge wehn,
> Oben ihn stehn, / Und freundlich goldene Flocken
> Auf die Bahn hinsäen, / Drauf weiter zu gehen.[64]

»Der Morgen streut goldene Rosen vor sich her, worüber er hinwallt... Da steigt der
junge Tag empor über die Wälder und schüttelt seine *glühenden Lokken*«, war in
»Romano« zu lesen.[65]

Clemens Maria Brentano brachte seine drei Beiträge unter dem Prenonym
»Maria«. So enthält denn noch die vordergründige Geschichte um die Spielgefährtin Maria – »eine elternlose Waise« wie Brentano bzw. der fingierte
»Godwi«-Verfasser Maria[66] –, die den Blingeborenen der 11.Nw mit dem
»ersten Italien meiner Sehnsucht« (Musik und Poesie) vertraut macht, eine
versteckte Huldigung an den bedeutenden »Memnon«-Bundesgenossen von
1800. Und wenn man so will, ist auch eine Spur von Spott darin, eine phantastisch genaue Ahnung, daß Brentano sein poetisch bewegtes Leben gleich der
Maria der 11.Nw klösterlich beschließen würde, d.i. mit den 14-bändigen
»Nachfolge«-Aufzeichnungen zu dem »Leben der heiligen Jungfrau Maria«
(welche Ahnung einem schon kommen mochte, wenn der Held des Märchens
»Die Rose« den Namen seiner Braut trägt: »Wählt' zum Rufe ihren Namen, /
Und thät ihre Farben tragen.«)[67]

Nicht nur in solchen An- und Zuspielungen per Zitat, sondern auch öffentlich, in den beiden Bänden des «Romano« hat Klingemann die Verbündeten
wieder angesprochen. In dem Widmungssonett »Zueignung an August Winkelmann« (zum 2. Teil, 1801) erinnert er an die Zeiten, »wo innig uns dis

goldne Band umschlungen / Und uns die heil'ge Harmonie erfreute«.* »Meinem Freunde Clemens Brentano als ein Stammblatt zugeeignet«, überschreibt er die Eingangsstrophen zum ersten Teil des »Romano« (1800), in denen er sich auf Memnons Entfesselung vom ungestalteten Leben beruft und den Freund auffordert:

> Laß den schönen Tod uns finden / Der ins Reich der Schatten führet.
> Von der Wirklichkeit entbunden, / Kehre die Erscheinung wieder;
> Frei von sterblicher Begierde / Suche nur der Sinn das Schöne...[72]

Wie Werner Bellmann zeigt (1978), hat auch umgekehrt Brentano im »Godwi« auf Klingemann reagiert; besonders die kunsttheoretischen Ausführungen in »Memnon«[73] und »Romano«[74] hätten ihn erheblich beeinflußt.

So hat die letzte zu datierende Episode der »Nachtwachen«: »Der erste Sonnenaufgang« auf einen frühen Höhepunkt in Klingemanns Biographie gebracht. Die große Linie dieses Lebenslaufes – konsequent mit Einschluß der »Nachtwachen« – wird nachher noch weiter zu verfolgen sein. Für jetzt möchte ich noch die verkappte Allegorik der 11. Nw erläutern. Sie war damals so bezeichnend für Klingemanns Erzählen, daß der zweibändige »Romano« als

---

* Das »A.« in Memnon« steht für August Winkelmann und nicht für Achim von Arnim, wie Schillemeit noch 1970 annahm (erst in seinem Klingemann-Buch von 1973 findet sich die richtige Aufschlüsselung).[68]

Bei dieser Gelegenheit hätte Schillemeit darauf hinweisen können, daß er Klingemann nicht erst über das »Bonaventura«-Problem, sondern unmittelbar vorher kennengelernt hatte: Für seine Anthologie »Epochen der deutschen Lyrik 1800–1830« hat er Klingemanns Zeitschrift »Memnon« benutzt und daraus Winkelmanns Sonett »An Tieck« sowie Brentanos »Phantasie« und jenes Poem aus dem Märchen »Die Rose« wiedergegeben. Die Anthologie, die auch ein mit »Bonaventura« unterzeichnetes Gedicht (Schellings) enthält,[69] erschien laut Impressum Juni 1970; im Sommer 1970 nahm Schillemeit (briefliche Auskunft) die Arbeit am »Bonaventura«-Problem auf. Ich werde das Gefühl nicht los, daß der nächtlich harrende, im Nimbus schon durch Titelgedicht und Buchillustration herausgehobene Memnon ist, der Schillemeit auf Klingemanns Spur als »Nachtwachen«-Verfasser brachte, d.h. zusammen mit dem anderen Zufall, daß er wenig zuvor in Braunschweig – Schauplatz der Tätigkeit Klingemanns – sein Lehramt angetreten hatte.

Schillemeit hätte dies alles ruhig selber anführen sollen und so nicht den Eindruck erweckt, als habe er, der wenig Verständnis für den Rang der »Nachtwachen« aufbringt,[70] sich 1970 ohne weiteres die alte verwickelte Streitfrage der Autorschaft wieder vorgenommen und sei allein von daher, vom Problem, auf einen – wie er hervorhebt – »vergessenen Autor«[71] namens Klingemann gestoßen. So, als Explikation eines schönen Zufallsfundes, hätte seine Klingemann-Hypothese sicherlich auch bei der Kritik bereitwilliger Gehör gefunden als über die Braunschweiger Eulenspiegelei, den so erfolgreich vermummten Autor ausgerechnet in nächster Nähe des »Hanswurst-Prologs« in der Eleganten dekouvrieren zu wollen und sodann zur literarischen Identifizierung jenes Verfahren der »Parallelen«-Anhäufung zu übernehmen, durch das sich die »Bonaventura«-Forschung selber längst mattgesetzt hatte.

solcher, der sich als sternbaldisierender Nachfolger des »Wilhelm Meister« gibt, im Innersten als allegorische Erprobung und Ausgestaltung des »Memnon«- Kultes zu interpretieren ist. Die beiden Widmungsgedichte gelten nicht umsonst den jüngsten Bundesgenossen.

In einem gotischen Kloster von dem Mönch Augustin erzogen, dem Adressaten vieler nachfolgender Briefberichte, macht sich Romano von Italien her auf die Suche nach seiner Herkunft und geistigen Bestimmung. Ziel seiner Reise, das sich zugleich auch als Zukunft eines künstlerisch gesteigerten Lebens enthüllen soll, ist das Deutschland Goethes.

In einem der Romanhandlung vorangestellten Fragment über Poesie spricht sich Klingemann gegen jegliches Betonen der Individualität von Figuren aus, da dies den Roman ins Psychologisieren und Moralisieren abgleiten lasse.[75] Entsprechend prononciert im »Romano« ist die romantische Auffächerung der Personen, deren Gesichtszüge ineinandergehen, Gebärden sich ergänzen und Lebenskatastrophen wie in Spiegeln sich vertiefend wiederholen. Ganze Konstellationen von Figuren, mitsamt den Namen der Beteiligten, werden wie im Versuch abgewandelt, und bis zur Selbstanbetung vermischt sich die Geschichte der Protagonisten mit dem Geschick religiöser Kultpersonen (Maria, Christus). Trotz seiner Klagen über das Proteusartige des eigenen Wesens erfaßt Romano selber das Geheimnis des Ganzen: »Das Leben des Menschen ist nicht ein einziges ununterbrochenes, sondern jeder Einzelne besitzt die Fähigkeit sich ohne Ende zu vervielfältigen und ein neues Leben zu beginnen«. »Bald erblikte er sich als die Hauptperson des Ganzen, bald aber schien er nur einen entferntern Antheil an der Handlung zu nehmen, ja oft figurirte er sogar im Hintergrunde, und verlor sich selbst über die Mitspielenden... Die ganze Handlung schien ihm nur allegorisch«.[76]

Leitmotiv dieses Künstlerromans ist die Morgenröte Memnons. Als Appell an eine universelle Wiedergeburt erscheint es sowohl in den Lebenskrisen der Haupt- und Nebengestalten (noch für Maria und Christus) als auch in den Wendepunkten des Romangeschehens. Besonders herausgestellt wird hier der Harfner Camillo; aus dem »Wilhelm Meister« in die Sphäre Memnons übersetzt, pilgert er zur Erlösung aus seiner Todesstarre Deutschlands Grenze entgegen; dort sehen wir ihn am Ende des ersten und zu Beginn des zweiten Teils in Erwartung des anbrechenden Tages. »Camillos Vision« heißt der klimaktische Schlußteil des Romans, in dem der Seher sich durch ein Pantheon der Lebenspoesie geführt glaubt; vorbei an noch verdunkelten und unverständlich sprechenen Gestalten (vernehmlich allein Böhmes »Die Morgenröthe ist im Aufgehen!«) führt der Weg zu einem Tempel, den Spinozas Göttergestalten bewohnen und dessen poetische Gemälde in einem Sonettenkranz gepriesen werden: Im äußeren Kreis noch Schlegels »Lucinde« und Tiecks »Genovefa«; wie im Zentrum schon das späte Werk des Sonnenadlers Schiller; aber erst in einem zweiten inneren Tempel nähert sich Camillo der Erfüllung und gelangt über den »Faust« (»Du kannst die Brust im Morgenrothe kühlen«) zuletzt zum »Wilhelm Meister«, dessen Stationen zur »Lebenskunst« in einem eigenen Sonettenkranz in der Apotheose des Meisters selbst gipfeln (»Und vor ihm blüht der Glanz der Morgenröthe«). Auf Camillos Vision und Schwanengesang hin schließt der Roman in allegorischer Szene:

»Am andern Morgen bestieg Romano den Berg; da saß Camillo an einen Felsen zurückgelehnt, mit dem Gesichte gegen die aufgehende Sonne gekehrt, sein rechter Arm ruhete herabgesunken, auf der Harfe. Vor ihm auf dem Boden knieete Fortunato und wand lebendige Blumenkränze um die Saiten.

Die Sonne stieg majestätisch über die Wälder empor, und warf eine Stralenglorie über das Antlitz des Sehers... Schweigend und in sich gekehrt übersah er [Romano] die erhabne Szene, als jemand leise seine Schulter zu berühren schien, – rasch sah er sich um, breitete die Arme aus, und A u r o r a sank an seinen Busen.«[77] Der Schluß ist doppeldeutig wie bei der 11. Nachtwache. Aurora die Geliebte ist hier eigentlich nicht am Platze, Romano hatte sie in Italien zurückgelassen: Vorbereitet durch Camillos Rede bei einem Gelage römischer Künstler, noch voll »Ahnung einer kommenden Morgenröthe« war er in die Arme einer rätselhaften Schönen getaumelt, einer »Göttergestalt« mit einem Gewande »wie ein zarter Nebel«, »über und über glühend« beim Tanze; erst am Morgen beim fluchtartigen Abschied hatte er ihren Namen Aurora erfahren.[78] Sie war ihm so nicht wieder begegnet. Später fand sich Romano in »lieblicher Helle« bei ihrer Schwester Sperata wieder, die Züge der Selene oder Luna, der mythologischen Schwester Auroras trägt. »Ihr Gesicht war eine geheimnißvolle Hieroglyphe, ein seltsames Gemisch von Schatten und Licht; ein brauner Bogen wölbte sich über das schönste blaue Auge...; aber dicht an das höchste Leben schloß sich Schlaf und Tod – die andere Hälfte des Gesichts war starr und kalt, das Auge schlummerte auf immer«[79] (die kalte unbeleuchtete Seite des Mondes; daß Selene »als bergliebende Nacht- und Totengöttin... eine bedeutende Rolle in der spätantiken und mittelalterlichen Zauberliteratur«[80] spielt, findet sich – mitsamt dem Weiblichkeitskult – auch für Auroras Schwester angedeutet.)[81]

Zu seinen Füßen aber hatte der bei Sperata Erwachende Fortunato vorgefunden, Auroras Sohn. Seine kleinen gestischen Absonderlichkeiten bringen ebenfalls eine Gestalt aus dem »Meister« in Erinnerung (Mignon). Nach und nach jedoch schält sich Fortunato als die reinste allegorische Figur des Buches, als (kindliche) Verkörperung von Memnon selbst heraus:

Auroras Sohn ist stumm. »Es ist als hätte er schon einmal gelebt«, bemerkt Romano zu dem ungewöhnlichen Ernst des Knaben; im Osten sei er geboren und bete täglich zur aufgehenden Sonne, »die Hände kreuzweis über die Brust gelegt«; »oft strebt in ihm ein tiefes verhaltenes Gefühl sich zu äußern, und in solchen Augenblikken kämpft er gewaltig mit der Unfähigkeit es auszusprechen... man sollte glauben, durch die Heftichkeit der Anstrengung würden die Bande zersprengt werden und ein tiefer wunderbarer Gesang von seinen Lippen ertönen.«[82]

Romano hofft in Fortunato die verlorende Kindheit, in »seinen stummen Melodien« »den innersten Geist meines Lebens« wiederzufinden.[83]

In seiner allegorischen und biographischen Bedeutung für Klingemann dürfte Fortunato (das Memnonkind) einen letzten Ausschlag für die Übernahme des Pseudonyms »Bonaventura« gegeben haben. Franz Schultz merkt zu der Etymologie des Namens an: »Dem italienischen veritura ›Zufall, Ereignis, Glück‹ kommt keine futurische Bedeutung zu; buona ventura heißt ›glücklicher Zufall, Glücksfügung‹ und als Personenname ›Glückskind‹. So faßte man auch im Mittelalter den Namen auf; statt Bonaventura begegnet man auch Bona ventura, Bona adventura, Bonafortuna... u.a.«[84] Er hätte noch hinzusetzen können: ›Fortunato«, denn auch die Herkunft des Kindes ist entsprechend qualifiziert: »›Wem gehört der Knabe?‹ fragte Romano. ›Er heißt Fortunato, und ist ein Glückskind... In Osten ist er geboren, und sein Vater kent ihn nicht.‹«[85]

Und »Fortunato« ist nicht bloß bedeutungsgleich mit dem Pseudonym »Bonaventura«, vielmehr wird über den Knaben zum erstenmal auch die innere Verwandtschaft zwischen »Bonaventura« und dem Ich-Erzähler der »Nachtwachen«, Kreuzgang bezeugt. Fortunato läßt sich als das Vorbild für unser poetisches Findel- und Wunderkind der 4. Nw identifizieren; Erkennungszeichen ist jener dritte Holzschnitt in Kreuzgangs Lebensbuch, bei dem der Nachtwächter Kreuzgang im Erklären stockt, »weil in dem Holzschnitte von meiner Originalität zuviel die Rede ist«: das Bild zeigt den Knaben bei der Lektüre von Böhmes »Morgenröthe«. Kreuzgang zitiert aus dem dazugehörigen Kapitel den Ziehvater, der die naturpoetische Intelligenz des Knaben rühmt: »Es ist etwas Überschwengliches in ihm, etwa wie in dem alten Böhme, der auch schon früh über dem Schuhmachen sich vertiefte und ins Geheimniß verfiel. So auch er; kommen ihm doch ganz gewöhnliche Dinge höchst ungewöhnlich vor; wie z. B. ein Sonnenaufgang, der sich doch tagtäglich zuträgt... So auch die Sterne am Himmel und die Blumen auf der Erde, die er oft unter einander sich besprechen und gar wundersamen Verkehr treiben läßt« (wie vorhin Klingemann selbst); »ebenfalls nennt er die Blumen oft eine Schrift, die wir nur nicht zu lesen verständen, desgleichen auch die bunten Gesteine. Er hoft diese Sprache noch einst zu lernen«.[86] »Überhaupt scheint eine höhere Sehnsucht nach etwas Unerkanntem und Fremden ihn zu beherrschen; denn ich sehe ihn oft wie er seine Arme nach der weiten Luft ausstreckt und jeden Morgen verrichtet er sein Gebet zur aufgehenden Sonne. – Jeder sichtbare Gegenstand ist für ihn belebt und mit einer Blume, oder einem Gemälde beschäftigt er sich eben so wie mit einem Menschen, und das noch dazu wie es scheint mit einem weit höhern Interesse.«[87] Dies beobachtete Romanos Mutter an Fortunato; und beim Anblick des schlafenden Knaben bemerkt die Ziehmutter Sperata: Er »hält alle diese leisen Ahnungen für Gespielen und lächelt ihnen entgegen... der kindliche Sinn spielt mit allen den bunten Gestalten die ihn umgeben, und er freut sich über den schimmernden Mond und sein goldenes Abbild im klaren Gewässer und das Leben selbst erscheint ihm noch mitten im Leben. Die eigentliche wahre Poesie ist und bliebt immer nur in dem Kinde; der Jüngling hat nichts mehr davon als einzelne Ruinen und traurige Rückerinnerungen.«[88]

So verkörpert Fortunato die Bestimmung der Dichtkunst, indem er die Erinnerung an den halb verschollenen, poetischen Lebensmorgen wachruft. Voll Wärme und Melancholie wird immer auch in den »Nachtwachen« der Kindheit gedacht. Außer in den Szenen um den Blindgeborenen und den jungen Kreuzgang blitzt eine dritte Erinnerung auf, als Kreuzgang bei dem erhängten Poeten in einem Winkel das verwitterte Gemälde erblickt. »Es stellte den Poeten dar, wie er als ein freundlicher lächelnder Knabe an der Brust der Mutter spielte... Hier in dem Bilde lachte die Kindheit noch um ihn,

und er stand in dem Frühlingsgarten voll geschlossener Blumenknospen, nach
deren Duft er sich sehnte und die ihm nur als Giftblumen aufbrachen und den
Tod gaben«; dies ruinöse Lebensporträt zeichnete schon der verhungernde
Dichter selber in seinem Abschiedsbrief, in dem er sich mit dem erblindeten
Ugolino verglich (Dante, 33. Gesang der »Hölle«) und im Anschluß an Dante
die nächtlich erzeugten Poesien seine holden Knaben nannte, «die um mich
her spielten als eine blühende Jugend und goldene helle Träume«.[89] Klingemann stellt in diesem Bild die Sterbestunde des Poeten (Kreuzgangs, ja Klingemanns alter ego) noch einmal dem »Romano« gegenüber, wo man »die Wunder der Kindheit... mit ihren goldnen Träumen« in einer »wiedergebornen
Welt« glaubte erretten zu können[90] und wo Klingemann sich auf D a n t e
berief als den poetischen Garanten dafür, aus der Hölle der Nacht zurückzu-
finden:

> Sein Gesang braust wie ein Katarakt von *himmelhohen Felsen* herab, und stürzt sich
> aus der Nacht hervor, bis ihn das stille Ufer umfängt, und die heilige Morgenröthe
> sanft aus ihm wiederscheint [so in einer Wendung an den »frommen Leser«].[91]

Auch dieses Sinnbild des gigantischen Felsens (des Memnon-Kolosses vor
Aurora!) zitiert Klingemann in der Kindheitserinnerung der 11. Nw verschlüsselt wieder, als der *Blinde* verzweifelnd die (memnonische) Sehnsucht schildert,

> gewaltsam den Körper zu durchbrechen und in das Licht zu schauen. Dort lag das
> Land meiner Ahnung, das Italien voll Wunder der Natur und Kunst...
> Ich saß in meinem Dunkel, und die wunderbare große Welt ging in meinem Gei-
> ste auf, aber die Beleuchtung fehlte, und ich stieg nur* an den Leben herum, wie an
> einem *himmelhohen Felsen*, mit verbundenen Augen...

Die Nachtwachen 5, 10 und 11 haben sich, wie gesagt (S. 126), in der Niederschrift wahrscheinlich zwischen die Anfangs- und Schlußepisoden der 16.
Nachtwache geschoben. Klingemann hätte demnach erst nach gründlicher
lebhafter Rekapitulation der eigenen literarischen Entwicklung, und das heißt
zuletzt: als Antwort auf die »Memnon«-Verehrung, jene große metaphysische
Absage am Grabe des Vaters geschrieben und schreiben können.

---

*   »... ich stieg nur an dem Leben herum«, lautet die Stelle im Erstdruck von 1804, und
   nicht: »... nun an dem Leben herum«[92]. Was nicht unwesentlich ist, da »nur« die
   Pointe des Vergleichs unterstreicht, das Ausbleiben der Morgenröte oder Verküm-
   mern des Lebens: die Krisis von »Nachtwachen«.
     Übrigens wies Klingemanns Geburtshaus, das bis 1807 in den Händen der Fami-
   lie war, den Sonnenfries der Renaissance auf, ein Fächerornament aus »Sonnenro-
   sen«.[93]

Abb. 3

6. Fazit

»Wenn Klingemann tatsächlich der Autor ist, bleiben die ›Nachtwachen‹ erst
recht ein Rätsel«, schrieb Jeffrey L. Sammons gegen Ende seiner ersten, noch
unentschiedenen Besprechung von Schillemeits Buch, dem zufolge Klingemann zutiefst unoriginell zu sein scheine, »ein williger, sogar etwas sich anbie-
dernder literarischer Imitator«. »Simple Nachahmung und die besessene,
rasende Aufarbeitung einer literarischen Atmosphäre sind zweierlei«, meldete
Sammons seinerzeit als Vorbehalt an und setzte dabei die These vom Nachahmer Klingemann schon in Beziehung zu grundsätzlichen Mängeln der Inter-

pretation bei Schillemeit selbst.[1] Auch E. E. Metzner (1974) vermißte bei diesem Identifizierungsversuch außer der Berücksichtigung all der Romane und Schriften, die Klingemann vor den »Nachtwachen« veröffentlicht hatte, noch besonders »die nicht ausdrücklich mit der Verfasserschaftsfrage befaßte ›Nachtwachen‹-Literatur, also so gut wie alles Jüngere«; letztere »meint er… mit einem allgemeinen Hinweis auf die ›z. T. sehr eindringlichen Interpretationen‹ am Schluß der Einleitung übergehen zu können (23); auch später kommt er nicht mehr richtig auf sie zurück – obwohl eine systematische Überführung der neuen These Schillemeits anhand der unabhängig davon gewonnenen Daten über die geistige Haltung und den geistigen Hintergrund der Dichtung wohl unabdingbar gewesen wäre.«[2]

Zweifellos war es dieses Absehen von der tiefer eindringenden Interpretation, das, nach der allzu »selbstsicheren, geradezu nachlässigen Verwegenheit«[3] in der methodischen Vorbereitung, Schillemeit die Identifizierung schließlich wieder verspielen ließ. Die Gleichgültigkeit aber gegen Interpretation und auch literarische Biographie liegt in der erstaunlichen Überschätzung und Popularität des »Parallelen«-Beweises begründet, dem auch ein Rattenschwanz von Mißerfolgen nichts anzuhaben scheint. Früh schon, 1905 drängte es den methodebewußten Oskar Walzel angesichts der »langen Reihe von Parallelen« bei E. Eckertz (Caroline) und zuvor bei R. M. Meyer (Hoffmann) und H. Michel (Schelling) zu dem Stoßseufzer: »Ist denn wirklich umsonst in letzter Zeit die völlige Unzulänglichkeit dieses Beweismittels erwiesen worden?«[4] Als Auswahlverfahren eines Unbekannten aus einem größeren Autorenkreis ohnehin untauglich und lediglich gegenüber einem anderweitig irgendwie schon in Verdacht Geratenen einzusetzen, verführt die Parallelen-Ansammlung anscheinend durch die Kürze ihrer Zugriffsmöglichkeit, durch die Erwartung, daß im bloßen Nebeneinanderstellen von ähnlichen oder teilidentischen Formulierungen als solchem schon, so Zitat für Zitat abrufbar, jedesmal gleichsam ein Stückchen Identität des Verfassers repräsentiert und Zug um Zug so komplettiert werden könnte. Wer so die verwickelte individualgeschichtliche Darstellung zu vermeiden trachtet, verpaßt beim Identifizieren die entscheidende Dimension persönlicher Identität, ihre eigentümliche Intelligenz und Lebendigkeit, die durch Entwicklungssprünge und Selbstwidersprüche geprägt ist und sich nur so begreifen und verfolgen läßt. Diese in sich strittige lebensgeschichtliche Konsequenz kommt beim Parallelen-Nachweis, der auf Gleichförmigkeit setzt, also gar nicht erst in Betracht; stattdessen stellt sich ihm Individualität als etwas substantiell-Geronnenes dar, das nur als ein sich Wiederholendes in den sprachlichen Äußerungen sich identifizieren lasse, – ein methodischer Konservatismus, der ironischerweise einem Schriftsteller zum Opfer fallen mußte, dem wie Bonaventura längst selber schon derart verdinglichende Auffassungen von Individualität suspekt geworden waren

und der sich ebenso wie gegen modisch abfragbare Persönlichkeitsattribute
(12. Nw) auch gegen die philosophischen Individualfetische oder »Selbst«-
Konstituierungen seiner Zeit gewandt hatte.

Nun hat auch Schillemeit einige literarische Charakteristika Klingemanns
beobachtet und einmal gar von seinem »Histrionischen«, schauspielähnlichen
Zitieren gesprochen. Für die Identifizierung selber jedoch hat er es nicht
berücksichtigen können; wo jemand laufend in »Parallelen« oder »Entspre-
chungen«, »Analogien«, »Anklängen«, gar in »Reflexen«, »Niederschlägen«,
»Spiegelungen« und dergleichen Kategorien denkt, wird, im Verhältnis der
»Nachtwachen« zu Klingemanns anderen Arbeiten, schon im Ansatz die literarische Biographie in ihrer Eigenwilligkeit erstickt; verkannt wird folglich
auch, im Verhältnis Klingemanns zu den Zeitgenossen, sowohl der belebende
Widerstand solcher Anregungen gegen die eigenen (lebensgeschichtlichen)
Verfestigungen und Selektionen als auch umgekehrt das spontane, spielerische
und oft virtuose Überformen vermeintlicher »Reflexe« oder »Anleihen«.
Dabei könnte man durchaus auch mit der Kategorie »Parallelstelle« sinnvoll
arbeiten; auffallende Ähnlichkeiten, Übereinstimmungen im Detail wären als
Anstöße (nicht schon als Beweisstücke) aufzunehmen, um sie vom Denken
und Argumentieren des Verfassers her, auf seinem sich verschiebenden Pro-
blemniveau und damit in ihrer gewandelten Bedeutung vorzustellen. Nicht die
Parallelstelle also vermag zu identifizieren, vielmehr ist sie selber allererst zu
identifizieren, ist als Fragment einer bestimmten Bildungsgeschichte oder
schon speziell als individuelles Stilistikum zu behandeln. Das individuelle
Moment der Verarbeitung wäre am leichtesten noch dort nachzuweisen, wo
jemand Fremdtexte in sein offizielles Werk integriert und diese auch in seine
umstrittene Veröffentlichung (wie »Nachtwachen«) eingearbeitet hat; allerdings zeigt sich dies nicht schon in der kommentarlos zitierten Übereinstimmung, wie Schillemeit es gleich seinen Vorgängern – und einigen Nachfolgern
– vorauszusetzen scheint, sondern erst in den gemeinsamen Abweichungen, in
den noch so geringfügig scheinenden Variationen bei der Übernahme des
Fremden (s. S. 97 zu »Protagonist« oder S. 42 zu Erasmus Darwin). Weitaus
schwieriger ist die Identifizierung des Autorspezifischen in Formulierungen
und Konstellationen, die – als »Wiederholungen« – im ganzen offenbar vom
Autor selbst stammen. Freilich mag es einen wie Schillemeit drängen, statt auf
»blaß« und »allgemein« klingende Formulierungen auf »ausgefallene« und
»aparte« zu achten. Es gibt aber keine Ausdrucksweisen, Gedanken und Formulierungen, die als solche schon jemanden in seiner Einzigartigkeit doku-
mentieren könnten; von der Möglichkeit eines Plagiats einmal abgesehen, muß
jeder Autor selbst da, wo er eigene schriftliche Äußerungen wieder benutzen
will, aus einem anderen Zusammenhang heraus denken, unter verändertem
Problemdruck und -bewußtsein, wobei das Zitierte, und besonders das eigen-

willig-Komplexere, auf der Stelle distanziert wird. Weshalb alle »Parallelen«, auch die wirklich autorspezifischen, mehr oder minder schief und falsch liegen müssen.*

Ohne Berücksichtigung der literarischen Entwicklung läßt sich außerdem jede Parallele zu beliebigen Spekulationen einsetzen; für die Datierungsfrage war dies besonders an den drei Parallelen zur 15. Nachtwache zu sehen (S. 80f.). Die Manipulierbarkeit erfolgt unmittelbar aus dem Sachverhalt, daß die Parallele auf dem niedrigsten, buchstäblichen Sinn-Niveau am stärksten zu überzeugen vermag, also im Zusteuern auf den allerengsten Bedeutungshof, wobei denn die schöpferische, intellektuelle Ausarbeitung solcher Kernzonen in der Regel gar nicht mehr in Betracht kommt (so wenig, daß etwa die für Schillemeit so wichtigen Anfangsparallelen zum »Chor in der Tragödie« eklatante Sinnabweichungen enthalten). Selbst da, wo die Intention nicht entstellt oder gebrochen erschien, war durchweg Erfrischenderes bei Klingemann her-

---

* Ähnlich nun Andreas Mielke anläßlich seiner Parallelen-Kritik an Schillemeit: »Gehen wir ... davon aus, daß Parallelen zweier Texte eine Beziehung zueinander beweisen, so ist ... die Beziehung selbst zu interpretieren. Es geht nicht an, Gemeinsamkeiten schlicht als Indizien für identische Verfasserschaft anzusetzen, seien sie stilistischer, orthographischer oder thematischer Art« (A.M.: »Zeitgenosse Bonaventura«. Stgt. 1984, S.58). Mielke, der übrigens auch die mögliche Relevanz der »Nachtwachen« v. Knoblauchs sowie die fehlerhafte Auflistung der Dienemann-Titel durch Michel erkannt hat, liegt aber gewiß mit seiner Ansicht schief, die Fußnoten der »Nachtwachen« müßten wegen ihres vermeintlich leserfreundlichen Charakters von einem anderen Autoren als »Bonaventura« selber stammen (s.S.133ff. seiner Dissertation), – sein Hauptbeweisstück dafür, die Moritz-Fußnote der 16.Nw, ist nach meinen vorhin gegebenen Erläuterungen ja ganz anders, als äußerst durchtriebenes Spiel nämlich mit dem Leser und mit Tieck aufzufassen.

Daß nun Mielke, nach seiner gescheiten Kritik an der Beweistauglichkeit von Parallelen überhaupt, für 1985 »alles in den Schatten stellende« »Parallelen« zwischen Jean Paul und den »Nw« ankündigt (S. 22 und 240), ist so befremdend wie sein Einfall, ausgerechnet mein Rohmanuskript von 1973 – das im methodischen Widerspruch zu allen Parallelenanhäufungen mit einem Exklusionsverfahren operiert – als »Parallelensammlung« zu charakterisieren. – Apropos: Wenn man jetzt darüber klagt, daß jenes Rohmanuskript relativ schwer zugänglich ist, so darf ich versichern, daß dies weniger an meiner Freude am Versteckspiel gelegen hat, als vielmehr am Mangel an Weitsicht und auch Courage bei einigen unserer Fachzeitschriften, denen es mit Erläuterung der Entdeckungsgeschichte vorgelegen hatte. Die Furcht, sich dabei in Prioritätsstreitigkeiten verwickeln zu lassen, war um so weniger begründet, als schon damals nur von »sich überschneidenden«, also voneinander unabhängigen Entdeckungen bei mir die Rede war, dies, um mit allem Nachdruck die unterschiedlichen Verfahren der Identifizierung und damit auch die unterschiedliche Einschätzung der Identität Klingemanns herauszustellen. Kann man die Bedeutung dieser Überschneidung, die subjektiv zwar betrüblich war, in der Sache aber unschätzbar ist, denn wirklich nicht kapieren? Die »Priorität« jedenfalls, um dies noch klipp und klar zu sagen, kommt selbstverständlich der Erstveröffentlichung der Klingemann-These, also Jost Schillemeit zu.

auszufinden, der sowohl gegenüber dem eigenen Werk (etwa beim Motiv des Sonnenadlers oder bei der Figur des Hanswurstes) als auch gegenüber dem Werk anderer (Hogarth, Jean Paul, Fichte, Schiller) weit respektloser, variationsfreudiger und auch beharrlicher verfahren ist, als es in dem Gestus der Zitatparallele behauptet wird.

So ist es der mechanische Umgang mit den Parallelen, zu dem nicht allein die erwähnte tödliche »Reflex«-Terminologie beisteuert, sondern auch die weitere technizistische Einstellung, in der Schillemeit von der Bonaventura-Forschung berichtet (»so also standen die Dinge«), die Pseudogenauigkeit darin, den Gesuchten wie in einem »Koordinaten«-System festzulegen oder wie einen Ganoven »namhaft und, soweit wie möglich, dingfest zu machen«,[5] ist es diese verdinglichende Identifizierung selber, die Klingemanns hochinteressante literarische Identität banalisiert und lächerlich gemacht hat. Seine Gestalt, so aus hunderten von Parallelen-Fetzchen zusammengesetzt, erinnert denn wirklich an jenes Individuum in der 12. Nachtwache, das, mit dem abgelegten Trödel der großen Dichter und Denker ausstaffiert und auch gestisch und physiognomisch in ihre Haut geschlüpft, Eindruck zu schinden weiß. Schillemeit mußte diese Figur wie eine Selbstpersiflage des Verfassers vorkommen, die sich anderen Interpreten – zumal bei Kenntnis der Quellenlage – als ein Exempel zeitüblicher Originalitätssucht darstellt und für Klingemann nur als eklektizistische Vorstufe zu einer möglichen »Übersetzung« des Menschen von Belang war.

Klingemann hielt sein Leben lang (was Nachahmer schwerlich fertigbringen) zu den gewichtigsten Motiven, Figuren und Themen der »Nachtwachen«. Die Vermutung, später habe er wohl nichts mehr von diesem Buch gehalten,[6] wäre nicht erst durch Recherchen wie die zum Schlußwerk »Bianca di Sepolcro« zu revidieren gewesen, schon die Aufzählung von Peter Küpper (1967) zu den »Nachtwachen«: »Leitfiguren sind Ödipus und Hamlet, Ahasver und Don Quijote, Don Juan und Faust«,[7] läßt sich wie eine Anthologie Klingemannscher Theaterstücke lesen: »Faust« (1815), »Don Quixote und Sancho Pansa« (1815), »Ödipus und Jokasta« (1820), »Ahasver« (1827) sowie – als Bühnenbearbeitung – »Hamlet« (1815). Und wenn Schillemeit annimmt, daß Klingemann von der späteren Zuschreibung der »Nachtwachen« zugunsten von Schelling keine Notiz genommen habe, da »längst in Amt und Würden eines Theaterdirektors und entsprechend beschäftigt«,[8] dann wird es gar zu arg, da die Begründung auch noch die schlichteste Konsequenz dem Werdegang »Bonaventuras« abspricht: Der Verfasser der »Nachtwachen«, der von Kreuzgangs erstem Auftritt an mit Bühnenmotiven experimentiert und in der »Hamlet-Ophelia«-Nachtwache sein Grundthema einer artistischen Lebensform so ergreifend durchdacht hat, wurde wahrlich nicht von ungefähr zu einem der bedeutendsten Bühnenleiter seiner Zeit!

Auch das Ensemble der eigenen historischen Theaterstücke, von denen noch zu nennen sind: »Moses«, »Heinrich der Löwe«, »Heinrich der Finkler«, »Columbus«, »Martin Luther«, »Ferdinand Cortez« sowie »Cromwell«, läßt deutlich genug Kreuzgangs letzte stürmische Suche nach einem neuen Pantheon erkennen, in dem die Großen sich frei entfalten dürften und zu dem man nur ebenso unabhängig, schöpferisch und als Eroberer Zutritt hätte. »Der dramatische Dichter«, schreibt Klingemann (1812) im Hinblick auch auf die eigenen dramatischen Geschichtsdichtungen, »ist in einem weit höhern Sinne, als jeder andere – S c h ö p f e r; denn er schafft.. auch Menschen, und zwar solche, die er in dem Augenblicke ihrer Entstehung frei giebt, so daß sie selbstständig in Kraft und Handlung ihr eigenes Ich repräsentiren, und ihre eigene ideale Welt bevölkern.«[9] Immer wieder, wenn auch nur in den spärlichen Höhepunkten dieser dramatischen Produkte, werden wir zudem auch auf die bitteren und aussichtslosen Grenzerfahrungen Kreuzgangs stoßen. Zu retten sind diese Stücke nicht. Wer aus Enttäuschung darüber auf den Rang oder das Zustandekommen der »Nachtwachen« schließen wollte, hätte zu bedenken, daß Klingemann nach den »Nachtwachen« kein erzählerisches Werk mehr veröffentlicht hat; zwischen der monomanen Erzählhaltung unseres Nachtwächters aber und dem ausgewogenen, polyvalenten, disziplinierten und auf Bühnenwirksamkeit bedachten Arrangement des Dramatikers liegen Welten (nur da, wo sich jemand in schwerer Bedrängnis Luft zu verschaffen sucht, in Monologen meist, lebt auch das rücksichtslos-überlegene Denken Kreuzgangs wieder auf). Klingemanns nicht unerhebliche Erfolge als Bühnenschriftsteller haben ihn von seiner Begabung denkbar entfernt; noch der Lyriker Klingemann – einige Einlagen in »Romano« deuten dies an – hätte besseres zustandegebracht.

Nicht der Bühnen s c h r i f t s t e l l e r, sondern der Bühnen p r a k t i k e r Klingemann, der Regisseur, Dramaturg, Direktor und Kritiker hat die innerste biographische Verbindung mit den »Nachtwachen« gehalten. Der hautnah beobachtende, mitgehende und doch distanzierte, revidierende Umgang mit Schauspielern, diese besondere Bühnen n ä h e des Inszenierenden liegt Kreuzgang, dem miterlebenden Erzähler gar nicht so fern, wie es scheinen mag: Der Raum der Nacht kann jedes Geschehen zum theatralischen Auftritt werden lassen, läßt die Begegnungen entweder chocartig hervortreten oder reizt mit der hypnotischen Gewalt der wenigen unbestimmten Wahrnehmungen zu einer Erkundung, die den Handelnden im Schutz der Dunkelheit zum Augenzeugen zu reduzieren droht, ihm zugleich aber die zusätzliche Erfahrungsebene der Reflexion gestatten kann. Zur Rolle dieses Nachtwächters gehören b e i d e, oft schlagartig wechselnden oder ineinanderlaufenden Verhaltensweisen: sprungbereites, reflexartiges Agieren, das noch dem Improvisationsstil des alten Hanswurst verwandt ist, und sodann die Gegenhaltung der Reflexion, die Entsetzen und Empörung vom Anlaß zurückwendet (und gelegent-

lich auch das meditierende »In-sich-Zurückgehen« des Messebeobachters von
1802 erlaubt). Für seine nächtlichen Begegnungen mit den vereinzelt oder im
Kollektiv Auftretenden, die ihre Anmaßungen und die Übergriffe ihrer Institutionen exekutieren, kompensieren oder für den Tag zurechtschminken, gibt
es keine schützenden öffentlichen Konventionen. Kreuzgang findet denn von
Beginn an zu einer sich anschmiegenden Abwehr, in der er für den Augenblick
des Schocks und der Paralyse zu verwechseln ist mit denen, die seinen Weg
kreuzen. In der Szene mit den drei Pfaffen-»Teufeln« (2.Nw) scheint er die
Verwechslung noch mutwillig zu suchen, doch hier wie zuvor in der spontanen Gleichstellung mit den abgeschiedenen Geistern dieser drei Gestalten läßt
sich schon der Totstellreflex beobachten, der ihn – bei feinster Mimikry – auch
später ergreift, wenn er im Dom vor dem wie versteinerten Fremden und der
wie erstarrenden Zeit sich gelähmt fühlt (4.Nw), beim Anblick des blutüber-
strömten Sterbegewandes des Freigeistes sich in den Mantel hüllt und das
Stundenrufen vergißt (2.Nw) oder bei der Erinnerung an den beschämenden
Urteilsspruch im Rekapitulieren innehält, um sich schlafen zu legen (7.Nw).
Bedenklich auch der Zustand der Reglosigkeit, in dem er aus der Nacht heraus
für neue Szenen vor uns erscheint; merkwürdig, von der Faszination eines
Details her seine Begründung, dem Südländer beim Suizidversuch nicht in den
Arm zu fallen (»Feuerlärm hatte ich eben nicht Lust zu machen... denn sein
Leben kam mir vor gleichsam wie die schön gearbeitete Scheide in seiner
Hand, die in der bunten Hülle den Dolch verbarg«)[10]. Solche Selbstreduzie-
rungen und Momente kopfloser Anpassung bleiben aber Ausnahmen;
gewöhnlich ist mit dem Sicheinlassen auf Verhaltensweisen und Normen der
anderen schon die Übersetzung und der Widerspruch rege, am reinsten bei
dem Knaben, der vom Allerkonkretesten aus, dem Arbeitsmaterial des Schuh-
machers sich in schwindelerregender Fragefolge weiterbewegt; am ironisch-
sten, in formeller Zustimmung zu Lesererwartungen, wenn der Erzähler
Kreuzgang sich gewünschten Auskünften zu entziehen sucht (in den Nachtwachen 2, 3 und 12). Größten Wert auf den Anschein von Folgsamkeit legt er
bei Eskapaden wie dem Jüngsten Gericht der 6.Nw (habe doch der Weltschöpfer selber sein verunglücktes System ausstreichen wollen), aber auch bei
so manchen eigenen Improvisationen wie dem Dithyrambus der 13.Nw, den
er zur Begleitung von Hirtenmusik dichtet und abbrechen läßt, oder in seinen
Träumen, die den gleichzeitig ablaufenden Geburtsvorgang (14.Nw) und
dann die Geisterbeschwörung des Poeten (16.Nw) aufarbeiten, ja auch im
Anschluß an die eigene längst abgelegte Hamlet-Bühnenrolle, die er neu zu
definieren trachte. Was wie Anpassung, Nachahmung oder Identifikation mit
dem Angreifer aussehen mag, wird auch dort, wo er schlicht den Widersacher
mit der eigenen Waffe zu schlagen scheint – mit stärkstem Ressentiment,
indem er das Treiben der verhaßten Geld- und Blutgierigen besingt oder vor

dem Tribunal dann die juristische Argumentation übernimmt und ad absurdum führt –, regelmäßig zu weiterreichenden Erkundungen und Überlegungen eingesetzt. Nicht anders verhält sich übrigens sein alter ego, das die Verfolger im »Hohlspiegel« seiner Dichtung abzuzeichnen trachte; auch Hanswurst akzeptiert so die falschen bunten Theaterlappen des Menschen, um desto gründlicher zu demaskieren. Das Selbstgefühl dessen, der sich mimetisch so zur Wehr setzt, ist mit dem des Nachahmers schlechterdings unvereinbar; noch in der Bedrängnis bedarf es der überlegenen Kraft, um künstlich diesen Abstand zu gewinnen, den Kreuzgang selber einmal – beim »Lauf durch die Skala« – dem bloßen Ergriffenwerden gegenüberstellt (eine Lesart, die Klingemann durch die Abgrenzung von der ohnmächtigen Komplizenschaft des »Pfarrers zu Drottning auf Seeland« unterstützt hat).

Der Raum der »Nacht« also ist im besonderen Maße dem sichanschmiegenden Widerspruch günstig. Daß Klingemanns Widerspruchsgeist, sein mimetisches Genie hier recht eigentlich in seinem Element sein mußte, geht schon aus der vielfach notierten »Übersetzungs«-Arbeit dieses Literaten hervor, seiner intellektuellen Leidenschaft, sich auf die gewichtigsten poetischen, philosophischen, künstlerischen, juristischen, medizinischen und sozialpolitischen Tendenzen seiner Zeit einzulassen und mit ihnen sein spöttisches, bewegendes, erfinderisches und durchweg reflektiertes Spiel zu treiben. Was Klingemann in den Jahren zuvor nur sukzessive, in stilistisch streng voneinander abgegrenzten literarischen Großformen wie dem (Schauer- und-) Ritterstück (1798), dem kammerspielgleichen »Charaktergemählde« (1800), dem allegorischen Bildungsroman (1801), dem vexierfreudigen Abenteurerschmöker (1802) oder der bühnenpolitischen Theatersatire (1803) erprobt hatte, vermochte er nun, zusammen mit seinen Erfahrungen als Programmatiker und Theoretiker (»Memnon«), Literaturkritiker und Polemiker, in der Erzählform von »Nachtwachen« zum ersten Mal simultan aufzunehmen und in eine kritische poetische Konstellation zu bringen. Gründlich war er einmal aus der Rolle gefallen, aus der Existenz literarischer Sonderrollen, setzte sich über die – in den »Nachtwachen« ebenfalls massiv gescholtene – kulturelle Arbeitsteilung hinweg, um auch als Erzähler die akademisch instruierten Denk- und Ausdrucksformen mit den diskriminierten der Trivialliteratur zusammenzubringen.

Indem aber der Erzähler alle denkbaren Erfahrungsbereiche und geistigen Positionen berührt und durchdringt, wird er seinerseits als Subjektivität zunehmend angegriffen. Fieberhaft sucht Kreuzgang in den letzten Nachtwachen nach dem, was sich in seinem intellektuellen und sozial abgenötigten Rollen-Wechsel unverlierbar durchhalten könnte. »Das Leben läuft an dem Menschen vorüber, aber so flüchtig daß er es vergeblich anruft... und ich taumle mitten im Kreise umher... Gebt mir einen Spiegel ihr Fastnachtsspieler, daß

ich mich selbst einmal erblicke« (10. Nw), solch resignierende und dann ver-
zweifelnde Rückwendung ist ebenso Ausdruck der vielen eigenen fliegenden
Positionswechsel wie die technisch klingende Auskunft des Erzählers Kreuzgang zu Beginn der 16. Nachtwache, er könne statt eines farbigen Schlußstücks
à la Hogarth »nichts als Schatten und luftige Nebelbilder vor dem Glase meiner magischen Laterne hinfliehen lassen«.*

Die mit seiner nicht gewöhnlichen mimetischen Begabung verbundene
Gefährdung hat Klingemann früh gesehen. Auch sein Braunschweiger Biograph Hugo Burath spürte dies, als er die Klage Romanos kommentierte:

> »›Es ist sehr traurig und macht mir viele düstere Stunden, daß sich so gar nichts voll-
> enden will, und daß alles nur in mir anfängt und mich auf allen Seiten berührt, ohne
> sich im Innersten zu lösen... Es bildet sich nichts aus, und ich habe zuletzt nur
> Bruchstücke aus einem Künstlerleben gelebt, die nichts als Ahnungen enthielten...
> Auch zum Zuschauer tauge ich nicht, und es ist mein Unglück, daß ich zu früh mit
> auf die Bühne springe und an dem inneren Spiele Anteil nehme. Der echte Künstler
> ist doch immer ein ruhiger Zuschauer, der mit klarem unbefangenem Auge über dem
> Ganzen wacht und niemals strebt, es leidenschaftlich zu wiederholen.‹
>
> Deutlich wird hier schon erkennbar die schicksalhafte Begrenzung von Klinge-
> manns angeborener Begabung: der Drang des Dramatikers, es nicht beim genießen-
> den Zuschauen bewenden zu lassen, sondern auf die Bühne zu springen und mit
> anzupacken. Deutlich aber auch die frühe Einsicht in die heillose Schnellfertigkeit,
> die auch bei dem offenbaren Vorherrschen der Verstandes- und Willensreligion zu
> technischem Virtuosentum führen mußte anstatt zu geraffter Sammlung der Ein-
> drücke...«[12]

Wenngleich Burath »die selbständige innere Haltung dieses Klingemannschen
Romanes erstaunlich« findet (wo Schillemeit ein andermal etwas Nachgeahm-
tes sieht, einen »Roman in der Nachfolge des ›Sternbald‹«),[13] so läßt er doch zu
schnell Klingemann selber auf die Bühne springen; weder war er Schauspieler
noch Zuschauer, sondern suchte sich in der schwierigen Zwischenzone zu
behaupten, die er später konkret als Spielleiter oder Dramaturg kennenlernen
wird und hier, als Erzähler, im Zusammenspiel der Erfahrungsdichte und -hef-
tigkeit des Mimetischen mit der transzendierenden Kälte der Reflexion erkun-
det und gestaltet hat.

---

*   Klingemann verstand einiges von Schattenbildern, in den Jahren um 1800 pflegte er
     zusammen mit seinem musikalischen Freund Bornhardt Schattenspiel-Vorstellun-
     gen zu geben (s. S. 203). Vielleicht machten die beiden dabei auch von der Laterna
     magica Gebrauch: Wir finden sie nicht erst in Mörikes Schattenspiel »Der letzte
     König von Orplid« (1832) bzw. als Erzähleinstellung in den 1809 von Kerner begon-
     nenen »Reiseschatten von dem Schattenspieler Luchs« (»In den ›Reiseschatten‹ soll-
     ten ... die Bilder seiner Reisen und Erlebnisse am Leser vorübergleiten, wie die
     Schatten der Laterna magica auf der weißen Wand am Zuschauer vorüberziehen«);[11]
     schon der italienische Schattenspielmann in Goethes »Jahrmarktsfest zu Plunders-
     weilern« (1774) arbeitet mit einer Laterna magica und projiziert kurbelnd die Bilder
     seiner Schöpfungsgeschichte auf den Schirm.

Während Burath dabei noch das »Anpackende« des Dramatikers Klingemann berücksichtigt, vollzieht Schillemeit die fast distanzlose Gleichsetzung mit dem Schauspielerischen, indem er die »Nachtwachen« und den Geisteszustand ihres Verfassers herzuleiten sucht von dem zeitgenössischen »Problem des Histrionentums, der ›Universalität‹ ohne festen Kern und der ständigen, gleichsam Natur gewordenen Schauspielerei, des ›unheiligen Schlemmens und Prassens in Gefühlen‹, wie es im ›Titan‹ von Roquairol heißt«.[14] Nichts hat Kreuzgang so ergrimmt wie jener falsche Schauspieler der 12. Nachtwache, der in die »Leidenschaften... wie in Schlachthandschuhe« zu fahren suche und nach Gusto seine Rolle den ganzen Tag über ausleben könne. Insbesondere gegen die Versuchung, sich als Dichter von den Gefühlen und Leidenschaften der eigenen Geschöpfe hinreißen zu lassen, erklärt sich Klingemann wiederholt in diesen Jahren:

Den nur »erhabenen« Tragiker werde »sein Stoff gewaltig mit sich fortreißen«, und er wird, statt über seinem Werke zu schweben, sich darin verwickelt haben, und die Leidenschaft, die er darstellt, wird in ihm selbst wüthen« (1800).[15] Den Gegenstandpunkt formuliert er in der Besprechung von Goethes Trauerspiel »Die natürliche Tochter« (Nr. 134), zu Beginn also der Niederschrift der »Nachtwachen« (November 1803): »Der Kreis der Gesinnungen und der zum Grunde liegenden Gefühle« sei hier durchaus reflektiert, die Darstellung »athmet alle die Ruhe und Sicherheit, die viele oberflächliche Beurtheiler K ä l t e zu nennen belieben, die aber allein der Beweis eines vollendeten und sein Werk durchaus beschauenden Dichtergeistes ist; da das Gegentheil... den durch seinen Gegenstand überwältigten Dichter anzeigt.«*

Auch der Begriff des »Mimischen«, den Schillemeit einer Rollenbeschreibung Klingemanns entnimmt (über Ludwig Devrient als Franz Moor: »Das Mimische an sich war dabei schauerlich groß; das Auge leuchtete in der Raserei in Flammen auf, und erlosch zum Hipokratischen Verkohlen mit der Abspannung, Alles aufgebender Verzweiflung; – dazu das Gorgonenartig, wilde Haupthaar...«)[18] muß in der Übertragung auf Klingemanns Erzählen selber irreführen; noch die abgeschwächte Formulierung: »Das elementare Vergnügen an Verkleidung und Verstellung, an mimischer Rede und Gestik geht durch: vom ersten Satz... bis zu den letzten... Reden auf dem Kirchhof«,[19] unterschätzt die Vielschichtigkeit und kontrollierte Montage, die Inszenierungsarbeit gewissermaßen, deren Präzision und Anspielungsreichtum vom ersten Satz bis zu den Schlußmonologen zu verfolgen waren.

---

* Klingemann warnt aus Respekt vor der Gewalt der Leidenschaften, die der Tragiker darzustellen habe und die sich allen Gesetzen, auch den moralischen, entzögen (1802).[16] Ohne die artistische Distanz aber zur »Laokoons Schlange« der Leidenschaft, die in der modernen Tragödie »die unbepanzerte Brust umwand, und gegen die der Mensch noch sterbend ankämpfte«« (1808),[17] gleite die Dichtung entweder in die Larmoyanz des Heulens und Wehklagens ab oder führe – bei den Stärkeren wie Schiller – zur Selbstzerstörung; noch im Nekrolog auf Schiller (in Nr. 65) deutet er auf diesen fatalen »Zusammenhang des Dichters mit der Wirklichkeit ... die er, indem er sie zornig bekämpft, zugleich liebt und haßt, und mächtig in sie einzugreifen sich bemüht«. Ähnlich charakterisiert Kreuzgang den verunglückten Dichter der 8. Nachtwache, der mit seiner Tragödie in die Wirklichkeit »zornig hineingeschlagen« habe und dem die Leidenschaft das Engelshaupt der Kindheit so schrecklich nun entstellt hätten.

Befremdlicher noch die folgende Äußerung Romanos, der das mimetisch gefährdete Selbst von Wahnsinn bedroht zu sehen scheint.

> Ich suche mich selbst, und fliehe ewig vor mir; was ich eben noch war höre ich schon auf zu seyn wenn ich mich nach mir erkundige und wie ein wandelbarer Proteus entwinde ich mich meinen eigenen Armen. Glaub mir, es ängstigt mich oft daß ich in mir selbst so wenig einheimisch bin und mir so fremd erscheine – wie werde ich mir je vertrauen und mich lieben können bei diesem Wechsel meiner selbst!...
> Ich glaube, daß die Menschen mit minderer Empfänglichkeit fester da stehen, und ich fange schon an sie mit ihrem Phlegma und ihrer kalten Ruhe wegen zu beneiden. – Überall ist es doch das Originale das hervorspringt und Aufsehn macht in der Welt, und dieses besteht nur in der innern Abgeschlossenheit und der selbstständigen Kraft des Geistes, der sich durch nichts irre machen lässt, auf sich selbst sich gründet und dem Fremden nicht huldigt. Bei mir hingegen gehen die fremden Geister wunderbar durch mein Leben und sie antworten mir, wenn ich mich frage; ja diese fürchterliche Empfänglichkeit geht so weit, daß ich mich oft aus mir selbst verliere und in einem andern Wesen wiederfinde. Es ist als schwebte ich oben über dem Ganzen und stellte chemische Prozesse in der Geisterwelt an; ich trenne und vereinige, bald burlesk, bald groß und kühn wie es mir die Laune eingiebt und bin Meister in der Kunst des Amalgamirens; aber mein eigenes Selbst geht dabei zu Grunde und verliert sich in die Allgemeinheit meiner Geschicklichkeit. –[20]

Man wird den Verfasser von »Romano« nicht einfach mit der Aussage seines Titelhelden identifizieren wollen, hierin allerdings eine Erfahrung Klingemanns wiedererkennen können, die, vielfach eingearbeitet in die »Nachtwachen«, kategorial so Verschiedenes umgreift wie den Umgang mit anderen Künstlern oder die Selbstanalysen Kreuzgangs (»Lauf durch die Skala«!) und vor allem das vampiristische Rollenerlebnis Ophelias (es »gehen die fremden Geister wunderbar durch mein Leben«, könnte auch sie behaupten). Zudem zeigt dieser Passus, daß der Vorwurf mangelnder Originalität Klingemann so nicht hätte treffen können, hatte er doch selber darauf schon eine Antwort gefunden und die gefährliche Empfänglichkeit höher eingeschätzt als das »Originale«, das immer auch Ausdruck einer gewissen Borniertheit oder Abgeschlossenheit gegen das Fremde sei. Ins Auge fallend bei den Zitaten des 22jährigen die das Ganze überwachende Instanz, der erhöhte Standpunkt sogar beim Prozeß des »Zugrundegehens«. Das beobachtende und steuernde Ich wird aber kaum noch als Selbst erlebt, da das Selbstgefühl bei dieser Verbindung mit dem fremden Leben verloren zu gehen scheint. Und doch ist diese Transposition, wegen der ausgesprochenen Wertschätzung des Fremden, unbedingt schon von Kreuzgangs Schlußüberlegungen her zu sehen: als Gegenhaltung zum Tod, indem die fremde wie auch – vermittelt – die eigene Individualität als letzte fixe Größe so nicht akzeptiert wird und in einem neuen, experimentellen Lebensaustausch laufend wieder aufgehoben werden soll.

Eine Utopie höchsten Ranges. Allein ihre Faszination für Bonaventura macht begreiflich, wie jemand mit dem Horizont der 16. Nachtwache hat wei-

termachen können. Der Freitod, den man für den Verfasser der »Nachtwachen«, und sei es nur aus Verzweiflung über seine Nichtidentifizierbarkeit,
erwogen oder vielmehr mißmutig postuliert hat, erhält ja nicht nur vom vor-
dergründig verstandenen Nihilismus dieses Buchs her eine gewisse Logik,
auch für Bonaventura hatte die Sterblichkeit des Menschen noch Gewalt über
alle menschlichen Sinnsetzungen und mußte darum das letzte Wort »Nichts«
lauten. Konnte er in der Widmung des »Romano« noch an Clemens Brentano
appellieren: »Laß den schönen Tod uns finden«, so war ihm diese Apotheose
der Dichtkunst nun eitel und unverbindlich geworden, – verglichen jedenfalls
mit den Möglichkeiten des Theaters. Schon daß Klingemann nach den »Nachtwachen« bzw. den vorhergegangenen, meist dramatisierten Romanen keine
erzählende Prosa mehr schrieb oder veröffentlichte, entsprach jener erst 1812
deutlich ausgesprochenen Überzeugung von der kreativen Überlegenheit der
dramatischen Produktion über die epische, die ihre Charaktere nicht eigentlich zum selbständig handelnden Ich »emanzipieren« könne; nur der Dramatiker erlaube diesen Schöpfungsakt, prototypisch Shakespeare, »der, wie Prometheus, das Feuer dem Himmel raubte, und damit seine Menschen
belebte«.[21] Was ja keine Façon de parler war, sondern für Klingemann die Entwicklung bis zur Transzendentalphilosophie in sich beschloß, in ihren Tendenzen der Selbstüberhebung wie auch der Entdeckung der schöpferischen,
sinnstiftenden Qualitäten von Subjektivität. So blieb ihm also nur das Theater.
Daß er 1801 vom Jenaer Jurastudium ohne Abschluß heimkehrte, deutet schon
in diese Richtung; man muß zumindest von einem Opfer sprechen, gedenkt
man seiner Äußerung in dem erwähnten polemischen Briefwechsel mit Müllner (17. 3. 1828), daß er am liebsten einst »im Criminale« sich hervorgetan
hätte (was uns von Bonaventura freilich kaum überrascht). Mit Bezug auf denselben Müllner aber, der seine poetischen Produktionen mit juristischen Mitteln durchzusetzen versuche, schrieb er ein Jahrzehnt zuvor, der Dichter »auf
seiner idealen Höhe« solle mit dem Juristen »nirgend etwas zu schaffen haben,
und selbst im Stande sein für seinen Ruhm, nöthigen Fall zu verhungern«.[22]
Genau das, was Kreuzgangs alter ego widerfährt, wird hier noch einmal allgemein dem Dichter abverlangt, und wir haben zu unterstellen, daß Klingemann
in den kritischen Jahren – seines Abschieds vom memnonischen Dichtertum –
sich diese bürgerliche Selbstverleugnung selber noch zugemutet hat: Am Collegium medicum in Braunschweig, wo sein jüngerer Studiengenosse und poetischer Mitstreiter August Winkelmann 1803 eine Professur erhielt, reduzierte er
sich bis auf weiteres auf eine intellektuelle Hilfsarbeiterstellung, überwinterte,
schrieb in dieser mimetischen Erstarrung die »Nachtwachen« und eroberte
sich allmählich das Theater seiner Heimatstadt.*

---

* Trotz des biographischen Gewichts der »Nachtwachen« zeigt uns Klingemann sub-

Viele Einzelbeobachtungen nun lassen ein Leben jenseits der üblichen Bühnenpassion erkennen. Um die nötige Distanz zu den Ansprüchen des zeitgenössischen Publikums zu gewinnen, geht der Theaterleiter Klingemann zunächst gegen theatralische Bastardformen wie das Melodram oder eine bestimmte Form des Balletts an, das »geradezu vom Brette in das – Bette einladet«,[23] will auch die Logenkäfige in den Theatern ihrer diversen Unterhaltungsmöglichkeiten wegen verbannen und selbst die Oper nicht recht als geistiges Vergnügen gelten lassen. »Kunst-Keuschheit« im höheren Sinn steht hinter seiner Ablehnung des Jeu mixte, der augenzwinkernden Verständigung des Spielers mit dem Publikum; noch eine gewisse Überfülle an Empfindung, die auf die Individualität des Schauspielers zurückdeute, ist ihm bedenklich. Daß sich das Theater solchen Zerstreuungen wie auch allen moralischen Zwecksetzungen zu entziehen habe, hatte er schon in den Jahren vor den »Nachtwachen« erklärt; bühnenerfahren, setzt er später bei der institutionellen Form des Theaters selbst an, indem er sich gleichermaßen gegen das Hoftheater mit seinen repräsentativen Funktionen und Geschmacksdiktaten wie gegen das »städtisch-mercantilische Actien«-Theater ausspricht; anstelle beider Theaterformen, mit denen er als Direktor lange zu tun hatte, fordert er ein öffentliches, dabei vom Staat selber unabhängiges Theater, das so allein einen Ausgleich zwischen Kassenstücken und experimentellen oder anspruchsvollen Aufführungen riskieren könnte. Über ein entsprechendes Repertoire hatte er sich ebenfalls früh schon (1802) taktische Gedanken gemacht; 1824 geht er so weit, als flankierende Maßnahme zu der richtigen Mischung der Stücke auch eine öffentliche Kritik des Parterre vorzuschlagen (das »schweigend dasitzende Parterre« war schon Kreuzgang-Hamlet ein Ärgernis), – diesem Stimmführer des Publikums habe man geduldig, in Verfeinerung gleichsam des

---

limiert, was ein anderer buchstäblich durchmachen mußte: Cottas »Morgenblatt« bringt am 28.6.1810 (Nr. 154) einen anonymen Beitrag über den »Hamburgischen Nachtwächter und lyrischen Dichter Eggers«. Joachim Gerhard Eggers (1777– 1820), »von seinem zweiten Jahre an vater- und mutterlos«, nach der Armenschule in die Schneiderlehre gegangen, wäre »im fünfundzwanzigsten Jahre, um nicht Hungers zu sterben, gezwungen worden, mit Lanze und Ratsche bewaffnet, als Nachtwächter die Gassen zu Hamburg zu durchstreifen … Er ließ sich in das Hamburgische Nachtwächter-Corps einschreiben … unter diesen rohen Halbbarbaren! … Freylich verschlief er nun den prosaischen Arbeitstag und durchwachte die poetische Nacht unter dem Sternenhimmel … Er mußte … die Rolle eines Schleikers (schleichenden Nachtwächters) übernehmen, die darin besteht, ohne Umdrehen der Ratsche und ohne Stundenruf der Nachtwächter-Patrouille als Spion zu folgen, um Diebe und anderes Otterngezücht auszuspähen«. Dank Klopstocks Witwe sei er nun mit »Bücherbrochiren« beschäftigt, auch werde an eine Ausgabe seiner Gedichte gedacht (tatsächlich 1810 erschienen). Zwei abgedruckte Gedichtproben freilich ernüchtern gehörig (und komme nur ja niemand auf den Gedanken – – !).

bekannten Vorklatschens Goethes, kunstverständigen Beifall beizubringen und ihm auch etwa die Augen für dienende Rollen zu öffnen.[24] Rigoros wie bei den äußeren Bedingungen zeigt sich Klingemann in den Ansprüchen an die Schauspieler. Gewisse Erdenreste auf der Bühne hält er zwar für untilgbar und notiert beispielsweise, daß bei uns Hiebe der Schauspieler wohl immer drastisch-deutsch ausfallen müßten. Verfolgt aber unerbittlich das Durchschlagen einer anderen und gefährlicheren nationalen Eigenheit, die Hingabefähigkeit zugunsten einer »Universalität«, die sich auf der Bühne als Olla potrida entgegengesetztester theatralischer Stilformen darstelle: »Hier conversirt einer in der Toga... Don Carlos als preußischer Fähnrich ausgreifend; Posa als gothischer Raufbold, Tell als antiker Heros usw.«.[25] Dies wäre die Klingemann seit je verhaßte, eklektizistische Form von Universalität (persifliert im »Teufels Taschenbuch«), das Pisonen-Ungeheuer der 13. Nachtwache, wogegen er nun, in mimetischer Treue zu Charakter, Geist und Fremdheit der Stücke, den Schauspielern systematische Erkundungen abverlangte: Vor Aufführungen von Schauspielen der Alten hatten sich die Spieler detaillierten Studien antiker Skulpturen oder Gemmen zu widmen, um die eigenen mimischen Verhärtungen, die graziösen modernen Positionen, das Spiel der Hände entsprechend zu korrigieren und so die überlieferten Ansichten der Gestalt wie in einer einzigen »wandelnden Plastik« auferstehen zu lassen.[26] Klingemann gründete eigens eine Kunstschule für Schauspieler, die neben der körperlichen Ausbildung im Fechten und Tanzen auch ein Studium zu theatralischen Zwecken vorsah; ein Schwerpunkt lag bei der Historienmalerei und sollte nach Bedarf, so bei karikierenden Rollen, durch Spezialstudien etwa der satirischen Kupferstiche Hogarths ergänzt werden. Damit nicht genug. Gleichsam vor aller Vertiefung in die Rolle habe der Schauspieler sich einem gründlichen »Reinigungsgeschäft« zu unterziehen, sich seiner gestischen und mimischen Individualität zu entledigen und sich so in einer Weise »proteisch« jeder Form anschmiegen zu können, »als sei es ihm möglich seinen eigenen Leib zu verlassen und, statt des verschiedenen Theaterkleides, einen neuen Menschen anzuziehen«.[27] Was bei Romano noch undeutliche Klage über die Wandelbarkeit des eigenen Wesens und das Sichverlieren in einer anderen Person war, wird hier professionell mit dem Schauspieler eingeübt, der sich zu einem neuen Menschenwesen präparieren soll. Womit nicht die bloße Rollenvielfalt und -versatilität gemeint ist, sondern ein komplexer, sich anreichernder Übersetzungsprozeß; wie nämlich der exemplarische Bühnendichter (Shakespeare) die Kraft besitze, »welche mit allgewaltiger Kühnheit gleichsam in die allgemeine Weltgeschichte hineingreift, und menschliche Wesen aller Nazionen und Bildungsstufen, neu erschaffen, in den heitern Raum der Dichtung hinüberführt«, so ist das menschenumschaffende Prinzip noch einmal, in der Potenzierung gewissermaßen, beim großen Schauspieler zu beobachten: Ludwig Devrient »schafft aus sich, mit gänzlicher Umänderung der Maske und des Redetons, wie in einer Prometheischen Werkstatt, täglich neue und gänzlich voneinander verschiedene Menschen«, bei den großen Shakespeareschen Figuren ebenso wie bei irgendwelchen Nebenrollen.[28]

Solche Übersetzungen konnten nicht schon durch die kathartische Anstrengung und jenen Cordon sanitaire gegen außertheatralische Interessen geleistet werden; in dem dialektischen Sinne der Lessingschen Devise, daß sich »Kunst und Natur... auf das innigste anzuziehen und zur Einheit zu verbinden« hätten,[29] wollte Klingemann das Theater auch vor ästhetizistischen Versuchungen und eigenem Komment bewahren, duldete keine «blutleeren Dichtergeschöpfe« um sich, lehnte eine Ausbildung zu »Sprechmaschinen« nach Art der Weimarer Bühne sowie das routinierte Aufwachsen von Kindern auf den Brettern und sogar die Einrichtung des Rollenfachs als künstlerische Sklerose ab. Nicht auf Rollenvirtuosen habe der Bühnenleiter Wert zu legen, sondern auf das Zusammenstimmen des einzelnen Künstlers zu seinen Mitschauspielern. Dies ein Aspekt der positiven, berühmt gewordenen Bühnenverfassung Klingemanns, seiner Konstruktion eines »Totals«, das ebensosehr das Ensemble wie das universelle Repertoire, die schachbrettgleiche »Bühnentopik« wie die einzelnen Bühnenkünste berücksichtigen sollte und so umfassend erst bei den Meiningern oder bei Wagners Gesamtkunstwerk wieder anzutreffen gewesen sein soll.[30] Burath, der hinter Klingemanns Bemühungen ein neues Berufsethos verspürt, vermag auch den befremdlichen Umstand, daß er als einer der ersten Direktoren vor kontraktbrüchigen Schauspielern in öffentlichen Anzeigen warnen ließ, als ordungspolitschen Ausdruck dieses Ethos zu erkennen und mit der Liberalität im Inneren zu sehen, daß Klingemann bei Rollenstreitigkeiten nicht von seinen Befugnissen Gebrauch machen wollte, sondern die Mitglieder der Bühne in einem Rollenschiedsgericht entscheiden ließ.[31]

So sollte die Bühne, mit eigenem Instrumentarium und in eigener Gesetzmäßigkeit, als Prometheische Werkstatt dem noch unbekannten Wesen des Menschen sich widmen und – im Spiel – ihm Dasein verschaffen. Wobei Klingemann jedes Vermischen und Verwirren von Realität und künstlerischem Schein peinlich war, so besonders der Tod des Theaterdirektors Fabrizius, der 1821 bei der Inspektion einer Pistolenszene seinem Leben ein effektvolles Ende setzte (man wird an Roquairols Abgang erinnert). Woran er freilich Tag für Tag zu arbeiten hatte, waren Unfertigkeiten bei jenem Läuterungsprozeß, darunter auch bleibende Überfremdungen des Schauspielers durch die eigene Persönlichkeit. Milde noch tadelt er etwa bei Amalie Neumann, daß ihr liebliches Naturell überall durchblicke und man darum die Rollennamen gleichsam nur als Vornamen zu dem ihrigen stellen dürfe (»Gretchen-Neumann«, »Thekla-Neumann« usw.). Schärfer und für den Leser der 14. Nachtwache interes-

santer seine Bemerkungen zu dem Schauspieler Leo, dessen »eigenes Nerven-
system... in sein Kunstwerk mit übergegangen war, und ... mit fühlte, mit litt,
ja mit verzweifelte«, so daß er in Mordszenen immer sorgsam überwacht und
vorher gar heiter gestimmt werden mußte; bei irgendwelchen äußeren Störun-
gen sei es zuweilen geschehen, daß er, gerade wegen dieser engen Verknüpfung
mit der Rolle, »aus der Rolle völlig zu sich selbst übertrat«, das Publikum und
die anderen Spieler beschimpfte und seinen Direktor Klingemann durch handfeste Wahnvorstellungen in höchst Angst versetzte: »er fühlte sich bis zur
Weltverachtenden Idee getrieben, ja hörte, wie in magnetischen Rapport
gesetzt, um sich her seine vermeinten Gegner rezensiren, seine Mitschauspie-
ler ihn parodiren«.[32] Es sind dies komplementäre Formen mißglückender
Mimesis; ist die Identifikation mit der Rolle bei Leo eine Idiosynkrasie, die im
Höhepunkt die Rolle selbst zerstört, so wird die Ophelia der 14. Nachtwache
in der Rolle der Wahnsinnigen festgehalten, bleibt ein Kunstwesen, das im
Rapport mit Hamlet-Kreuzgang das gefährdete Selbst des rollenwechselnden
Spielers aus der Distanz – reflektiert – zu erfassen trachtet. Beide Wahnzu-
stände unterscheiden sich von den Exaltationen des täuschenden Schauspielers
der 12. Nachtwache, der sich vorsätzlich an den Leidenschaften seiner Rolle
berauscht, sie verharmlost und verrät, indem er sie in das Alltagsleben hinein-
trägt und auf diesem Niveau einübt. Bei beiden nämlich, ob in kreativer Beses-
senheit durch die Rolle oder in bloß kompensatorischer Desertion daraus, ist
die Verstörung Ausdruck und Ahnung dessen, daß es im Austausch von Rolle
und Persönlichkeit nicht immer zu einer höheren Balance kommt, sondern
auch zur Dominanz und Auszehrung durch den jeweils stärkeren Part. Was
sich in solchen Ausnahmesituationen auf der Bühne am eindrucksvollsten
manifestiert, lauert nun aber hinter jeder Form von Mimesis: im Sinnbild des
Vampirs hat Klingemann diese Gefahr und Versuchung sein Leben lang
bewußt gehalten, zu bannen und provokativ auszuspielen gesucht, ob in direk-
ter unverhüllter Aufnahme bestimmter Sagen seiner Heimat, des variantenrei-
chen Stoffes der »Lenore« oder »Braut im Grabe«, in der Neigung zu Wieder-
gängern und Untoten wie dem Ewigen Juden, oder in literarischen Sublima-
tionen wie beim Memnonkult, in der politischen Umsetzung des Femeromans, auch endlich in metaphysischen Konstruktionen wie der verschlingenden Zeit und in der Ikonographie des Nichts. In seiner Herkunft und in den
späteren Metamorphosen wird uns der Vampirkomplex schon bei der Darstellung von Klingemanns Jugend zu beschäftigen haben.

IV. Literarbiographische Annäherungen: Bonaventuras Jugend in Braunschweig

»Klingemann hinterließ uns keinerlei Nachrichten über Elternhaus und Erziehung, über Liebe und Freundschaft seiner Jugendtage, über seine Beziehungen zu Campe und dessen Freunden«, hatte Hugo Burath 1948 zu konstatieren.[1] Er versuchte darum, in weithin indirekter Darstellung, das kulturelle Ambiente jener Zeit nachzustellen und als Hohlform für Klingemanns Werdegang zu nutzen. Manchen seiner Angaben, insbesondere den Lebensdaten, die er in 17jähriger Arbeit recherchierte, werde ich in dem biographischen Abriß folgen, so manches andere war erst herauszubringen. Gegenüber Burath freilich war ich nun in dem heuristischen Vorteil, in dem Heranwachsenden den Verfasser der »Nachtwachen« zu sehen, von der intellektuellen Leidenschaft dieses Werkes ausgehen zu können und somit auch in der biographischen Rekonstruktion andere Erwartungen zu stellen.

Die statistische und philologische Beweisführung der Verfasserschaft betrachte ich als abgeschlossen und werde mir im folgenden erlauben, in gewagterer freier Kombination auch auf die Spuren einzugehen, die in den »Nachtwachen« auf die Heimatstadt Bonaventuras hindeuten. Betone aber schon jetzt, daß Klingemanns poetisches Ingenium keine handgreiflichen Umsetzungen zuließ und selbst die lebhaftesten (noch kenntlichen) Eindrücke aus Kindertagen lebensgeschichtlich und literarisch wieder und wieder durch Deutungen überlagert wurden, so daß wir zu ihnen und vielen anderen wesentlichen Motiven der »Nachtwachen« palimpsestartig tieferliegende Versionen auszumachen haben. Noch das Bild des Palimpsests ist eine Vereinfachung, in der literarbiographischen Forschung liegt nicht wie bei den Handschriften eine ältere eigene Sinn- oder Lebensschicht halbwegs entzifferbar oder gar wohlkonserviert und abgeschlossen vor, sondern laufend ist hier von Zeitverschiebungen auszugehen, davon etwa, daß eine biographisch früheste und insofern vorbildliche Erfahrung schon längst nicht mehr das entscheidende künstlerische Vorbild für die »Nachtwachen«-Stelle gewesen war, dieses vielmehr zwischenzeitlich und besonders in den besprochenen Werken nach 1800 bei Klingemann erste und schon emanzipierte Gestalt fand. Auch wird es vorkommen, daß ein frühes biographisches Motiv selbst bei dem 26jährigen Verfasser der »Nachtwachen« eben nur andeutungsweise zum Vorschein kommen und erst über spätere Schriften hinreichen plausibel werden kann. Weshalb in der folgenden Darstellung das stetige biographische Fortschreiten und -rucken permanent durch Zeitsprünge durchbrochen werden soll. Ein Bild dafür finden wir bei Kreuzgang selber, der zu Beginn der 7. Nachtwache die eigene (geistige) Physiognomie als Vexiergemälde aus Grazie, Meerkatze und Teufel beschreibt. So ist auch in der literarbiographischen Betrachtung speziell des Nachtwächters von jedem eindeutigen Vorbildcharakter abzukommen und stattdessen ein facettenreiches Porträt zu erstellen, wie es schon so verschiedenartigen Kunstfiguren wie dem »Nachtwachen«-Erzähler Achim von Arnims, dem »Liederlichen« Hogarths, Jean Pauls Schoppe sowie auch Klingemanns Memnon abzugewinnen war und wozu nun aus der frühen Braunschweiger Zeit des Verfassers (literar-)historische Gestalten wie der schreibende Opfermann Hirsemann, Campes Robinson Crusoe, Cramers Erasmus Schleicher und womöglich auch der damals unter Klingemanns Augen umgehende Stiftsnachtwächter einige Züge und Rollenaspekte beisteuern.

Ernst August Friedrich K l i n g e m a n n wurde am 31. August 1777 in Braunschweig geboren. Den Familiennamen als Identitätsbasis hat Klingemann wiederholt literarisch behaupten müssen. Die geläufige Bedeutung des Namens wird Garlieb Merkel in den antiromantischen »Ansichten der Literatur und Kunst unsres Zeitalters« (1803) parodieren, wenn er ein Titelkupfer kommentiert, das im Nachtrab zu den prominenten Romantikern eine kleinere Gruppe mit den Verlegern aus Penig, der Pfarrersgestalt »Bonaventura« (Schelling) und unserem »Mann mit der bloßen Klinge« zeigt; letzterer, von der Mutter mit einem schützenden Fallhut versehen, stelle »mit ritterlichem Sinn/Sich zum ungleichen Kampfe« vor Merkel hin.[2] Zu diesem Bilddetail aufgestachelt wurde Merkel wohl durch die steif-pompöse Formulierung, mit der Klingemann in einem »Eleganten«-Aufsatz vom 21.4.1803 (auf den Merkel hier auch anspielt) die große literarische Fehde dieser Jahre vorstellt; es solle nämlich »der Mann mit dem Schwerdte für die Fahne kämpfen, nicht aber aus persönlicher Rachgier den Dolch zükken«.[3] Auf diese vordergründige und leicht zu verspottende Version seines Namens wird Klingemann bis auf weiteres keinen Wert mehr legen, schon sein anonymes Postskriptum vom 31.3.1804 zeigt eine gewisse Selbstentwaffnung an: Merkel sei keines ernsten Kampfes wert, statt eines scharfen Schwerts wäre bei ihm schon eine Gerte hinlänglich.

Burath: »Die hier und da geäußerte Ansicht, in dem Namen Klingemann rühre die erste Silbe von der Klinge = Schwertklinge her, ist irrig. Älter und früher als die Schwertklinge war das Klingen (= Tönen, Rauschen). Klinge

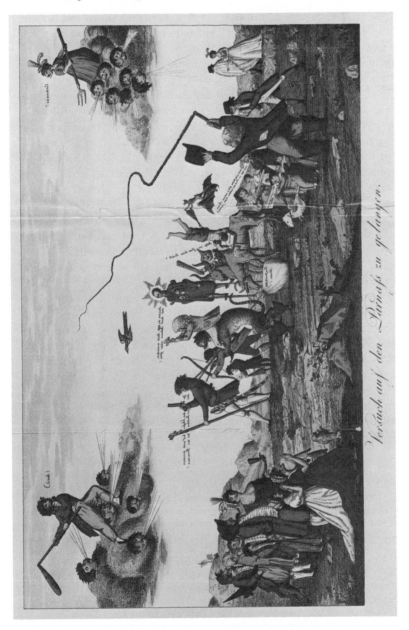

Abb. 4

heißt im Mittelhochdeutschen eine von dem Rauschen, Sausen und Brausen (d. h. Klingen) eines Baches, eines Wasserfalls, einer Stromschnelle oder Furt widerhallende Schlucht.«[4] Der etymologische Hintergrund war Klingemann anscheinend wohlbekannt, selbstidentifizierend aber wollte er diese Namensbedeutung, die ihm so vielleicht zu naturnah war, nicht gebrauchen.* Stattdessen erwählte er sich zur Selbstidentifizierung und -stilisierung das künstliche und vornehmlich künstlerisch-musikalische »Klingen«; er bewegte sich dabei zwischen dem Extrem der Empfänglichkeit oder Resonanz (das in der Memnon-Figur von 1800 kulminiert) und dem anderen Extrem des trotzig-Widerspenstigen: zu denken ist hierbei an die klingenden Schellen des Narren Hanswurst, der im Gleichnis des »Prologs« selber vom Leben spricht als dem »Schellenkleid das das Nichts umgehängt hat, um damit zu klingeln und es zuletzt grimmig zu zerreißen« und der in der 15. Nachtwache »als Freiheit und Gleichheit, lustig Menschenköpfe, statt der Schellen, schüttelte«. Auch Kreuzgangs Lauf durch die Tonleiter (»mein Gemüth... das einem mit Vorsatz widersinnig gestimmten Saitenspiele gleicht«), diese Selbstbefragung, die mir schon früh wie eine versteckte Selbstvorstellung von »Klingemann« vorkam, wendet sich merkwürdig genug wieder dem Schellengeklingel der umtanzenden Fastnachtsspieler des Lebens zu und vermag so die Erfahrung des in sich nichtigen Ich als ein einziges Ver klingen der »Memnon«-Zeit dazustellen: »Und die Larven drehen sich im tollen raschen Tanze um mich her – um mich der ich Mensch heiße – und ich taumle mitten im Kreise... könnt ihr mir nicht zu meinem Leibe verhelfen, und schüttelt ihr immer nur Eure Schellen, wenn ich denke es sind die meinigen? – Hu! Das ist ja schrecklich einsam hier im Ich, wenn ich euch zuhalte ihr Masken, und ich mich selbst anschauen will – alles verhallender Schall ohne den verschwundenen Ton... das ist wohl das Nichts das ich sehe!«[7]

---

* Daß Klingemann diese etymologische Variante naheging, zeigen die Vergleichsbilder, in denen sich das Rauschen und Schallen der (unterirdischen) Ströme mit der Lebenszeit des Selbst verquickt. »Dann schaue ich aber plötzlich tief in mich selbst hinein, wie in einen unermeßlichen Abgrund, in dem die Zeit, wie ein unterirdischer nie versiegender Strom dumpf dahin rauscht, und aus der finsteren Tiefe schallt das Wort e w i g einsam herauf«, so beschreibt in der 4. Nachtwache der Ewige Jude die scheiternden Selbstmordversuche.[5] Zur Apotheose von Zeit und Dynastie läßt Klingemann Heinrich den Löwen aus der Gruft erstehen und ausrufen:
»Wie hat die Zeit so wacker sich gehalten!
Gleich einem Strome schallt es zu mir her,
Der mächtig sich in seinem Flußbett' wälzt
... Auch diese Gruft hält nicht mein ganzes Selbst
In sich verschlossen, und vom treuen Heinrich
Ist mehr als eine Handvoll Staub noch übrig«.[6]

In der Gegenszene der »Bianca di Sepolcro«, als Heliodor von Bravos und tanzenden Karnevalsmasken umringt wird, erscheint das Annihilierende dieser Art von Demaskierung wiederum als Spiel mit dem eigenen Namen:

> Schwertfeger bin ich , wollt Ihr Klingen proben? –
> Hei rings umher welch lustig toller Fasching!
> Zurück, ihr Larven sonst entlarv' ich Euch![8]

Wie ja für die 10. Nachtwache zu sehen war, ist der kämpfende Künstler Heliodor hier die Maske Klingemanns, der sich gegen den Braunschweiger Herzog zur Wehr zu setzen hatte.

Da diese Braunschweiger Machtprobe in Klingemanns Oeuvre die einzige Gegenszene zu den umringenden Schellenträgern ist, habe ich nun doch auf eine Braunschweiger Sehenswürdigkeit ersten Ranges aufmerksam zu machen, die ausführlich schon 1789 in Ribbentrops »Beschreibung der Stadt Braunschweig« vorgestellt wird. Es ist dies die Gruppe lebensgroßer Statuen am Altstadtrathaus, Braunschweiger Herzöge, deutsche Könige und Kaiser, die in einem rechten Winkel um den Betrachter postiert sind und als charakteristische Tracht den sogenannten Du(n)sing, eine S c h e l l e n kleidung tragen. Ribbentrop:

> »An den 9 Pfeilern der Bogenlauben sind Nischen, worin in Stein ausgehauene Statüen von 5 bis 6 Fuß in der Höhe stehen. Auf dem ersten Pfeiler gegen die Martinikirche ist die Statüe Kaiser Heinrich des Finklers, in langer Kleidung, über der linken Schulter gegen die rechte hängt ein Gürtel oder Schnur, woran Schellen sind... Am zweiten Pfeiler Otto I. ... Hat eine gedoppelte Schnur mit Schellen um den Hals, welche auf die Brust herabhängt... Am fünften Pfeiler im Winkel, Kaiser Lotha-

Abb. 5

rius... Am siebten Pfeiler Heinrich der Löwe... um den Hals eine bis auf die Brust hängende Schnur mit Schellen. Deßen Gemalin... über der linken Schulter nach der rechten Seite herunter hängt die mit Schellen besezte Schnur... Alle Figuren haben... Gürtel und Umhänge, woran Schellen hängen. Man nannte diese Gürtel in der alten Sprache Dusinge, Duchsinge... Dus, Thys hies ein Klang... Sie war Anfangs eine Tragt der Großen, welche dadurch ihre Ankunft und Gegenwart zu erkennen geben wollten, und daß Geringere ausweichen sollten. Aus dieser Ursach wurden Schellen auch an die Kleider, Kappen, Schuh, Hüte usf. geheftet.«[9]

Auch Klingemann geht in »Kunst und Natur« einmal auf das Rathaus mit den 17 Figuren ein: »Der gothische Bau... ist besonders merkwürdig durch die in den Blenden der verschiedenen Mauerbogen angebrachten steinernen Bildsäulen... Das Costum dieser, an sich steif und geschmacklos ausgeführten Figuren« zeichne sich dadurch besonders aus, daß sich »überall der Schellengürtel (sogenannte Dusing) dabei vorfindet« (und er macht einige kunsthistorische Anmerkungen zu dieser ursprünglich wohl »morgenländischen« Mode).[10]

Es waren dies also »Klinge«-Männer im vornehmsten Sinne, und ich möchte die zwar nicht beweisbare, aber doch vielleicht nachvollziehbare Überlegung anstellen, ob Klingemann nicht Grund hatte, die Träger seines Namens und Repräsentanten menschlicher Geschichte in dem Moment ins Spiel zu bringen, als er in der 10. Nachtwache einen Wesensaustausch zwischen dem »Ich« und den umringenden Schellenmasken, die allegorisch für das Leben und seine Affekte stehen sollten, darzustellen hatte. Überlagert ist dies gewiß durch die Vorstellungen von dem närrischen Karnevalstreiben und dem Baseler Totentanz (16. Nw), die eng an Hanswursts Schellenkleidung und -gleichnisse anschließen. Aber selbst die Formulierung im »Prolog des Hanswurstes« scheint mir noch das Dusing-Vorbild durchblicken zu lassen: »Das Leben ist nur das Schellenkleid das das Nichts umgehängt hat, um damit zu klingeln und es zulezt grimmig zu zerreißen und von sich zu schleudern.« Versteht man darunter das übliche Kleid, dann ist die Formulierung nicht korrekt, pflegt man doch zerrissene Kleider eher von sich zu »werfen« und eigentlich nur Gürtel und ähnliche Teilmonturen von sich zu »schleudern«. Bezeichnenderweise ist die Wendung »und von sich zu schleudern« im Vorabdruck des Prologs weggelassen worden, das heißt die Redaktion der Eleganten dürfte es in Unkenntnis so spezieller Schellenkleider wie des Dusings für einen sprachlichen Verstoß gehalten haben.

Seinem Geschichtsverständnis bedeuteten diese (Braunschweiger) Fürsten viel, zweien unter ihnen, dem Finkler und dem Löwen widmete Klingemann je ein Theaterstück.* 1830 allerdings, als er sich am »Ahnenpöbel« zu rächen

---

* In der Vorrede zu seinem frühen Roman »Die Asseburg« (1796) hebt er so an: »Braunschweig! – wie so gern weilt mein Geist, wenn ich die Kunden deiner Vorzeit aufschlage, bei deiner Herrscher Feuergeiste; wie hoch pocht mein Herz, wenn ich im Geiste sehe, wie ihr hart waret in der Schlacht, wie eures Panzers Stahl, und ausdaurend wie die Klingen eurer Schwerter«.

hatte, kippte er die musikalische und resonanzfähige Bedeutung von »Klingen« wieder um in die martialische, um sie ausschließlich – und angemessen – dem eigenen fechtenden Ich zuzuschlagen. Dabei scheint er weiterhin die Dusing-Gruppe vor Augen gehabt zu haben.

Noch eine dritte »klingende« Bedeutungsvariante ist zu notieren, da Klingemanns Onkel Campe sie in besonderer Form in seinem Wörterbuch aufführt: »Klingemann« oder »Klingelherr« als derjenige, der mit einem Klingelbeutel die Gaben in der Kirche einsammle.[11] In den anderen Wörterbüchern, bei Adelung oder Grimm findet sich dafür bevorzugt die Form »Klingelmann«, wobei man in Thüringen darunter auch den städtischen Ausrufer mit der Klingel verstehe. Das wäre ja nicht mehr so fern von der Amtstätigkeit des Nachtwächters, der bei uns die Stunde auszurufen und zu blasen hat. Auch war der Dienst der »Klingeherren«, die in Braunschweig für die Armenanstalten sammelten bzw. dies in der Funktion eines »Opfermannes« taten,[12] nicht wenig geachtet; die auf Lebenszeit gewählten und vereidigten Opfermänner waren meist zugleich Schullehrer oder auch Kantoren (wie später Klingemanns Jugendfreund Görges). Einer unter ihnen scheint mir für Kreuzgangs literarische Anfänge als Auftragsschreiber, Flugblattverfasser und verunglückender Satiriker (7. Nw) mit Pate gestanden hat. Es ist Friedrich W. Hirsemann, der als Opfermann von St. Katharinen mit Konfirmations- und Neujahrsgedichten sowie mit dem Verkauf von »Kinderlehren« stadtbekannt wurde und überdies literarische Eigensinnigkeit bewies, als er nach der Pensionierung wegen seiner 1788 angekündigten »wunderbaren Lebensgeschichte«, einer offenbar auch satirisch geratenen Schrift, einige Sträuße mit der Obrigkeit auszufechten und das auf Pränumeration laufende Werk 1790 wieder zurückzuziehen hatte.[13] Hirsemann geriet schließlich ins Elend. Sein letztes erhaltenes Lebenszeichen, ein flugblattähnlich gedrucktes Neujahrsgedicht auf 1799, ist zur Bittschrift geworden:

Mit Species und Louisd'or / Spielt er vor dem wie Ziprior
Mit seinem gold'nen Köcher, / Ließ ungenoßen kein Lust…
In seinem Alter soll er nun / Auf bloßem Strohe frostig ruh'n,
Und weiß sich nicht zu decken… / Der Winter schämt und grämt sich nicht,
Er läßt – ob Bett und Holz gebricht – / Doch keinen ungeschoren:
Weint unser eins die Augen naß, / So pfeift ihm doch Herr Boreas,
Tirannisch um die Ohren… / O, nehmt dies Blatt gefällig an
Von Friedrich Wilhelm Hirsemann / Und schenket ihm ein Bette! –

Dazu haben sich noch einige handschriftliche Antwortzeilen erhalten:

Du guter alter Hirsemann…
Uns rührt dein niedliches [!] Gedicht
Drum schikt dir dies aus Menschenpflicht
Der Club im Blauen Engel.[14]

Gewiß war Hirsemanns Satire harmloser als die des Debütanten Kreuzgang, auch überwog bei ihm denn doch das übliche Fürstenlob. Gleichwohl versah er ein aufklärerisches Amt, wenn im Neujahrsgedicht für 1787 Braunschweigs Schutzgeist zu mitternächtlicher Stunde sich ihm anvertraut und den Herzog vor »der falschen Gratulanten Schaar« warnen läßt oder für 1788 er aus der Mitternacht nichts weiter als eine falsche Neujahrsmode sich entreißen sieht und sie mit der »Stimme der Vernuft« verfolgt.[15]

Klingemanns Rufname »August« geht auf keine unmittelbaren Vorfahren zurück. Einige Braunschweiger Herzöge und Prinzen hießen so, doch lag die Namenswahl für einen im August Geborenen ohnehin nahe, um so mehr, als der Vater Johann Heinrich Julius – dessen Vater selber schon Julius hieß[16] – am Tage des Franziskanergenerals Augustinus (28. August) geboren wurde und so nicht ohne Sinn für Konsequenz den folgenden Monatsnamen endlich auch genealogisch einführen mochte. August Klingemann scheint sich jedenfalls auf die katholische Tradition seines Rufnamens zu beziehen, wenn er Romano all seine Briefe an einen Pater Augustin, seinen geistigen Vater im Hintergrunde richten läßt. Übrigens heißt die entsagende weibliche Hauptfigur in Klingemanns Charaktergemälde »Selbstgefühl« (1800) Auguste und ist die Tochter eines Kopisten (Klingemanns Vater war Kopist) und wird die eigene, 1810 geborene Tochter ebenfalls Auguste heißen. Die beiden zusätzlichen Namen »Ernst« und »Friedrich« spielten keine Rolle für ihn; beide Vornamen scheint der Vater im Gedenken an seine erste Ehe auf ihn übertragen zu haben: Ernst Heinrich Ludwig hieß der 1776 gestorbene Sohn, dessen Mutter Elisabeth Amalia Friderica gleich nach seiner Geburt (1764) gestorben war. Auch hierfür wie für den Rufnamen dürften Mitglieder des regierenden Hauses Braunschweig-Wolfenbüttel Pate gestanden haben, nämlich die Herzogin Auguste Friederike (1737-1813), die im Schatten der schönen – und von Goethe überaus bewunderten – Venetianerin Maria Branconi stand, sowie der geistvolle bucklige Prinz Friedrich August, der als Lustspieldichter (»Glücklicherweise«) und erfolgreicher Führer im Siebenjährigen Krieg der Liebling Braunschweigs gewesen sein soll.

Bei Augusts Geburt war die Mutter 42 Jahre und der Vater 44 Jahre alt. Johanna Elisabeth Christiane Weinholtz war in einer Musikerfamilie groß geworden. Ihr Vater, wie seine drei Brüder »Capellist«, erteilte dem Erbprinzen Karl Wilhelm Ferdinand Musikunterricht, leitete bis 1768 das Collegium Musicum am Carolinum und veranstaltete dort auch Schülerkonzerte, denen sogenannte Conversationen zu folgen pflegten.[17] Er galt als einer der ersten Violinisten Braunschweigs und hatte als fürstlicher Kammer- und Stadtmusikus ein so bedeutendes Einkommen, daß er der Tochter Christiane das Haus am Papenstieg hinterließ, in dem August heranwuchs. Die ungewöhnlichen musikalischen Kenntnisse und Neigungen, von der Bonaventura-Forschung ziemlich einhellig vermerkt, werden ihm somit früh schon vermittelt worden sein. Speziell Mozart, der in der 4. und 8. Nachtwache als Kontrast zu dem zeitüblichen Künstlerdasein erscheint und dessen »Don Juan« zum Grundmotiv der 3. Nachtwache wird, ist Klingemann bis zuletzt die Verkörperung des musikalischen Genies geblieben: »der musikalische Shakspeare«, dessen »göttliches Genie« und »gewaltige Lyrik« er ebenso preist wie den »Don Juan« als »ein hochgeniales... unsterbliches Meisterwerk dramatischer Composition, vor dem die Zeit ehrerbietig zurückweicht«[18]. Wie in der 4. Nachtwache läßt Klingemann Mozart einmal – wörtlich – »im Zwischenakte« tröstlich und provozierend auftreten oder notiert besorgt, ob ihm das Orchester auch Gerechtigkeit widerfahren lasse; um dann entzückt zu beschreiben, wie der »Don Juan mächtig die ganze Geisterwelt der Töne stürmt, Sylphiden und Furien zugleich aus ihren Sitzen hervorruft, und den süßen Fandango mit wilden Schlangentouren umschlingt.«[19]

Wichtiger als der Umstand, daß er in der Eleganten auch als Musiktheoretiker hervortrat (so in Nr. 153, 1803) und kritisch von Braunschweiger Opernaufführungen und anderen musikalischen Ereignissen berichtete, ist seine frühe Freundschaft mit angehenden Musikern. »Meinem biedern C. F. Görges« widmete er sein Erstlingswerk »Wildgraf Eckart« (1795). Christoph Friedrich Görges[20] wurde 1776 als Sohn eines Kantors und Lehrers in Peine geboren und kam zu musikalischer und theologischer Ausbildung nach Braunschweig, wo er wie Klingemann das Katharineum besuchte. Stark beeinflußt wurde er durch die italienische Musik am Hoftheater. Zusammen mit Klingemanns engstem Freund Bornhardt machte Görges 1803 ein »Musikkomtoir« auf, das aber nur bis 1806 bestand; es wird der nämliche Musikverlag gewesen sein, der Februar 1803 Klingemanns Stück »Die Lazzaroni« im Manuskript anbot (s. S. 65). Von 1810 bis zu seinem Tode 1852 war Görges Opfermann und später auch Kantor am Blasiusdom. Von seinen Verbindungen zu Klingemann ist eigentlich nur der nicht unironische Tatbestand dokumentierbar, daß er es war, der 1831 ins Kirchenbuch der Gemeinde St. Blasien Tod und Beisetzung des Doktors der Philosophie und Generaldirektors eintrug.[21] Daß er sich auch auf andere Weise für jene Widmung revanchiert hat, darf man bei den folgenden biographischen Notizen – die wohl von seinem Sohn stammen – getrost annehmen: Görges brachte unter wechselnden Pseudonymen eine Reihe von musikalischen Arbeiten heraus, darunter Singspiele, Opern und auch Kirchenmusik. Schon 1796 debütierte er mit einem mild-satirischen Roman »Wallors rascher Entschluß«.* Unter dem Pseudonym B.

---

* Vielleicht hinterließ er uns in dem »Halbroman« eine Skizze des jungen Klingemann. Der Ich-Erzähler Wallor nämlich, der in das ihm fremde Braunschweig gereist ist, läßt aus heiterem Himmel einen dortigen »Freund« auftreten: »Mein Freund, von eben so aufgereimter Gemüthsart, als ich«, lädt ihn mit dem Verspre-

Mann ließ er 1824 den Roman »Der Schuldschein« folgen; ungedruckt blieb sein Lustspiel »Die geheime Polizei«. Anonym habe er mehrere satirische Gedichte veröffentlicht; für eines davon, das 1813 die Braunschweiger Bürgergarde verspottete, wurde außer dem Verleger auch ein Arzt, der sich »wohlgefällig für den Verfasser halten ließ«,[23] zur Rechenschaft gezogen. Lange Zeit gehörte er einer witzigen Gesellschaft an, die sich »Söhne der Finsterniß« nannte. Ich möchte wetten, daß Klingemann mit von der Partie war!

Besser dokumentiert ist Klingemanns Freundschaft mit Carl Bornhardt (1774-1843). Seinen Namen finde ich zum erstenmal in den »Anzeigen« von 1794 (19. 6.): »Bornhardt, gute Nacht; ein Seitenstück zu Mozarts ehelicher guter Nacht, für's Klavier«. Obgleich er mit seinen Liedern einigen Erfolg hatte, wollte er wie Klingemann die Jurisprudenz studieren, sah sich aber wegen Gemütserkrankungen seiner Brüder und Erblindung der Mutter gezwungen, als Musiklehrer und Komponist den alten Vater zu unterstützen. Bornhardt schrieb auch über Musik und Theater, komponierte eine Oper »Der Eremit auf Formentara« sowie Arrangements von Opernarien und Oden; bekannt geworden aber ist er mit dem romatischen Instrument par excellence: 1798, zwei Monate nach Klingemanns Wegzug nach Jena, erbot er sich Unterricht in der Guitarre zu erteilen, einem Instrument, das Klingemann ihm aus Jena zugeschickt haben soll und das Bornhardt »erst recht eigentlich in Norddeutschland eingeführt« hat[24]. Klingemann, der ihm den ersten Teil der »Ruinen im Schwarzwalde« (1798) widmete, hat seinen Romanen »Romano« und »Albano der Lautenspieler« (!) Guitarreeinlagen des Freundes beigegeben, 1802 in dem anonymen Messebericht aus Braunschweig sowie 1803 in den »Freimüthigkeiten« für dessen im Druck erschienene Guitarreschule die Werbetrommel gerührt und in die Braunschweiger Aufführung (1805) des Dramas »Arnold an der Halden« Musikstücke von Bornhardt aufgenommen. Auch im bürgerlichen Leben scheint Klingemann ihn unterstützt zu haben; ab 1815 hatte Bornhardt die Stelle eines Registrators am Collegium medicum inne, die Klingemann bis 1812 bekleidet hatte, und in einem späten letzten Brief aus dem Jahre 1825 bietet der in Magdeburg weilende Direktor dem alten Freund an, mit ihm zusammen die Theaterreise fortzusetzen[25].

Im Braunschweiger Stadtarchiv findet sich ein biographischer Abriß von Bornhardts Sohn, den dieser elf Tage nach des Vaters Tod 1843 niederschrieb.

---

chen: »es wird komische Auftritte geben«, zum Besuch einer Assessorenfamilie ein. Da »mein Freund fast immer mit mir zugleich spricht«, bringen sie den Assessor in höchste Konfusion. Der Freund, ein »Schalk«, »dem Unterdrücken des Lachens die Sprache gehemmt hatte«, »verbarg sich hinter sein Taschentuch« und pariert schließlich die Nötigungen beim Hammelmahl durch eine scharfsinnige psychologisch-juristische Fallkonstruktion.[22]

Der Dr. Aug. Klingemann war der speciellste Jugendfreund meines Vaters. Es rührte diese Freundschaft schon von ihren beiden Vätern her, welche gleichfalls Feunde waren. Klingemann ist derjenige welcher mir aus meiner frühesten Jugend her als der älteste Freund erinnerlich ist. Es sind mir die musikalischen u hauptsächlich aber die theatralischen Abend-Unterhaltungen welche Klingemann u mein Vater uns Kindern, Hausgenoßen u Nachbaren gaben, noch unvergeßlich; sie bestanden in den damals beliebten ombres chinois (chinesischen Schattenspielen) mit beweglichen Figuren, welche Klingemann selbst angefertigt hatte, theils aber in Vorstellungen auf einem kleinem Marionettentheater welches mein Vater fabricirt u wozu Klingemann die Dekorationen geliefert hatte, u wurden die Stücke mit Gesang (Guitarrebegleitung) zu großer Ergötzlichkeit der Zuschauer aufgeführt. Die Freunschaft mit Klingemann hat bis zu deßen Tode fortgedauert.[26]

Zu der Bedeutung der Marionette für Bonaventura muß ich nichts mehr sagen, der gesamte Anfangskreis der »Nachwachen« steht in ihrem Bann; auf einzelne Vorstellungen und Spieler in Klingemanns Kinderjahren komme ich noch zurück. Schattenspiele waren sehr viel seltener, die Braunschweigischen Anzeigen enthalten nur für 1792 (15.8.) eine Ankündiung der – schon damals – »so beliebten ›Ombres chinoises‹«. Wie nahe die Erzählform des Schattenspiels dem Erzählen von »Nachtwachen« kommen kann, war mir 1973 in der ersten Identifizierungsphase Bonaventuras aufgegangen, als ich bei einigen Schriftstellern verweilte, die nach dem Exklusionsverfahren schon gar nicht mehr in Frage kamen: darunter »die wendige, wenn auch ziemlich kurzatmige Erzählhaltung für ›Reiseschatten (Von dem Schattenspieler Luchs)‹ (1811) (= J. Kerner), mit dem Darstellungsprinzip von ›Schattenreihen‹.«[27] Bei den europäischen und besonders den romantischen Varianten des östlichen Schattenspiels scheint man gern und häufig Nachtszenen aufgeführt zu haben; Kerners »Reiseschatten« wie Mörikes »Orplid«-Spiel sind davon durchdrungen, und beginnen die »Reiseschatten« in einer nächtlich ersterbenden alten Reichsstadt (Reutlingen), so setzt die Phantasmagorie »Der letzte König von Orplid« wie die 1. Nachtwache mit nächtlichen Reminiszenzen an eine steinerne, von einem göttlichen Strafgericht einst heimgesuchte Stadt ein, in der man »keinen Sterbenslaut als den des eigenen Fußtritts« vernahm[28]. In dem gedruckten Nekrolog erwähnt Bornhardts Sohn noch, daß Klingemann »nicht leicht Etwas unternahm, ohne vorher des bewährten Freundes Rath einzuholen.«[29] Wenn einer in Klingemanns Bonaventura-Projekt sich auskennen mußte, dann Bornhardt. Gern wollte man ihm auch noch den einen oder anderen musikalischen Topos zugutehalten, hätte nicht Klingemann selber hier einiges aufzuweisen gehabt. So beteiligte er sich im Bornhardtschen Kreise außer an den Schauspielen auch an Trios für Flöte, Guitarre und Violine;[30] und was Bonaventura gar als Komponist vermochte, gibt ein spätes Schreiben Bettinas vom 4.12.1825 an Achim von Arnim zu erkennen:

Klingemann ist feierlich bei Savignys eingeführt; er hat aus dem Auerhahn komponiert: ›Wenn die Vögel aufwärts steigen‹, aber wenn ich Dir sage: ›Göttlich schön‹ – so sage ich nicht zu viel; mein Herz war halb unter Wasser, und halb schwebte es in dem Duft seligster Wonne, und das Ganze ist Deinen Worten so untergeordnet, daß diese als das Herrlichste den Menschen rühren. Auf mein Lob gab er mir zur Antwort, daß Du es ihm mit ein paar Worten so ans Herz gelegt, daß er diesen es zu verdanken habe, wenn die Melodie befriedige.
Dieser Mensch verdient wahrlich Dein Freund zu sein…[31]

Klingemanns Geburtshaus am Papenstieg gehörte zur Freiheit um den Dom St. Blasien, einem Immunitätsbereich, der leider nicht in die sogenannte Vorschußsteuerrolle, die neben dem Eigentümer auch alle Einmieter aufführte, aufgenommen wurde. Einige Häuser dieser Straße waren im Besitz der Kollegiatstifte St. Blasius und St. Cyriacus und wurden nach deren Auflösung aufgrund des Reichsdeputationshauptschlusses von 1803 verkauft.[32] Sozialgeographisch grenzte der Papenstieg an das Zentrum von Gewerbe und Handel;[33] die Fassadenfenster jedoch zeigten auf den Burgplatz mit dem Dom, getrennt nur durch die Häuserzeile der anderen Straßenseite. Gegenüber lag seit 1796 ein Lesekabinett,[34] im Nachbarhaus wird später der Vielschreiber August Leibrock (1782-1853) seine gewaltige Leihbibliothek von 16000 Bänden führen (in der auch Trivialromane Klingemanns mit dem Verleihernamen gestempelt erhältlich sein werden, – so nur kann ich mir erklären, daß jemand Leibrock als Verfasser des 1795 (!) erschienenen »Wildgraf Eckart« bezeichnen konnte)[35]. Schräg gegenüber befand sich bis 1799 das Kleine Hoftheater, das eine bedeutende Rolle für Klingemann spielen soll.

Das Haus Papenstieg 28 wurde 1910 abgerissen; den aufbewahrten Balken setzte man 1977 über der Toreinfahrt des an seiner Stelle errichteten Neubaues (heute das Geschäftshaus Nr. 5) wieder ein, außerdem ließ die dort untergebrachte Firma eine Klingemann-Gedenktafel anbringen, auf der auch das Geburtshaus mit dem Sonnenfries zu sehen ist. Der Fries war aber nicht das einzige architektonische Charakteristikum. »Über den Haustür prangte ein altes Wappenpaar mit einer holzgeschnitzten Inschrift, derzufolge ein Hildesheimer Bruno… das Haus 1537 hatte errichten lassen.«[36] Im Braunschweigischen Magazin von 1903 findet man die Wappen abgebildet.[37] Das eine Wappen (ein Flügelpaar) ist schwer zu deuten, das andere zeigt aber eindeutig – eine Z w i e b e l! D a s Symbol der »Nachtwachen« also, das man immer auch für die demaskierende Tätigkeit Bonaventuras selber reklamiert hat! Für Wolfgang Paulsen etwa ist es das »eigentliche dichterische Anliegen«, das Bonaventura im Bilde von der Zwiebel derart eindringlich veranschaulichen konnte: »Die Masken sitzen eben auf der Welt wie die Hülsen einer Zwiebel – ein Bild, das Bonaventura selbst in der neunten Nachtwache benutzt und dann anderwärts, z.B. in der Ophelia-Episode, weiterentwickelt. Eine Zwiebel also schwebt ihm vor Augen und nicht etwa eine blaue Blume!«[38]

St. Blaſien 28. Papenſtieg 5.

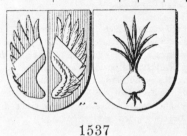

1537

Reſte dieſes Hauſes befinden ſich unter C. c. c. 19 im ſtäd= tiſchen Muſeum. Das Haus trug die an der Hauptſtelle unleſerliche In= ſchrift:

Abb. 6

Das umfassende Zwiebel-Gleichnis zu Beginn der 9. Nachtwache lautet so:

Die Menschheit organisirt sich gerade nach Art einer Zwiebel, und schiebt immer eine Hülse in die andere bis zur kleinsten, worin der Mensch selbst denn ganz winzig stekt. So baut sie in den großen Himmelstempel an dessen Kuppel die Welten als wunderheilige Hieroglyphen schweben, kleinere Tempel mit kleinern Kuppeln und nachgeäfften Sternen, und in diese wieder noch kleinere Kapellen und Tabernakel, bis sie zulezt das Allerheiligste ganz en miniature wie in einen Ring eingefaßt hat... In die allgemeine Weltreligion, die die Natur mit tausend Schriftzeichen geoffenbart hat, schachtelt sie wieder kleinere Volks- und Stammreligionen für Juden, Heiden, Türken und Christen; ja die leztern haben auch daran nicht genug, sondern schachteln sich noch von neuem ein. – Eben so ist es mit dem allgemeinen Irrhause, aus dessen Fenstern so viele Köpfe schauen, theils mit partiellem, theils mit totalem Wahnsinne; auch in dieses sind noch kleinere Tollhäuser für besondere Narren hineingebaut. In eins von diesen kleinern brachten sie mich jezt aus dem großen, vermuthlich weil sie dieses für zu stark besezt hielten.

Schon bei der 9. Nw war herauszubringen, wie durchtrieben Bonaventura das Zwiebelgleichnis für das Erzählverfahren selber nutzt, indem er im Zentrum dieses Bildes den wahnsinnigen Weltschöpfer erscheinen läßt, der wie Fichte auf das »kleine Ich, das jeder winzige Knabe ausrufen kann«, zurückgehe, um »aus der unbedeutenden Hülse, wie es ihm beliebt, ganze Kosmogonien, Theosophien, Weltgeschichten und dergleichen... herauszuziehen«. Gegen solche Prätention richtet sich Kreuzgangs Denken, verfällt aber seinerseits, von außen her rücksichtslos auf ein Eigentlichstes im Inneren dringend, der von Richard Brinkmann beschriebenen Dialektik von Schein und Sein: »Die Masken abzureißen, was dahintersteckt ans Licht zu bringen, ist Hauptgeschäft des Nachtwächters«; »indem der demaskierende Aufklärer Haut um Haut von der ›Zwiebel‹ des Wirklichen, der Erscheinungen abschält, um ins Innerste vorzudringen... gerät er schließlich nicht an einen reellen Kern, der maskenlose, schalenlose, bare und lautere Realität wäre, vielmehr gelangt er zum Nichts«,[39] zumal sich ihm so auch das eigene reflektierende Ich im Traum

der 14. Nw als in sich gehaltlos erweise. Es war dabei Ophelia, die das Zwiebel-
gleichnis für die transzendentale Fragestellung verwendete –

>»Giebt es etwas an sich, oder ist alles nur Wort und Hauch und viel Phantasie. – Sieh
da kann ich mich nimmer herausfinden, ob ich ein Traum – ob es nur Spiel, oder
Wahrheit, und ob die Wahrheit wieder mehr als Spiel – eine Hülse sitzt über der
andern, und ich bin oft auf dem Punkte den Verstand darüber zu verlieren.
Hilf mir nur meine Rolle zurücklesen, bis zu mir selbst... ob alles nur Rolle, und
ich selbst eine dazu.«< (Kreuzgang bleibt bei der totalitären Antwort im Gleichnis:
»Es ist Alles Rolle, die Rolle selbst und der Schauspieler, der darin steckt, und in ihm
wieder seine Gedanken und Plane und Begeisterungen und Possen...«)

Bonaventura hat das Bild von der Zwiebel vielfältig variiert und insbesondere
im »Formprinzip... der Einschachtelung« die Erfahrung dargestellt, daß die
Wirklichkeit »Maske über Maske« sei (so Dorothee Sölle, die ebenfalls »das
Geschehen der >Nachtwachen< als Demaskierung« bestimmt; »das demas-
kierte Geschehen, die entlarvte Gestalt trägt den Namen >Nichts<«).[40] Zu den
Varianten gehören außer so expliziten wie Hanswursts Spielleidenschaft, dem
Menschen eine Maske nach der andern bis auf den Schädel herunterzuziehen,
auch minder aggressive oder verkappte wie die hinter dem Vorhang hervortre-
tende Gestalt, hinter deren tiefen Schleiern Juan das tödliche Rätsel seines
Lebens ahnt; auch das windige Individuum der 12. Nw, wie es sich auf den
Kopf Lessings Perücke und darüber Goethes Hut gesetzt hat, selbst das Trau-
erbild von der »tausendfach geschichteten Lava vergangener Geschlechter«
(16. Nw) wird so, als Verdichtung von Jean Pauls Metapher einer »aus tau-
sendjähriger Asche geründeten Kugel«, dem Sinnbild der Zwiebel zu verdanken sein. Ein Bild, das Klingemann Tag für Tag, als Knabe und noch bei der
Niederschrift der »Nachtwachen« vor Augen hatte (das vielfenstrige Haus am
Papenstieg wird er erst nach der Eheschließung mit Sophie Rückling Oktober
1805 verlassen haben; 1807 mußte er es ebenso wie Sophies Haus in einem
Konkurs verkaufen)[41].

Das andere Wappen, ein Flügelpaar mit Schrägbalken, läßt keine augenfäl-
lige Sinnbestimmung zu. Die beiden Braunschweiger Wappenkundler sprechen bei ihrem Deutungsvorschlag von einem »Fluchwark«, da es in ähnlicher,
etwas weniger stilisierter Form um 1580 bei einem Notar namens »Flue-
wer(c)k« als Siegel und Signet nachzuweisen ist[42]. Bei zwei zusammenstehen-
den Wappen steht in der Regel auf der heraldisch rechten Seite (links für den
Beschauer) das Wappen des Ehemannes, so daß alles dafür spricht, daß wirklich ein Fluewerk – etwa der Vater des Genannten – das redende Wappen eines
»Flugwerks«[43] an dem 1537 erbauten Haus anbringen ließ. Klingemann, der
sich in seinen Ritterromanen als eifriger Quellenforscher ausweist und auch
eine heraldische Fußnote zum historischen Wappen derer von Asseburg aufführt[44], hatte sicherlich längst schon die Bedeutung des Wappens an seinem

Geburtshaus in Erfahrung zu bringen versucht. Wir können nicht wissen, was dabei herauskam, wenn man sich aber an die Minimalbedeutung des historischen Namens bzw. an seine Fassung »Fluchwark« hält, so hat man es sogleich mit einer äußerst düsteren Aura zu tun. Wegen der nicht gesicherten Wappenerklärung würde ich mich nicht weiter darauf einlassen, wäre mir diese Aura nicht schon in Klingemanns Werk aufgefallen und gäbe es nicht auch in den »Nachtwachen« ähnlich unheimliche Winke. »Wark« ist nämlich nicht nur eine verbreitete Nebenbildung zu »Werk«, sondern ein Nomen mit eigener, einschlägiger Bedeutung und als solches auch Namensbestandteil eines Vogels: »Wark«, »warc« oder »warch« wird etymologisch im Zusammenhang mit »würgen« oder »Wolf« abgehandelt; »Warg, m. übelthäter, unhold, ungeheuer... anord. vargr ›wolf, friedloser verbrecher‹... zu verbinden mit ›würgen‹... ›teufliches wesen‹«; »wargengel, warkengel, m., bezeichnung des gemeinen würgers, lanius excubitor L.... auch ›neuntöter‹« (Deutsches Wörterbuch).[45] Campe führt unter »Wargengel« ausschließlich den Neuntöter auf, der heute meist als »Würger« bezeichnet wird; seine Spezialität, die lebende Beute als Vorrat auf Dornen aufzuspießen, führte zu dem Glauben, er töte immer erst neun Tiere vor dem Verzehr. »Würger« als Bezeichnung für den Vogel und den Engel war um 1800 offenbar geläufiger als heute, ein entsprechendes Wortspiel Jean Pauls wird im Deutschen Wörterbuch verzeichnet.[46] Merkwürdig nun, wie nicht nur der Warg- oder Würgengel in verschiedenen Stellen des Alten Testaments als Verbreiter der Pest bekannt wurde,[47] sondern nach dem »Handbuch des deutschen Aberglaubens« auch der Name »Neuntöter« in Pestgeruch kam: »Neuntöter sind Kinder, die mit Zähnen oder mit einer doppelten Reihe von Zähnen geboren werden. Sie sterben bald und holen ihre nächsten 9 Verwandten nach und verursachen Pest, wenn man ihnen nicht den Kopf abschneidet.«[48] Das steht so unter dem Stichwort »Nachzehrer«, einem Wiedergänger oder Vampir in vielerlei Gestaltungen; als Abwehrmittel gegen den »dämonischen Toten (Neuntöter), der seine Angehörigen nach sich ins Grab zieht und verschlingt«, war vorzüglich das Abtrennen des Kopfes oder das Durchstoßen des Leichnams empfohlen. Und in Klingemanns Vaterstadt sprach man nicht bloß von dergleichen, wie aus der Schrift (1751) des Braunschweiger Predigers Weitenkampf gegen die »alten Müttergen« hervorgeht, »welche uns manches von dem Blutsaugen und Schmacken der Todten etc. zu erzählen pflegen«,[49] man handelte auch danach; »in Braunschweig (18. Jh.) pflöckte ein Bauer einem Toten einen Stock durch Zunge und Mund, weil er fürchtete, nachgezogen zu werden.«[50]

Noch einmal, dies Flügelwerk ist hier nicht als Beweisstück anzusehen, sondern nur als der frühestmögliche biographische Anhaltspunkt für den Komplex des Wiedergängers, des lebendigen Leichnams, wölfischen »Würgers« und überhaupt des vampiristischen Treibens in Klingemanns Werk. Vergessen wir dabei auch nicht, daß ein solch abgelöstes kopfloses Fügelpaar in der 8. Nachtwache von Hogarth her auf Kreuzgangs Dichter, der sich erhängen muß, übertragen wurde (s. S. 98). Und was die Pest betrifft, so könnte auch das harmlosere Wappen der Zwiebel einen aufmerksamen Betrachter früher oder später in diese Richtung geführt haben, denn wie der verwandte – aus Vampirfilmen uns liebgewordene – Knoblauch gehörte die an der Stubendecke oder Tür aufgehängte Zwiebel zu den einschlägigen Abwehrmitteln gegen die Pest.[51] Vampirglauben und Pest waren nun historisch aufs engste liiert. Die großen Pestepidemien des 16. Jahrhunderts, während welchen man im norddeutschen Raum von Kau- und Schmatzgeräuschen aus den Gräbern berichtete,[52] hatten auch in Braunschweig gewütet und hier gegen Ende des Jahrhunderts »die Hälfte der Menschen weggefressen«[53]. Gerade zu der Zeit, als das Haus am Papenstieg erbaut wurde, verbreiteten sie solche Panik, daß der Braunschweiger Herzog, um sein Verhältnis zu Eva von Trott zum Schein zu beenden, sich (um 1535) eine List erdenken konnte, »die ihn – ans Licht der Öffentlichkeit gekommen – dem rohen Gespött seiner Zeit aussetzte und immer wieder Romanschreiber und Historiker fasziniert hat. Zum Schein erkrankte und starb Eva während einer Reise an der Pest. Furcht vor der Pest verhinderte, daß der Sarg nochmals geöffnet wurde; man hätte die darin liegende Holzpuppe entdeckt! Mit großem kirchlichem Aufwand wurde die Puppe begraben.«[54] Die List wird Klingemann in der »Bianca di Sepolcro« wiederholen.

In dem folgenden literarbiographischen Exkurs, der immer wieder auf Braunschweiger Sagenstoff stößt, zeigt sich uns Klingemann von seinem ersten gedruckten Stück (1795) bis zum letzten (1830) auf das äußerste von der Vampirthematik eingenommen. In den »Nachtwachen« selber erscheint das Wort Vampyr in fortschrittlicher politischer Übertragung, als Kreuzgang in der 6. Nachtwache das Jüngste Gericht inszeniert: »Eine Menge Justiz- und andere Wölfe wollten aus ihrer Haut fahren... So manche Blutsauger und Vampyre denunciirten sich selbst als Hängens und Köpfens würdig«.[55] Ohne das Wort auszusprechen, äußert Kreuzgang den Gedanken auch angesichts des Schädelwurms, der ihn auf die schmarotzenden Landesfürsten bringt (16. Nw), und die »wölfische« Variante finden wir in der 9. Nachtwache wieder, wo Kreuzgang uns einen in einen Wolf verwandelten Staatbeamten vorstellt (im Narrenkämmerchen Nr. 11). Vergleichsweise schüchtern noch warnte Klingemann in der Vorrede zur »Asseburg« (1797) Braunschweigs Fürsten vor den »Blutsaugern« in ihrer Nähe und ließ erst in den »Ruinen« (1798) dies Wort einem steuerpressenden Herzog selber ins Gesicht sagen[56]. Sein Erstling »Wildgraf Eckart von der Wölpe« freilich gibt unverhohlen noch die Faszination des Raubgrafen aus dem 14. Jahrhundert zu erkennen, der – obgleich im Württembergischen angesiedelt – im Namen auf die heimischen Welfen (»Welpen« oder »Wölpen«[57]) hindeutet. »Er ist ein Wolf... er heißt

Wölpe« sagt man Eckart nach und läßt ihn, der den Wolfskopf als Helmzeichen führt und Widersacher zu »würgen« droht, als ein geächtetes »Unthier« schließlich unbegraben.[58] Für Eckart finden wir ziemlich komplett die rechtlichen Bedeutungsnuancen von »warg«, die Wilhelm Grimm in einem Aufsatz über die mythische Bedeutungs des Wolfes angibt: »Ein Räuber, Mörder, Würger, geächteter Verbrecher, Verbannter, Unhold, böser Geist ist der... warg... warc... warag, in den alten Gesetzen wargus, im Angelsächsischen vearh vearg, wo der Verbannte auch vulfheáfod, caput lupinum, heißt, weil ihm, wenn er sich erblicken läßt, das Haupt kann abgeschlagen werden«.[59]

Man wird nun nicht mehr übersehen können, daß auch in den »Nachtwachen« das Köpfen geübte Praxis ist, und zwar als Abwehrmittel gegen das Dämonische wie auch als bevorzugte Tötungsweise des Dämonischen selber (in solcher Ambivalenz nimmt bekanntlich der Scharfrichter seinerseits Züge eines Geächteten und Vampirs[60] an). Grausig die Komik in der 2. Nw, als dem diabolischen Pfaffen wie versehentlich das Haupt abgeschlagen und dann als Teufelshaupt konfisziert und untersucht wird. Der mechanisch Todesurteile unterzeichnende Jurist der 3. Nw wird mit der Guillotine verglichen; dies Individuum kommt Kreuzgang wie ein lebendig begrabener Lappländer vor, wie ein »Wesen«, das im voraus schon »das Treiben und Hausen unter der Erde« kosten wolle; wie es dasitzt, »leblos aufgerichtet, in dem Aktensarge voll Bücherwürmer«, haben wir es mit einem Vampir zu tun. Ich sprach schon von der Zugehörigkeit dieses Blutrichters zu dem Hanswurst der 15. Nw, der als Scharfrichter der Französischen Revolution lustig Menschenköpfe statt der Schellen schüttele. Kreuzgang, der Hanswurst-Spieler distanziert sich dort davon, erliegt aber fast diesem Bild, wenn er mit dem abgeschlagenen Holoferneskopf in der Hand die aufrührerischen Bauern zu beschwichtigen sucht.*

Erscheint das Köpfen hier noch als Strafe für die Gottlosen, so läßt Kreuzgang in allerlei Witzen die Geistlosen so bestrafen. Schon die Notrede vor den Bauern, mit dem Holoferneskopfe in der Hand, bringt ihn auf die Nichtigkeit

---

* Das Bild hat kunsthistorische Hintergründe. In der Bildergalerie des ehemaligen Lustschlosses Salzdahlum bei Wolfenbüttel befand sich die »Judith mit dem Haupt des Holofernes«, von der sich Klingemann ziemlich beeindruckt zeigte. Er bedauert in der Eleganten vom 18. 7. 1809, daß Denon 1806 »die trefliche Judith von Rubens« nach Paris verbracht habe; als das einzige Gemälde der Galerie führt er sie an, ebenso dann 1821 in »Kunst und Natur«, wo er unter den vielen noch nicht wieder aufgestellten Gemälden »namentlich eine Judith von Rubens, welche mit vieler Kraft, und als eine ächte Virago dargestellt ist«, erwähnt.[61]

Das Gemälde, das sich heute im Herzog Anton Ulrich-Museum Braunschweig befindet, zeigt ein Nachtstück: Judith, den Blick wie triumphierend fest auf den Betrachter gerichtet, halb entblößt und das Schwert in der Rechten, hält mit der Linken das Haupt an den Haaren vorgestreckt; die alte Dienerin, die es noch betrachtend anhebt, beleuchtet die schreckliche Szene mit einer Fackel.

Abb. 7

dieses königlichen »Kopfes« (und der des Dorfschulzen), und in den später geschriebenen Nachtwachen spaßt er über das Auf-den Rumpf-Schlagen von Doktorhüten (9. Nw) oder nimmt die Minerva ohne Kopf als Sinnbild staatlicher Organisation (13. Nw). Die ursprüngliche, blutige und sadistische Praxis ist also erheblich sublimiert, bleibt aber spürbar genug. In einer Zwischenzone siedelt das Grauen auch für »Heinrich der Finkler, Schauspiel in einem Aufzuge nach altdeutscher Volkssage« (1818). Es zeigt den Kaiser, der nach sieben Jahren die Tochter und ihren Entführer in der Wildnis aufstöbert. »Der Tod ist losgelassen hinter mir her«, ruft die Tochter vor seinem Eintreffen aus, und der Kaiser selbst vergleicht sich mit seinem vor Kummer ergrauten Haupt mit einem »grau getünchten... Gespenst, das aus der Kruft zurückkehrt«.[62] Mit

seinem Beinamen »Vogler«, »Auceps« wird ein befremdlicher Kult getrieben.
»Welch dräuend Haupt, so ganz in Haar verborgen, / Daß nichts von einem
Menschenantlitz sichtbar, / Als nur die Adlernase sammt den Augen!« »Ein
steinern Riesenhaupt« erscheint er dem »Täubchen« Helene.[63] Der Kopf hat
hier, wie abgelöst, die mythische Kraft des »Caput Oli«, das hinter der Büste
des Teufelsbanners der 16. Nachtwache stand; hat von der »tierischen Stru-
welfratze« des Teufels, die genealogisch auf die Maske des Harlekin zuführte
(das Haargestrüpp meist ergänzt durch einen schwarzen Vollbart, oder auch
durch Wolfsfelle und schnabelähnliche Gesichtsmasken mit Federhut an die
teuflische Abkunft Harlekins erinnernd)[64].

Den Motivkreis der Untoten, der halb Begrabenen, in denen alte Schuld
wiedergängerhaft auftaucht, behandelt ferner das Schauspiel »Die Grube zur
Dorothea« (1817). Hier steht alles im Bann der Sage vom Ritter We l f, der
sich in heidnischer Zeit aus betrogener Liebe umgebracht habe und seitdem die
erstgeborenen Töchter zu sich hole; nur die Liebe zu seinem Konterfei könne
wieder ausgleichen. Seit dem Verschwinden seines letzten Sprosses werde das
Schloß nur noch von Fledermäusen behaust. Dieser letzte Nachkomme, der
gleichfalls Welf heißt und sich mit Raubvögeln identifiziert,[65] hatte den
meuchlerischen Sturz in den Schacht der Grube »Dorothea« überlebt und war
von einem Köhler aufgezogen worden (ein »Schatz« wie Kreuzgang oder
»Bonaventura«). Das »Enackskind«[66] dringt mit der Köhlertruppe des Ziehva-
ters, mit »lauter schwarzen Teufeln« aufs feindliche Schloß und holt sich, hinter dem Bild des Stammvaters hervortretend, auf gute Weise nun die Geliebte
(der dabei aber gar nicht wohl war: »er steigt herauf, / Der Todtenrächer, aus
dem Grubenschachte! – / Die Braut verlangt er – ich bin ihm geweiht«)[67].

Wir nähern uns damit dem Zentrum des Nachzehrers und seiner geistigen
Abkömmlinge, dem Bereich des Grabes oder dem Ort unausgelebter Zeit. Wie
jener Welf vergleicht sich Kreuzgang mit halb verschütteten »Enakssöhnen«,
die bei ihrem Emporkommen wie eine Pest oder andere Naturkatastrophen
unter das Volk fahren würden (7. Nw). Das verhinderte und erwürgte Talent
hat Kreuzgang auch im Bilde der sich verzehrenden Flamme beschrieben,
angesichts des verhungernden Dichters nämlich, der seinerseits in dem furchtbaren Ugolino-Gleichnis von seinen miteingesperrten und zernagten »Kindern« sprach. Auch in solch mörderischer Wendung gegen sich selbst sucht die
übergangene, unterschlagene, folgenlos gebliebene Produktivität sich doch
noch Luft zu verschaffen. Nicht schon der Grabesmoder der Wiedergänger
und Nachzehrer hat Klingemann anziehen können, erst das Unausgetragene
und Unabgegoltene in ihrer Existenz. Darum auch kann Kreuzgang, den das
geschichtsblinde ästhetizistische Anhimmeln der ausgegrabenen Göttertorsos
abstieß und der sich auf die Alten berief, bei denen die Grabesverletzung hart
verpönt gewesen wäre (13. Nw), in der letzten Nachtwache selber der Zigeu-

nerin bei der Freilegung des Alchymisten assistieren, der Aufdeckung des Lebensgeheimnisses dessen, der dann wie ein veritabler Vampir sich erhalten zu haben scheint. Und ich möchte nun doch behaupten, daß dieses Interesse am Geheimnis des Grabes das innerste Motiv für die Übernahme des Schellingschen Pseudonyms »Bonaventura« gewesen war, denn die vom Pfarrer erzählte Geschichte der (verschwundenen) Braut im Grabe, in ihrer Verquikkung mit der vampiristischen »Lenore« Bürgers, hat Klingemann bis zum Ende nicht mehr losgelassen –

Die Sage von »Lenore«, die nach Stefan Hocks »Vampyrsagen« (1900) in verschiedenen Fassungen über fast ganz Europa verbreitet war und auch für Völker / Sturm (1968) zu den Haupttypen des Vampirmärchens gehört,[68] muß sich für Klingemann sehr früh schon über seine Heimatstadt mit dem verwandten Typus der Braut im Grabe verbunden haben. Eine hochliterarische Quelle ist nachher noch genauer zu betrachten (»Julius von Tarent« von Leisewitz). Beeindruckender war hier sicherlich die berüchtigte List des Braunschweiger Herzogs, unter kirchlichem Pomp statt der Geliebten eine Holzpuppe oder »ein Bildniß in der Gestalt eines erblößten Frauenzimmers« (Zedler)[69] beisetzen zu lassen. Wir erkennen sie in der »Bianca di Sepolcro« im Plan der Amme wieder, die verkohlte Leiche einer Nonne als Leonoras »lebloses, kaltes Scheinbild« in der Klosterkirche zur Beerdigung zurückzulassen; die Maske, mit der die Amme sich zu der Aktion bei Heliodor einstellt: »Mit solchem Antlitz / Soll der Va m py r sich aus den Grüften wühlen, / Der an den Leichen zehrt!«, ist Mimikry an das Karnevalstreiben draußen und deutet zugleich auf Wesen und Ausgang diese Unternehmens. Leonoras Entsetzen beim Anblick der Maske steigert sich zu panischen Verfolgungsphantasien: »Errette mich! Laß nicht / Eleonoren einscharrn in die Gruft, / Entreiße sie dem Kreis' der bleichen Schwestern, / Die wie Harpyjen die entfleischten Arme / Nach ihres Leibes junger Blüthe strecken, / Grinsend aus Schädeln, leeren Augenhöhlen!«[70] Sie besteht darauf, als »mein eigenes Gespenst« der Leichenfeier beizuwohnen. Wie für Eva von Trott folgen aufwendig inszenierte Beisetzungsfeierlichkeiten in der Kirche, für die Klingemann in einer Fußnote einen äußerst bühnenkundigen Regisseur anfordert: Auf einem Katafalk vor dem Hochaltar der Sarg, die Mitglieder der trauernden gräflichen Familie kniend auf den Altarstufen, in die Vorhalle gedrängt das Volk, und während der von Akoluthen umgebene Priester die heiligen Offizien verrichtet, die Nonnen bei gedämpfter Orgelbegleitung den Schluß des Requiems singen, vermischen sich Stimmen und Dialogfetzen von Personen aus dem Volke, jungen Leuten, die lieber dann zu Karneval ablaufen, und unseren heimlich Herbeigeschlichenen, bis endlich die Orgel bei Entdeckung der Täuschung in der schrillen Dissonanz endet. Die noch einmal Entkommenen müssen sich im Innersten eines Gruftgewölbes versteckt halten und finden dort auch den Tod.

Soweit der Ablauf der Handlung, das Kreisläufige der Flucht aus dem auferlegten ertötenden Klosterleben in den Tod, der eigentlich nur Schein und Maske sein sollte. Intakt bleibt darin der Motivkreis der lebendig Eingemauerten, einer Vampirexistenz, die im Widerstand gegen das verhinderte Leben zuletzt auch den Geliebten noch mit sich zieht. »Schütz' vor dem Sarge mich und Leichentuche«, hatte sich Leonora für ihre Beisetzung erbeten, sich gegen den abendländischen Grabesmoder und in einem Atemzuge für den Sonnenkult von »Heliodor«, den Flammentod der antiken Welt ausgesprochen: »Sie kennt den Tod nicht, den w i r leiden müssen, / Im engen Sarg' und dumpfen Gruftgewölbe«.[71]

Auch Leonoras Schicksal blieb im Schatten der Pest; der Vater war in der Hand der »Brüder des Todes«, denen die Bestattung der Pestopfer oblag und deren Haupt della Morte als Verkörperung der Pest selber auftrat: »Ob Ihr die Pest damit wohl fürchten macht?«, fragte er lächelnd und deutete auf den Dolch, mit dem der Graf seiner Weigerung, die Tochter dem Kloster zu übergeben, Nachdruck verschaffen wollte.[72] Die historische Zeit der großen Epidemien hatte Klingemann schon in den »Ruinen im Schwarzwalde« (1798) als eine Zeit geistiger Pest ausgegeben. »Eine tiefe Stille herschte durch die ganze Stadt, als wäre eine schleichende Pest darin ausgebrochen«, so umschrieb hier der Erzähler die Situation, als die politisch intrigierenden Dominikaner einmal noch die Inquisition, das Blutgericht als »besten Zaum für den Freigeist« einführen konnten.[73] Das klingt auch in dem ersten schaudernden Auftritt des Nachtwächters Kreuzgang auf, der sich in eine versteinerte oder durch Sündflut oder Pest verheerte Stadt versetzt fühle; wirklich bringen die beiden ersten Nachtwachen die Begegnung mit machtbesessenen Geistlichen, die sich über einen sterbenden Freigeist hermachen.

So grell all dies sich auch ausnehmen mag, Klingemann hat Vampirismus und Pest immer wieder aus der Isolation des Schauermotivs lösen können und auf das erstickende geistige Klima einer Epoche, insbesondere eines klerikalen Regimes übertragen. Auch der Typus des Femeromans, der seine beiden ersten literarischen Werke beherrscht und wegen seines biographischen Gewichts ebenfalls später vorzustellen ist, gehört als das unterirdische Treiben eines Blutgerichts dazu. Und nicht allein Zeitepochen erscheinen bei Klingemann unter diesem Zeichen von Korruption und Wesenlosigkeit, die Zeit selber hat in seinem Werk vampirische Qualität. Am deutlichsten tritt dies in der prominentesten und wohl ältesten Gestalt unter den Untoten hervor, im Ewigen Juden, der in der Spezialliteratur auch als »spiritueller Vampir« abgehandelt wird[74]. In Klingemanns »Ahasver« (1827) treibt er den Mörder Gustav Adolfs, sich den Schweden zu stellen. Als »verfluchter Höllendämon« aus der »Unterwelt«, der beim Anblick des Kruzifixes zu Boden sinkt und gegen den man wie zur Wolfsjagd losziehen kann, hat Ahasver merklich Züge des Wiedergängers aus dem Volksglauben. Darüberhinaus aber wird der Ewige Jude, dessen Innerstes schon in der 4. Nachtwache die Zeit anzutreiben scheint, in Klingemanns spätem Trauerspiel zum Protagonisten der verschlingenden und dadurch sich wiedererzeugenden Zeit. Sein Vorbote, der 100jährige und den Tod herbeisehnende Bartholomäus warnt vor dem nahenden Fremden:

> »Schließt Eure Thore, Herr, vor diesem Wesen,
> ...Denn ist's erst eingezogen,
> So kann's nicht ruhn, und wächst und dehnt sich aus,
> Zerstäubt in morsche Trümmer Haus und Wohnung,
> Und schreitet fort, und ziehet Alles mit sich«;
> »Laßt es nicht ein! Es ist die Zeit, das Böse,
> Das nimmer ruhet und beruhigt wird!«[75]

Er umschreibt das Annihilierende der Zeit überhaupt und situativ zugleich das Phänomen des Besessenwerdens. »Bewohnt« wurde zuvor so der Königsmörder Heinyn, der nach der Begegnung mit dem Fremden stigmatisiert wie dieser auftritt und bei der Rückkehr vom Schlachtfelde von der Braut unwillkürlich mit einer Gestalt aus einem Märchen gleichgesetzt wird:

> ›Ein Kriegsmann fiel in wildem Schlachtgetümmel,
> Und als sein Herzensblut von ihm geflossen,
> Und todt der Leichnam auf der Wahlstatt lag,
> Erschaute sich ein Dämon ihn zur Wohnung,
> Und zog hinein; da richtete die Leiche
> Sich lebend langsam von der Erde auf,
> Und zu den Seinen kam der Kriegsmann wieder; –
> Doch als die Hausfrau ihn umhalsen wollte,
> War's nicht ihr Mann...‹[76]

Welches Märchen hier auch gemeint sein mag, es gehört zweifellos zum Typus der »Lenore«, wenn nicht gar der in der Prager Schlacht Gefallene selber angesprochen ist, der als Zunderreiter die Braut zu sich holt. Bei Bürger erkennen wir ein Zwitterwesen aus Vampir und christlicher Verkörperung des Todes (»Des Reiters Koller, Stük für Stük, / Fiel ab wie mürber Zunder. / Zum Schädel, ohne Zopf und Schopf, / Zum nakten Schädel ward sein Kopf; / Sein Körper zum Gerippe, / Mit Stundenglas und Hippe.«). Klingemann löst sich von der christlichen Ikonographie des Todes, indem er auf die energischere und gnadenlose Vorstellung einer alles verschlingenden Zeitgottheit zurückgreift, wie sie durch Chronos als Personifikation der Zeit und der frühen Vermischung mit Kronos / Saturn sich herausgebildet hatte (»durch sprachlichen Anklang und durch die Deutung des Mythos von Kronos, der seine Kinder frißt, auf die schaffende und zerstörende Wirkung der Zeit«)[77]. Er operierte mit dem Vampirismus nicht bloß in der auf klassischem Boden spielenden »Bianca«, in der Leonoras Mutter vor dem starrsüchtigen Gemahl zurückschaudert, dem »Schreckensvater, / Der, wie Saturn, was er erzeugte, tödtet«.[78] Sondern wandte sich auch einer Sagengestalt seiner Heimat zu, dem alten Harzgott K r o d o , dessen Bildnis – wie Klingemann in der »Grube zur Dorothea« erzählen läßt – »vormals droben auf Harzburg gestanden« und dem man die erstgeborenen Töchter habe opfern müssen (womit er chronologisch geschickt auf die »Welfen«-Fabel dieses Stücks überleitet).[79] Nach den »Gelehrten Beyträgen zu den Braunschweigischen Anzeigen«, in denen übrigens «Krodo« etymologisch auf »Kronos« zurückgeführt wird, habe einst die Tochter von Heinrich dem Finkler den Abgott verehrt und sein Bild in Seide gewirkt.[80] Hat Klingemann auch deshalb den Finkler selber als dämonische, die Tochter verfolgende Vatergottheit auftreten lassen?

In der letzten für die »Nachtwachen« wichtigen Bedeutungsschicht von »Vampir« behandelt Klingemann das Moment der sich maskierenden gleisnerischen Schönheit. Das Schauspiel »Die Braut vom Kynast«, das 1830 zusammen mit der »Bianca« in einem Buch veröffentlicht wurde und so manche Seitenstelle dazu aufweist, berichtet von der sagenhaften Jungfrau aus dem Riesengebirge, die nach dem Todessturz des Vaters von der Burgzinne nur dem die Hand geben wolle, der die schwindelerregende Ringmauer umreiten könne. Bald heißt sie

> Die Schreckensbraut... ein gespenstisch Wesen...
> Das, gleich Vampyren, die aus Grüften steigen,
> Mit falschem Leben, falscher Leibesschönheit
> Die Freier anlockt, um ihr Blut zu trinken.[81]

Auch diese Enthüllungen des Vampirwesens bleiben zuweilen bewußt auf Bürgers »Lenore« bezogen, so in der »Bianca« die Verwandlung der Nonnen zu Harpyien mit Totenschädeln, die aus leeren Augenhöhlen grinsen, wie es auch Klingemanns Faust im Augenblick des Brautkusses bei Helene widerfährt, – das ist der Schädel ohne Schopf und Zopf, das demaskierte Haupt, das Hanswurst uns im Bilde der Zwiebel im Prolog drastisch vorführte. Hanswurst stellte zuvor das Wesen des Menschen und des Lebens überhaupt als täuschendes Phantom dar, sprach von einem Popanzen oder einer puppenhaften zweiten Mandandane, »die eine gorge de Paris vorgestekt hat um ein Herz zu fingiren, und eine täuschender gearbeitete Larve vor den Todtenkopf hält. Der Todtenkopf fehlt nie hinter der liebäugelnden Larve, und das Leben ist nur das Schellenkleid... Es ist Alles Nichts und würgt sich selbst auf und schlingt sich gierig hinunter«[82]. Wie den Prolog des Hanswursts so beherrscht diese Kronos-Vampirthematik auch Kreuzgangs Traum der 14. Nachtwache, der hinter Fichtes Molochsbild nurmehr das »große schreckliche Ich, das an sich selbst zehrte, und im Verschlingen stets sich wiedergebar«, entdeckt ; und im Banne mehrerer Vampirmotive steht die nihilistische Erfahrung der 10. Nachtwache, wo Kreuzgang beim Anblick der Stück für Stück dem Leben entrissenen Nonne, deren Hunger sich schlangenhaft bis zur letzten Maske des

Ich fortnagen würde, ausruft: »Gebt mir einen Spiegel ihr Fastnachtsspieler, daß ich mich selbst einmal erblicke... – wie? steht kein I c h im Spiegel wenn ich davor trete... nirgends Gegenstand, und ich sehe doch –– das ist wohl das Nichts das ich sehe!«[83]

Beinahe könnte man also von dem Wappenpaar seines Geburtshauses absehen und bloß die Braunschweiger Sagenwelt und Literatur heranziehen, um zu begreifen, wie Klingemann sich von der Vampirthematik hat fesseln und zu weiteren Bearbeitungen anregen lassen. So soll sich seiner Auskunft nach Schritte nur vom Papenstieg entfernt, in der Nähe der ehemaligen Löwenburg Dankwarderode der Finkenherd befunden haben, von dem aus man den Vogler zum Kaiserthron abberufen hätte.[84] Auch die »Dorothea« mag er in Knabenjahren besucht haben; der Braunschweiger Schriftsteller Mitgau weiß von einer Schülerwanderung aus dem Jahre 1808 zu berichten, auf der man in Zellerfeld diese Grube besichtigen konnte.[85] Selbstverständlich ist hierbei nicht an einfache Kausalitäten zu denken; um überhaupt von den Volkssagen oder auch den Wappenmotiven so beeindruckt werden zu können, bedarf es schon der eigenen ungewöhnlichen mimetischen Disposition. Ein innerer Zusammenhang zwischen Va m p i r i s m u s und M i m e s i s ist nun allerdings unverkennbar. Formulierungen wie die von dem »vampiristischen Rollenerlebnis Ophelias« (im Anschluß an Romanos Wort: Es »gehen die fremden Geister wunderbar durch mein Leben«) lagen oft nahe genug. Während Romano in dieser seiner »fürchterlichen Empfänglichkeit« ebenso wie Ophelia, die vom zweiten Schöpfer Shakespeare in ihre Rolle gebannt wird, noch als Opfer erscheint, weisen andere Aussagen auf den eigenen, aktiven Vampirismus (»daß ich mich oft aus mir selbst verliere und in einem anderen Wesen wiederfinde«)[86]. Auch muß ich kaum noch auf das »nächtlich«-mimetische Verhalten Kreuzgangs und auf seine ausdrücklichen Verbindungen mit dem Wieder- oder Doppelgängermotiv aufmerksam machen, auf die verschiedenen Verwechselungsszenen und physiognomischen Mehrdeutigkeiten, die ja nur der sinnfälligste Ausdruck seines sichanschmiegenden Widerstands sind. Und wenn ich noch den Schritt hin zum Mimetischen bei Klingemann selbst vollziehe und bei der ihm eigentümlichen Hingabe- und »Übersetzungs«-Fähigkeit von literarischem Vampirismus spreche, so doch nicht, ohne erneut die künstlerische Reflexion, die Distanz des beobachtenden und ausgleichenden Experimentators dabei hervorzuheben. Selbst Romano, nicht eigentlich ein Künstler, nahm dies für sich zuweilen in Anspruch.

Die heimatlichen Vampirstoffe, die der mimetischen Einbildungskraft des Kindes eine bestimmte Richtung gegeben haben, lagen ihrerseits schon bearbeitet vor, sei es in der überlieferten Sagengestalt, sei es in weiterer Stilisierung durch die Bühne. So scheint der Ewige Jude, dessen Anblick Kreuzgang an eine seiner Marionetten gemahne, und der daraufhin selber sein Leben in Form eines Marionetten- oder Fastnachtsspiels vorträgt, August Klingemann so früh und so unauslöschlich auf dem Theater vor Augen gekommen zu sein, daß er mit den spärlichen markanten Zügen bis zuletzt experimentiert hat. Als der Verhüllte den Mantel zurückschlägt, erblickt Kreuzgang »hinter schwarzen tief über die Stirn herabtretenden Haaren ein finsteres feindliches Antlitz mit einem südlichen blasgrauen Kolorit« und läßt sich von den hölzernen Bewegungen und dem »steinernen antiken Stil« des Unbekannten faszinieren. Die Maske des Ahasver legt der Autor 1827 so fest: »Dunkelbrauner übergeworfener Mantel... Das Gesicht grau, ohne alle Lebensfarbe... schwarzes Haar und schwarzer, das Angesicht fast ganz beschattender, Bart. Die Züge stark markiert, so daß sie fast ein steinernes Ansehn erhalten;« in der Vorbemerkung zum Stück und zur Titelfigur führt Klingemann aus, daß er »dieses in die Zeit festgebannte gespenstische Wesen« nicht als Hauptgestalt behandelt habe, »da es mir lediglich darauf ankam, den ewigen Juden gleichsam als eine fortlaufende, tragische Maske in das Drama überhaupt einzuführen«.[87] In das Drama, wohlgemerkt, und nicht überhaupt in die Theaterwelt suchte er Ahasver hier einzuführen, denn eine ähnliche Selbstauskunft des Ewigen Juden in der 4. Nachtwache deutet auf eine andere Theatertradition hin: »Du sollst wissen, daß ich hier unten schon viele Jahrhunderte als Akteur gedient habe, und eine von den stehenden italienischen Masken bin, die gar nicht vom Theater herunterkommen.«[88] Gewiß, der Bezug des Unbekannten auf die Commedia dell'arte ist metaphorisch und umschreibt sarkastisch die eigenen Selbstmordversuche dieses in die Zeit Gebannten, seine Einfügung in das Marionettenspiel mit Hanswurst und Kolombine aber läßt einen doppelten Boden vermuten, seine Zugehörigkeit zur italienischen Stegreifkomödie oder auch zu einer Form des Puppenspiels.

Arlequin und Kolombine, vielleicht auch die Figur des Ewigen Juden hat Klingemann im Bannkreis des Papenstiegs kennenlernen können. Dem Hause schräg gegenüber befand sich die Rückseite des fürstlichen kleinen Hoftheaters, das Karl I. um 1754 als Pantomimentheater seinem Liebling Nicolini hatte erbauen lassen (in seiner Skizze der Braunschweiger Theatergeschichte kommt Klingemann auf den Skandal, den die Errichtung des Theaters dem Dom gegenüber provoziert hatte)[89].

Das pantomimische Element hat sich auch nach Nicolinis Sturz (1771) bis zum Abriß des Gebäudes (um 1799) erhalten können. Wie der Theaterzettel-Sammlung des Braunschweiger Stadtarchivs zu entnehmen ist, führte etwa März 1786 eine frisch eingetroffene italienische Schauspielergesellschaft auf dem kleinen Hoftheater auf:

Arlequin in der Hölle, oder: Der Poltergeist.

Eine ganz besonders unterhaltende comisch-pantomimische Comödie mit folgenden unter andern darin vorkommenden merkwürdigen Verwandlungen

1) Wird das Reich Pluto vorgestellt, worin Arlequin als Poltergeist ernannt wird.
2) Nimmt Arlequin als altramontanischer Cavalier eine lächerliche Gestalt an...
4) Läuft eine Schüßel über das Theater.
5) Arlequin verwandelt sich schnell in eine Gastwirthin...
12) ...Laden eines Pastetenbäckers, worin Gespenster in Gestalt kleiner Köche erscheinen.
13) Arlequin wird zum Tode verurtheilt, und zeiget sich nach seinem Tode als Skelet.
14) Hierauf wird ein schöner illuminirter Tempel zu sehen seyn, worin Cupido eine Rede hält...
Den Beschluß macht: Ein ganz neues comisch-pantomimisches Ballet, betitelt: Nacht und Ohngefähr, oder: Der betrogene Faßbinder.[90]

September 1790 ließ Döbbelin im Kleinen Hoftheater »Harlequin als Bettler, ein Pantomim. Ballet in 2 Aufzügen« »auf vieles Begehren« einer Komödie folgen [91] (auch Kinder durften und sollten Schauspiele am frühen Abend besuchen; als Tilly 1792 für ein Lustspiel einen Sonderpreis für Kinder unter 10 Jahren bekanntmacht, konnte Döbbelin wohl schlecht zurückstehen und wiederholte das Angebot für Kotzebues »Sonnenjungfrau«)[92]. Man hat nur einen Teil der Theaterzettel aufbewahren können, vielleicht war Ahasver in einer Nebenrolle hier oder in einem anderen Theater zu sehen, bei Gelegenheit etwa der zweimal jährlich zur Messe erscheinenden Gesellschaften, die bei freiem Eintritt wöchentlich zweimal im kleinen Burgtheater und gern auch in dem großen Kaffeehaus auftraten. Mit kleineren und improvisierten Bühnen hatten die Marionettenspieler auszukommen. Januar 1783 wurde in Jordans Hause auf dem Schweinemarkt »mit schönen großen Marionetten« aufgeführt:

> Eine Komödie, betitult: Anselmo, der gute Hausvater, welcher eine tugendsame Tochter erzogen, Namens Kolumbina, die dem Willen ihres Vaters nachlebte und in allen Stücken Gehorsam leistete.[93]

Diese Akteure des Schau- und »Kunstspielers« Bohne müssen unter den kleinen Besuchern Furore gemacht haben: es waren »Marionetten in der Größe eines Kindes von 2 bis 3 Jahren«![94] Bohne gab in diesen Jahren unter anderem noch die Komödie »Andolpho«, in welcher der wallonische Edelmann »sich vom Hofe zu entfernen vorgenommen und den Hanswurst in seiner Abwesenheit zum Vice-Regenten macht. Es wird hierin abgeschildert: Die Treue und Untreue im Ehestande«. Nach seinem Stück »Der Woywode von Krakau, / Dessen einziger Prinz als ein Kind von 3 Jahren gestohlen, und nach der Türkey gebracht worden«, bringen die nächsten erhaltenen Zettelnummern (Anfang 1787?) Ankündigungen des »deutschen Schauspielers Schlottmann mit großen romanischen Marionetten«. Eines der Stücke, das er während der Messe täglich abzuwandeln versprach, lautete: »Der Schreckspiegel ruchloser Jugend, oder Das sogenannte steinerne Gastmahl«, mit Harlekin im Nachspiel als Wirt. Harlekin trat bei ihm auch in der »würklichen Geschichte, betitelt: Die unschuldige und fälschlich verklagte Gräfin« in der Rolle eines Bedienten auf.[95] Nach dieser förmlichen Belagerung durch Marionetten, denen sich der Sechs- oder Siebenjährige mit Leib und Leben ergeben haben muß, tat sich in Sachen Harlekin anscheinend nicht mehr viel. Abgesehen von der pantomimischen Metamorphose Arlequins 1786 und dem Ballett 1790 wird er auf keinem weiteren Theaterzettel namentlich genannt; mag es auch dann und wann noch Vorstellungen dieser Art gegeben haben, so blieben sie doch offenbar ohne vergleichbaren Effekt. Erst für den 16.2.1804 hat sich wieder ein Ankündigungszettel mit Harlekins Namen erhalten: »Harlekin, als Räuber, Richter und Partheygänger«. Der Zeitpunkt macht nun deswegen stutzig, weil nach unserer Datierung die 4. Nachtwache mit der Marionettenversion um Hanswurst zugleich mit den in Nr. 15 und im Intelligenzblatt (I. 15) abgedruckten Artikeln geschrieben wurde (der Hogarth-Beitrag Nr. 15, der den Schwerpunkt bei der Datierung bildet, erschien am 4.2.1804 und das kurze Pamphlet I. 15 am 31.3.1804). Sollte die Vorstellung vom 16.2.1804 in Klingemann wieder den surrealen Harlekin der Kindertage zu neuem literarischen Leben erweckt haben? Absonderlich genug waren die Akteure diese auf deutsch und französisch angekündigten Spektakels (»le seul en ce genre«): Es waren Zwerge des »Théâtre des pigmées«.[96] Was sie den großen Marionetten Bohnes noch näher bringen mochte, war die versprochene mechanisch-exakte Choreographie ihrer Auftritte und Bewegungen (so daß sogar eine mechanische Figur auf einem Seile im Nachspiel wenigstens dabei sein konnte). Harlekin als Hauptfigur wird auf dem Zettel in der »Metamorphose« verschiedener Rollen, darunter einer Frauenrolle, abgebildet (»Arlequin changeant sept fois de costume«). Als Direktor der Truppe zeichnete ein »Herr Verdant, Nachfolger von Carlo Pericco«; die Tradition der Commedia dell'arte dürfte sich demnach durchgehalten und in den angekündigten Tänzen, Balletts und Pantomimen eine groteske Verbindung mit dem inzwischen aufgekommenen mechanischen Kunstfiguren-Repertoir eingegangen sein. Jedenfalls konnten die Metamorphosen (»et Transformations«) nicht nur die Erinnerung an jene Metamorphosen der italienischen Pantomimengesellschaft von 1786 auffrischen, wegen des häufigen Gestaltenwechsels beim Schattenspiel mußten sie auch für den gegenwärtigen Schatten- und Marionettenspieler Klingemann ein hochgeschätztes Studienobjekt sein.

Den professionellen Marionettenspielern erging es in Braunschweig nicht unbedingt besser als in der 15. Nachtwache Kreuzgang mit seiner Truppe. In einem »der elendesten hiesigen Baurenkrügen« sah 1778 Leisewitz zusammen mit Lessing und Klingemanns späterem Lehrer Eschenburg ein Spiel um den Prinzen Castilo von Castilien, in dem einzig die »geistreichen und lieblichen Reden des kleinen und großen Hanswurstes« entzückt hätten.[97] Leisewitz

wird 1802 als Direktor und Reformator der Armenanstalten erwirken, daß die
Konzessionsgelder der zur Messe anreisenden Artisten und speziell der
Marionettenspieler und Seiltänzer nicht mehr der Polizei, sondern der Armen-
kasse zugutekommen.[98] Was nur gerecht war, denn weder lieblich noch geist-
reich verhielt man sich August 1792 dem Marionettenspieler Bellarti gegenüber; zwei Wochen nach seiner Ankündigung, mit den beliebten Ombres chinoises aufzuwarten, findet sich sein Name unter der Rubrik »Vollzogene Strafen«: er wurde zu acht Tagen Gefängnis, die letzten sechs bei Wasser und Brot,
verurteilt, »da er ohne Erlaubniß und noch dazu gegen das ihm gewordene
Verbot einen Luftballon steigen lassen wollen und dann noch das Publikum
durch Einsamlen an Gelde bei dem mißlungenen Versuche betrogen hat«.[99]
Was um so barbarischer war, als Bellarti mit seinem Ballonversuch wahrscheinlich dem mit der Jahreszahl 1792 erschienenen Roman Knigges »Die
Reise nach Braunschweig« huldigen wollte, in dessen Mittelpunkt der Braunschweiger Ballonaufstieg Blanchards von 1786 steht und in dem auch der
(historischen) Aufführung des Stücks »Die Luftbälle oder Der Liebhaber à la
Blanchard« im Burgtheater gedacht wird. Aber solch Verhalten gegen Artisten
wurde dem Fürstlichen Polizeidepartement an höchstem Orte vorgelebt; der
Schauspieler und spätere große Bühnenleiter F. L. Schröder wurde 1763 für 19
Tage ins Stockhaus abgeführt, als er dem Erbprinzen auf der Bühne eine
gebührende Antwort gab (ebenso fand sich 1827 der Schauspieler und Journa-
list Krahe, der vordem mit seinem Herzog vor Schauspielern Wettkämpfe im
Gesichterschneiden austragen durfte, nach einer Kritik am herzoglichen Büh-
nenregime im Gefängnis wieder oder wurde 1829 Heinrich Marr, der erste
Mephisto-Darsteller, den der Herzog zwei Jahre zuvor unter Kontraktbruch
nach Braunschweig hatte entführen lassen, durch polizeiliche Gewaltmaßnah-
men am Weggehen gehindert)[100].

Letzteres trug sich unter der Generaldirektion von Klingemann zu, der nur
Milderungen wie die erwirken konnte, den inhaftierten Emil Devrient 1820
täglich von einer Eskorte zu den Theaterproben bringen zu lassen. Doch wenden wir uns wieder dem Knaben und der Gewalt der Phantasie zu, die das
Braunschweiger Theaterleben über ihn hatte. Noch 1821 weiß Klingemann
aus dem Gedächtnis ein Dutzend von Opernsängern einer italienischen
Gesellschaft anzugeben, die um 1785 (!) an der großen Hofbühne auftraten,
darunter freilich so klingende Namen wie »Sigra. Celestini (eine Deutsche mit
Namen Himmel)« und »Sigr. Poggi (Baß.)«.[101] Von den Schauspielern, die er
gesehen hatte, führt er leider nur zwei namentlich an. 1788, mit zehn oder elf,
habe er Großmann in der Rolle des Deutschen Hausvaters bewundern können. Wichtiger als Otto v. Gemmingens Stück war ihm vermutlich die späte
Würdigung der Persönlichkeit Großmanns, der sich als erster und andauernd
wie danach Klingemann für Lessings Andenken in Braunschweig eingesetzt

hatte. Was Klingemann nun aber von dem anderen Schauspiel bemerkt, gehört zu seinen wenigen künstlerischen Bekenntnissen. Anläßlich eines Wiedersehens 1828 in Stuttgart mit dem Schauspieler Pauly erinnert er sich einer Szene aus dem »Fiesko«, der 1790 mit Pauly in der Titelrolle gegeben wurde. »Herrn Pauly«, schreibt Klingemann,

> erinnere ich mich übrigens noch in meiner Knabenzeit als Heldenspieler in Braunschweig gesehen zu haben, und der Moment in seinem ‚Fiesko', wo er mit verstellter Stimme und tief in den Mantel verhüllt, den alten Doria, unter dem Balkon seines Pallastes stehend, warnt, verfolgte mich die ganze Nacht darauf, bei einer heftig gereizten Pantasie, mit Fieberträumen.[102]

»He! Holla! Wach auf Doria! Verrathner, verkaufter Doria, wach auf! Holla! Holla! Holla! Wach auf... Dein Stern geht unter... Nahe sind deine Henker, und du kannst schlafen, Andreas?«[103] ruft der Verräter und »Freund« zum Palast des Herzogs hinauf. Wird nicht diese nächtliche Szene in der anfänglichen Standrede unseres Nachtwächters wieder erweckt, der seinen hoch über der Stadt in den Lüften regierenden Poeten mit »Stentor«-Stimme vor dem Verhängnis warnt, vergeblich auch ihn?

Ehe von Klingemanns Schulzeit und ersten Begegnungen mit Literaten Braunschweigs zu sprechen ist, möchte ich in lockerer Verbindung dartun, wie die Stadt auch den »Nachtwachen« und vorab den beiden »Lieblingsörtern« Kreuzgangs Lokalkolorit gegeben hat. Dies ohne Anspruch auf Beweiswert, schon gar nicht in der Erwartung, dergleichen stadtgeschichtliche Details, Topographien und Gepflogenheiten hätten sich geradewegs als Staffage für Kreuzgangs Rundgänge umsetzen lassen. Abgesehen davon, daß Klingemann gute Gründe hatte, das Pseudonym aufrechtzuerhalten und einer eindeutigen Rekonstruktion vorbeugen mußte, findet jede angestrengt positivistische Erwartungshaltung in der poetischen Imagination und Kombinationsfreude gerade dieses Schriftstellers peinliche Grenzen. Einzig der Umstand, daß sich der Verfasser der »Nachtwachen« mit Ausnahme der Jenaer Studentenjahre 1798-1801 durchweg in Braunschweig aufgehalten zu haben scheint, mag es rechtfertigen, unter den vielen Schichten seiner Dichtung den einen oder anderen biographischen Topos herauszulesen.

Beginnen muß ich mit dem überwältigenden Raumgefühl, wenn man vom Papenstieg her auf den Burgplatz einbiegt. Das Ensemble mit dem mächtigen Dom, der Burganlage Dankwarderode und dem Löwen Heinrichs auf dem Platz kann den Eindruck der allerersten Nachtwachen-Szene hervorrufen, eine verzauberte Stadt zu betreten, wo jedes Lebewesen in Stein verwandelt worden wäre, einen Eindruck, den Klingemann auch 1797 in der Anfangsszene der im 13. Jahrhundert spielenden »Asseburg« aufkommen ließ:

> »Braunschweig.
> (Platz vor dem Schlosse Dankwarderoda. Links liegt die Kirche des heiligen Blasius. Der Platz ist an allen Seiten durch hohe Thore verschlossen, an denen Lanzen-

knechte die Wache halten. In der Mitte des Platzes steht auf einem Piedestale ein
eherner Löwe, der vom Herzoge Heinrich dem Löwen errichtet wurde. Herrmann,
der Hausmeier, lehnt sich traurig an das Fußgestell. Röttger, der Rüstmeister kommt
über den Platz.)« Röttger: »Hier ist's so still, als wäre ganz Braunschweig ausgestorben. – Ehemals
war's ein Jubeln im Schlosse; die Rosse wieherten, Becher erklangen, die Knechte
jauchzten; und nun schleichen sie umher, als sollten sie zu Grabe gehen, die Rosse
hängen traurig die Köpfe, und in den Bechern liegt fingerhoch der Staub«.[104]

Klingemann nimmt den Löwen hier als Stellvertreter des damaligen Herzogs, der auf gefährlichen Kriegspfaden sei, abwesend und doch so präsent,
daß es den traurigen Hausmeier am Piedestal überläuft: »Es ist mir, als
schwebte die Gefahr über mir selbst«. Das ist der Anflug des Bösen und die
Erinnerung daran, daß der wachende Löwe einst ja sagenhaft mit den von
Kreuzgang evozierten bösen Geistern zu tun und des Herzogs Seele gerettet
hatte. Musäus – dessen Grabstätte in Weimar Klingemann später aufsuchen
wird – erzählt in »Melechsala« (1788), wie der Teufel Heinrich und seinen
Löwen »in einer Nacht, vom lybischen Gestade gen Braunschweig, die
hochgebaute Stadt« geführt habe; der höllische Greif mit Fledermausfittich
»setzte seine Bürde wohlbehalten mitten auf dem Marktplatz ab, und ver-
schwand, als eben der Wächter ins Horn stieß, um die Mitternachtstunde
abzurufen.« Bei der rächenden Wiederkehr des Herzogs, eines zweiten
Odysseus, »brüllte der Löwe, wie wenn sieben Donner ihre Stimme hören
lassen«.[105]

Der subjektive Eindruck von versteinertem Leben läßt sich durch eine sub-
tile architektonische Studie erhärten. Nach Beobachtungen von Reinhard
Liess (1968) erscheint am Turmwerk des Domes »die Frontebene bugartig
vorgedrängt und spannt sich wie eine Brust durch das Zurücknehmen der
Schultern«. »Turmwerk und Löwe sind... miteinander verwandt. Auch der
Löwe erhebt sich – man könnte sagen: wie die Turmoktogone – auf einem
turmartigen Aufbau... Wie die Ecken des Turmwerks sind auch die des Pfei-
lers mit (vier) Diensten verstärkt, die, indem sie konvergierend die Aufwärts-
richtung schärfen, dem kraftvoll sich reckenden, vierbeinigen Körper des Herr-
schertieres sich entgegenstraffen«. Ähnlich wie vor der Westfront des Domes
müsse »derjenige, der frontal vor bzw. unter dem Löwen steht, ganz unver-
mittelt die Wucht des bugartigen Vordringens des hoch über ihm emporragen-
den Tierleibes empfinden«. Zum Abschluß verweilt Liess bei der bedeutungsvollen »Formtatsache«,

daß das Turmwerk mit dem Glockenhaus ein rückseitiges Gesicht erhält, das an der
räumlichen Gestaltung der Burg teilhat. Der Fernblick des Löwen wird gleichsam
ins Architektonische, also in die Oberzone der Turmanlage transponiert, die mit der
Pracht des Maßwerkfensters über den Burgbezirk hinaus in die Tiefe der umgeben-
den Stadt hineinwirkt.[106]

Abb. 8

Dom und »Löwe« gehören auch in Geschichte und Sage eng zusammen. Den Braunschweiger Schulkindern pflegte man schon vor 1800 (so Ribbentrop) die Prankenhiebe zu zeigen, die der Löwe nach der Beisetzung seines Herrn bei der Nordosttüre hinterlassen hätte. Erbauen ließ Heinrich den Dom zu Ehren des brunonischen Schutzpatrons St. Blasius, dessen Horn – angeblich aus dem

Heiligen Lande mitgebracht – sich langezeit als Reliquie im Innern befand
(Ribbentrop bezeugt dies für 1789 und Klingemann für 1821)[107]; Musäus' Einfall mit dem Nachtwächterhorn könnte sich durch Verschiebung daher geleitet
haben. Der Märtyrer Blasius von Sebaste ist Patron der Halskranken; die Lei-
denden werden an seinem Tage mit geweihten Kerzen »eingeblaselt« oder
auch vom Priester angeblasen. »Die volksetymologische Verbindung von Blasius und ‚blasen' hat manche Beziehungen des Heiligen zum W i n d e hergestellt und gefördert«; so ist er auch Patron derer, die wie Kreuzgang ein Blas-
instrument gebrauchen.[108]

Neben Blasius tritt noch Johannes der Täufer als Stiftspatron des Doms auf
sowie als Kollegiatpatron der heilige Cyriacus. Letzterer, der gegen Besessen-
heit und »Anfechtungen der bösen Geister… in der Stunde des Todes und allgemein« aufgerufen wird, erscheint in der Ikonographie mit dem Teufel oder
dem Drachen zu Füßen und mit anderen Attributen seiner exorzistischen
Gewalt.[109]

Damit nicht genug. Der bekannte heftige Widerstand der Sachsen gegen die
Christianisierung zeigt sich auch in der Vorsichtsmaßregel, die Westseite des
Doms nicht zu der üblichen Prunkfassade auszubauen. »Als Bollwerk gegen
die Dämonen, die nach altsächsischer Ansicht im Westen hausen, besaß das
Westwerk ursprünglich keinen Eingang und wehrte dem Bösen wie eine steinerne Stirn den Zutritt ins Innere der Kirche.«[110] Man erkennt diesen Abwehr-
kampf gegen die zu Dämonen herabgewürdigten sächsischen Gottheiten noch
an Details im Inneren des Domes, wo im Sockel des siebenarmigen, möglicherweise vom Löwen gestifteten Leuchters sich eine adlerköpfige Odinfigur in
einer Bannspirale befindet.[111] Daß dieses zwielichtige Raumgefühl auch den
Anfangsauftritt des Nachtwächters, sein Hinaustreten in die Nacht und die
Begegnung mit dem wie vom Winde herangetragenen Bösen mitbestimmt hat,
scheint mir auch aus der Ambivalenz hervorzugehen, in der Kreuzgang das
schützende Kreuz schlägt und bald darauf in den christlichen Priestern selbst
das Böse entdeckt. Wie tief das Ressentiment sitzt, bekundet zu Beginn der 8.
Nachtwache Kreuzgangs merkwürdig schiefer Vergleich, wenn er den ins Ver-
derben getriebenen Poeten in einem Atemzug mit den christianisierten Sachsen nennt:

> Der Stadtpoet auf seinem Dachkämmerchen gehörte auch zu den Idealisten, die man
> mit Gewalt durch Hunger, Gläubiger, Gerichtsfrohne usw. zu Realisten bekehrt
> hatte, wie Karl der Große die Heiden mit dem Schwerdte in den Fluß trieb, damit sie
> dort zu Christen getauft würden.

Die christliche Taufe als solch mörderische, den Idealismus brechende Realität
hinzustellen, das verrät nun doch den Braunschweiger. Denn nach Ribbentrop
ist dieser Fluß kein anderer als die Oker, Braunschweigs Fluß gewesen, wo
hinter dem Braunschweigischen Grenzdorfe Kissenbrück (»Christenbrück«)

»die durch Karl des Großen geharnischte Franken mit Gewalt veranlaßte Taufe unserer Vorfahren«, von denen viele »hier zusammen getrieben« worden wären, stattfand.[112]

Klingemann, der wiederholt auf diese Taufprozedur zurückkommt,[113] hat auch in den eigenen Stücken Vergewaltigung und Nachleben des alten Glaubens behandelt. Peripher in den dämonischen Abkömmlingen des Harzgottes Krodo, dessen Burg Karl der Große zerstört hätte;[114] und als zentraler Konflikt erscheint die Christianisierung in den 1817 gedruckten Trauerspielen »Das Kreuz im Norden« und »Ferdinand Cortez, oder: die Eroberung von Mexiko«, während in »Moses« (1812) der Glauben des Pharao Sesostris vor dem erbarmungslosen Wundergott Jahwe zerbricht.*

Man wird Kreuzgangs »altem gothischen Dom« nicht die poetische Autonomie rauben wollen, wenn man in seinen weiteren Ausführungen Wesenszüge des Blasiusdoms glaubt wiedererkennen zu können. Nichts von schmückendem oder repräsentativem Beiwerk, statt von Chorgestühl, Kanzeln spricht Kreuzgang von »starren hohen Säulen und Monumenten und den umher knieenden steinernen Rittern und Heiligen« sowie von einem Grabstein und einer am Grabe betenden steinernen Ritterfamilie. Der heutige Eindruck ausgesprochen herber Schlichtheit des Blasiusdoms, der »namentlich im Innern mit den außerordentlich kräftigen Stützen ungewöhnlich ernst« wirkt,[117] muß in dem steinernen Charakter noch ausgeprägter gewesen sein, da einige der bedeutendsten Kunstwerke fehlten. Ribbentrop mußte bedauern, daß sich kaum noch Altertümer im Dom befänden, das Imervardkreuz sei beiseite gesetzt, die beiden Holzplastiken Schmerzensmann und Passionssäule

---

* Der Glaubensverlust wird immer als Katastrophe von kosmischen Ausmaßen erfahren, in der blitzartig wieder die Argumente und Emotionen Kreuzgangs aus der Grabesnachtwache durchschlagen. Bis in gestische Andeutungen rekapituliert dies der Dialog zwischen Montezuma und Cortez, der das Götzenbild vom Altare stürzen konnte –
»O was geschieht mit mir! Wo ist mein Glaube?
Wo meine Götter? – ... taub ist über mir der weite Himmel! ...
– – ich bin ein armer, armer Mensch!
(er bricht in heftiges Weinen aus.)«[115]
»Und wo einst tausend Augen nieder glänzten,
Erblick' ich nichts als eine öde Wüste –
Ha, gib mir wieder, was du mir geraubt!
CORTEZ. Ich habe nichts, bin ärmer als du selbst!
MONTEZUMA. Was drangst du denn zerstörend in dieß Reich?
Was stürzest du die Tempel und die Götter ...
Das Unsichtbare sieht mein Auge nicht,
Die Hand berührt es nicht, – ich steh' verzweifelnd
In öder weiter Unermeßlichkeit,
Und überall ist N i c h t s – und – N i c h t s und N i c h t s !«[116]

sowie ein weiteres Holzkreuz bewahre man im Turme auf, der riesige sieben-
armige Leuchter und fast alle Reliquien seien in einem Archive untergebracht,
auch habe man die vielen alten buntbemalten Fenster entfernt.[118] So hielt sich
später auch Klingemann, der doch den Dom unter »den alten gothischen
Bauen« als »höchst merkwürdig und anziehend« herausstellte, vornehmlich
an die Grabmäler und steinernen Statuen. »In dem Schiffe der Kirche befindet
sich das Grabmal des Herzogs, worauf er selbst nebst seiner zweiten Gemah-
linn, Mathilde von England, in Stein ausgehauen ist. Heinrich hält in der
einen Hand das gezogene Schwert, in der andern das Modell des Domes;
Mathilde faltet die Hände betend über die Brust«, und von den »steinernen
Särgen« in der Gruft kommt er, nach Erwähnung des Blasiushorns und eines
Altarblattes, schließlich wieder auf Statuen und Steinsärge zurück.[119] Seit der
Reformation war der Dom Zug um Zug um seine Schätze gebracht worden,
entfernt wurden ungefähr 30 Nebenaltäre, das alte Chorgestühl, und im Ba-
rock wurden sogar die Malereien übertüncht (und erst Mitte des 19. Jahrhun-
derts freigelegt).[120]

Ein Mal nur, zu Beginn der 10. Nachtwache, wird der Eindruck des Versteinerten durchbrochen und Kreuzgangs Bericht lebendig:

> Das ist eine wunderliche Nacht; der Mondschein in den gothischen Bogen des Doh-
> mes erscheint und verschwindet wie Geister...

Wunderlich auch die o-Klanglautung; Klingemann nimmt sie wieder bei der
Schilderung auf, wie 1819 unter Glockengeläut der Kondukt des Herzogs um
Mitternacht vor dem Dom eintraf –

> Die hohen Bogenfenster des Domes strahlten wie von einem geisterartigen Glanze,
> und Heinrichs eherner Löwe stand ernst und bedeutungsvoll droben auf seinem
> Fußgestelle, bald von dem Todtenfeuer halb beleuchtet, bald in die schwarz aufstei-
> genden Dampfwolken desselben verhüllt. Von dem Balkon des Viewegschen Hauses
> ertönte ein feierlicher Trauerchor, als der Sarg vor dem Dom anlangte...[121]

Nur geisterhaft ist dieser Dombau zu beleben, als müßte eine Statue bei Fak-
kelglanz in täuschendes Leben versetzt werden. Läßt sich etwas Phantastische-
res für den Auftritt des starrsüchtigen Ewigen Juden der 4.Nachtwache erdenken als das Dominnere selbst, das uralte versteinerte Herz des Burgplatzes?
Unwiderstehlich erfaßt es hier den Beobachter des nächtlichen Selbstmordver-
suchs und droht auch ihn zu versteinern –

> Es »stand der Zeiger still und grade auf der Mitternachtszahl. Ich schien mir gelähmt
> und rings um war alles unbeweglich und todt... Jezt war's vorbei, das Räderwerk
> der Uhr machte sich Luft, der Zeiger rückte fort«.

So ergreift es in »Ahasver« den hunderjährigen Vorläufer des Ewigen Juden in
einem vordeutenden Traum: »Im alten Kreuzgang, vor dem Gruftgewölbe, /
Wo eure Ahnen ruhn, da liegt die Zeit, / Ein graues Riesenbild, aus Stein

gehauen ... / Da faßt ein Schlummer mich dicht vor der Pforte, / Daß ich, am Steingebilde niederkauernd, / Die Augen unwillkührlich schließen muß«,[122] festgehalten zwischen Tod und Leben.*

Inmitten dieses Dombezirks erscheint Ahasver beinahe als eine biographische Schlüsselfigur. Und wenn ich mir zum Abschluß dieses Komplexes einmal eine pure Spekulation erlauben darf, dann die, daß August Klingemann in einem der Puppenstücke des Burgplatzttheaters einst Ahasver in der Rolle des – Nachtwächters gesehen hat. Die Rollenverschränkung zumindet lag nicht fern; der Nachtwächter, der in manchen Sagen nach dem Tode als Spukgestalt umgeht, ist in Legenden wie der vom »Ewigen Hôtemann« wegen eines

---

* Die Starrsucht, eines der eigenwilligsten (Vampir-)Motive Klingemanns und in dauernder Opposition zum Grundmotiv der Morgenröte (Memnon!), überfällt und zeichnet den, der unerlöst, im »Nächtlichen« ein Scheinleben zu führen hat. So fixiert sie periodisch den Grafen der »Bianca«: »Was ist mit mir? – Pestluft ... Es dampft um mich – in mir ... Wie Eis erstarrend faßt mich's ... (sinkt auf den Stuhl und bleibt mit offenen Augen bewegungslos und erstarrt sitzen)«.[123] Die wieder einmal zum »Marmorbild« erstarrende Braut vom Kynast
»(reist sich mit furchtbarer Anstrengung aus ihrer Erstarrung empor) die Zeit steht still – reist fort die starren Räder –
Verstein're nicht, Entsetzen um mich her!
Weg Felsen von der Brust ... daß Luft ich athme!
... Zerschmettre dieses fluchbeladne Haupt,
Denn ich verderbe zwischen Tod und Leben!«[124]
In der Erstarrung am Suizid verhindert, hört der ahasverische Brudermörder (in der Marionettenversion der 5. Nachtwache) eine Stimme aus sich sprechen: »Du sollst ewig leben!«; als Soldat habe er später keine Schlacht versäumt, »doch zeichnete das Schicksal meinen Namen auf keine einzige Kugel, und der Tod umarmte mich auf der großen Wahlstätte unter tausend Sterbenden, und zerriß seinen Lorbeerkranz, um ihn mit mir zu theilen.« Eine Vampirexistenz, die in der »Asseburg« schon ein in Gewölbegrüften hausender Wahnsinniger verflucht; er
»(will sich durchbohren; – das Schwert entsinkt ihm.)
Ach ich kann nicht! der Vatermörder hat keine Kraft mehr. – Als ich um Mitternacht ihn erschlug, da hörte ich eine furchtbare Stimme ertönen: ›Du sollst ewig leben!‹ ... Ich bin zum Leben verdamt! –– (abgespant.) Da nimm dein Schwert!«[125]
Auch ihm wäre danach im Gefecht gewesen, »als ob der Tod selbst im diksten Haufen mich floh. – Mitten unter Lanzen und Schwertern ...«[126] So ergeht es schließlich dem von Ahasver gezeichneten Königsmörder Heinyn:
»Und mich ergriff ein heißer Drang zu sterben.
...Und stürzte mich in's dichteste Geschwader«,
als »eine laute Schreckensstimme rief:
›Du sollst nicht sterben!‹ ...
Und mit sich fort riß mich das Schreckensbild,
Durch's ungeheure Schlachtfeld, weit und weiter,
Durch Röchelnde und Sterbende und Todte,
Durch Schwertgepfeife und die Kugelsaaten«.[127]

Vergehens an Christus »zur Strafe verwünscht, ewig umhergehen zu müssen
und zu blasen… Hier stellt der Nachtwächter offenbar eine Variation des ewigen Juden dar«.[128]
Um 1790 gab es in Braunschweig 24 öffentlich angestellte Nachtwächter,
»welche die Stunden abrufen müssen«, und verschiedene privat angestellte
»Schnurrwächter«.[129] Das Stift St. Blasien unterhielt einen eigenen Nachtwächter; zur Zeit der Niederschrift der »Nachtwachen« dürfte es der am 3.
Mai 1807 verstorbene Nachtwächter Muncke gewesen sein, dessen Nachfolger schon am nächsten Tag vereidigt wurde[130], – »wohl dem der Konnexio-
nen hat«, wie Kreuzgang bei seiner Anstellung als Nachtwächter bemerkt.
Johann Christoph Muncke, Sohn eines Amtsdieners, war 1794 in der Stellung
eines Bedienten zu St. Blasien getraut worden; irgendwann wurde er dann
»Stiftsnachtwächter«, als welcher er laut Kirchenbuch des Blasiusdoms »in
einem Alter von 35 Jahren am Schlagfluße starb«[131]. Er hat seinen Dienst unter
den Augen »Bonaventuras« verrichtet, war seinerzeit nicht wesentlich
älter als dieser und mit dem Dom-Burg-Bann so vertraut, daß man nicht
von dem Gedankenspiel lassen kann, ob und wieweit wohl Christoph
Muncke in das »Nachtwachen«-Projekt eingeweiht war oder selber gar über
seine soziale Herkunft einiges zu dem Nachtwächter Kreuzgang beige-
steuert hat.
Es versteht sich, daß Klingemann mit den herkömmlichen Tätigkeits-
merkmalen der Nachtwächter sein Spiel trieb. Hatten sie nach Klenckes
historischem Roman »Der Parnaß zu Braunschweig« (1854) um 1780 bei
Androhung einer »Stadtreglementsstrafe« gewissenhaft die verschlossenen
Türen zu kontrollieren,[132] dann schleicht sich Kreuzgang in der 3.Nachtwa-
che selber ins Haus, habe er doch »dadurch die guten Einwohner dieser
Stadt auf eine eigene Weise vor Diebstählen gesichert… eben weil… das
gerade die unschädlichsten Diebe sind, die ihr Handwerk nur draußen
herum an den Läden mit Brechstangen exerciren«. Und statt dankbar zu sein
für das 1791 durch Avertissement bestätigte Fürstliche Privileg, »hergebrach-
termaßen… ein sogenanntes Neujahrs-Geld bescheidentlich einzufordern«
(BA 26. 11.) und allenfalls – wie Caroline zu Neujahr 1801 aus Braunschweig
an Schelling-Bonaventura schreibt und dabei von der Vorlesung des »Pfarrers«
berichtet [133] – »ein langes Lied« als einzige öffentliche Veranstaltung abzusingen, sehen wir Kreuzgang auf der Wende zum neuen Jahrhundert (just 1800/
01!) statt der Zeit die hochnotpeinliche Ewigkeit ausrufen. Aber auch hierbei
lugt der Braunschweiger hervor, denn Kreuzgangs Beobachtung (7.Nw):
»Der erste Mann in Staate stand zum erstenmale demüthig und fast kriechend
mit der Krone in der Hand und komplimentirte mit einem zerlumpten Kerl
um den Vorrang«, wandelt offenbar einen Vers ab, den Klingemanns Onkel
Campe zu derselben Gelegenheit der Jahrhundertwende niederschrieb:

Am ersten Januar (1801).
Der kleinsten einer ist der erste Tag im Jahr;
Der erste Mann im Staat oft auch der kleinste war.[134]

Neben dem gotischen Dom wird der F r i e d h o f als Lieblingsort des Nachtwächters herausgehoben aus der Anonymität der Nacht. Wenn ich nun nach
dem Braunschweiger Urbild für den Kirchhof der 16. Nachtwache geforscht
habe, so wiederum unter der Voraussetzung, daß der Dichter Klingemann
keine auch nur annähernd detailgerechte Übersetzung hinterlassen wollte und
konnte.

Zu Beginn des 18. Jahrhunderts gab es noch ungefähr 16 Kirchhöfe innerhalb der Stadtmauern Braunschweigs, Beerdigungen in der Stadt selbst aber
waren seit 1772 äußerst selten und wurden etwa 1797 ganz eingestellt.[135] Die
Lageangabe durch Kreuzgang scheint darum nicht nur metaphorisch gemeint
zu sein:

> Ich besuchte auch in dieser Nacht meinen Lieblingsort, dieses Vorstadtstheater, wo
> der Tod dirigirt.

Nun führen Meier/Schadt nicht weniger als 21 Kirchhöfe vor den Toren der
Stadt auf, die seit dem 18. Jahrhundert benutzt wurden. Einen ersten Fingerzeig gibt uns erneut Klingemanns früher Ritterroman »Die Asseburg«, in dem
außer dem St. Blasius-Dom auch ein Friedhof namentlich eine Rolle spielt.
Und zwar erscheint er – was aufhorchen läßt – als Versammlungsort des Feme-
gerichts, dessen fast freimaurerisches Zeremoniell den jungen Klingemann
damals sehr beeindruckte. Kreuzgang, der da entschieden distanzierter ist, läßt
sich trotz seiner generellen Absage an »alles Geheimnißvolle und Wunderbare,
vom Freimaurerorden an, bis zu den Mysterien einer zweiten Welt« zum
erstenmal von einem gewissen Schauder auf diesem Friedhof mit dem kabbalistischen Denkmal ergreifen. Weitergehende Erwartungen werden zunächst
aber dadurch enttäuscht, daß Klingemann sich in dem »historisch-romanti-
schen Gemählde aus dem dreizehnten Jahrhunderte« um äußere Stimmigkeit
bemüht und somit offenbar auch an einen Friedhof innerhalb der Stadtmauern
denkt:

> Braunschweig.
> Martinikirchhof.
> (Im Hintergrunde die Kirche, viele Monumente stehen auf dem Plazze. – Finstere
> Nacht… Viele Freifrohnen und Vermummte gehen umher.
> Otto. (an das Piedestal eines mit Trophäen gezierten Monuments gelehnt.) Auch
> hier ruht einer von Hagen, dessen Grab die Herzöge so zierten, blos weil er in der
> Schlacht den Tod für's Vaterland starb… Stürzt Monumente und Ehrensäulen, ihr
> sahet ja nie dem Darunterliegenden in das Herz.[136]

Der alte Kirchhof bei der Martinikirche wäre demnach gemeint, der 1758
gepflastert wurde.[137] An seiner Stelle erhielt die Martinigemeinde den Friedhof

gleichen Namens am Hohen Tore. Über die folgende Notiz von Hugo Burath
wird nun dieser Vorstadtfriedhof zu einem ernsthaften Anwärter: Klingemanns
Mutter besaß nicht nur das Haus am Papenstieg, seit 1775 war ihr zugleich »ein
Garten samt darauf stehendem Hause und sonstigem Zubehör vor dem Hohen
Tore zwischen dem St.-Martini-Kirchhofe und des Hospitals St. Thomae Garten von den Eltern ›vererbfället‹.«[138] Der Weg zu diesem Friedhof, der kaum 15
Minuten vom Papenstieg liegt, führte an dem altem Martinifriedhof der Alt-
stadt vorbei, so daß man sich gut vorstellen kann, wie der Gymnasiast sich
»seinen« Friedhof am Hohen Tor in den historischen Martinifriedhof rück-
übersetzte. Es gab noch vier andere Friedhöfe am Hohen Tor; drei davon aber
hatten einen zu speziellen Charakter (für Kinder oder konfessionelle Minder-
heiten), und nur der Brüdernkirchhof käme noch in Frage. Der Martinikirch-
hof liegt nicht bloß dem Gartengrundstück am nächsten, hat zudem nicht nur
das Argument der Übersetzbarkeit in den historischen Roman auf seiner Seite
bzw. wies konkret auch eine herzogliche Ehrensäule für einen Freimaurer auf
(dazu nachher), vielmehr war er Grabstätte von Johann Arnold Ebert, dem
Übersetzer von Youngs »Nachtgedanken«, deren Kenntnis die Bonaventura-Forschung seit Hermann Michel für den Verfasser der »Nachtwachen« erwogen, immer aber nur indirekt, durch Vermittlung von Wieland,
Herder, Hölty und Jean Paul einräumen mochte.[139] Ebert starb 1795, mitten in
Klingemanns Anfangssemester am Collegium Carolinum, wo er noch über
Platons »Phädon« las: über die »Unsterblichkeit der Seele«.

Die Sterblichkeit des Menschen wird zum großen Skandalon dieser Fried-
hofsnachtwache. Gleich zu Beginn trifft Kreuzgang auf einen Poeten, der sich
als sein äußerster Widerpart gebärdet und in dem ich Ebert als das Mundstück
von Youngs »The Complaint, or nigth thougths on life, death and immorta-
lity« wiedererkenne –

»Ein Poet meinte, die zweite Welt lausche in die untenliegende herunter –
ich hielt es nur für äffenden Wiederhall und matten täuschenden Licht-
schein… Der Poet trieb sich eine Zeitlang unter den Gräbern herum, und
besprach sich abwechselnd mit auf dem Boden liegenden Schädeln, um sich in
Feuer zu setzen, wie er sagte; mir wurde es langweilig, und ich schlief darüber
am Denkmale ein.

Da hörte ich im Schlafe das Gewitter aufsteigen, und der Poet wollte den
Donner in Musik sezen und Worte dazu dichten«, vergeblich. »Der Poet hatte
sein Blatt von neuem ergriffen und versuchte zu schreiben; zur Unterlage
diente ihm ein Schädel – und er begann wirklich und ich sah den Titel vollendet:

›Gedicht über die Unsterblichkeit.‹

Der Schädel grinsete tückisch unter dem Blatte, der Poet hatte kein Arg
daraus, und schrieb den Eingang zum Gedichte, worin er die Phantasie anrief

ihm zu diktiren. Darauf hub er mit einem grausenden Gemälde des Todes an, um zulezt die Unsterblichkeit desto glänzender hervorführen zu können, wie den hellen strahlenden Sonnenaufgang nach der tiefsten dunkelsten Nacht.«[140] Der letzte Satz schon könnte als triftige Analyse der Erzählstrategie von Young/Ebert gelten, wo die erschöpfenden Beschwörungen des Todes in die Apotheose der neunten und letzten »Nacht« münden: »...welch ein hoher Trost krönt meinen Gesang! So lebe denn wohl, o Nacht! Die Finsterniß ist verschwunden: Die Freude bricht an, sie stralt, sie prangt in vollem Glanze; es ist ein ewiger Tag.«[141] Zuvor aber schwelgte diese Nachtdichtung in peinlichen Bildern des Todes (»Unser magrer Boden ist durch verwesende Freunde, die darunter verscharrt liegen, feist gemacht... Wir nähren uns, gleich andern Würmern, von den Todten«),[142] in Bildern, deren apologetische Christlichkeit unserem Nachtwächter nur noch dumm und schamlos vorkommen mußte: »O Tod! laß mich dich an meinen Busen drücken, du bestes Geschenk des Himmels! du bester Freund des Menschen!« (7. Nacht), »gütiger Zuchtmeister« (3. Nacht) und »des Lebens Krone: Wäre der Tod versagt, so würde der arme Mensch umsonst leben... Wir fallen; wir stehen auf; wir herrschen« (3. Nacht). Welch Einfall, den einflußreichsten Propagandisten der christlichen Nacht dieser letzten, metaphysisch ausgerichteten Nachtwache voranzustellen, für die e i g e n e Klage über den Tod als den Vernichter von Individualität und damit »Welt« sich auf das Terrain des religiösen Gegners zu begeben, welch maliziöser Witz, bei Eberts Grabe diesem in persona die Auferstehung mißglücken zu lassen!

Die Selbstsicherheit, mit der Ebert/Young gegen Ende der sechsten »Nacht« ihren Beweis versprechen, einen »Beweis, der mächtiger, als der Tod, ist, und des Grabes spottet« (»stronger than Death, and smiling at the Tomb«), nimmt Kreuzgang in seinem Grabestraum als eine von den Toten belächelte Prahlerei; der Poet »bemerkte es nicht, daß sich um ihn her alle Gräber geöffnet hatten, und die Schläfer unten boshaft lächelten, doch ohne sich zu bewegen. Jezt stand er am Übergange und fing an die Posaunen zu blasen und viele Zurüstungen zum jüngsten Tage zu machten... – und unten in den Schlafkammern lagen sie noch alle still und lächelten, und niemand wollte erwachen... er... sezte eine starke Begleitung von Donner und Posaunenschall zu seiner Stimme – umsonst«. Von der Posaune machen Ebert/Young außer in der 2. »Nacht« auch in dem poetischen »Gesang« »Der jüngste Tag« traditionellen Gebrauch: »Nun erwacht der Mensch, und hebt aus seinem stillen Bette, wo er Jahrhunderte durchgeschlafen, sein Haupt empor... Itzo rollt der Schall der Posaune von neuem durch den weiten Bezirk der Schöpfung... Siehe! nun geben die Gräber ihre lange verwahrte Beylage... zurück.«[143] Ja, wenn zum Auftakt der zweiten »Nacht« die göttliche Macht gepriesen wird, die Petrus, »diesen mitternächtlichen Wächter mit heller Trompete, zum Vorbilde der

Posaune, die einst die Todten erwecken soll, Seelen aus dem Schlummer zu Gedanken des Himmels aufrufen heißt«, dann erscheint das desillusionierende »antipoeticum« Kreuzgangs, sein Nachtwächterhorn, zugleich auch als säkularisiertes Attribut s e i n e r Wächterrolle.*

Es lag übrigens nahe, daß Klingemann den Friedhof des (Nach-)Dichters der »Nachtgedanken« als Schauplatz seiner Gegengedanken aufsuchte. In Eberts Sammelband von 1756 zeigt das in Braunschweig gestochene Titelkupfer einen Mann – den Dichter sicherlich –, der auf einem Kirchhof sich an ein Grabmonument gelehnt hat; die Linke stützt leicht den Kopf, während der Zeigefinger der Rechten wie schreibend auf der mondbeschienenen Inschrift verweilt. Diese Attitüde, zu der sich unter anderm noch der Musenanruf des ebendort abgedruckten Gesanges »Der Jüngste Tag« gesellt: »Wohlann denn, meine Muse, die du... so gern die Gräber besuchst, und die Reiche der Nacht durchwandelst«,[148] forderte geradezu eine karikierende Behandlung heraus, die sich an die gestischen Details hielt: »Der Poet trieb sich eine Zeitlang unter den Gräbern herum«, er »versuchte zu schreiben; zur Unterlage diente ihm ein Schädel... da schien es als ob etwas Unsichtbares seine Hand hielte«.

Einen versteckten Bezug auf Ebert/Young sehe ich auch in der Szene der 9. Nachtwache, wo Kreuzgang im Narrenkämmerchen auf die Köpfe von Sokrates und Skaramuz hindeutet und sich darauf mit den drei Doktorhüten übereinander vorstellt:
»Und welch ein Überfluß an Weisheit und Gelde – eine erwünschte Kombination der entgegengeseztesten Güter, eine höchste Idealisierung der Zentaurennatur im Menschen, wo das wohlgesättigte Thier unten, den höhern Reiter kek einherstolziren läßt. –
Doch ich fand bei näherer Ansicht Alles eitel, und erkannte in aller dieser gepriesenen Weisheit zulezt nichts anderes als die Decke die über das Mosesantlitz des Lebens gehängt ist, damit es Gott nicht schaue.«[149]

---

*   »Nachtwachen« hält auch der Dichter bei Ebert/Young, in dem dezidiert christlichen Sinne selbstverständlich, der ihn im »Jüngsten Tag« beim Anblick der schlafenden Welt reklamieren läßt, daß »ich ihrem Stifter zu Ehren lange Nachtwachen feyre!«[144] Auch wird Youngs Poesie selber von ihrem Übersetzer einmal als »reifste Frucht... vieler Nachtwachen« bezeichnet.[145]
     Klingemann – der Ebert in »Kunst und Natur« zweimal nennen wird[146] – steht um 1800 unter starkem Einfluß dieser Nachtdichtung. Man muß sich nur Titelbild und Mythologie von »Memnon« vergegenwärtigen. Und noch das erste Bild der poetischen Nacht bei Klingemann, das er für die Braunschweiger Sommermesse 1802 mit der Behauptung wählt, »ein Dichter könne am Abende und in der Nacht weit reicher darstellen, als am hellen Tage, wo die Phantasie mehr nach aussen gerichtet wird, da sie dagegen in der Nacht und Dämmerung in sich zurückgeht und ihre wunderbaren Tiefen sich eröfnen« (ZeW, Nr. 114), bleibt in der Nähe der »Nachtgedanken«: »O anmutige Dunkelheit! die dicht gehäuften Gedanken schießen freywillig ringsumher auf, und blühen im Schatten; welche bey Tage verwelken, und in der Sonne ersterben« (5. Nacht)[147].

Ueberſeßungen
einiger
Poetiſchen
und
Proſaiſchen Werke
der beſten
Engliſchen Schriftſteller.

Erſter Band.
Worinn
D. Eduard Youngs
Klagen, oder Nachtgedanken
über Leben, Tod, und Unſterblichkeit,
enthalten ſind.

Mit allergnädigſter Freyheit.

Erſtes Stück.
Dritte und verbeſſerte Auflage.

Braunſchweig u. Hildesheim,
verlegts ſeel. Ludolph Schröders Erben.
1756.

Abb. 9

Klassischer Philosoph, Zentaurennatur, der Sprung hin zur biblischen »Eitel-keit« und dem Mosesantlitz, – diese sonderbare Konstellation wird so über Titel und Titelkupfer einer satirischen Schrift Youngs gebildet, die in Eberts Sammelband lau-tet: »Der nicht fabelhafte C e n t a u r«, und die auf dem Titelblatt das Motto führt: »Sie sagen von mir: Dieser redet eitel verdeckte Worte. Hesek.« Das englische Titel-kupfer zeigt im Zentrum einen stolzierenden Kentauren, der einen Sprechzettel mit d e r philosophischen Maxime im Munde führt (»Gnothi seauton«) und dessen menschlicher Oberkörper mit einer Harlekinsjacke bekleidet ist, während der tieri-sche Teil mit den Hufen die Mosestafel der zehn Gebote tritt (und schaut man sich seinen lächerlichen Hut und die Pagode dahinter an, zeichnen sich schon die »über-einandergestülpten Doktorhüte« Kreuzgangs ab).

In einem Vorbericht, in dem Young – der neue unverstandene Prophet – das Kupfer einer englischen Widersacherin erläutert, erscheint auch Kreuzgangs Kon-trastbildung von philosophischer »Weisheit« und »Skaramuz«: »In den ältesten Schulen der Weisheit sah man die Brustbilder der Weisen. Was meynen Sie nun, Madam, wenn Hogarth, für Ihre neuere Academie, einen Centaur zeichnen sollte... mit einer Harlekinspritsche... einem Scaramuschteufel hinter ihm; einen Wetter-

Abb. 10

hahn auf seinem Kopfe, eine Klapper in seiner Hand, die Tafeln der zehn Gebote
unter seinen Füßen« (und den Apollozettel im Mund). »Doch ... ich höre schon eine
ganze Kuppel von Ihren wohlgefütterten ungezäumten Füllen in vollem Laufe her-
ankommen«, schließt Young nicht ohne Witz ab.[150]

Nun läßt sich Kreuzgang mit dem Prinzip »Skaramuz« nicht schrecken und
kann zeitweilig eben auch mit dem wohlgenährten Zentauren liebäugeln, wo Ebert /
Young in ihm nur die Empörung des menschlichen und tierischen Teils »wider den
Unsterblichen« sehen. Aber auch er lenkt zuletzt ein, nimmt die von Ebert in einer
Fußnote vorgestellte Lutherwendung »eitel verdeckte Worte reden« auf, setzt sie um
in das Bild der »Mosesdecke«, ein Bild, das wie die zertretene Mosestafel die
menschliche Unzulänglichkeit gegenüber dem Göttlichen festhält. In diesem Sinne
erscheint das Bild modifiziert schon in »Romano«: der menschliche Geist »würde
erschrekken vor der eigenen Größe und Unermesslichkeit, und sich selbst unterlie-
gen: so ertrug Moses das Anschauen Gottes nicht und er mußte sich abwenden als
der Herr an ihm vorüber ging«.[151]

(Das Bild der Mosesdecke in der 9. Nachtwache wird falsch oder sehr eigensin-
nig gebraucht, gerade nicht in dem Sinne wie 2. Mose 34, 29–35, sondern in dem Sinn

der »Romano«-Stelle, die sich auf das »Vorübergehen« Gottes in 2. Mose 33, 19–23 bezieht. »Mosesantlitz« taucht 1828 wieder bei Klingemann auf, diesmal korrekt zum Vergleich für die aus einer Wolkendecke hervorleuchtende Sonne.[152])

Nachtrag. – Der Martinifriedhof am Hohen Tor ist heute eine kleine Parklandschaft mit vielleicht 20 Monumenten; knapp die Hälfte davon wurden in den Jahren vor 1800 oder wenig danach errichtet. Eberts Grab läßt sich nur mit Mühe herausfinden, kaum mehr als die Anfangsbuchstaben des Namens und der Vornamen sind noch leserlich, auch ist der Sockelaufsatz abgebrochen. Dafür wird der Leser der 16. Nachtwache von einem anderen Grabdenkmal angezogen, das des Obristleutnants Ernst Sigismund von Lestwitz aus dem Jahre 1780.

> Ich war unwillkührlich an dem Denkmal eines Alchymisten stehen geblieben; ein alter kräftiger Kopf starrte aus dem Steine hervor, und unverständliche Zeichen aus der Kabbala waren die Inschrift.[153]

Es ist das Denkmal des Vaters, des Schwarzkünstlers, der zusammen mit der Zigeunerin-Mutter den Teufel zu bannen versucht hätte, das Kreuzgang so fesselt. Man betrachte nun das wundervoll energische Profil des Obristleutnants, einen Indianer- oder Zigeunerkopf mit Adlernase und ausgeprägtem Jochbein, dem kräftigen Hals und auf die Schultern fallendem Haar. Gewiß, wir finden keine kabbalistischen Zeichen auf dem Stein, auch ragt nicht »der steinerne Vater... halb aus der Erde hervor«; solche Abweichungen im Detail werden aber belanglos, sobald man endlich Näheres zur Person des Barons in Erfahrung bringen kann: v. Lestwitz (1710–79) war niemand anders als der Kopf der Freimaurer in Braunschweig, Gründer verschiedener Logen seit 1761, der Mann, der zumal die maurerische Korrespondenz des Herzogs Ferdinand, des Großmeisters der vereinten Logen Deutschlands der »Strikten Observanz« führte und so auch mit Lessing, der die Freimaurergespräche »Ernst und Falk« diesem Bruder des regierenden Herzogs gewidmet hatte, in Verbindung stand.[154] Lestwitz, der sich in erbittert geführten Richtungskämpfen immer wieder durchzusetzen verstand, war noch in späteren Zeiten deshalb äußerst umstritten, weil er den Herzog zu überzeugen suchte, »daß es noch geheime, höhere Kenntniß geben muß, in deren Besitz Menschen schon auf Erden gelangen können«,[155] Vertreter also jener freimaurerischen Tradition war, deren Adepten sich »in uralter kabbalistischer Geheimschrift«, als »Alchymisten« oder im »Teufelsbann« versuchten[156]. Der Braunschweiger Freimaurer Lachmann schreibt über Lestwitz (1844):

> Ein Mann gewiß von strenger Rechtschaffenheit und hohem Eifer für den von ihm wirklich für ächt gehaltenen Orden; großer Hang zu Geheimnißkrämerei, selbst Alchymie und Goldmacherei, war neben einiger Herrschsucht und einem sehr hitzigen, jähzornigen Wesen der Charakter dieses Mannes. Er hatte mancherlei gelehrte und Sprach-Kenntniß, machte selbst zu Zeiten Verse, und arbeitete seine Reden und

Abb. 11

Vorträge alle selbst aus. Seinem Durste nach Kenntniß geheimer Wissenschaften verdankte die hiesige Loge alles Troubles, in welche sie durch die Annahme der stricten Observanz gerieth; und unser Archiv verdankt ihm eine bedeutende Anzahl alchymistischer Schriften, sogar ein Paar vielleicht theuer erkaufter Manuscripte. Die Bdr. begleiteten ihn, in 12 Wagen, die Mitglieder des Capitels zu Fuße, zur letzten Ruhestätte... Herzog Ferdinand ließ sein Steinbild in voller Ritterrüstung im Garten aufstellen.[157]

Außer diesem Denkmal im Garten der Loge »Zur gekrönten Säule« ließ ihm der Herzog das andere auf dem Martinifriedhof errichten. Klingemann mußte dies wissen, nicht allein über die Stifterinschrift, die auch den Freimaurertitel »Praefectus« aufführt, sondern weil seine hochverehrten Lehrmeister Leisewitz und Eschenburg mit Lestwitz Umgang hatten und damals sogar bei dem Bildhauer Oden waren, um sich das Modell dieses Denkmals anzusehen.[158] Der Hofbildhauer Oden hatte es nicht allein geschaffen, »die ausgezeichneten Bildnisreliefs... sind nach Modellen des tüchtigen Bildhauers und Münzstempelschneiders Christian Friedrich Krull gearbeitet«[159].*

Die Formel, die Kreuzgang bei der Büste des Alchimisten ausspricht: »Alles Geheimnißvolle und Wunderbare, vom Freimaurerorden an, bis zu den Mysterien einer zweiten Welt«, umreißt sehr genau die Erfahrungs- und Werteskala dieses Logechefs. Und selbst in seinem Vaterschaftsverhältnis zu Kreuzgang, wenn wir die Genealogie nicht zu eng nehmen, steckt ein literarbiographischer Kern; wobei ich weniger Wert darauf lege, daß Klingemanns Großvater, der Hofmusikus Weinholtz 1751–54 unter Lestwitz »Almosenpfleger« der Loge »Jonathan« war,[161] als vielmehr an Lestwitz' Verbindungen zu Lessing denke, dem ehemaligen Mitglied der Hamburger Loge zu den drei goldenen Rosen, der vielen Braunschweigern der Leibhaftige selber war und dessen Verruf den jungen Klingemann so beeindruckt und dann empört hatte, daß ich noch in dem sterbenden Freigeist der 1. Nachtwache nachher Lessing zu identifizieren habe.

Nicht allein Lessings geistige Physiognomie haben wir in der Lestwitzschen Büste zu sehen, um sie für Kreuzgangs Vater beanspruchen zu können, auch jene faustische Aura der 16. Nachtwache gehört dazu. Eine Kombination, die durch den Umstand anschaulicher werden mag, daß Goethe während seines Braunschweiger Aufenthalts 1784 zusammen mit Carl August auch der dortigen Loge einen Besuch abstattete, gerade in der Zeit, als er an dem mit

---

* Einen Nachruf auf seinen ehemaligen Mitschüler Krull verfaßte 1788 Konrad Heusinger, Rektor an Klingemanns Gymnasium Katharineum. Als Primaner schon habe der geniale Krull Porträts in Miniatur gemalt und mit dem Federmesser »die niedlichsten Menschenköpfe aus Kirschkernen« geschnitten, später auf Münzen, Medaillen und in Wachs oder Ton die Köpfe u. a. von Lessing, Jerusalem, Lestwitz und dem Braunschweiger Herzog gearbeitet, auch wiederholt freimaurerische Aufträge ausgeführt.[160]

maurerischer Symbolik reich versehenen Gedicht »Die Geheimnisse« schrieb, in dessen Rosenkreutzertum Fausts Pansophie gegenwärtig ist und das als Goethes »ideeller Montserrat«[162] dem Humanitätsgedanken Lessings am nächsten kam.

Zuletzt noch zwei, drei Motivkreise der »Nachtwachen«, die für Braunschweigs Geschichte und Geographie nicht eben typisch sind. Da sind zunächst die Kenntnisse von H o l l a n d , die Bonaventura zur metaphorischen Verdeutlichung parat zu haben scheint. Außer dem großen Gleichnis der 12. Nachtwache, das von Hollands Kanalsystem her die staatliche Organisation veranschaulicht, bezieht sich noch die erste unscheinbare Fußnote der 8. Nachtwache auf dies Land: »Auf den holländischen Dukaten steht ein geharnischter Mann.«

»Ein geharnischter Mann war das Gerichtssiegel des Vehmgerichts«, behauptete Klingemann 1795 in »Wildgraf Eckart«.[163] Auch wenn dies stimmen sollte, hat Klingemann das Emblem doch nicht einfach auf die Münze übertragen, denn tatsächlich zeigt der holländische Dukaten einen Geharnischten (mit Schwert und Blitzbündel), ein Motiv, das schon um 1600 auf dem Dukaten zu finden ist und ab 1795 auch von der Batavischen Republik geprägt wurde.[164] Eine Zufallskenntnis und -anwendung?

Braunschweig, über das herzogliche Haus eng mit den Niederlanden verbunden, stand außer den französischen besonders auch den holländischen Emigranten offen. Der Gründer des Collegium Carolinum, Jerusalem, stammte aus einer vor Alba geflohenen holländischen Familie, in größerer Zahl trafen Flüchtlinge seit 1794 ein, unter ihnen der bekannte Literat und Sprachforscher Bilderdijk sowie Graf und Gräfin Egmont. Leisewitz gab dem in Braunschweig studierenden Prinzen von Oranien Unterricht im deutschen Staatsrecht, Eschenburg, Mitglied zweier holländischer Akademien, widmete dem Prinzen sein »Handbuch«, der Geographielehrer am Carolinum, Lüder, schrieb damals eine Geschichte des holländischen Handels, gar florierte um 1795 eine Gastwirtschaft »Zum Prinzen von Oranien«.[165] Auch wurden 1795 zwei holländische Adlige zusammen mit Klingemann am Carolinum immatrikuliert.

Abgesehen davon, daß der holländische Dukaten und Gulden in Norddeutschland zuweilen als überregionale Währung auftraten,[166] wurden speziell in Braunschweig durch die einströmenden Emigranten die gefragten holländischen Münzen eingewechselt; so lesen wir 1789 von einem ungewöhnlichen Angebot, in Kommission »zwei hundert holländische Dukaten gegen Conventionsmünze sogleich zu verwechseln«.[167]

Jemand aus Braunschweig hatte diese Dukaten des öfteren vor Augen, das darf man unterstellen; was aber mochte ihm dabei in den Sinn kommen? Nicht zuletzt die häufig bedrückende Lage [168] der Emigranten und Exilierten, denen der Rückweg in die Batavische Republik (1795–1806), die von den Franzosen im eroberten Nordholland etabliert worden war, in solch drastischer Sinnbildlichkeit versperrt wurde. Eigentlich vermag der Leser erst von dieser Exilsituation her nachzuvollziehen, weshalb Kreuzgang beim Hinaufsteigen zur Wohnung seines – wahrlich a u c h exilierten – Poeten das Dukatenbild in dem Sinne auslegt, »daß die Menschen ihre Freudensäle so fest verschlossen halten und durch Geharnischte bewachen lassen«. Man wird freilich sofort auf eine weitere Motivschicht aufmerksam; die Interpretation dieser Ritterfigur führt ja sehr genau das Gleichnis der Gewalt fort, das Kreuzgang gerade zuvor für das Schicksal des Poeten gefunden hatte, nämlich die zwangsweise Bekehrung durch Karl den Großen. Fast klingt es so, als habe Klingemann dabei noch die Formulierung Ribbentrops im Ohr gehabt, der von der »durch Karl des Großen geharnischte Franken mit Gewalt veranlaßten Taufe« sprach.[169] Geharnischte Franken! Waren das nicht auch die Besetzer oder Statthalter der Batavischen Republik? Und auch die Geharnischten auf dem Gerichtssiegel gehören zu diesem Gewaltkomplex, denn die Feme, die bei Klingemann als meuchelmörderisches Gericht erscheint, war nach seinen Angaben von Karl dem Großen selber gestiftet worden.[170]

Statt wie geboten eine allegorische Auslegung des Geharnischten und seiner göttlichen Attribute vorzutragen, modelte ihn Klingemann offenbar unter dem Eindruck der zeitpolitischen Verhältnisse zum Sinnbild der Repression und suchte ihn gleichzeitig, in merkwürdiger Solidarität, dem traumatischen Geschichtsbild seiner Heimat einzuverleiben.

Nüchterner die Erwähnung Hollands in der 12. Nachtwache:

> Wissenschaften, Kultur und Sitten sind im schönsten Flore und wandern recht modern einher; der allgemeine Staat ist, wie Holland, mit Kanälen und Gräben durchschnitten, worinn alle menschlichen Fähigkeiten geschickt abgeleitet und vertheilt werden, damit nicht zu fürchten steht, daß sie auf einmal in zu großer Vereinigung das Ganze überschwemmen möchten.[171]

Schon das Gleichnis ist nicht so unverfänglich und sachlich, wie es qua Zitat dasteht; Kreuzgang leitet mit ihm seine sarkastische Apologie des Lebens ein, die eine bestimmte, den Menschen in Teilfertigkeiten zerstückelnde Fortschrittsgläubigkeit angreift: »Es giebt Menschen, die so vortheilhaft placirt sind, daß man sie als recht gute Hammer und Zangen betrachten kann ... sehen Sie nur diesen Koloß der Menschheit an, wie alles sich an ihm regt und arbeitet und verkehrt ... dieser trägt Erfindungen, jener Systeme mit sich in die Höhe, und es kann nicht fehlen, daß dies Menschengeschlecht ... sich bis in den Himmel verklettert«. Kreuzgangs ausdrücklich gegen den »Menschenhaß« gerichtete Apologie ist eine einzige ironische Abrechnung mit den bornierten Zügen des »Philanthropismus«, wie er namentlich in der Version des Braunschweigers Campe gröbsten wirtschaftspolitischen Bedürfnissen zu

Diensten war. Auf das philanthropistische System komme ich im Zusammenhang mit Klingemanns Schulzeit zurück, für jetzt nur zu dem Holland-Gleich-
nis, das ebenfalls auf Klingemanns Onkel gemünzt ist. In seinen Aufsehen erregenden »Fragmenten« über die »Beförderung der Industrie, der Bevölkerung
und des öffentlichen Wohlstands« (1786) forderte Campe als eines der Haupt-
mittel die Errichtung einer weitverzweigten »patriotischen Gesellschaft« nach
holländischem Vorbild. Zu einer solch zentralistisch geleiteten Gesellschaft,
die in fast allen holländischen Dörfern und Städten Mitglieder habe, Preise für
»gemeinnützige Erfindungen, Versuche, Beobachtungen usw.« aussetze, solle
man auch in deutschen Staaten die Bürger ermuntern und sich zudem an den
jeweiligen Regenten wenden, der »aus Liebe zu seinen Unterthanen... und
seinen eigenen Cassen« sicherlich das Projekt fördern werde. Könne man nur
»den Wetteifer der Landleute, Handwerker, Manufacturisten und Künstler
durch ausgesetzte Preise erregen«, neue Werkzeuge und Arbeitszeitverkür-
zungen ersinnen und auf diese Weise zur »Aufklärung und Veredelung der
Menschheit« beitragen, lasse sich zugleich auch das Ärgernis beseitigen, daß
bislang »in den meisten Ländern die meisten vorzüglichen Köpfe nicht an ihrer
rechten Stelle stehn«.[172]

Nicht vom holländischen Kanal- und Deichsystem her kam Klingemann
auf das funktionalistisch zertrennende Staatswesen, sondern Campes »hollän-
disches« Modell ließ ihn umgekehrt für die 12. Nachtwache nach einem holländischen Metaphernfundament suchen. Ziemlich umwegig, aber als scho-
nende Umschreibung für einen Mann zu verstehen, dessen liberales Schulsy-
stem Klingemann durchlaufen, dessen Ausfälle gegen Adel und Klerus er
immer gern mitgemacht hatte, niemals aber seine skurrilen und mitunter eben
himmelschreienden Vorstellungen von Gemeinnützigkeit (etwa konnte er den
Rhein bei Schaffhausen ein junges, für Lastkähne noch untaugliches Genie
tadeln, reagierte äußerst allergisch gegen die »Autorseuche« und erklärte
jedem Romancier denjenigen weit vorzuziehen, der »eine Quadratruthe
Moorland urbar zu machen« fähig wäre)[173].

So spielt denn auch Kreuzgangs drohendes Gegenbild zum holländischen
System: daß die menschlichen Fähigkeiten sonst »auf einmal in zu großer Vereinigung das Ganze überschwemmen« könnten, auf Campe und seine Metapher für die Französische Revolution an: »Wer vermag es, den reissenden
Strom, der seine Dämme durchbrochen hat, wieder in das alte Bett zurück zu
führen und ihm zu gebiethen... Der einzige Trost, der dem Patrioten bei dieser traurigen Perspective übrig zu bleiben scheint, ist der: der ausgetretene
Strom wird sich von selbst wieder verlaufen«,[174] gibt Campe in seinen »Briefen
aus Paris, während der Revolution geschrieben« den in Braunschweig zurück-
gebliebenen Philanthropisten im »Journal« zu lesen. In der Naivität des deutschen Schulrats, der sich am Edelmut der Vaterlandsbefreier, »denen Frei-

heits- und Glückseligkeitsgefühle auf die Stirn geschrieben standen«,[175] enthusiasmieren und gleichzeitig vor Unordnung und Anarchie zurückschrecken kann, erblickte Klingemann das versteckte wirtschaftspolitische Begehren nach einer Befreiung zu »industriösen Unterthanen« (so Campe in den »Fragmenten«) und nach einem Staat, der – wie es in der 13. Nachtwache heißt – »lieber gute brauchbare Maschienen, als kühne Geister unter seinen Bürgern duldet... der die Hände und Füße, als dauerhafte Dreh- und Tretemaschienen, höher anschlägt, als die Köpfe seiner Landeskinder. – Der Staat hat, wie der Briareus, nur einen einzigen Kopf, aber hundert Arme von Nöthen«.[176]

Wie sehr sich Bonaventuras Bild der Französischen Revolution an den Lobgesängen orientierte, die der spätere Ehrenbürger Frankreichs in den »Briefen« und auch in seinen Jugendschriften angestimmt hatte, war auch daran zu sehen, daß sich das Modegleichnis der politischen Verfassungen Frankreichs von Mercier herleitete, Campes gefeiertem Cicerone von 1789. Und sogar die Situation der 15. Nachtwache, wie der Marionettenspieler Kreuzgang »nahe an der französischen Grenze« während der Revolution die Bauern versehentlich zu gewalttätigen Aktionen gegen den Dorfschulzen erhitzt habe, scheint sich polemisch auf eine Stelle in jenen »Briefen« zu beziehen:

Bei Valenciennes »erreichten wir endlich... die Grenzen des freygewordenen Galliens... hätte es hier jetzt gleich eine Bastille zu erstürmen gegeben: wer weiß ––. Wir kamen à la grande Place. Hier hatte man eben ein paar arme Bauern aufgeknüpft, die nebst einigen hundert andern, im Taumel der Freude über die ihnen ungewohnte Freiheit, nach einer benachbarten Abtei gelaufen waren, um den Prälaten zu zwingen, ihnen die Kosten eines Processes herauszugeben, den sie vor einigen Jahren über den Zehnten mit ihm geführt und verloren hatten. Die Unglücklichen hatten sich dabei verschiedene Gewaltthätigkeiten erlaubt, und sich der bewafneten Bürgerschaft von Valenciennes... zu widersetzen gewagt.«[177]

Mag sein, daß der Dreizehnjährige schon diese Szene in Campes »Sammlung interessanter und durchgängig zweckmäßig abgefaßter Reisebeschreibungen für die Jugend« (1790) gelesen und sich wie der Autor selber hat anstecken lassen von dem Freudentaumel, in den der plötzliche Sturz ihrer »Tirannen« diese bäuerlichen Vasallen versetzt hätte.[178]*

---

* Beeindruckt zeigt sich Bonaventura auch von Campes berühmtestem literarischen Werk: »Robinson der Jüngere« (1779), das in der Erzählform von »Abenden« (»Erster Abend« usf.) den Kindern nahebringt, wie Robinson »mit der Zeit... sich immer selbst fragte: Wozu möchte das wohl nütze seyn? –«[179] Anstößig nicht erst heute die erbärmliche Teleologie und auch das Einschärfen von Mechanismen der Arbeitsteilung (»daß bloß zur Verfertigung der Madrazze, worauf ihr so sanft schlaft, mehr, als tausend Hände beschäfftiget gewesen sind!‹ GOTTLIEB. ‹Das ist doch erstaunlich! tausend Hände!‹«)[180]. Und doch blicken gewisse Topoi dieser Robinsonade noch bei Kreuzgang hervor, insbesondere in seinen Appellen an einen natur-

Ein Wort noch zu der Rolle Gustav Adolfs, die Franz Heiduk (1982) so betont, um Bonaventura gleich seinem Kandidaten Arnold als aufgeklärten Katholiken auszuweisen. Heiduk räumt wohl ein – was schon E. Berend gegen die vermeintliche Katholizität bei Bonaventura-Brentano geltend machte –, daß die meisten katholischen Verhaltensformen und Einrichtungen so auch bei vielen Trivialautoren der Zeit zu finden wären, »aber keinem von diesen fiele es ein, König Gustav Adolf von Schweden als ›heiligen Gustav‹ anzusprechen, kaum einer von ihnen zählte katholische Friedhöfe und den Dom zu seinen ›Lieblingsörtern‹.«[184] Zu dem Dom muß ich nichts mehr sagen, und katholische oder so wirkende (Friedhofs-)Staffage begegnet uns bei dem Protestanten Klingemann auf Schritt und Tritt. Spricht nun Kreuzgang in der 14. Nachtwache von dem »Steine wo der heilige Gustav entschlummerte«, so übernimmt er möglicherweise die Formel, die der Nichtkatholik Jean Paul seinen Giannozzo gegen Ende der ersten Fahrt über dem ehemaligen Schlachtfeld von Lützen schreiben läßt (»möchte ich an dem Steine liegen, wo du einschliefst, heiliger Gustav«). Klingemann, der sich nie scheute, vom heiligen Augustinus, dem heiligen Blasius usw. zu sprechen, verteidigt im »Ahasver« die »von wahren Katholiken niemals angefochtene, D a r s t e l l u n g   d e s   H e i l i g e n, auf unserer jetzigen Bühne« und läßt dort den am »Schwedenstein« Gefallenen durch seinen Mörder selber kanonisieren:

> Doch als der Schuß geschehn, der Held gefallen,
> Da stieg es wie ein königlicher Schwan,
> In weißem Glanz von seiner Leiche auf,
> Und schien verklärt den Himmel zu erreichen.[185]

Auch Gustav Adolf ist übrigens mit der Braunschweiger Geschichte und Volkssage verbunden. In Verhandlungen mit den Herzögen von Braunschweig und Lüneburg suchte der Schwedenkönig sich als Haupt eines Corpus Evangelicum durchzusetzen; und als Wunderzeichen des bedrängten Kriegsherrn deutete man Hufeisen- und Kreuzesabdrücke auf dem Bickelstein bei Braunschweig.[186]

---

rechtlichen Zustand (7. Nw) und in dem Verlangen nach dem alten, von Campe auch für Robinson verteidigten Faustrecht[181]; allerdings wird dabei Campes Bedauern: »der arme Schelm hatte ja nichts, wie wir wissen; nichts, gar nichts auf der Welt, als nur seine beyden Hände!«[182] in den »Nachtwachen« gerade auch unter den Bedingungen einer wohletablierten Gesellschaft aufrechterhalten, von Kreuzgang ebenso wie von dem »armen Teufel« der 12. Nachtwache, der »weiter nichts mitbringt, als sein naktes Ich und gesunde Glieder«.[183]

Von solchen Details einmal abgesehen: Findet sich der Nachtwächter Kreuzgang nicht wie Robinson der Wut der Elemente und »Menschenfressern« ausgesetzt?

Doch wird es wahrlich Zeit, auch an den Mannn zu denken, mit dem Christiane Weinholtz 1775 die Ehe einging. Julius Klingemann war Kopist – ein »Nachahmer«, wenn man so will. Der älteste von Burath ermittelte, 1615 gestorbene Vorfahr war zuletzt Prior von Riddagshausen bei Braunschweig. »Die Not des Dreißigjährigen Krieges hat die Nachkommen... aus den gelehrten Berufen verdrängt und in den Handwerksstand getrieben.«[187] Augusts Großvater war Korporal und später Handelsmann in Braunschweig, der Vater Johann Heinrich Julius tat beim Collegium Medicum zunächst als Pedell, dann als Kopist und schließlich als Registrator Dienst. Nach Ribbentrop befaßte sich diese oberste Medizinalbehörde des Landes mit den Examen der Ärzte, Apotheker, Bader und Hebammen, mit Visitationen und anderen Aufgaben der Medizinalpolizei.[188] Mit der Behörde wurde Klingemann demnach nicht erst um 1805 als Nachfolger des Vaters vertraut, viel eher schon dürften ihn medizinische Belange so sehr beschäftigt haben, daß man sich unter dem Verfasser der »Nachtwachen« auch einen Arzt vorstellen konnte. Zugang zur Fachliteratur ermöglichte ihm schon der Vater, der in den Braunschweigischen Anzeigen 1799 (2.3.) eine Reihe von medizinischen Büchern aufführt, die bei ihm in Kommission zu haben seien. Klingemanns Lehrer Eschenburg war ein Anhänger des Brownianismus, den Hanswurst in der 8. Nachtwache so vehement vertritt, und empfahl dies Heilsystem in seinen Vorlesungen am Carolinum.[189] Zu Klingemanns Jenaer Freunden zählten zwei Medizinstudenten, der »Memnon«-Bundesgenosse August Winkelmann, der 1803 mit Dreiundzwanzig Professor am Collegium Medicum in Braunschweig wurde, sowie der spätere Direktor des Weimarischen Medizinalwesens Ludwig F. v. Froriep.[190] Zu der eigenen Registratorentätigkeit hat sich Klingemann nie geäußert. Mit Gemütskranken kann er schon über seinen Vater in Berührung gekommen sein, denn in dem sog. Werk- oder Zuchthaus in Braunschweig, das einen eigenen Arzt und einen Wundarzt unterhielt, wurden auch »Blödsinnige, und des Verstandes beraubte Personen« aufgenommen; in dem für Männer bestimmten »untern Stockwerk sind... kleine abgesonderte Behältniße für ganz rasende Personen. Das zweite Stockwerk ist zum Aufenthalt der Züchtlinge, und melankolischer Personen weiblichen Geschlechts bestimt.«[191] Jedenfalls beruft sich Klingemann bei der Schilderung eines Besuchs bei den »mente captis« in Celle (1817) auf eigene frühere Beobachtungen:

> Es ist ein trauriger Anblick, wenn sich die Gemächer öffnen, in welchen jene unschädlicheren Irren verwahrt sind; deren Wahnsinn, in seiner eigenen innern Welt verkehrend, wenig oder gar nicht nach Außen wirkt, und sich nur durch geheimes Lächeln, Winken, Zunicken, oder durch andere seltsame Bewegungen und abgerissene, unzusammenhängende Reden äußert. Es ist mir immer unendlich wehe in der Nähe dieser Armen geworden; indeß jene Rasenden, welche die Eisenstäbe ihrer Käfige schüttelnd, donnernde Flüche und Verwünschungen austoben und wild auflachen, daß es durch die Gewölbe wiederhallt; eben solcher gewaltsamer Kraftäuße-

rungen halber, mich weit minder geängstigt und vielmehr in mir selbst frei gegeben haben. Der eine unter diesen Wüthenden glich, nackt, und nur mit einem zerfetzten, Mantelartigen Gewande umhüllt, dem wahnsinnig fluchenden Lear, und schleuderte mir, als ich ihm nahe kam, verhärtete Brodrinden wild entgegen.[192]

Auch Kreuzgang in der 14. Nachtwache hört jemanden in der Nähe schrecklich mit den Ketten rasseln und findet im Kontrast dazu die Wahnsinnigen um Ophelias Lager, »alle schweigend, aber seltsam gestikulirend und sich gebärdend; einige lächelnd, andere tief nachsinnend, noch andere den Kopf schüttelnd«. Ophelia, die »abgerissene Gesänge, wie wunderbare Geistersprüche, hören ließ,«[193] zeigt wie jene Gegengestalt des »Lear« nun aber deutlich an, daß Klingemanns Betroffenheit schon literarisch, durch die Shakespeare-Rezeption des Sturm und Drang vermittelt worden war. Kein anderer als Johann Anton Leisewitz (1752-1806), ab 1805 Chef jenes Obersanitätskollegiums (Collegium Medicum), hat hierfür und für andere Themen der »Nachtwachen« die wichtigsten Vorarbeiten erbracht. Die Erinnerung an den »hypochondrischen und unzugänglichen Leisewitz«, schreibt Klingemann 1819, »wird mir selbst für immer theuer bleiben, da ich mich in seiner letzten Lebensperiode seiner besondern Theilname zu erfreuen hatte«.[194] Er bezieht sich nicht allein auf den Zeitraum 1805/06, als seine Behörde von Leisewitz geleitet wurde. Leisewitz war zuvor viele Jahre mit der Reform des Braunschweiger Armenwesens befaßt; eine Notiz Klingemanns (1828), daß »ich... längere Zeit in seinem Departement arbeitete, und ihm, da er mir freundlich wohlwollte, so oft persönlich nahe war«, kommentiert Burath mit der wohl triftigen Vermutung, daß Leisewitz, zumal wenn es für die Armenvisitationen Ärzte anzufordern galt, oft mit dem Obersanitätskollegium zusammenarbeitete.[195] Zudem war er um 1802 sehr gewissenhaftes Mitglied in vier Deputationen, darunter in der Medizinal- und Registraturdeputation.[196] Schließlich deutet auch Klingemanns Freundschaft mit August Winkelmann, dem Neffen von Leisewitz, auf eine viel frühere Bekanntschaft mit dem Dichter (der bei seinem Schwager, dem Großhändler Dietrich W. Winkelmann ein und aus ging)[197].

Leisewitz lebte seit Anfang 1778 in Braunschweig, wo er als der Verfasser des Trauerspiels »Julius von Tarent«, das Lessing als Werk Goethes einschätzen konnte, großes Ansehen genoß. Bekanntlich unterlag Leisewitz mit seinem Stück in dem Hamburger Preisausschreiben von 1775 Klingers Tragödie »Die Zwillinge«. Klingemann kommt wiederholt auf diese »bizarre« Entscheidung zurück, die Leisewitz auf immer die dramatische Produktion verleidet hätte.[198] Einige Zeilen aus Klingemanns »Todtenopfer, Leisewitz's Manen dargebracht« (1808), gedenken der Zeit,

> Als er das schöne Zauberbild entwarf,
> In dem die Kraft der Nation sich spiegelt,
> Indeß des Südens blauer tiefer Himmel

Romantisch niederleuchtet in die Szene...
Dort schwärmt sein J u l i u s den Traum der Liebe,
Der jenseits nur zur hellen Wahrheit wird,
Dort wandelt B l a n k a in des Klosters Mauern,
Zur Himmelsköniginn die Blicke richtend,
Indeß ihr liebend Herz sich still verblutet![199]

»Der Traum der Liebe«! So heißt ja auch die Episode der 10. Nachtwache, in der Kreuzgang die weiße Rose anbetet, die zum Himmel Entschwebende, die man der irdischen Geliebten vorzuziehen habe. Diese Episode und die sich anschließenden, weiterhin im Zeichen der roten und weißen Rose stehenden Todesbraut-Szenen bei der Hochzeit und im Nonnenkloster waren in den expliziten Anspielungen und in der poetischen Ausarbeitung auf Bürgers »Lenore« und Schelling-Bonaventuras »Pfarrer« zu beziehen. Kenntlich wird nun eine biographisch tiefere Schicht, auf die auch die Klosterszenen in »Albano« und »Romano« zurückgehen und die sich noch in der »Bianca« von 1828 durchhält: in ihrem Zentrum die Gestalt der Bianca (oder »Blanca«), in deren Auftritten bei Leisewitz Liebe und Tod sich verschwistern und deren Liebe zu Julius leitmotivisch als Traum erscheint, der ihr selbst »Rosen und Thränen« bereithalte (»das Lächeln der Liebe – auf ihrem Nonnengesichte wie eine Rose die aus einem Grabe blühet«,[200] schwärmt Julius, und Klingemanns Heliodor tauft Leonora beim Liebesschwur »Bianca di Sepolcro, mir aus dem Grab erblühte, weiße Rose«)[201]. Dem Kloster entflohen, bei der Leiche des Geliebten in Wahnsinn verfallend und Hochzeitsgäste erwartend, steigert sich Blanca in Klagen, die den schwärzesten Gedanken von Ophelia und Kreuzgang-Hamlet nahekommen –

O das der Mensch so über die Erde hingeht ohne eine Spur hinter sich zu laßen, wie das Lächeln über das Gesicht... Das Herz das mich liebte wird Staub, zu nicht mehr fähig als vom Regen durchnäßet und von der Sonne getrocknet zu werden...
Hülfe Hülfe – das Ungeheuer das alle Augenblick seine Gestalten wandelt verschlingt mich. In was für schreckliche Formen es seine Muskeln wirbelt...
Sieh der Himmel rollt sich angstvoll wie ein Buch zusammen, und sein schüchternes Heer entflieht – im Mittelpunct der ausgebrannten Sonne steckt die Nacht die schwarze Fahne auf – und – Julius Julius umarme mich daß wir mit einander vergehen... Siehe wie ruhig er schläft der schöne Schäfer Laß uns einen Kranz winden... aber ich werde zu laut Pst Pst das der schöne Schäfer nicht erwache.[202]

Die ersten poetischen Bilder, in denen eine kosmisch vernichtende Gewalt gedacht wird, dürfte Bonaventura im »Julius von Tarent« entdeckt haben. Visionen, die auch durch die übrigen fragmentarischen Veröffentlichungen von Leisewitz unverhältnismäßig Gewicht haben.*

---

* In der »Rede eines Gelehrten an eine Gesellschaft Gelehrter« (1776) erscheint schon der Gedanke einer Wiederkehr des Gleichen. »Glaubt Ihr denn, daß Ihr das erste Menschengeschlecht seid, das diese Erde bewohnt? ... Nichts geschieht, was nicht

Bei der 5. Nachtwache schon zitierte ich Klingemann, der als Seitenstück zu dem Motiv der feindlichen Brüder bei Dante auch Schillers »Braut von Messina« sowie »Julius von Tarent« angab. Wie für die 10. Nachtwache ist Leisewitz' Trauerspiel, das als Lieblingsstück des jungen Schiller noch in der »Braut« nachwirkte, auch für die Zeichnung der Brüder in der 5. Nachtwache als biographisch primäre Quelle anzusetzen; als künstlerisch primäre Quelle freilich muß weiterhin Klingemanns eigene novellistische Dante-Version in »Romano« gelten. Daß in unserer Datierung die nachträglich geschriebenen Nachtwachen 5 und 10 unmittelbar aufeinander folgen (nachvollziehbar in Details wie der »Übersetzung« des Lebensbaums ins Winterliche), wird jetzt besser verständlich; Klingemann ließ sich bei diesen flüchtig hingeworfenen Nachtwachen, von denen die 10. der Wahl des Pseudonyms entsprang, zugleich von tiefsten kräftigsten Phantasmen antreiben; fasziniert von dem einzigen Poeten, mit dem er nach Jena damals Umgang hatte und dessen Integrität für ihn gerade darin lag, wie unser Nachtwächter nicht mehr »tauben Ohren singen« zu wollen. Leisewitz mit seinen nihilistischen Ausfällen hatte für ihn weitgehend eingelöst, was Wolfgang Paulsen sich nach den vernichtenden Einsichten von Bonaventura selbst gewünscht hätte: keine Zeile mehr geschrieben zu haben[204].

Klingemanns Bemühungen um das Andenken von Leisewitz erwuchsen aus seiner Erfahrung, wie man es in Braunschweig mit dem Grabe von Lessing gehalten hatte. Im zweiten Band seines Theaterreisebuchs, das sich im Titel auf Lessings Verse »In eines Schauspielers Stammbuch« bezieht, führt er aus, wie nach Lessings theologischen Kämpfen

> der gemeine Mann mit dem Namen L e s s i n g nichts Geringeres, als die Idee des F r e i g e i s t e s s e l b s t, verband, welchen man der Hölle für ewig verschrieben wähnte. Ich erinnere mich aus meiner Jugendzeit noch sehr wohl, mit welchem Grauen ältere, fromme Leute jenen Namen, besonders in Braunschweig, wo der große Mann endete, aussprachen; was auch vielleicht die Ursache sein mag, daß man seine Grabstätte selbst zu vergessen suchte, und niemand den Ort mit Gewißheit nachweisen kann.[205]*

---

geschehen ist; und nichts geschieht, was nicht geschehen wird. Neue Heinriche werden regieren, und neue Ravaillacs sie ermorden; die Fackel der Philosophie wird verlöschen ... Das große All ist ein umlaufendes Rad; jede Speiche kömmt zu ihrer Zeit oben. – Alles wird Staub, und ein berühmter Mann in der Geschichte kömmt mir vor, wie ein Thierchen in Spiritus«.[203]

* Klingemann war wahrlich besessen davon, Lessings Vergangenheit in Braunschweig lebendig zu halten. »Vergebens fragt der Wandrer nach dem Hügel, / Der deines großen Lessings Reste birgt«, ließ er schon in der Totenfeier für Leisewitz einen Bürger seiner Heimatstadt klagen.[206] Sein Zeitungsaufsatz »Ehrenrettung der Emilia Galotti« von 1817, in dem er die Vorwürfe des Ausgeklügelten zu widerlegen sucht, solle »eine Hand voll Erde auf das Grab« von Lessing sein, »welches mir freilich auf dem Braunschweiger Kirchhofe, wo das Verdienst s e h r s c h n e l l vermodern muß,

Mit welcher Wucht und Vernichtungswut die Angriffe auf Lessing vorgetragen worden sein müssen, geht aus einer Äußerung des Kopisten Schmid
gegenüber Leisewitz hervor, der »erzählte, die Leute sagten, die Ärzte hätten
Leßing mit Fleiß sterben laßen, damit ein so böser Mensch von der Welt
käme«; Leisewitz vermerkt in seinem Tagebuch entsprechende Gerüchte in
Hofkreisen[209]. Überdies verbreitete man, daß Theologen ihn »als Religions-
feind aus der Welt gebracht« hätten.[210] Jemand aus dem Konsistorium verbat
sich die Rede vom »seligen« Lessing. Klingemann selber will eine spätere
Szene überliefert wissen, als die Schildwache vor dem Wolfenbütteler Lessing-
denkmal – es stand von 1796 bis 1802 vor der Bibliothek – auf seine Fragen hin
auf diesen Kerl zu schimpfen anfing, der weder an den Herrgott noch an den
Teufel geglaubt habe.[211] Noch um 1900 weiß der Braunschweiger Volkskund-
ler Andree einen Abzählreim von »früher« mitzuteilen, in dem der Teufel sich
Lessings Leib als Schmiedematerial (»Messing«) genommen hätte.[212]

Steckt alldies nicht in den allerersten »Nachtwachen«-Szenen, wo der
Pfaffe in der Teufelmaske den Leichnam des Freigeistes abholen lassen will?
Die von Klingemann beobachtete Gleichsetzung Lessings mit der Idee des
Freigeistes schlechthin fordert uns auf, hier entsprechende Kombinationen
anzustellen –

Kreuzgangs erster Vergleich, daß der Freigeist sich in seiner letzten Stunde
stark wie Voltaire halte, könnte auf so manchen zutreffen, etwa auf Mauvillon
aus Braunschweig (an den Jost Schillemeit hier denkt) oder auf Zachariä. Auch
auf Lessing, der in dem Sinngedicht »Grabschrift auf Voltaire 1779« gegen die
»frommen Herrn« ausfällig wurde und 1751 in seiner »Nachricht über den
Tod de la Mettries« diejenigen zu enttäuschen ankündigte, die »sich einbil-
den… er habe widerrufen, er habe alle die Schwachheiten begangen, die man
so vielen Philosophen auf ihrem Sterbebette begangen zu haben, schimpflich
nachrühmt«;[213] und dessen Gelassenheit bis zuletzt Leisewitz in der »Nachricht [!] von Lessings Tod« (1781) so sehr hervorhob.[214] Wiederholt bemerkt

---

bis jetzt Niemand hat nachweisen können!«[207] In der 12. Nw macht der Fetischjäger
mit Lessings Perücke auf dem Haupt »noch folgenden Sarkasmus: ›Freund was hat
man von dieser Unsterblichkeit, wenn nach dem Tode die Perücke unsterblicher ist,
als der Mann der sie trug?‹«; und bemerkte zuletzt, daß »man nach dem Genius, wo
er sich blicken läßt, mit Fäusten ausschlägt – erinnere er sich an das Haupt das vor
mir in dieser Perücke steckte!«[208]

Auch nach Klingemanns Grab mußte der Fremde (Herbst 1973) lange vergeblich
suchen. Das abgebrochene Grabkreuz lag halb verschüttet in einem Komposthaufen
am Rande des Friedhofs. Als endlich der Sohn des Friedhofsgärtners Grabstelle und
-kreuz zeigen konnte, war längst die Braunschweiger Kripo (mit Photoapparat) auf
den von Grab zu Grab Wandernden aufmerksam gemacht worden.

Bonaventuras Grab – inzwischen wieder hergestellt – liegt in Sichtweite von Lessings Grab.

Kreuzgang das Lächeln des Sterbenden und Toten. Von Lessings lächelndem Blick sprach zuerst Elise Reimarus 1781 in einem Brief; seine Totenmaske, die niemand anders als Christian Friedrich Krull herstellte, widerspricht dem nicht, »das bitter-schmerzliche Lachen, das die Freunde nach F. H. Jacobis Zeugnis so sehr fürchteten… scheint nur in den Winkeln des fest geschlossenen… Mundes noch als ganz leises Lächeln zu haften… In diesen ruhigen Zügen, in denen jede Schärfe ausgelöscht ist, scheint das stolze Wort überboten, das drei Jahre zuvor, im Goeze-Streit geschrieben wurde: ›Ich werde vielleicht in meiner Todesstunde zittern, aber vor meiner Todesstunde werde ich nie zittern.‹«[215]

Goeze. Wie das Schattenbild dieses Gegners aus Lessings letzter Zeit agiert hier der eifernde Verfolger des Sterbenden. Hören wir Kreuzgang: »Neben ihm steht, glühend vor Zorn, der Pfaff mit aufgehobenem Kruzifixe, den Freigeist zu bekehren. Seine Rede schwillt mächtig an wie ein Strom«, indem er »wie ein wilder Höllenbreugel« das drohende Jenseits male. »Der Pfaff donnerte ihm zornig in die Seele« und redete wie im wilden Wahnsinn »getreu seinem Karakter… in der Person des Teufels selbst«; er »donnerte ihm… in die Ohren, und versprach ihm in seinem eigenen Namen fest und bündig, daß der Teufel nicht nur seine Seele, sondern auch seinen Leib abfodern würde. Somit stürzte er fort« und wird von Kreuzgang prompt für den Leibhaftigen selbst gehalten, – « ›Geh zum Teufel!‹ sagte er schnaubend«.[216] Beides, die tobende Rhetorik und das Teuflische dieses Ringens wird in Lessings »Anti-Goeze« vom ersten Satz an als polemischer Dauerreiz ausgebildet: »Poltern Sie doch nicht so in den Tag hinein!« »Da steht er, mein unbarmherziger Ankläger, und wiehert Blut und Verdammung«; »Sie schwatzen, verleumden und poltern«, schreibt Lessing und wird nicht müde, diesem »zornigen Priester«, der so »donnert«, das »Lärmen« und »das laute Zeter« vorzuhalten.[217] Von Beginn an außerdem die Stilisierung zum Seelenkampf: »Ü b e r s c h r e y e n können Sie mich alle acht Tage: Sie wissen, wo. Ü b e r s c h r e i b e n sollen Sie mich gewiß nicht.« »Er ist für meine Seligkeit so besorgt! Er zittert so mitleidig vor meiner Todesstunde!… Ich habe die Fragmente drucken lassen: und ich würde sie noch drucken lassen, wenn mich auch aller Welt Goezen darüber in den tiefsten Abgrund der Hölle verdammten.«[218]

Wie bei Kreuzgang immer stärker dann die Umkehrung der Rollen, die Beschuldigung dessen, der »in mir den Teufel« gesehen hätte, als den eigentlichen Dämonen: »Sein Votum also, das Votum des Teufels«. »Sie haben mich förmlicher Gotteslästerungen beschuldiget… Hieronymus sagt, daß die Beschuldigung der Ketzerey… Gottlosigkeit« sei.[219] Ja, mir scheint fast, der theologische Hauptpunkt des »Anti-Goeze«, der Verdacht von Lessings Ungenanntem, die Jünger könnten Christi Leichnam gestohlen haben, hat Bonaventura auf die eklatante Lösung dieses Streits gebracht, daß also der

Priester mit seinen maskierten Helfern den Leichnam des Freigeistes stehlen will und bei diesem Manöver, das den Volksglauben von der Heimholung durch den Teufel aufzufrischen sucht, selber als Teufelshaupt auf der Strecke bleibt. Zumal Kreuzgang zuvor in ähnlich listiger Manier ein Wort Lessings gegen die Verfolger dieses Freigeistes gekehrt hatte: »Mich faßte in dem Augenblicke der Teufel bei einem Haare«, umschrieb er seine Reaktion beim Anblick der drei verkleideten Geistlichen und mischte sich angriffslustig unter sie (2. Nw). Wie er derart verwirrend »Gemeinschaft« mit den teuflischen Brüdern suchte, war nichts anderes als die ironische Applikation einer Sentenz aus Lessings »Emilia Galotti«, die Klingemann im zweiten Teil der »Ruinen« als Motto zitierte: »Laß Dich den Teufel bei einem Haare ergreifen, und Du bist seyn auf ewig!«[220]

Diese Wiedergutmachung eines Braunschweigers an seinem Dichterkollegen hat den gebührenden polemischen Witz und ergreift durch die ungewöhnlichen Euphemismen, die der bekannten Untersuchung über den Tod bei den Alten huldigen; sie erfüllen Lessings Wunsch (am Ende der Schrift), der Künstler möge anstelle des scheußlichen Gerippes wieder den Schlaf als Sinnbild verwenden: Der Freidenker, schreibt Kreuzgang, gedenke »den traumlosen Schlaf auf immer zu schlafen«; »er entschlief liebend im Arm der Liebe«; »das schöne Weib hielt den blassen Geliebten still in ihren Armen, wie einen Schlummernden... glaubte, daß ihn der Schlaf zum neuen Leben stärken werde – ein holder Glaube, der im höhern Sinne sie nicht täuschte... Die Szene war zu schön; ich wandte mich weg, um den Augenblick nicht zu schauen, in dem die Täuschung schwände. Mit gedämpfter Stimme sang ich einen Sterbegesang unter dem Fenster, um in dem noch hörenden Ohre den Feuerruf des Mönchs durch leise Töne zu verdrängen... die Muse des Gesanges ist die mystische Schwester, die zum Himmel zeigt.«[221] Gegen Ende seines Gesanges »Die Religion«, den Lessing den Zweifeln am Göttlichen gewidmet hat, kommt er auch zu Klopstocks »Messias«, dem »ewigen Gesang.

> Durch den der deutsche Ton zuerst in Himmel drang –
> In Himmel – frommer Wahn! – Gott – Geister – ewig Leben –
> Vielleicht ein leerer Ton den Dichter kühn zu heben! –
> ...dies neue Lied – zu schön um wahr zu sein«.[222]

Das wäre wahrlich hochherzig, nobel wie Lessing gegenüber den Atheisten seiner Zeit, den fragmentarisch gebliebenen »Gesang« in der Todesstunde durch den angehenden Atheisten Kreuzgang so zu ergänzen, Lessings Glaubensbekenntnis dadurch Gerechtigkeit widerfahren zu lassen, daß Kreuzgang den Verstorbenen lächeln sieht »in seinem festen Schlafe«, über den Pfaffen »oder über seinen eignen thörichten Wahn, den das Jenseits widerlegt hatte« (2. Nw). Mit dem Anachronistischen dieses Motivs und dieser Anfangsnachtwachen überhaupt kann man sich so versöhnen. Wie kein anderes Textstück

Klingemanns nehmen sie früheste dunkelste Erlebnisse in Braunschweig auf, die ihn literarisch lange rebellisch gehalten haben.*

Die Bedeutung des Kunsttheoretikers Lessing für die »Nachtwachen« wurde schon von Hermann Michel erkannt; neben kleineren Motiven wie dem – wiederholt begegnenden –, daß mit dem Begriff eines ewigen Lebens oder Wesens die Vorstellung entsetzlicher Langeweile verbunden ist, auch der Interpretation des sich verhüllenden Timanthes, hat man den bestimmenden Einfluß des »Laokoon« hervorgehoben; als Erörterung der Grenzen der Kunst war er insbesondere in der 4. Nachtwache und im gleichzeitig (Anfang 1804) niedergeschriebenen Hogarth-Essay zu studieren. Offenkundig noch kleinere Referenzen wie das Bild vom Todesgenius mit der umgestürzten Fakkel (5. Nw) oder die Metapher vom Schlaf, der »die Bildsäule seinem Bruder in die Arme gelegt« habe (10. Nw); versteckter bei der Unterzeichung der drei Todesurteile, einer Szene (3. Nw), die Wolfgang Paulsen als Verschärfung der Schlußszene im 1. Aufzug der »Emilia Galotti« deutet; [225] wofür spricht, daß Klingemann in den »Ruinen« schon so vorging und einen Fürsten – noch keinen Juristen also – im »grimmigen Durst nach Genuß« Bluturteile bzw. die Einführung des Inquisition unterzeichnen ließ. [226] Das in den »Nachtwachen« mehrfach angesprochene Stück wurde 1772 in Braunschweig uraufgeführt; Gerüchten zufolge waren die Rollen des Prinzen und der Orsina auf den Braunschweiger Erbprinzen und die schöne Branconi zu beziehen. Als letzte Lektüre Werthers wie auch Jerusalems wurde das Trauerspiel erneut mit Braunschweig verbunden, und um so inniger, als der junge Jerusalem als Assessor in der Wolfenbütteler Justizkanzlei zu den wenigen freundschaftlich mit Lessing verbundenen Besuchern gehörte (Lessing gab denn auch seinen philosophischen Nachlaß heraus).

Selbstverständlich hat sich auch der Theaterleiter Klingemann in vielem von Lessing anregen lassen, vom Projekt eines »Nationaltheaters« an bis zu Einzelheiten der Ausbildung von Schauspielern. 1818 veröffentlichte Klingemann »mit Benutzung des Lessingschen Fragments« das Lustspiel »Die Witwe von Epheus«. Angezogen haben dürfte ihn die kaum verhüllte Vampirabkunft des Sujets, die bei Bächtold-Stäubli beschriebene leichte Verschiebung, daß anstelle des Lebenden Leichnams des Gatten ein Fremder in der Grabeskammer die Liebe der Witwe genießt. [227] Klingemann weicht nur in dem einen Punkt erheblich von der Vorlage ab, daß er am Ende den Eingesargten vom

---

* Die Anspielungen auf Lessings Person sind wohl noch kunstvoller gesetzt. »Die Rosen des Lebens sind von seinen Wangen abgefallen, aber sie blühen rund um ihn auf den Gesichtern dreier holder Knaben.« [223] Heute noch gehört es mitunter zum Ritual der Trauerloge, daß der Meister vom Stuhl »drei Rosen als Symbol der Weisheit, Schönheit und Stärke« niederlegt. [224] Lessing war ja außerdem einst Mitglied der Loge »Zu den drei (goldenen) Rosen«.

Scheintod des »Starrkrampfes« wiedererstehen läßt und so sich wieder dem Vampirkomplex nähert.

Die eigentümliche literatur- und geistesgeschichtliche Ungleichzeitigkeit, diese oft von der »Nachtwachen«-Forschung konstatierte Überlagerung und Verflechtung von Themen der Romantik mit dem nur schwer verträglichen Ethos der Spätaufklärung erklärt sich biographisch daher, daß Klingemann im Zentrum der norddeutschen Aufklärung heranwuchs, die ja insbesondere vom Collegium Carolinum aus wirkte. Schon das zuvor von Klingemann besuchte Gymnasium, das Katharineum spielte hier eine bemerkenswerte Rolle. Sein späterer Direktor Heusinger wurde in die heftige Kämpfe um Lessing verwickelt, als der Braunschweiger Herzog den Abdruck seines Gedichts »Lessings Tod« 1781 in den Braunschweigischen Anzeigen untersagen ließ und man es ohne Heusingers Einwilligung im »Deutschen Museum« brachte. Konrad Heusinger (1752-1820) war der Sohn Jakob Heusingers, des Rektor der Großen Schule zu Wolfenbüttel, der ebenfalls zu Lessings kleinem Bekanntenkreis gehörte. Nach dem Tode des Vaters 1778 wurde der Altphilologe Konrektor am dortigen Gymnasium. 1788 veröffentlichte er außer dem schönen und bekennerischen Nachruf auf Krull* einen Aufsatz über den antiken Schriftsteller Florus, zu dem er nach Lessings Vorbild eine Wolfenbütteler Handschrift benutzt hatte. 1790 wurde er Direktor des Katharineums in Braunschweig. Sein Stellenantritt war ein schulpolitischer Kompromiß; schon 1786 war Heusinger in das Fürstliche Schuldirektorium berufen worden, das auf Campes Initiative Reformen im Geiste des Philanthropismus in Angriff nehmen wollte. Zu der philanthropistischen Partei gehörten außer Campe die profilierten Schulmänner Stuve und Trapp, während der Generalsuperintendent Richter, der von Beginn an gegensteuerte und die drei als »Schulcharlatane« titulierte, noch einen Hofrat und Heusinger zu sich ins Direktorium holte. Heusinger aber verhielt sich offenbar nicht als der Konservative, an den der Landesgeistliche gedacht haben wird. Neben Campe, Stuve und Trapp erscheint er als Mitherausgeber des Furore machenden »Braunschweigischen Journals philosophischen, philologischen und pädagogischen Inhalts« (ab 1788). Als das Direktorium dem Druck der Geistlichkeit und der Landesstände nicht länger standhalten konnte und seine Tätigkeit offiziell einstellen mußte (1790), fand man sich noch zu der Zwischenlösung, das Katharineum »zu einer Musterschule nach philanthropistischen Grundsätzen auszu-

---

* Er war ein Feind alles Aberglaubens, dachte hell, und setzte spekulativische Gespräche mehrere Stunden fort; oft bis in die tiefe Nacht. Am liebsten sprach er über die Unsterblichkeit der Seele. Vor der Idee des Nichtseyns konnte er, wie von einem Schrecken ergriffen, auffahren ... Seine Freude, als der Julius von Tarent herauskam, war ausserordentlich groß. Er legte ihn nicht eher aus der Hand, bis er ihn mir ganz vorgelesen hatte.[228]

bauen«.[229] Die reine Lehre freilich hat auch Heusinger als Professor dirigens nicht praktizieren können. Aus den spärlichen und recht willkürlichen Angaben Ribbentrops, der 1791 die kürzlich reformierte Schule vorstellt, blickt der Kompromiß deutlich hervor: Die übliche Einteilung in Klassen bestehe rudimentär weiter;»der Lehrer trägt die ihm angewiesenen Wissenschaften oder Sprachen in verschiedenen Classen vor«, doch habe jeder der fünf ordentlichen Lehrer noch seine Hauptklasse, in der er allein nachmittags von zwei bis vier unterrichte[230] (die Ersetzung des Klassen- durch das Fachlehrersystem hatten Campe und vor allem Stuve gefordert). Sprachunterricht wurde in Deutsch, Latein und Griechisch – »nebst den dahin gehörigen Hülfswissenschaften« – sowie Hebräisch und Französisch erteilt; Elster (1926) führt außerdem noch Italienisch auf[231]. Zwar habe das Gymnasium als Gelehrtenschule Latein als Schwerpunkt, in den oberen Klassen aber könne man auch andere Wissenschaften wählen, wobei für die Primaner, die nicht Hebräisch und Griechisch lernen wollten, eine eigene Nebenklasse vorgesehen sei (die alten Sprachen zugunsten der Muttersprache und moderner Fremdsprachen zurückzudrängen gehörte zum Programm auch der Braunschweiger Philanthropisten; Stuve freilich nahm in der Wertschätzung der alten Sprachen und Schriftsteller weithin schon die Position der Neuhumanisten ein, und der bekannte Livius-Übersetzer (»Caput Oli«!) Heusinger war gewiß kein Verächter der Alten). Zum Lehrplan in den neueren Sprachen schreibt Richard Elster:»Corneille, Racine, Molière, die Henriade Voltaires, von Shakespeare Hamlet, Romeo und Julia, von Goldsmith der Vikar von Wakefield wurden gelesen. Man übersetzte Stücke von Kotzebue und Iffland ins Französische, Schillers Räuber ins Englische, zog zur Lektüre Homers und Horaz' die Übersetzungen von Voß und Wieland heran und las im Italienischen Goldonis Theater und Tassos befreites Jerusalem. Aus den deutschen Klassikern wurden ausgewählte Stücke gelesen. Besondere Pflege ward auf Deklamationsübungen verwandt. Bei allen öffentlichen Prüfungen trugen Schüler der verschiedenen Klassen deutsche Gedichte vor.«[232] Ribbentrops Aufzählung der wissenschaftlichen Fächer enthält Religion, Geschichte, Geographie, Naturgeschichte, Menschen- und Völkerkunde, Philosophie und Mathematik; speziell auf Mathematik, Geschichte und Geographie legte die Reformpädagogik der Philanthropisten Wert; für das Fach Philosophie dürfte sich Trapp stark gemacht haben, der von dem vorherrschenden Nützlichkeitsdenken der Braunschweiger abrückte und im Geiste Lessings statuierte:»Denken, nicht wissen, ist die Bestimmung, also auch die Vollkommenheit des Menschen«[233].

So manche Forderungen wurden also zumindest im Ansatz verwirklicht, andere wie die nach Schulgeldfreiheit hingegen nicht berücksichtigt. Wie gewissenhaft man nun den im engeren Sinne philanthropistischen Maximen und Bemühungen am Katharineum nachkam, können wir nicht wissen, sie

aber doch einmal in Erinnerung rufen: Grundsätzlich die Rücksichtnahme auf
die kindliche Psyche, im einzelnen das didaktische Prinzip »vom Leichteren
zum Schwereren«, die Betonung des Elementes Spiel (nicht nur im Elementar-
unterricht), Milderung der Strafen, Befreiung vom falschen Zopf (den Knigge
1788 an einem etwa zehnjährigen Braunschweiger mißbilligend bemerkte)[234],
Einführung des Faches Leibesübungen und auch von Zeitungsstunden (bei
Stuve und Trapp), auch schon die Beteiligung der Eltern am Schulerfolg.
Heusinger, dem Klingemanns Jugendfreund Görges das 2. Bändchen seines
»Wallor« gewidmet hatte und auf dessen Empfehlungen Görges sich 1807
berief,[235] nahm an all dem regen Anteil und wird heute noch durchweg als
energischer und gar erfolgreicher Reformator bezeichnet[236]. Seine im Braunschweigischen Journal 1790 (11. Stück) abgedruckte Antrittsrede – in Versen!
– kreist um Zeilen Plutarchs, in die er sein Bekenntnis zur Aufklärung und
ebenso die Absage an das enge Nützlichkeitsstreben niedergelegt hat:

> Siehst du die Sonne wandeln?...
> Nie hält sie mit der Erde gleichen Schritt;
> Nie läuft sie sklavisch am Aequator fort,
> Den sie durchschneiden soll. Der reißenden
> Bewegung deines Erdballs nachzugehen,
> Ist sie zu groß...
> So theilt sie Wärme, theilt sie Kälte zu...
> So reicht sie mit der Tagesfackel selbst
> Bis zum versteckten Pole wechselnd hin.

Das freundlich Aufmunternde dieses pädagogischen Stils wird August Klingemann zugutegekommen sein, auch die Korrekturen, die Trapp und Heusinger
am Utilitarismus der Philanthropisten vornehmen konnten. Die eine oder
andere kleine Aversion unseres Nachtwächters ist hier ja nicht zu übersehen,
sein Spott über den falschen Zopf des falschen Komödianten oder die Latini-
sierung des Namens bei Olearius, der sich durch eine tote Sprache zu verewi-
gen suche. Und äußerst empfindlich zeigt er sich eben bei wirtschaftspolitischen Vorstellungen, die so von dem Philanthropisten Campe propagiert worden waren und ihm nichts anderes als eine Reduzierung der Bürger auf »Dreh-
und Tretemaschienen« bedeuteten.*

---

* Auffällig verquickt mit dieser Kritik ist der »Münchhausen«, der die Hauptmeta-
phern bereitstellt. In der 12. Nw geht Kreuzgang von jenen vorteilhaft plazierten
Menschen, die man als gute Hämmer und Zangen ansehen könne, auf das gegenwärtige Geschlecht überhaupt über, das sich wie Münchhausen beim eigenen Zopf
emporziehe. In der 13. Nw spricht er im Zusammenhang mit der Z e n s u r vom
Staat, der keine »kühnen Geister unter seinen Bürgern duldet, der den Fuchs selbst
zum Balge herauspeitscht, um den Balg zu benutzen«[237] (was Münchhausen im
Kapitel »Jagdgeschichten« tut). Soweit wären dies nur weitere Anknüpfungen an
den von Klingemann sehr geschätzten Verfasser der »Lenore«. In der 6. Nw jedoch

Sicherlich ist diese Aversion durch seine Erfahrungen am streckenweise technologisch ausgerichteten Collegium Carolinum verstärkt worden. Klinge-mann besuchte es von Frühjahr 1795 bis 1798, nach der reformierten Gelehr-tenschule und vor dem Universitätsstudium in Jena. 1745 auf Anregung des Abtes Jerusalem gegründet, hatte das Carolinum inzwischen europäischen Ruf erlangt. Merkwürdig die Zwitterstellung dieses Instituts. Zum einen gilt es als Vorläufer der Technischen Hochschule, insofern sich viele seiner Absol-venten höheren praktischen und technischen Diensten zuwandten; neben den üblichen naturwissenschaftlichen Grundfächern lehrte man Spezialdisziplinen wie Forstwesen, Kriegsbaukunst, praktische Mathematik mit Feldmessen, Mechanik und Statik, Metallurgie, Hydraulik, Bergwerkskunde und sogar Glasschleifen und Drechseln. Zum anderen sollte das Carolinum die Gymna-siasten und Privatschüler auf das Universitätsstudium vorbereiten. Obgleich bescheiden als Übergangsanstalt ausgewiesen, »überragte das Carolinum die meisten deutschen Universitäten und zwar insbesondere im Hinblick auf die hier tätigen Lehrkräfte«.[243] Gewiß, der anfängliche Elan um Zachariä, Schmid und Ebert hatte sich erschöpft, und es gab schon Stimmen wie die des 1795 durchreisenden Böttiger, wonach man nach Jerusalems Tod die Dinge treiben lasse und auch unreife Subjekte aus der Stadt aufnehme.[244] Von der noch beste-henden Ausstrahlung aber mag der Umstand zeugen, daß Friedrich Schlegel – wie einst Wieland – 1801 an eine Professur am Carolinum dachte. In Eschen-burg jedenfalls, an den Lessing die beiden ergreifenden Todesbriefe richtete

---

zielt Kreuzgangs Kritik an den Staatsmännern auf Braunschweiger Verhältnisse: »wie wollt ihr ... jene ausgeplünderten Menschengestalten placiren, von denen ihr gleichsam nur den abgestreiften Balg ... zu benuzen wußtet. – O ... die Fürsten und Herrscher, die mit Menschen statt mit Münzen bezahlen, und mit dem Tode den schändlichen Sklavenhandel treiben.«[238]
    Wir haben es hier mit einer typisch Klingemannschen Volte zu tun: v. M ü n c h h a u s e n hieß auch der Oberhofmarschall in Braunschweig, der zur Zeit der Soldatenverkäufe (1776) schon diese verantwortliche Position innehatte.[239] Albrecht Edmund Georg v. Münchhausen (1729–1796) war zudem einer der vier Minister, die am 6.7.1778 das herzogliche Dokument gegenzeichneten, in dem Lessings »ehmals verliehene Dispensation von der Censur ... gänzlich aufgehoben« und die Hand-schrift des Ungenannten binnen Wochenfrist einzuschicken befohlen wurde.[240] Münchhausen, der »als hochmütig, geldstolz und gänzlich ohne Wissenschaft« galt[241] und von dem sonst eigentlich nur zu behalten wäre, daß er seinem Herzog im Spiel einst ein Schloß abgewann, blieb dem Heranwachsenden dadurch besonders vor Augen, daß er in den 90er Jahren an erster Stelle die Verordnungen Serenissimi in den »Anzeigen« publik zu machen pflegte. Die Rolle des Auspeitschers aber war ihm auf den Leib geschrieben: Lange unvergessen blieb sicherlich die Affäre um den Braunschweiger Gymnasiasten, dem 1781 durch herzogliche »Verfügung im größ-ten Stile ...«, unterzeichnet von Münchhausen und den anderen Ministern ... in Gegenwart aller Schüler 12 Karbatschenhiebe durch den Kalfaktor« versetzt wur-den.[242]

und der Lessings Nachlaß herausgab, sollte Klingemann einen Hochschullehrer von enzyklopädischem Format finden.

Allen Carolinern wurde ein umfangreiches musisches, kulturelles und auch (höfisch-)gesellschaftliches Programm angeboten. Der hohe Verwaltungsjurist F. K. v. Strombeck (1788 immatrikuliert) erinnert sich solcher »Heroen der Sprache« wie Eschenburg und Gattinara, vergißt aber auch nicht »das schöne Gebäude des Instituts... die freundlichen Hörsäle, die Achtung, mit welcher die Studirenden von den Professoren... behandelt wurden, den großartigen Unterricht in ritterlichen Übungen, dem Fechten, Reiten, Voltigiren, Tanzen«.[245] Auch für nichtritterliche Übungen wie das Billardspiel war in den freien Stunden gesorgt. Den Landeskindern wurde durch eine herzogliche Verordnung von 1777 eine niedrige jährliche Pauschale für beliebig viele Lehrstunden gewährt (die Reitbahn ausgenommen; aber auch hier hat Klingemann wohl nichts versäumen müssen: »Alles was den Sattel umschließen kann, soll aufsizzen«, lautet ein etwas verräterischer Befehl in der 1796 erschienenen »Asseburg«, und später pflegte der Student häufig von Jena zum Weimarer Theater hinüberzureiten)[246]. Im Gegenzug sollten von 1777 an alle studierwilligen Braunschweiger das Carolinum durchlaufen. Da Primaner schon vorzeitig von den Gymnasien überliefen, ganze Klassen offenbar, wurden bald Aufnahmeprüfungen in Latein und Griechisch abgehalten. Der Unterricht selbst wurde in allen Fächern in deutscher Sprache erteilt. Hofmeister und Professoren erarbeiteten für den Eleven einen individuellen Stundenplan, der ihm auch eine gewisse Lernfreiheit einräumte. Die Mindestzeit für einen Gesamtkurs am Carolinum betrug zwei Jahre, in denen man sich regelmäßig von den Fortschritten überzeugte. Jahrzehnte hindurch lag das durchschnittliche Lebensalter der Immatrikulierten um 17 Jahre.[247] Das von Eschenburg veröffentlichte Matrikelbuch weist 35 Neuzugänge für den Jahrgang 1795 auf; 16 Braunschweigern gesellen sich fünf Livländer zu (darunter gleich vier Barone von Löwenwalde), ferner die Engländer Jackson und Lewis, die beiden Holländer von Daehme und von Pesters, de Cantarel aus Bordeaux, de Rebecque aus Lausanne und aus – Indien August Lukas Blume.[248]

Als ehemaliger »Caroliner« und Jurastudent war Bonaventura doppelt anfällig für ein kalauerndes Wortspiel wie das zwischen Kreuzgang und dem Juristen, der »den Justinian und die Halsordnung« (Kaiser Karls V.) bei sich liegen und nach der letzteren auch geurteilt hatte. Kreuzgang über den Liebhaber bzw. die Ehefrau: »Ich... wollte wenigstens die Strafe des Köpfens, die die Carolina über ihn verhängt, von ihm abwenden...‹ ›Die Karolina sollte auf einmal so grausam geworden seyn!‹ sagte jener ganz konfus.«[249] Dahinter stekken also keine Weibergeschichten des Verfassers. Auch deutet die Kenntnis der Constitutio Criminalis Carolina nicht auf ein geistliches Fürstentum, wie Franz Heiduk dies wegen des damals sehr beschränkten Geltungsbereichs der

CCC zu Arnolds Gunsten annimmt, schon deshalb nicht, weil auch ein Braunschweiger Jurist (1789) ausführt, wie die Carolina »noch heut zu Tage in den Gerichtshöfen unsrer Lande völlige Anwendung finde«[250]. 1792 und noch 1800 empfiehlt Eschenburg den angehenden Juristen am Carolinum »eine gründliche Erlernung« des deutschen peinlichen Rechts, dessen »vornehmste einheimische Quelle... die Halsgerichtsordnung Karls des Fünften« sei.[251]

Aufgrund der regelmäßigen Ankündigungen im Braunschweigischen Magazin lassen sich die Vorlesungen und Übungen zusammenstellen, die Bonaventura von Sommersemester 1795 bis 1798 interessiert haben dürften. Randfach für den künftigen Jurastudenten waren die Vorlesungen von A. F. Lueder in Geschichte und Statistik; neben der Universalgeschichte, Geschichte des Mittelalters und den »merkwürdigsten Welthändeln seit dem Westphälischen Frieden« behandelte er auch die Staatskunde und die deutschen Staatsverfassungen. Die Koryphäe auf dem Gebiet der Rechtswissenschaften, P. J. Neyron, las in diesen Jahren über Naturrecht, besonders im Verhältnis zum bürgerlichen Recht, das römische Recht und machte »diejenigen, die die Rechte studiren wollen, mit den allgemeinen Begriffen von den Institutionen und Pandekten, vorläufig bekannt«[252] (also mit dem »Justinian«). Außerdem trug er die Lehre vom Prozeß vor, die Grundsätze der bürgerlichen Verfassungen, europäisches und allgemeines Völkerrecht.

Unter den Fremdsprachen führte Italienisch damals eine Kümmerexistenz; ehe im Sommer 1798 mit Karl Köchy, der schon am Katharineum Französisch und Italienisch lehrte, ein zweiter Dozent ans Carolinum kam, lag der Unterricht allein in den Händen vom Dominico von Gattinara. Er behandelte die dramatischen Werke von Metastasio, Goldonis Lustspiele, Tassos »Befreites Jerusalem« und erklärte im letzten Semester, das Klingemann belegen konnte,[253] aus der »Divina Commedia« den Hauptteil von der Hölle. Dieser Teil wird Klingemanns Lieblingslektüre bleiben; in »Romano« zitiert er Verse aus dem Original (aus dem Dritten Gesang die Höllentor-Inschrift), und die »ganze schaudervolle Unterwelt des Dante« (1. Nw) soll außer für das Teufels-Taschenbuch-Projekt auch für die Nachtwachen fünf und elf richtungsweisend oder kryptisch virulent bleiben.

Die französische Sprache und Literatur war ebenfalls durch nur einen Dozenten besetzt, Karl Boutmy. Wie schon am Katharineum üblich, ließ er Schauspiele von Lessing, Kotzebue, Iffland und v. Gemmingen übersetzen, nahm Molières Komödien durch, Racines »Britannikus«, »Caractères« von La Bruyère und gleich drei Stücke von Voltaire: »L'Orphelin de la Chine«, »Zaïre« und »Mérope«.

Voltaires Bedeutung für die »Nachtwachen« wurde bislang wohl deshalb unterschätzt, weil die Referenzen allzu vermittelt erscheinen: eben nur gestreift wird in der 15. Nw der »Sommeraufenthalt des Weisen am Genfersee«, und selbst seine

Namensnennung in der 1. Nw bleibt appellativ, um das Verhalten des sterbenden Freigeists zu charakterisieren. Dabei zeigt sich Bonaventura sehr vertraut mit Voltaires Denken, vorzüglich da, wo es gegen apologetische Systembildungen Front zu machen gilt. Man vergleiche nur die Rede des wahnsinnigen Weltschöpfers mit dem Erdball in der Hand (9. Nw) mit den Kapiteln des »Mikromegas«, wo der riesige Siriusbewohner und sein Gefährte durch Vergrößerungsgläser winzige Organismen auf der Erde entdecken, Atome, die sie als »kluge Stäubchen« identifizieren können, indem Mikromegas ein Sprachrohr anlegt und nun »deutlich das Summen der Käfer unten hören« kann;²⁵⁴ wie dem wahnsinnigen Weltschöpfer zeigen sich diese Stäubchen, die in ihrer ersten Verwirrung rasch ein naturwissenschaftliches Erklärungsmodell aufstellen, äußerst beschlagen in Details der Erfahrungswissenschaften, erregen aber durch ihre mit unendlichem Hochmut vorgetragenen philosophischen und besonders teleologischen Systeme Lächeln und Unwillen der beiden Riesen. In dem Auftritt der 9. Nw hat Klingemann Voltaires Satire demnach unter den Bedingungen der zeitgenössischen deutschen Philosophie zu ergänzen gesucht und dies dadurch veranschaulicht, daß sich die Behutsamkeit jener Riesen in den Wahn und die Vernichtungswut idealistischer Geistestitanen verkehrt.

Eine Huldigung an das unstete und gefährdete Leben dieses Intellektuellen steckt wohl auch in Kreuzgangs Biographie, speziell in dem Umstand, daß Kreuzgang wie Voltaire zu Beginn seiner Laufbahn wegen satirischer Schriften in den Turm geworfen wurde. Der skeptisch Suchende hat das Motto zum ersten Abschnitt von Klingemanns »Ruinen« 1798 bereitgestellt:

> »Sur son Dieu, sur sa fin, sur sa cause première,
> L'homme est-il sans secours à l'erreur attaché?«

Klingemann wollte Voltaires Zeilen eigentlich nur als Menetekel voransetzen, im Verlauf der Romanhandlung jedoch fällt sein intellektueller Held Alessandro diesem Zweifel zum Opfer.

Englische, griechische sowie lateinische Sprache und Literatur lagen bei den Professoren J. Emperius und K. F. C. Wagner. Emperius behandelte Sheridans »School for Scandal«, Thomsons »Jahreszeiten«, »The Heires« von Burgoyne und außerdem die drei in den »Nachtwachen« angesprochenen Shakespeare-Stücke »König Lear«, »Hamlet« und »Macbeth«. Wagner steuerte noch »Yorick's sentimental Journey« und »Paradise Lost« bei.

Von den Schriften der Alten habe ich zunächst Platons Dialoge zu nennen, »König Ödipus« von Sophokles und den aischyleischen »Prometheus«.* Aus der römischen Literatur Ovids »Metamorphosen«, die Römische Geschichte

---

* Kreuzgangs Vorstellung, der todessüchtige Ewige Jude könne am Ende der Weltgeschichte von einem Berggipfel aus das ganze Stück auspfeifen und sich dann »wild und zornig, ein zweiter Prometheus, in den Abgrund stürzen« (4. Nw), läßt nach H. Michel auf mangelnde Kenntnisse des Verfassers schließen: »Ein solcher Mythos ist nicht überliefert. Bei Aischylos wird Prometheus von Zeus hinuntergeschleudert.«²⁵⁵ Wie bei der »Lex de iniuriis« (7. Nw) nimmt Michel die Stelle zu wörtlich. Es ist der Trotz, mit dem der gefesselte Prometheus bei Aischylos das von Zeus Verhängte auf sich zu nehmen weiß, der Hohn des Weiterblickenden auch, der aus dem Gestürzten einen »Sichstürzenden« macht. Man kann es so verstehen, und daß Klingemann es so verstanden hat, beweist sein 1820 gedrucktes Schauspiel »Alfonso der

von Livius, Juvenals Satiren und vor allem die Oden, Satiren und Episteln von Horaz. Kreuzgang beruft sich in der 13. Nachtwache auf die sogenannte Ars poetica:

> Führen Sie die Natur, die ächte meine ich, wo möglich in Person einmal in diesen Kunstsaal, und lassen Sie sie reden. Beim Teufel, sie wird lachen über die komische Menschenmaske, die ihr so abgeschmackt wie der Popanz in Horazens Briefe an die Pisonen erscheinen muß.[257]

Ebenso scheint sich Hanswurst im Prolog der 8. Nachtwache auf die Anfangsverse dieser Epistel zu beziehen, wenn er den Menschen mit seinen bunten Theaterlappen und Masken als »zusammengeflikten Popanz« verhöhnt. Darin bestärkt uns Alessandros Reflexion in den »Ruinen«: »Freiheit?...O der Mensch...bald träumt er Götterträume – bald entwirft er Harlekinspläne!— Fort, fort mit diesem Popanz!...Die Natur hatte ihre Schöpfung vollendet...da fehlte noch etwas worüber sie am Ende lachen könnte; die Karrikatur ging hervor – und es war der Mensch!«[258] Das ist kein unverbindliches Bildungszitat; wenn Klingemann so urteilt, auch 1812 über Öhlenschlägers »Alladin«, der ihm »als ein solches aus heterogenen Bestandtheilen zusammengesetztes Kunstproduckt...wie das von Horaz zu Anfange seiner Epistel an die Pisonen geschilderte Ungeheuer vorkommt«,[259] so faßt er den Popanzen als das genaue satirische Gegenbild zur erwünschten Kunstgestalt des Lebens, als mißlungenes Ergebnis einer solchen Übersetzung, wie sie Lessings Forderung nach einer höheren Einheit von Kunst und Natur für den Theatermann Klingemann verbindlich machte. Dagegen nun das Gebilde, das – in Wielands Übertragung – seine Bestandteile »wie einen Purpurlappen angeflickt« zur Schau stellt:

> Wofern ein Mahler einen Venuskopf
> Auf einen Pferdhals setzte, schmückte drauf
> Den Leib mit Gliedern von verschiednen Thieren
> Und bunten Federn aus, und ließe (um
> Aus allen Elementen etwas anzubringen)
> Das schöne Weib von oben – sich zuletzt
> In einen grausenhaften Fisch verlieren,
> ...Freunde, würdet ihr
> Bey diesem Anblick wohl das Lachen halten?[260]

Spottgestalten wie diese begegneten wiederholt unserem Nachtwächter, kein zweites Mal so phantastisch zwar wie im Falle des Fetischjägers der 12. Nachtwache.

Große«, in dem der politische Empörer Fernando sich im Moment des Suizids mit Prometheus identifiziert:
> »und eh sie toll mich fort in Ketten schleifen,
> ... so hab' ich Kraft – / Hier ist mein Herz –
> (Er stößt sich den Dolch in die Brust.)
> Prometheus muß hinunter! (er stirbt.)«[256]

Horaz und die Pisonenepistel im besonderen sind aus der Braunschweiger Bildungsgeschichte jener Zeit nicht wegzudenken. Daß Emperius dreimal in diesen Semestern über die Episteln bzw. die »Dichtkunst« las, war schon Echo eines zähen und lauten Gelehrtenstreits, der 1789/90 im »Journal« ausgetragen wurde. In der Disputation, die im wesentlichen die Verse 42–46 des Pisonenbriefes betraf,[261] tat sich neben Trapp vor allem Eschenburg hervor, der 1772 einen englischen Kommentar zu dieser Epistel übertragen hatte (von Hurd). Im Hintergrund stand ein andermal Lessing, der in der »Hamburgischen Dramaturgie« eine Übersetzung Hurds gefordert[262] und mit seinen »Rettungen des Horaz« zweifellos den Braunschweiger Gelehrtenzirkel animiert hatte (dieser Ehrenrettung gedenkt Eschenburg auch in seinem für die Caroliner bestimmten »Handbuch der klassischen Literatur«)[263].

Der Gymnasiast war förmlich vernarrt in den »philosophischen Dichter« (so Lessing über Horaz). Den Hauptabschnitten seiner beiden ersten Romane, »Wildgraf Eckart« und »Die Asseburg« stellte er Verse voran, die meist aus den Oden stammen und vornehmlich den Trotz eines Cato Uticensis, den Widerstand gegen Tyrannei und kriegerischen Imperialismus in Erinnerung rufen sollten. Seine Zitatauswahl läßt deutlich genug auch das biographische Interesse an dem Sohn eines Freigelassenen hervorblicken, an diesem Poeten, der selber an den politischen Kämpfen teilnahm, als Kriegstribun unter dem Cäsarmörder Brutus Dienst tat und sich nach Philippi doch den Umarmungen des Augustus zunächst zu entziehen wußte. Die sich wiederholende politische Konstellation deutet Kreuzgang in der 12. Nachtwache für den egoistischen Sonnenadler Cäsar-Bonaparte an, der wohl noch seinen Brutus finden werde. Und Horaz hat sich noch in der großen Schlußvision des Nachtwächters durchgesetzt, hat das Schillersche Bild vom Zusammengehen der Dichter mit den Königlichen durch den Befreiungs- und Eroberungsappell an den Weggenossen jeglicher Anbiederung entzogen. Es ist solches Verständnis von Horazischem Mäzenatentum, das in Klingemanns letztem Werk noch einmal gewaltig aufkommt, wenn Heliodor-Klingemann den Grafen (den Braunschweiger Herzog), der sich ihm anfänglich als »Mäcen« anbot, nach dem Vertrauensbruch als Ahnenpöbel bekämpfen läßt.

Einige Sätze noch zu Johann Joachim Eschenburg (1743–1820). Durch ausgebreitete Kenntnisse und Bekanntschaften mit zeitgenössischen Literaten wurde er zum wichtigsten Lehrer Klingemanns; von seinen Verbindungen mit Lessing und Leisewitz sprach ich schon, auch von der engen Freundschaft des Leipziger Studenten mit dem jungen Jerusalem, der ihm dann noch eine Hofmeisterstelle am Carolinum vermittelt hatte. Sein Kollege Ebert machte ihn dort mit der englischen Literatur so ausnehmend gut vertraut, daß Eschenburg Wielands Prosaübersetzung der Dramen Shakespeares neu bearbeitete und zum erstenmal vollständig in deutscher Sprache vorlegen konnte. Nach Klaus

Bartenschlager verweisen die Zitate und Anspielungen in den »Nacht-wachen« auf die »Wieland-Eschenburg-Tradition (also noch nicht auf den zur Entstehungszeit schon etliche Jahre vorliegenden Schlegel-›Hamlet‹)«, wobei eine stärkere Hinneigung zu Wieland festzustellen sei.²⁶⁴ Eschenburg, der als einer der bedeutendsten Übersetzer des 18. Jahrhunderts gilt,²⁶⁵ übertrug ferner Racines »Esther«, Voltaires »Zaïre«, außer Hurds Kommen-taren zu Horaz einige Essays zur Musik und Malerei, gab kurioserweise englische Übersetzungen von Bürgers »Lenore« heraus und veröffentlichte neben vielen Studien zur englischen Literaturgeschichte schon Unter-suchungen zur altdeutschen und mittelalterlichen Literatur. Er war als »Förderer und Berater junger schauspielerischer und dichterischer Begabun-gen... auch Klingemanns Gönner und Förderer«,²⁶⁶ hatte selber einst Text-bücher für Theatergesellschaften bearbeitet, ein dramatisches Gedicht nach dem »Ossian« und dramatisierte Festspielstücke sowie Singspiele geschrieben und bildete allein dadurch schon ein entscheidendes Gegenge-wicht zu dem steif-Pedantischen der »Campeschen Clique« (Eschenburg).²⁶⁷ Die Liste der geborgten und zurückerbetenen Bücher, die er als hilfsbereiter Bibliothekar am Carolinum Jahr für Jahr im »Magazin« anzeigte, liest sich für 1798 gerade so, als habe Klingemann die Bücher für seine bevorstehende Abreise nach Jena zu sich genommen: Geschichte des Tom Jones, Bürgers Gedichte, Julius von Tarent, Horatius, Lichtenbergs Erklärungen Hogarthi-scher Kupferstiche und Engels Anfangsgründe der Dichtungsarten.²⁶⁸ Durch seine eigene Bibliothek vermochte Eschenburg übrigens Caroline während ihrer ersten Braunschweiger Zeit 1795/96 zu gewinnen; »mit ihm scheint dann auch Schlegel von allen Braunschweigern am meisten verkehrt zu haben«.²⁶⁹

Unter seinen Schriften, deren geschickte Didaktik und »knappe Eleganz« immer noch Anerkennung finden,²⁷⁰ hatten die Handbücher den größten Erfolg, die aus den Vorlesungen am Carolinum hervorgegangen waren und ihnen zu Klingemanns Studienzeit wiederum zugrundegelegt wurden: Der »Entwurf einer Theorie und Literatur der schönen Wissenschaften« (1783), den Herder für die Weimarer Gymnasien einführte, sodann das enzyklopäd-ische »Lehrbuch der Wissenschaftskunde« von 1792 (der Terminus »Wissen-schaftskunde« stammt von Eschenburg) sowie sein ins Englische, Französi-sche und Dänische übersetzte »Handbuch der klassischen Literatur« (1783). Letzteres dient uns auch zum überzeugendsten Nachweis der Annahme Buraths, Eschenburg habe Klingemann besonders gefördert; an direkten Bekundungen wären eigentlich nur zwei freundschaftliche Erwähnungen in »Kunst und Natur« beizubringen²⁷¹ sowie Klingemanns Nachruf in der Ele-ganten (1820, Nr. 59 vom 24.3.); ein viel stärkeres indirektes Zeugnis aber sehe ich darin, daß Klingemanns Vater außer den medizinischen Büchern noch

Eschenburgs »Handbuch« als einziges Werk eines zeitgenössischen Literaten in Kommission verkaufte (laut BA vom 2.3.99).

In diesen propädeutischen Büchern nach irgendwelchen Detailkenntnissen Bonaventuras zu fahnden, wäre müßig, allenfalls für Klingemanns Anfangsschriften würde es sich lohnen. An Hintergrundwissen freilich könnte man hier für weite Bereiche der »Nachtwachen« Materialien zusammenstellen. Ein glückliches Beispiel dafür eine Stelle aus besagtem »Handbuch«, die gerade in ihrem Lakonismus eine kunstvoll verrätselte Gestalt der 5. Nachtwache wieder kenntlich macht. Eschenburg über die mythologische Figur der Nyx oder Nox:

> Die Nacht... wurde eine Tochter des Chaos genannt... im allegorischen Sinne hiessen Schlaf, Tod, Träume und Furien ihre Kinder. Nach den Beschreibungen der Dichter und einigen wenigen Abbildungen der Kunst, dachte man sich die Göttin in ein langes schwarzes Gewand verhüllt, mit verschleiertem Haupte, oft auch mit schwarzen Flügeln.[272]

Unwillkürlich kam mir dabei die Frauengestalt in den Sinn, deren Auftritt so lange hinausgezögert wurde –

> Nach einer langen Pause erschien eine einzelne ganz in schwarze Schleier gehüllte hohe weibliche Gestalt... es war ihm, als wenn das Räthsel seines Lebens hinter diesen Schleiern verborgen wäre, und doch fürchtete er diesen Augenblick wenn sie fallen würden, wie wenn ein blutiger Bankos Geist sich daraus erheben sollte.[273]

Die 5. Nachtwache ist ein Nachzügler wie die 11., die eine allegorische Darstellung der Morgenröte vor Memnon enthält. Sollte im Zentrum dieser Schwesternachtwache die Personifikation der archaischen »Nacht« stehen? Sehen wir zu, welch negativer Ausstrahlung Juan verfällt –

Die Verschleierte, vor der Sonne durch den Pagen Beschützte, die wie eine weiße Lilie aus den Gewändern aufblühe, scheint »ohne Leben und die kaum gefärbten Lippen waren still geschlossen; so glich sie mehr dem bedeutungsvollen Bilde eines wunderbaren übermenschlichen Wesens, als einem irdischen Weibe.« Die Unbekannte spürt seinen Blick, wirft »die Schleier über, und war verschwunden. Juan eilte ihr nach, und fand sie nicht... bemühete sich die Ahnung nur ein einzigesmal festzuhalten und zu begreifen, aber sie rauschte jedesmal wie ein nächtlicher Traum schnell an ihm vorüber, und wenn er sich besann war es wieder dunkel und Alles in seinem Gedächtnisse ausgelöscht.–

Dreimal hatte er ganz Spanien durchkreiset, ohne das blasse Antlitz wieder zu treffen, das tödtlich und liebend zugleich in sein Leben zu schauen schien« (bleich ihr Antlitz und ihre Faszination, halberstorben wie bei der »Luna«-Gestalt aus »Romano«, und nicht von ungefähr, der Mond ist nach Aischylos das Auge der Nacht). Wie er sie zur Siesta wiederfindet, gemahnt an die bekannte, auch von Karl Philipp Moritz besprochene Darstellung der Nacht mit Thanatos bzw. Hypnos im Arm:[274] Juan findet »die blasse Gestalt schlummernd und unbeweglich, neben dem steinernen Genius des Todes, dessen umgestürzte Fackel ihre Brust berührte. Juan stand starr und eingewurzelt, die finstere Ahnung stieg rasch vor seinem Geiste auf...Dann verließen ihn die Sinne...die alte Zeit schien sich wiederzugebähren, und das graue Schicksal erwachte aus seinem tiefen Schlafe, und herrschte wieder über Erde und Himmel. Eine Furie verfolgte ihn...«. In der Liebesszene wird sie für kurz bedroht: »Sie schien erst jezt wie durch einen feindlichen Fackelglanz alles um sich her zu erkennen und nannte zum erstenmale schaudernd und erschrocken den Namen ›Bruder!‹

Die Sonne ging in demselben Augenblicke unter, und das eben noch gefärbte Antlitz war schnell wieder blaß wie zuvor...Juan haßte den Tag, und lebte von jetzt an nur in der Nacht, denn was in ihm vorging war lichtscheu und gefährlich...Da lag die Blasse wieder an dem Sarkophage, das Nachtgewand war nur leicht um sie her gewunden...da glaubte er plözlich in der Schlafenden die Furie zu erblicken«, und so endet das Ganze als ein blutiges »schreckliches Nachtstück« (5. Nw). Don Juan, als Repräsentant des brennenden Südens eingeführt, verzehrte sich so in einem metaphysischen Kampf mit der Nacht, die als Mutter des Liebesgenusses galt,[275] und mußte zuletzt in geistige Umnachtung fallen. Tragik oder Spott? Bedenklich der Kult unseres Nachtwächters, der sich diese Erzählung in der Nacht selber vorlese.

Zurück zu den literarischen Anfängen Klingemanns und seinen Ritterromanen, die er blutjung, noch vor dem Eintritt ins Carolinum geschrieben hat. »Wildgraf Eckart von der Wölpe« erschien 1795 bei Schröder in Braunschweig, und die Vorrede zum ersten Teil der »Asseburg« (1796) datiert vom Mai 1795.[276] Elster weiß in seiner Braunschweiger Schulgeschichte von folgenden Übungen Klingemanns während des Mathematikunterrichts beim Gauß-Förderer Hellwig zu berichten: »Verstohlen schrieb er hinter dem Rücken seines Vordermannes an dem Erstlingswerk seiner Muse 'Eckart von der Wölpe' und mußte bekümmert hinterdrein schauen, wenn Hellwig die entdeckten Manuskriptblätter aus dem Fenster warf.«[277] Leider steht das so ohne Quellenangabe da und muß darum wohl Fritz Hartmann (1905)[278] zugeschrieben werden, der sich dergleichen gern aus den Fingern sog.

»Wildgraf Eckart« wird im Untertitel als Sage aus dem 14. Jh. ausgegeben. Die Vorrede entwirft das große politische Panorama einer Zeit, in der Kaiser Wenzel der Träge in den Armen seiner Dirnen sein Amt vernachlässigt und schlechten Aufsehern überlassen hätte; die Empörung der schwäbischen Städte, die sich mit den Alpenbewohnern unter Winkelried verbündet hätten, sei schließlich vor Eberhard von Württemberg zusammengebrochen. Im Württembergischen spielt auch der dramatisierte Roman selbst, der mit sprachlichen, kriegstechnischen und rechtlichen Fußnoten gespickt ist; geläufigen Quellen wie Veit Webers »Sagen der Vorzeit« oder Agricolas »Sprich-wörtern« wird manche Spezialliteratur zur Feme beigemischt. Titelheld Eckart läßt zwar Pilger umbringen und »nothzuchtet edle Dirnen«, ist anson-sten aber eine ehrliche Haut. Als der stolze Raubritter sich mit seinem Landes-fürsten und gleichzeitig mit der Feme anlegt, kommt er doch in Bedrängnis, die Feme erdolcht ihn und Eberhard läßt seine Burg schleifen. Die eine oder andere Nebenintrige mit vier Dutzend namentlich aufgeführter Akteure rankt sich darum, ohne der soliden Komposition Abbruch tun zu können. Selbstver-ständlich hat das Buch seine Absonderlichkeiten, ständig kreisen bei Freund und Feind gefüllte Humpen, auch entschlüpft diesen Rittern einmal eine Kan-tische Maxime, und doch ist das Ganze viel lebendiger und kurzweiliger als beim späteren Erfolgsautor Klingemann. Keck stellt sich der Gymnasiast dem Thema Erotik, läßt Eckart ein Weib anbieten, das »dir auf den ersten Wink das Mieder lüftet« und einen Brauträuber zufrieden räsonieren: »Hum... geschän-det mag sie den Stauffen ehelichen; wenn er zu der Milch, von der man den Rahm flößte noch Lust hat«.[279] Die Geistlichkeit kommt noch am schlechte-sten weg, da ist ein rotnasiger Abt namens Bonifazius, der ohne Wein miß-mutig abwatschelt, da faßt ein Ritter die Vermutung, er sei bei den Pfaffen in die Schule gegangen, als ausgesprochene Grobheit auf, auch werden den Mön-chen, die einem den Hirnkasten verrückten, Schändungsabsichten unterstellt und muß man ihnen laufend mit dem Jüngsten Gericht drohen. Erstaunlich die erzählerische Übersicht (hinter dem Rücken des Vordermannes könnte man sie so schwerlich halten), zu loben auch einzelne Einfälle wie gleich zu Beginn der Einsatz eines Fernrohrs zu teichoskopischen Zwecken. Amüsant oft die Situationskomik, mag sie auch wie beim folgenden Dialogfetzen Sturm-und-Drang-Forcen haben: »›Was suchst denn du da?‹...›Hab' hier mein Ohr verlo-ren‹«; ein anderes kriegerisches Aperçu: »Das knackte, wird wol das Genick gewesen sein«; oder: »›Verbirg mich unter deinen Fittig, heiliger Michael!‹ (er kriecht unter einen Heuhaufen.)«[280]

Schon in seinem Erstling versucht sich Klingemann an einem Thema, das ebenso zum Vampirismus wie zum Bereich der Nacht selber gehört: Die »Vehme« mit ihren mitternächtlich tätigen »Mitgliedern des Bundes«. Eckarts Lehnsmann, der rechtsbewußte Stauffen, weiß keine andere Abhilfe als die Zuflucht zu diesen »Richtern des Verborgenen«. Wird der Bund hier ohnehin als Notlösung vorgestellt, so erfährt er eine zusätzliche Legitimierung dadurch, daß niemand anders als der Landesherr selbst als Freigraf des Feme-gerichts fungiert. Damit wäre der Bund eigentlich überflüssig, hätte der Autor nicht das Versagen der Reichsspitze als letztes Alibi. Um keinen Zweifel an der reformpolitischen Tendenz zu lassen, wird dem Prüfling Stauffen das subver-sive Ziel vorgespiegelt, Deutschland zu einer Republik umzuschaffen; erst nach seiner spontanen Mißbilligung kann der Novize als Mitglied vereidigt werden. Solch domestizierten Femebündlern ist denn auch selber nicht geheuer, daß man sich in finsteren Höhlen zu versammeln habe, und man belehrt einander: »Die Verbrechen suchen die Finsterniß, und um diese zu enträtseln, müssen wir uns in Dunkelheit hüllen.«[281] Das wiederum wäre beinahe schon das mimetische Verhalten unseres Nachtwächters, und ebenso soll »Aufklärung« auch das Geschäft der Feme sein: »Aus unserer Dunkelheit verbreitet sich das hellste Licht über Teutschland«[282] (freimaurerähnliche Zeichen und Illuminationen haben dem nachzuhelfen), bis man eines Tages den Bund aufheben könne. Solange nun darf der Leser den Schrecken miterleben, den diese lemurenartigen Gestalten im Schutze der Nacht verbreiten; die Felsenwände ihrer Höhle sind schwarz bedeckt, tief vermummt die Femerichter, »Leichenduft« meint man am Ort der Hinrichtungen einzuatmen.[283] Verständlich, daß Eckart sich von diesem Klima einer »Seelenpest« (Veit Weber)[284] abgestoßen fühlt und gar seinen Nachruhm in der Zertrümmerung des Bundes sucht; wie Klingemann 1802 Merkel gegenüber, so grenzt er die eigene Kampfesweise mit Schwert und Lanze gegen das nächtlich-Heimtückische von Dolch und Strang ab.

Das Buch scheint seine Leser gefunden zu haben, zu viele jedenfalls, ist doch die im folgenden Jahre erscheinende »Asseburg« eine ins Braunschweigische von 1256 übersetzte Neuauflage. Auch dieser Roman wie später »Die Ruinen«, »Die Maske« sowie »Romano« wurde bei Carl August Schröder verlegt, der seit 1791 eine florierende Leihbibliothek in Braunschweig hielt[285] – und dafür seine Frau Sophie 1803 endgültig an Klingemann verlieren soll. Den Stoff lernte Klingemann vermutlich im Braunschweigischen Magazin 1792/93 kennen, wo man genealogische Einzelheiten und vor allem die Überlieferung erörterte, wonach Herzog Albrecht den Räubereien des Busso von der Asseburg ein Ende gemacht hätte.[286] Bei Klingemann wird nun Busso entlastet, erscheint als Opfer einer Intrige, die der Abt von Riddagshausen – wo Klingemanns Vorfahr Prior war – zusammen mit der Feme ausgeheckt habe, um endlich wieder Mädchen für sein Kloster zu bekommen. Busso erleidet also Eckarts Schicksal, wird verfemt, tritt wie dieser kühn in die Mitte seiner Richter, die ihre »Schaamröthe« in der Nacht zu verbergen hätten, kann zwar die Schleifung seiner Burg nicht verhindern, aber zumindest ein herzogliches Verbot der Feme in Braunschweig erwirken. Der junge Autor hat den Tatbestand des dramaturgischen Selbstplagiats spielerisch so zugestanden und aufgearbeitet, daß er im Roman nun einen Grafen von der Wölpe auftreten läßt, der des öfteren die Motive Bussos zu erklären und ihn gegen falsche Anschuldigungen zu verteidigen weiß. Ein bemerkenswerter Fall von literarischem Wiedergängertum.

Die ungewöhnliche Vertrautheit Bonaventuras mit dem Subliterarischen, die Jeffrey L. Sammons am entschiedensten hervorhob (»One would not hesitate to conclude that the author had done, or could do, such hack writing of his own«),[287] war in ihren Anfängen wenigstens keine bloße Auftragsschreiberei; Klingemanns Zuneigung läßt sich auch persönlich fassen, wenn er die »Asseburg« Carl Gottlob Cramer widmet, dem Verfasser so klangvoller Werke wie »Hasper a Spada« oder »Adolph der Kühne, Raubgraf von Dassel«. J.W. Appell, der sich in den über 90 Bänden Cramers gut auszukennen scheint, macht überall schlecht unterrichtete Fürsten aus, die von ihren wohlgemästeten Höflingen hintergangen werden.[288] Klingemann liegt ganz auf der Linie, schon in der Vorrede zur »Asseburg« glaubt er ja die Braunschweiger Fürsten vor den maskierten Blutsaugern in ihrer Umgebung warnen zu müssen. Gegenüber Adel und Bürokratie aber wird er längst nicht so ausfallend wie Cramer, der von der Namensgebung an (»Graf Kalbskopf«) bis zum Porträt eines Finanzrates Hamster (»in der rechten Hand eine Geisel, in der linken ein Sturzglas voll Bauernschweiß, der wie Champagner mußirt«)[289] jedes Mittel recht ist. Was nicht bloß daran liegt, daß bei Klingemann die Geistlichen so ziemlich alle Schurkereien gepachtet haben, vielmehr tritt er deutlich selbstbewußter auf als Cramer, der fast ohne Ironie notieren kann, »daß wir bürgerlichen Kanaillen meistentheils nur Lückenbüßer der Junkers bei den adelichen Damens sind«.[290] Es ist das Selbstbewußtsein des Braunschweigers, der um den anhaltenden Einfluß bürgerlicher Gelehrter und Schriftsteller wie Jerusalem, Ebert und Leisewitz als Erzieher und Ratgeber seines Fürsten und nicht zuletzt dessen Schwester Anna Amalia weiß. Die Zitate übrigens stammen aus einem Roman Cramers, der seinen Platz in der Ahnengalerie der »Nachtwachen« erhalten muß: »Leben und Meinungen, auch seltsamliche Abentheuer Erasmus Schleichers, eines reisenden Mechanikus«([2]1791).

Insbesondere die 15. Nachtwache, in der sich Kreuzgang als Bettler und fahrender Marionettenspieler einige befremdliche Gedanken und Verhaltensweisen gestattet, erinnert stark an Erfahrungen des Mechanikus und Puppendrehers Schleicher. Zur Einstimmung und wie von ungefähr noch das atavistische, sentimentalische Verhältnis zur Natur als dieser alten Mutter, die ihm die Nahrung in ihrem Schoße nicht verweigere (jemand im »Schleicher«: »Mein Lager ist der Schoos meiner Mutter, die Erde«).[291] Gezielt scheint mir Bonaventura auf die Anfangsszene des »Schleicher« anzuspielen: Wie der im Grase lagernde Kreuzgang in seinem Selbstgespräch durch eine Stimme dicht an seinem Ohre unterbrochen wird, so war dem im Monolog an einen Baum gelehnten Mechanikus jemand »unbemerkt auf den Hals gekommen« (gerade an der Monologstelle, wo Schleicher wie zu Beginn der 15. Nw Kreuzgang eine ideologische Verbindung zwischen Bettler und König knüpft); in dem sich entspinnenden Gespräch mit dem Lauscher, dem Grafen von Jericho, zieht Schleicher nun den folgenden Vergleich zwischen der Tätigkeit des Mechanikers und des soldatischen Grafen, den Kreuzgang zu seinem großen Marionettengleichnis der Revolution fortführen wird: »Sie setzen Heere in Bewegung durch die Kraft eines Wortes; ziehn ihren Degen und jene machen ihre Evoluzionen nach Ihrem Endzwecke; ich bewege Holz und Metall nach dem meinigen, durch die sichtbaren und unsichtbaren Kräfte der Natur«.[292] Um die Bauern von dem Revolizieren á la Campe abzubringen, hält ihnen Kreuzgang in der 15. Nw das königliche Marionettenhaupt vor: »Es wurde, als es noch auf dem Rumpfe saß, durch diesen Drath regiert, den Drath regierte wieder meine Hand, und so fort bis ins Geheimnißvolle, wo das Regiment nicht mehr zu bestimmen ist...«.[293]

So manches andere Motiv der »Nachtwachen« ließe sich sicherlich aus dieser frühen und etwas verwilderten Bildungsphase Bonaventuras an den Tag holen; schon im »Schleicher«, dessen Titelfigur für Marianne Thalmann[294] der einzig Rechtschaffene unter adliger Kanaille ist, finden wir eine Vorliebe auch für gewagtere Sonderlingsrollen wie die des Paul Ysop, eines vagierenden und »vazierenden« Narren und krasser noch des wahnsinnigen Schusters Diogenes, der Grabschriften aus aller Herren Länder aufzeichnet. Cramers volkstümliche Sprache und Thematik ist nicht ohne Charme, und Klingemann war bestimmt um so mehr davon angetan, als Cramer in seinem Bemühen um Anschluß an die große politische Dichtung Schiller und besonders Horaz, der im »Schleicher« wiederholt das Motto liefert, zu seinen Lieblingsschriftstellern zählte.

Mit seinem nächsten Stück, dem anonymen Trauerspiel »Die Maske« hatte Klingemann mit einem Schlage höchste Anerkennung gefunden; oder doch den äußerlich grandiosen Erfolg, daß Goethe es am 8.9.1797 in Rudolstadt als Gastspiel des Weimarer Theaters aufführen ließ. An ein Exemplar der »Maske« – von Schröder am 18.2.1797 angezeigt – bin ich bislang nicht gekommen. Hugo Burath hat uns wenigstens eine Inhaltsangabe hinterlassen:

> Es handelte sich darin um einen Bruderzwist, also um das alte Verfallsthema der Stürmer und Dränger, wie es schon im ›Julius von Tarent‹ behandelt war...um eine Verschwörung gegen die regierenden Fürsten, die der apanagierte Bruder mit Hilfe der Jesuiten ins Werk setzt. Im Hintergrunde, als deus ex machina maskiert zugunsten von Recht und Ordnung wirkend, des Herrschers vertriebener zweiter Bruder, gegen den die Empörer die Künste eines Zauberers vergeblich bemühen. Der Vertriebene weiß den Aufruhr niederzuschlagen, die Brüder auszusöhnen und die Sicherheit des Thrones wiederherzustellen.

»Ein Ergebnis«, fährt Burath fort, »das wie Hohn auf den Jakobinismus des Campekreises anmutet. Das Stück machte Aufsehen, der junge Dichter fand – durch wessen Hilfe wissen wir nicht – den Weg nach Weimar zu Vulpius, der dort als Bibliotheksbeamter wirkte und Goethe bei der Leitung des Theaters durch Übersetzung und Bearbeitung von Operntexten und Bühnenstücken mancherlei Dienste leistete. Vulpius schlug das Drama dem Weimarer Hoftheater zur Aufführung vor. Kammerrat Kirms beanstandete zwar, daß es lauter Diebstähle aus Leisewitzens ›Julius von Tarent‹ und Klingers ›Zwillingen‹, aus Schillers ›Räubern‹ und aus dessen ›Geisterseher‹ enthalte, aber Goethe ordnete im Juni 1797 aus höchst praktischen Erwägungen an: ›Ich wünsche, daß das Stück viel Geld bringen möge, da doch Geld alles entschuldigt.‹«[295]

Nach einem Blatt der Städtischen Theaterzettelsammlung Braunschweig wurde »Die Maske« vor der Vorstellung in Rudolstadt schon in Klingemanns Heimatstadt gespielt.[296] Irgendwie hatte er es fertiggebracht, das anonyme Stück in dem kleinen Hoftheater schräg gegenüber – im Theater seiner Kindertage – aufführen zu lassen. Der Theaterzettel datiert vom 19. August; die Uraufführung fand schon am 19. März 1797 statt, so berichtet es der Braunschweiger Korrespondent eines in Hamburg erscheinenden Theaterjournals und weiß auch Einzelheiten mitzuteilen: »Der Verfasser dieses Stücks, welches auch ganz füglich ›die Maskerade‹ heißen könnte, hat selbst gegen seine Freunde geäußert: es sei bloß ein ‚exercitium extemporaneum'; ein Versuch, sich über die verschiedene Art von Theaterkoups zu belehren… der Verfasser scheint, wenigstens bei einem Theile des hiesigen Publikums, seine Absicht erreicht zu haben, und das Stück hat gefallen.«[297]

Ein hübsches understatement des maskierten Verfassers der »Maske«, bei dem wir den experimentierenden Intellekt am Werke sehen, der bei den Fetischisten geistigen Eigentums so viel Verwirrung stiften soll und doch durch die folgende Bemerkung unseres eingeweihten Korrespondenten schon vor dem »Diebstahl«-Gerufe zu retten wäre: »Er wählte ferner die Hauptpersonen – den Unbekannten und den schwankenden Prinzen Julius – aus dem so interessanten ersten Theile des Schillerschen Geistersehers, wahrscheinlich in der Absicht, uns den Zweck, warum man mit dem Prinzen ein solches Possenspiel trieb, und welchen Herr Schiller selbst unentwikkelt gelassen hat, darzustellen; er brachte endlich eine Menge Theaterkoups hinein, die größtentheils nur auf die Phantasie wirken können. Die Wirkung aller dieser Stükke aber ist einem Rausche ähnlich, der nicht selten Unbehaglichkeit und Kopfschmerz zurückläßt«. Unser anonymer Korrespondent (ich erkenne also Klingemann in ihm)* schließt mit dem freundschaftlichen Rat: »Nun hüte sich der Verfasser, seinen Pegasus zu früh steif zu reiten!– Übrigens wird bei dem jezzigen Zeitgeschmakke, mancher Direktion dieses Stück als Kassenstück willkommen seyn.«[299]

Was denn auch der Fall war. Goethe hat das Stück übrigens zur Kenntnis genommen, sein Schreiben an Kirms (eine Randantwort von offenbar Ende Juni)[300] enthält die Bemerkung, daß die Rolle des Herzogs unbedingt von einem interessanten Schauspieler gespielt werden sollte. Zu bedenken ist darum auch das Motiv, das Burath hinter der zynisch klingenden Begründung Goethes vermutet. »Inmitten eines Abgrundes von Gärung, den die Jahrhundertwende aufzutun schien, erklang aus diesem Stück eine Stimme der Versöhnung, ein Zeichen des Vertrauens zu den konservativen Mächten. War es etwa

---

* Gleich anschließend findet sich auch ein mit »K-.« signierter Aufsatz Klingemanns, sein Vergleich der »Zwillinge« Klingers mit dem »Julius von Tarent«.[298]

doch dies, was Goethe im innersten Grunde bewog, das noch mit den Mängeln der Unreife behaftete Werk eines Zwanzigjährigen auf die Bretter zu bringen?«[301]

Nun zeigte sich der Verfasser schon in seinen Ritterstücken reserviert gegenüber umstürzlerischen Bestrebungen, verlangte aber den Fürsten und Regierenden eine Reformpolitik ab, die Goethe in seinen Revolutionsstücken dieser Jahre nur den Verantwortlichen selber und nur in zartesten Skrupeln zumutete. In der »Maske« wird Klingemann kaum davon abgestanden haben, jedenfalls möchte ich dies anhand der 1798 anonym veröffentlichten »Arabeske« »Die Ruinen im Schwarzwalde« interpolieren. Seine Arabeske ist zwar kein Bühnenstück (obschon streckenweise dramatisiert), gibt sich aber sogleich als Fortsetzung des politischen Grundkonflikts der »Maske« zu erkennen: Im Vordergrund auch hier ein Bruderzwist, die Usurpation des Thrones mithilfe der Dominikaner, die auf Einführung der Inquisition dringen; im Hintergrund ein geheimnisvoller Magus und Philosoph, der sich als der Vertriebene entpuppen soll und so die Empörung gegen den Bruder hinfällig macht. Trotz dieser nichtrevolutionären Lösung ist das Stück nicht konservativ. Es spielt Mitte des 16. Jahrhunderts in der Schweiz, in einem Europa, in dem ein Autodafé das gewesen wäre, »was unserm schaulustigen Publikum eine Schikanedersche Oper ist«[302] und in dem der Funken der Aufklärung nur dank Luthers Widerspruch nicht ausgetreten worden sei. Ehe der rechtmäßig regierende Fürst verdrängt wurde, habe er noch die Grundsätze seines aufgeklärten Absolutismus dem Erbprinzen Carlo nahebringen können und ihn zusammen mit den Jünglingen Alessandro und Giuliano erziehen lassen (kein ungeschickter Zug des jungen Literaten, um sich die Staatsmaschinerie auch von innen her vorzustellen). Während des folgenden Bündnisses zwischen dem machtlüsternen Bruder und den Dominikanern, die zu der Inquisition auch noch Steuerschrauben gesellen, sucht jeder der drei Freunde einen eigenen Weg des Widerstands. Carlo obliegt es, die Zeit der Vormundschaft durch den Onkel frei von persönlichen Ambitionen durchzustehen und der Vorarbeit des Vaters zu vertrauen. Giuliano, der den Tyrannenmord erwägt und wieder zurückschreckt, vertritt die bürgerliche Position Campes, in schwärmerischen Wendungen, die Kreuzgang in der 12. Nachtwache parodieren wird: »Der erhabenste Nationalstolz treibt dis Volk zu immer höhern Schwunge nach Volkommenheit, kein niederer Hochmuth lässt sie das Gute fremder Verfassungen in einem kleinlichen Lichte sehen...O werft euren Blick auf dis blühende Land...Der Gelehrte erhöht durch seinen Fleiß die Thätigkeit des Künstlers, der Künstler spornt alle seine Kräfte an um den Handwerker zu heben – der Krieger reicht dem Kaufmanne die Hand, und beschüzt das Eigenthum. Ein Rad greift in das andere« (so Giuliano vor dem Despoten).[303] In Alessandro aber hat Klingemann die beherrschende tragische Gestalt geschaffen, in der uns zum erstenmal und gleich unverkennbar ein intellektueller Außenseiter wie Kreuzgang begegnet. Nachdenklich, der Zuversicht Giulianos mit Ahnungen begegnend, die schon die Stichworte für Kreuzgangs Schlußauftritt zu geben scheinen (»Deine Phantasie baut Dir Feenschlösser, gebe Gott, daß Du nicht... Dich vor einem Beinhause stehen siehst«),[304] entschlossen, Kraft und Gründe zum Widerstand nur in sich zu suchen, entfremdet er sich den Freunden, indem er sich im Doppelspiel zum intelligenten Werkzeug des Usurpators zu machen trachtet und durch immer ausgeklügeltere Schachzüge die Bevölkerung gegen sich und so gegen seinen Fürsten aufbringen will: das Marionettengleichnis also, diesmal selbstbewußt von der Handlangerrolle her gegen das politische Haupt gedacht. Erinnert Alessandros zweideutiges Verhalten zunächst noch stark an Fieskos Lavieren, so emanzipiert ihn doch der eigentümlich mimetische Aspekt, wie er der eigenen Maske zum Opfer fällt und sein Selbstgefühl sich um so mehr verwirrt, als seine Repressalien nicht zum offenen Aufruhr führen. Im ersten Teil, der die Jahreszahl 1798 trägt, wird dieser Konflikt sehr verhalten behandelt. Im zweiten, mit der Jahresangabe 1799 und typographisch abweichendem Titelblatt erscheinenden Teil wird die Aporie derart unerbittlich durchgehalten, bis zur Selbstvernichtung von Gewissen und Reflexion, daß ich hierin die unmittelbare Berührung Klingemanns mit der idealistischen Philosophie ansetzen muß (am 14. Mai 1798 wurde er in Jena immatrikuliert[305] und wird sich mit Feuereifer auf das Studium der Literaturkritik sowie Fichtes Transzendentalphilosophie geworfen haben). Die Verlagerung auf die intellektuelle Dimension kommt auch darin zum Ausdruck, daß sich Klingemann in einem Epilog von der staatspolitischen, die »äußre Wahrheit« oft verletzenden Intrige distanziert und Abbitte für die »Ausgeburten einer wilden Phantasei« leistet.[306] All unser Interesse auf sich ziehen nun die vier großen, rhythmisch fortrückenden Monologe Alessandros, die trotz des nervösen und rhapsodischen Vortrags so deutlich auf Kreuzgang vorweisen, daß ich schon im Anhange zum Rohmanuskript 1973 aus ihnen zitierte und dies hier wieder tun will. Von den zentralen Themen und Thesen der »Nachtwachen« erkennt man dabei die vom Menschen als dem verunglückten Entwurf der Natur, die ihn durch die geschlechtliche Liebe zu betrügen wußte, ferner das Teufelsgelächter über die Selbsttäuschungen des Menschen, das Einbrechen einer geistigen Nacht und die gegenchristliche Ahnung um das leerbleibende Grab; auch der formelhafte Buchschluß mit der dreifachen Negation ist schon angedeutet –

»Im Thale schwamm ein dünner Nebel und verbreitete ein magisches Heldunkel – alles fühlte sich so frei und leicht gestimmt, nur Alessandro kam langsam und ernst aus dem Haine – er hatte die Arme fest über einander gekreuzt und war in ein tiefes Nachdenken versunken. Er blickte finster in die Höhe; über ihm spante sich der gestirnte Himmel aus, eine zahllose Menge glänzender Welten schwamm in dem weiten Luftraume.– ›Unergründliches Schicksal!‹ – sagte er zu sich. – …Ein spielender Zufall wirft sich zwischen Vorsaz und Handlung – und die kühnsten Welteroberungsträume scheitern an der Wilkühr eines Wurmes! Von hohen Entwürfen schwelt sich die Brust, die Phantasie schaft sich eine Zukunft voll Feengestalten – da reißt ein Windstoß eine Schneeflokke vom Felsen, sie stürzt, schwilt an…ein feindseliger Geist schwebt über der Unordnung, und lacht über das Gaukelspiel das er sich bereitete…Wer Gott verwirft, nur der ist groß – die Freiheit selbst, ist Gottheit!– Zum Selbstmorde, oder zur Unsterblichkeit muß dieser Weg mich führen!‹…

Er ging langsam weiter, tief zog er sich in sich selbst zurük – und endlich kam er, ohne es zu wollen zu dem nahen Totenakker…›Diese lange Nacht durchdringt kein sterbliches Auge! Hier nimmt die Luft keinen Schall mehr auf! Hier ist der Grenzstein hingewälzt!– Aus diesen Gräbern steigt nichts mehr hervor – öfne sie und die Verwesung zieht Dich hinab zu ihrer Beute!‹«[307]

Später, als sich seine Mittel-Zweck-Strategie mehr und mehr als ein Fehlschlag herausstellt: »…es ist die tote schreckliche Stille die über ein Land herscht, das die Pest entvölkerte! … Was ist doch der Mensch? … Um ihn erhebt sich eine Welt, und er sezt sich zum Herrn dieser Welt. Eigenmächtig trägt er in sie hinein was ihm beliebt und glaubt in diesem bunten Spiegel sich selbst zu bestaunen!– Sein Gott ist ein Werk seiner Hände – ein zerbrechlicher Göze, dem er zu dienen glaubt, wenn er sich selbst nur dient…Der Fleck worauf ich stehe ist nicht gut! Ich grause vor mir selbst!– (er sieht auf und erschrickt.) Die Nacht bricht ein; es ist außer mir und in mir dunkel geworden«.[308]

»(Alessandro sizt unter einem Felsen und bläst die Flöte – nach einer kurzen Pause fährt er wild auf und zerschmettert das Instrument am Felsen.) Fort mit Dir! Du lügst eine Harmonie…Es hat sich vor meinen Blikken verschlossen! Meine Wünsche sind Wahnsinn!– Ich selbst kann mir nur Gott seyn, wenn ich an die Gotheit glauben soll!– Da ist es, wo ich mich verlohren habe – und nichts kann mich retten.– Wozu ordnet sich denn dis Ganze zusammen? Nur damit der Mensch dahin krieche wie das Thier, und die Erde mit seiner Gattung erfülle? Die Natur wolte ein Geschöpf mehr haben das sich nähre und mäste, geboren werde und sterbe! und konte sie mehr geben, als sie selbst hatte? – in der Natur ist die Freiheit nicht zu Hause; konte sie das Unsterbliche hervorbringen?«[309] Und dann, ehe er den Tyrannen erdolcht: »Mitternacht. (Er liegt vor einem Krucifixe auf den Knieen und scheint zu beten.)…Umsonst! So wie es aus dem Herzen kommt, so kehrt es wieder in das Herz zurück – und der leere Schall zerfliegt in der Luft!– – Zu wem bete ich denn? Niemand ist da, der mich hört! Kein Ton schlägt mehr in meiner Seele an – ich rufe in den luftleeren Raum und höre meine Stimme nicht…In mir ist es leer und weit

... ich blikke auf die Ruine einer untergegangenen Welt« (es folgt der große Vernichtungstraum, der bei der 14. Nw zu erörtern war).[310]
Die Schlußszene, Alessandro in schwarzer Nacht auf den Klippen und in Gedanken an seine Opfer:»›Verschwunden auf ewig! streut die Asche in den Sturm und der Gedanke ist verweht... – es giebt keinen der die tausend Thränen zählt die in dem Strome dahin flossen. Horch! es saußt herüber aus der dunkeln Nacht – ihre klagende Stimme schalt durch den Sturm – ihr Haar fliegt im Winde! Armes Mädchen, Dein Gesicht so bleich...‹ Er schlug nieder mit dem Antlize auf den starren Felsen – der Bliz zischte bei ihm herab und zersprengte die Klippen; ihn traf er nicht – der Sturm wühlte durch sein Haar; er empfand ihn nicht!– Endlich richtete er sich wieder auf und fasste mit den Händen durch die Nacht!–
›Ha! ich bin allein! – Hört ihrs! Die Erde erbebt in ihren Grundfesten...und da versinkt's um mich her...Ich noch allein...ich versinke!‹– Von dem Felsen herab stürzte er in die Fluth – hoch thürmte sich die Welle – sie verschlang ihn; hinter ihm her zischte ein Bliz in die Tiefe.«[311]

Der Titel »Ruinen im Schwarzwalde« zielt zunächst auf das vordergründige Leserinteresse und meint hier das Schauerrequisit einer alten verlassenen Villa, in der die geheimen politischen Aktionen zusammenzulaufen scheinen. Es ist das Versteck des geflüchteten Fürsten, aus dem er sich von Zeit zu Zeit als geisterhafte Erscheinung wie aus dem Erdboden erhebt; selber nennt er sich einen »Toten«, verstehe es Gesichtszüge zu deuten, sei in die geheiligten Mysterien eingeweiht und vermöge die Gräber zu »zersprengen« (womit er auch die eigene politische Wiedererstehung anspricht).[312] Trägt seine magische »Ruinen«-Existenz wesentliche Züge von Kreuzgangs Vater, dem Alchymisten und Teufelsbanner, so bereitet die zitierte »Ruinen«-Erfahrung Alessandros den metaphysisch intransigenten, den Tod nicht hinwegdeutenden und zu seiner Erkundung anstachelnden Nihilismus Kreuzgangs vor. »Wagst Du es aus dem Grabe eine neue Schöpfung zu erwekken? – Du verstumst? – wofür hast Du denn gemordet?«[313] muß allerdings Giuliano schon dem »Chamäleon« Alessandro vorhalten, seinem kühlen Doppelspiel mit dem menschlichen Leben, in dem er sich zuletzt selber mattgesetzt findet und wie Kreuzgang in seiner Lähmung auch dem Sterben anderer zuzusehen hat.
Diese tiefe Verwirrung und Lähmung schreibt Klingemann immer bewußter dem destruktiven Potential der Transzendentalphilosophie zu (schon aus Alessandros Monologen blickt am deutlichsten Fichtes Position hervor). Wo der Erzähler der »Ruinen« selber sich einmal mit der Prämisse meldet: »In uns allein liegt unser Himmel und unsere Hölle – außer uns ist es öde und leer ... die Gotheit ist unser, geben wir uns auf, so läugnen wir Gott«,[314] da muß Alessandros geistige Tapferkeit (»Ich wolte den Himmel erstürmen«)[315] wie

später Kreuzgangs Eroberungswut (»Pantheon«) ins Leere stoßen; da mußte geistesgeschichtlich eine neue Variante des Atheismus Epoche machen, indem auch dieses Selbst als erklärte neue Gottheit der Kritik nicht standhielt. Oder doch seinerseits nur erneut durch einen (psychologischen) Glaubensakt zu konstituieren gewesen wäre, wie Alessandro dies im Gebet an sich selbst andeutet und widerrufen muß: Das Vertrauen in das menschliche Selbst war durch transzendentale Begründungen und selbst Gewissensimperative nicht mehr herzustellen, wenn für jemanden wie Klingemann sofort auch die Entwicklungsgeschichte des Menschen an Gewicht gewann, die als Fremdbestimmung erlebte Naturgeschichte, die Unabgeschlossenheit und im besonderen der Zerfall jeder Individualgeschichte. Traumhaft sicher verfolgte der junge Klingemann diesen aporetischen Weg. In »Memnon« sprach er die Gefahren des Skeptizismus in aller Deutlichkeit an: »Die Philosophie ist nur für Wenige ein Licht geworden; die anderen aber hat sie dagegen in eine noch tiefere Nacht geführt. Der unaufgelöste Zweifel ist das zerstörendste Gift…Das Symbol der Transcendentalphilosophie ist ein ‚memento mori' mit der Silphe«.[316] Suchte aber, inmitten der sich formierenden romantischen Bewegung, selber noch nach der Auflösung dieses tödlichen Zweifels; erkennen wir doch jetzt in dem Zeittypischen des Memnon-Kultes ein tieferes lebensgeschichtliches Manöver, das intellektuelle Experiment, dem erstarrten Selbst den romantischen Kunstglauben zu implantieren. Nach dem Widerruf – den »Nachtwachen« – blieb ihm also nur der Rückzug in die »Prometheische Werkstatt« des Theaters; noch dessen Innovationen verdanken sich, wenn man so will, künstlerischer Gläubigkeit, dem Faszinosum nämlich einer »Kinderzeit, wo…ich mit Lust und Schauder meinen Platz vor dem geheimnißvollen Vorhange einnahm, und das Theater als ein, den unbekannten Göttern geweihetes, Pantheon, betrachtete.«[317]

Mit Klingemanns Studium in Jena hat sich unsere Untersuchung fürs erste geschlossen. Die spärlichen Spuren der drei Jenaer Jahre wären bei anderer Gelegenheit einmal zu verfolgen, scheint doch die Rolle des Studenten nicht so trabantenhaft gewesen zu sein, wie bislang angenommen. So überliefert er später eine Bemerkung, die ihm A. W. Schlegel 1799 über Ifflands Spiel gemacht hätte, erwähnt außer der Bekanntschaft mit Schiller (und Kotzebue) auch Eindrücke von einer Jenaer Abendgesellschaft bei A. W. Schlegel, aus dessen »Hamlet«-Übersetzung Tieck damals vorgelesen habe.[318] Noch ungeklärt sind vor allem seine Verbindungen zu Christian Vulpius, Wielands Sohn Ludwig und Charlotte Buffs Sohn Kestner; auch über seinen Verkehr im Hause von Christian G. Schütz und über dessen Liebhaberbühne wüßte man gern mehr. Schauspielern war er damals schon so nahe, daß er in Jena ein bewegendes Begräbnis des Komödianten Mädel besorgte, der in der Braunschweiger Aufführung der »Maske« mitgewirkt und dort auch Regie geführt hatte.[319] Noch am besten dokumentiert ist seine Zugehörigkeit zum Kreise der »Rose« um Brentano, obgleich Klingemann selber sich wiederum nur flüchtig über Brentano und »unser originelles Zusammenleben in Jena« geäußert hat.[320] Immerhin hatte er aus dem Jahre 1798 ein werbendes Schreiben Brentanos an ihn aufbewahrt: Neben »gewißen Kenntnißen« suchte dieser »den Umgang eines Menschen, der mich übersieht ohne auf mich herabzusehen«, sprach auch von der an Klingemann gerühmten Bescheidenheit.[321] Erinnern schon diese wenigen Züge an Romanos besondere Aufgeschlossenheit für das Fremde und seine Kritik des Aufsehen erregenden »Originalen«, so wird dies kenntlicher noch in einem – für uns wunderbar hellsichtigen – Urteil von August Winkelmann, der im Anhang zu Brentanos »Godwi« (1801), in den »Nachrichten von den Lebensumständen des verstorbenen Maria« Klingemann so charakterisiert hat:

> Trefflicher Spiegel Deines Zeitalters! Dich weckte schon in früher Jugend der Genius, mit versteckten Erfindungen dem Irrthume zu begegnen – was Du geschrieben, ist eine stille Persiflage der herrschenden Schwäche – mit kluger Mäßigung verhüllst Du Dein Vorhaben und Deine Originalität – Viele sind Dir begegnet, ohne Dich zu erkennen – unbesonnene Kritiker tadeln Deine Werke, die sie dem Aeußern nach beurtheilen – die Nachwelt wird Dir danken![322]

Anmerkungen

Die dem Namen bzw. Titel folgende Nummer bezieht sich auf die Bibliographie (dort auch die Aufschlüsselung der Siglen).

I. Zum Stand ...

1) Schillemeit, Nr. 49
2) Brinkmann, Nr. 51
3) Fleig, Nr. 50
4) Schultz, Nr. 18, S. 226
   Frank, Nr. 3, S. 172 f. u. 162 ff
5) s. dazu Sammons, Nr. 54, S. 290
6) Sammons, Nr. 61, S. 134
7) Proß, Nr. 58
8) Metzner, Nr. 56 u.
   Scherzer, Nr. 66
9) Rouché, Nr. 52, S. 121
10) Hunter-Lougheed, Nr. 67, S. 22
11) Paulsen, Nr. 53. Eine Andeutung
    schon in Nr. 37, S. 488
12) Bowman, Nr. 65, S. 254
13) Wickmann, Nr. 59, S. 13
14) Hunter-Lougheed, Nr. 67, S. 22
15) Terras, Nr. 68, S. 18 u.
    Habersetzer, Nr. 76, S. 472
16) Wickmann, Nr. 59, S. 15 f.
17) s. dazu Nr. 42, S. 18 ff.
18) Walker/Lev, Nr. 324, S. 154
19) Sandmann, Nr. 322, S. 193
20) Lazaroni, Nr. 87. Theil 1, S. 30, 36,
    50, 54, 63, 85, 87, 91, 93, 112, 146,
    220, 227; Theil 2, S. 33, 34, 108
21) l.c., Theil 1, S. 16, 37, 37, 53, 59,
    107, 129, 135, 149, 152, 165, 186,
    197, 209, 212; in Theil 2 nur auf
    S. 40!
22) l.c., Theil 1, S. 47, 51, 51, 62, 175,

230, 233; Theil 2, S. 132, 151, 168
23) l.c., Theil 1, S. 37, 51, 147; Theil 2,
    S. 128, 192
24) Fucks, Nr. 318, S. 11

II. Bonaventuras Publikationen ...

1) Brief in Nr. 151, 1923, Sp. 24
2) Witkowski, Nr. 271, S. 52
3) A. W. Schlegel, Nr. 266, S. 144
4) Jean Paul, Nr. 254, S. 185 (s. dazu
   Michels Hinweise in Nr. 2, S. 160
   bzw. zu »Faust« S. XLVIII f.)
5) Freimüthigkeiten, Nr. 88, S. 22 f.
   (Nicht Schillemeit, sondern Müller-
   Jabusch identifizierte 1921 in
   Nr. 272, S. 158 Klingemann als
   Verf., und zwar aufgrund des Vorabdrucks einer Szene unter Klingemanns Namen in ZeW vom
   14. 4. 1803)
6) Ich zitiere die »Nachtwachen« nach
   der »wortgetreuen« Ausg. des Insel
   Verlags. Nr. 7, S. 14 u. 28
7) Kling., Nr. 147
8) Mielke, Nr. 69
9) A. W. Schlegel, in Nr. 264, 1. Heft
   des 2. Bds., S. 4
10) l.c., S. 11
11) l.c., S. 89 f.
12) So in ZeW 1803, Nummer 48 u. 57,
    auch in KuN, Bd. 1, S. 85 u. Bd. 2,
    S. 210. Von »Wilhelm Schlegel«

spricht er etwa in ZeW 1805, Nummer 65

13) BA 1804, 83. Stück vom 20. 10.
14) zum erstenmal in Nr. 86, S. 5;
    sodann in Nr. 117
15) Schulte-Strathaus, Nr. 17; Hinweis
    darauf bei Sammons, Nr. 36, S. 125
16) Hase, Nr. 12, S. 3 f. .
17) Michel, Nr. 2, S. VIII ff.
18) Dienemann, in Nr. 279, 4. Heft des
    1. Bds. 1805
19) Verzeichnis Nr. 278, zur Oster-
    messe 1805. Unter: Fertig gewor-
    dene Schriften, Romane, S. 259. –
    Auch Dienemann stellt in der Anz.
    vom 15. 3. 1805 »Wellenthal« als
    8. Lfg. des 3. Jgs. vor
20) Hanacks Buch wird schon am
    30. 4. 1803 im »Freimüthigen«
    besprochen (von Michel selbst auf
    S. X seiner Einl. angemerkt!); als
    8. Lfg. des 3. Jgs. auch im »Freimü-
    thigen« u. in der »Neuen Leipz.
    Literaturzeitung« vom 27. 4. 1804
21) Außer den schon von Michel ange-
    führten Bespr. bringt die »Neue
    L. L. Z.« (ALZ), in der am
    23. 8. 1805 die »Nachtwachen«
    besprochen werden, die folg.
    Rezens.: Zu »Don Juan der Wüst-
    ling« (Vulpius) s. 23. 6. 1806.
    Zu »Torquato Tasso« (v. Gru-
    ber) s. 20. 1. 1806; zu »Spanische
    und italienische Novellen«
    (S. Brentano), 2. Bd., s.
    5. 4. 1806
22) Prolog des Hanswurstes zu einer
    Tragödie: »der Mensch«. In: ZeW
    1804, Nro. 87 vom 21. 7.
23) Freim, S. 134
24) ZeW 1804, Nro. 87 vom 21. 7.
25) ebda.
26) KuN, Bd. 3, S. 64
27) Der Freimüthige vom 2. 3. 1804
28) KuN, Bd. 3, S. 64 bzw. S. 240

29) s. Nr. 145; Jg. 1828 des Mittnbl
    bringt in Nro. 8–10 Ausz. aus Bd. 3
    von KuN, in Nro. 127 die Einl. zur
    »Bianca« (s. Nr. 108b)
30) Mittnbl 1827, Nro. 177 f. vom 5. u.
    6. 11.; 1828 Nro. 27 vom 18. 2.
31) A. W. Schlegel, Nr. 267, S. 180 u.
    212 f.
32) Burath, Nr. 171; s. das gleichlau-
    tende Kap. S. 158 ff.
33) Trapp, Nr. 195, S. 80
34) Burath, l. c., S. 85

III. Die sechzehn Nachtwachen ...

1. Überblick ...

1) Anzeige von »F. Dienemann und
   Comp. in Penig«. ZeW 1804,
   Intell.bl. Nro. 38 (vom 1. 9.)

2. Anfangskreis ...

1) BA 1803, 77. Stück vom 1. 10.
2) BA 1803, 81. Stück vom 15. 10.
3) v. Knobloch, Nr. 240, S. 164
4) Hoffmann, Nr. 214, S. 164
5) Behler, Nachw. zu Nr. 264, S. 39
6) Behler, l. c., S. 45; vgl. Eichner,
   Nr. 265, Bd. III, S. XV (:»im Sept.
   lag das dritte Heft vor«)
7) Europa, Nr. 264, 1. Heft des 2. Bds.,
   S. 11
8) Arnim, in Nr. 264, 1. Heft des
   2. Bds., S. 178
9) Reichardt, Nr. 277, S. 162 f. u. 437 f.
10) Arnim, l. c., S. 176
11) Burath, Nr. 171, S. 123, 233
12) Fleig, Nr. 50, S. 9–16
13) KuN, Bd. 1, S. 467 f.
14) Memnon, Nr. 82, S. 3 f.
15) Romano, Nr. 83, Bd. 1, S. 31 ff.
16) Albano, Nr. 84, Bd. 1, S. 3 f.
17) Asseburg, Nr. 78, Bd. 1, S. 15–18
18) KuN, Bd. 1, S. 32 ff.
19) Freim, »Prolog«
20) Verzeichnis Nr. 278, 1805 (zur
    Ostermesse »fertig gewordene

Schausp.«, S. 269); s. auch GG,
   Bd. VI, S. 441, Nr. 13
21) Lazaroni, Nr. 87, Teil 1, S. 96. –
   Stark lobende Rez. in »Neue Lpz.
   Lit. Ztg.« 1803, 21. Stück vom 17. 8.
   – »Die Maske« hieß eine Zeitschr.
   von Mahlmann (1802)
22) Lazaroni, l. c., S. 5 f.
23) Schillemeit, Nr. 49, S. 117
24) Burath, Nr. 171, S. 58–61: «Das
   Haus Schütz«
25) KuN, Bd. 1, S. 39 f.; 315 f.
26) Caroline, Nr. 299, Bd. 2, s. Br. vom
   24. 11. 1800 an Luise Gotter (S. 17 f.)
   u. pass.
27) Schultz, l. c., S. 28
28) Caroline, l. c., S. 25
29) ebda, S. 268; s. auch Br. vom
   14. 1. 1802 (S. 270)
30) Schultz, l. c., S. 28
31) vgl. etwa Michel, Nr. 2, S. VI ff.;
   auch die »literar. Anzeige« des Die-
   nemann-Verlags 1803 in der ALZ,
   Intell.bl. Nro. 3 vom 5. 1.
32) Schillemeit, Nr. 49, S. 112 f.
33) Freim, S. 27
34) Ruinen, Nr. 80, Teil 1, S. 13 f.
35) ebda, S. 8 f.
36) Freim, S. 135 f.
37) so auch Sammons in Nr. 36, S. 34
38) Lichtenberg, Nr. 249, S. 24 f.
39) Gillespie, Nr. 47, S. 291
40) ZeW 1802, Nro. 115 vom 25. 9.
41) ebda
42) Stachow, Nr. 33, S. 47
43) BA 1804, 7. Stück vom 25. 1. bzw.
   13. Stück vom 15. 2.
44) Albano, Nr. 84, Bd. 2, S. 208
45) Fambach, Nr. 333, Teil 1, S. 11
46) Fambach, Nr. 332, S. 14
47) in: Fambach, Nr. 333, Teil 1,
   S. 90 (= S. 176 der 1862 in
   Lpz. ersch. 2. Aufl. des »Tage-
   buchs«)
48) Evelina, Nr. 276

49) l. c., S. 40–55 (2. Aufz., Auftritte 1
   bis 3)
50) Schillemeit, Nr. 49, S. 94 f.
51) Lazaroni, Nr. 87, Teil 1, S. 20 (u.
   Teil 2, S. 158), Teil 2, S. 13; ebda,
   S. 20
52) Schillemeit, l. c., S. 95
53) KuN, Bd. 3, S. 108 ff.
54) Albano, l. c., Bd. 2, S. 9;
   Romano, l. c., Bd. 1, S. 66
55) Albano, l. c., Bd. 1, S. 91;
   Lazaroni, l. c., Teil 1, S. 131
56) Verzeichnis Nr. 278, 1804 (zur
   Michaelismesse »fertig gewordene
   Schriften Romane«, S. 460 – und auf
   der folgenden Seite: »Nachtwachen
   von Bonaventura« –; zur Ostermesse 1805 s. S. 260 des Verzeich-
   nisses)
57) Schweitzerbund, Nr. 89, Bd. 2, S. 10
58) Lazaroni, l. c., Teil 1, S. 13 u. 217
59) Freim, s. »Prolog«
60) ebda, vgl. S. 96 ff.
61) Freim, S. 107 und »Epilog«; Fünfte
   Nachtwache, Nr. 7, S. 54 f.
62) Vierte Nw, S. 51
63) Freim. S. 23
64) Terras, Nr. 68, S. 26 f.
65) Gillespie, Nr. 64, S. 187
66) Flögel, Nr. 238, S. 34 f.
67) Freim, S. 134 (Arlequin, »wie Ihr im
   Flögel gelesen«, sei »zeitlebens ...
   nichts weiter als ein Narr gewesen«;
   vgl. Flögel, l. c., S. 38). Arlequin
   berührt S. 101 seine Abstammung
   von Karl V. (vgl. Flögel, l. c., S. 37)
68) Gillespie, l. c., S. 194
69) Freim, S. 107
70) Möser, Nr. 221, S. 50 f.

3. Mittelgruppe ...

1) Der Freimüthige, Nr. 270, 1804,
   Literar. u. artist. Anzeiger Nro. X
   (Anfang März)
2) Romano, Nr. 83, Bd. 2, S. 195

3) Freim, S. 89
4) ebda, S. 95
5) Michel, Nr. 2, S. 154 f.
6) ebda, S. 154
7) A. D. Weber, Nr. 246, S. 55
8) ebda, S. 66 (s. 66 f. in der 1. Aufl. von 1793)
9) KuN, Bd. 2, S. 208
10) Lichtenberg, Nr. 250, S. 693
11) Freim, S. 73
12) ebda, S. 89 f.
13) Ugolino, Nr. 105 b, S. 77–95 (bzw. S. 80 u. 87)
14) Schillemeit, Nr. 49, S. 27–33 (»Erste Indizien«)
15) Klingemann, Nr. 120
16) Schillemeit, l. c., S. 29
17) Jean Paul, Nr. 255, 1. Abt., Bd. 6, S. 214
18) Lichtenberg, Nr. 250, S. 900

4. *Schlußkreis …*

1) Gillespie, Nr. 47, S. 288
2) Lichtenberg, Nr. 249, S. 334 f.
3) Sölle, Nr. 34, S. 72. Zur nachfolgenden Fichte-Kritik vgl. auch: Arendt, Nr. 46, Bd. 2, S. 504 ff.
4) Flögel, Nr. 238, S. 34 f.
5) Clavis, in Nr. 255, 1. Abt., Bd. 9, S. 463
6) ebda; vgl. besonders die Anfänge der Paragr. 10 u. 13 und überhaupt die Ausführungen zur Leiblichkeit
7) Titan, in Nr. 255, 1. Abt., Bd. 9, S. 161 (94. Zykel)
8) ebda, S. 338 (122. Zykel)
9) Zu diesem Aspekt der Ichspaltung Schoppes vgl. Anderle, Nr. 325, S. 18
10) Leibgeber im »Protektorium« des »Clavis«, l. c., S. 467
11) Cramers Brief vom 22. 3. 1798 in Nr. 234, Bd. 2, S. 215
12) Xenion in Nr. 262, S. 7; vgl. auch S. 116–21
13) Memnon, Nr. 82, S. 82 f.

14) Romano, Nr. 83, Bd. 2, S. 257 f.
15) Schweitzerbund, Nr. 89, Bd. 2, S. 9 f. (»Den Schweitzern«). Zur Tradition des erblindenden Adlers und des Bezugs auf Bonaparte vgl. Schiller-Jb. 1972, S. 477–482
16) Merbach, Nr. 152, S. 267
17) Hunter-Lougheed, Nr. 71, S. 148. Auf Schillemeits Seite dagegen Greiner, Nr. 326, S. 73
18) Neues Allg. Int.bl. für Lit. u. Kunst, 8. Stück vom 20. 8. 1803 bzw. ZeW vom 14. 6. 1803 (Nro. 71)
19) Freim, S. 111
20) Albano, Nr. 84, Bd. 1, S. 120 ff.
21) F. W. J. Schelling. System des transzendentalen Idealismus. Hrsg. v. Ruth-Eva Schulz u. eingel. v. Walter Schulz. Hbg. 1962 (Philos. Bibl. 254). S. 297
22) ebda, S. 271
23) vgl. nur etwa Memnon, l. c., S. 58 u. 78 mit dem »System«, l. c., S. 299 u. 284
24) Romano, l. c., Bd. 1, S. 10 (dopp. Seitenzählung!)
25) KuN, Bd. 3, S. 34 f.
26) »Ferkel« heißt es bei Goethe. Des neuen Alcinous erster Theil. (Nachlaß-»Invectiven«.) In Nr. 259, 1. Abt., Bd. 5¹, S. 165
27) Thersites, Nr. 272, S. 118 u. 116
28) Freim, S. 114 bzw. 70 ff. u. 66
29) Kotzebue, Nr. 274, S. 227 ff. bzw. 234 (Die Venus-Szene ist nach dem Vorabdr. im Freimüthigen vom 27. 3. 1804 zitiert (Nro. 62). Möglich, daß Kling. noch eine ähnl. Szene im »Godwi« vor Augen war: vgl. Bellmann, Nr. 329, S. 761)
30) Freim, S. 64
31) Goethe, Nr. 257, 2. Stück des 1. Bds., S. 16 ff.
32) ebda, S. 19 f.

33) ebda, s. die Vorbem.»Geständnis des Übersetzers«
34) ebda, S. 20 f.
35) Goethe, Nr. 258
36) Jungfrau, Nr. 86, S. 54 f.
37) Memnon, l. c., S. 104
38) Kling., Nr. 141
39) KuN, Bd. 3, S. 208–212
40) 14. Nw, S. 162 bzw. 157
41) Clavis, l. c., S. 463. – Zu Bonaventuras Bezug auf Fichtes »Bestimmung« vgl. Pfannkuche, Nr. 75, S. 51–59
42) Fichte, Nr. 311, S. 81
43) vgl. dazu Schulz, Nr. 312
44) vgl. Löwith, Nr. 314
45) Fichte, Nr. 309, S. 12
46) Fichte, Nr. 311, S. 102
47) Ruinen, Nr. 80, Bd. 2, S. 315–324
48) Dazu u. auch zu Unterschieden in der Interpret.: Kohlschmidt, Nr. 38, S. 100 f.
49) Freim, S. 132 f.
50) 14. Nw, S. 162
51) Paulsen, Nr. 37, S. 509
52) Faust (Fragment), Nr. 261, S. 22 f.
53) Schink, Nr. 275, 1. Teil, S. 215 ff. bzw. 111
54) Faust, l. c., S. 19 f.
55) KuN, Bd. 1, S. 259, Bd. 2, S. 272
56) Moritz. In: ADB Bd. 22, S. 314 f.
57) Gnothi sauton, Nr. 236, Bd. 7 (2. Teilbändchen), S. 23 ff.
58) ebda. Bd. 10. Nachwort von Anke Bennholdt-Thomsen u. Alfredo Guzzoni, S. 44
59) Peter Lebrecht, Nr. 247, 2. Teil, S. 73
60) ebda, S. 75
61) Arendt, Nr. 46, Bd. 2, S. 509
62) ebda, S. 521
63) Fichte, Nr. 310, S. 92
64) Fichte, Nr. 311, S. 153 f.
65) KuN, Bd. 1, S. 339 f.
66) Albano, Nr. 84, Bd. 2, S. 98

67) Alföldi, Nr. 327, S. 200
68) ebda, S. 470
69) Albano, l. c., Bd. 2, S. 99
70) Kling., Nr. 93a, S. 9
71) Schultz, Nr. 18, S. 52
72) Giannozzo, Nr. 255, 1. Abt., Bd. 8, S. 454
73) Siebenkäs, ebda, Bd. 6, S. 183
74) Loge, ebda, Bd. 6, S. 291
75) l. c., Bd. 6, S. 182 f.
76) Sölle, Nr. 34, S. 89
77) Jungfrau, Nr. 86, S. 65
78) ebda, S. 64
79) ebda, s. 7. u. 8. Brief
80) Ruinen, l. c., Bd. 1, S. 38
81) Schweitzerbund, Nr. 89, Bd. 1, S. 104
82) Siebenkäs, Nr. 253, 1. Bändchen, S. 5 ff.
83) ebda, S. 2 f.
84) Vorschule, Nr. 254, S. 3 f.
85) Arendt, Nr. 46, Bd. 2, S. 523, 521 f. u. Bd. 1, S. 46 f.

5. *Nachzügler*…

1) s. dazu Sammons, Nr. 36, S. 22 f.
2) Paulsen, Nr. 37, S. 466
3) Sölle, Nr. 34, S. 89
4) R. M. Meyer, Nr. 13, S. 583
5) Eckertz, Nr. 15
6) Böttger, Nr. 60
7) Schultz, Nr. 18, S. 162
8) Kling., Nr. 130
9) Schillemeit, Nr. 49, S. 65 f.
10) Romano, l. c., Bd. 1, S. 83, Bd. 2, S. 285 f.
11) ebda, Bd. 2, S. 58 (Camillos Überleit.: S. 51 ff.); die folgenden Zitate ebda, S. 62, 65 f., 71
12) ebda, Bd. 2, S. 214 f; vgl. auch S. 49 f.
13) Albano, l. c., Bd. 2, S. 62 ff.
14) ebda, S. 225 f.
15) Michel, Nr. 2, S. 158 (vgl. Hesperus: Dritter Osterfeiertag. In Nr. 255, 4. Bd., S. 52 ff.; für Kreuzgangs

Vergl. mit »summenden Mücken«
gibt es hier keinen Anhaltspunkt)
16) 5.Nw, S.68
17) Schweitzerbund, l.c., Bd.1, S.171
18) Sammons, Nr.36, S.48
19) Schweitzerbund, l.c., S.189f.
20) Schillemeit, l.c., S.89
21) Sammons, l.c., s.48
22) Schultz, l.c., S.96
23) Michel, l.c., S.XLIV
24) Bürger, Nr.222, S.68. Vgl. mit dem
»Prolog« in ZeW 1804, Nr.87
25) Michel, l.c., S.XLIV
26) Schultz, l.c., S.95
27) Zur stoffl. Vorlage vgl. Steffens,
Nr.284. Zur Situation selbst: Steffens, Nr.285, S.402ff.
28) Caroline, Nr.299, Bd.2, S.191 bzw.
623
29) Bonaventura-Schelling, Nr.267,
S.118–128
30) Lenore, l.c., S.65
31) KuN. Bd.2, S.352f.
32) Albano, l.c., Bd.2, S.255f. (fehlerhafte Paginierung)
33) Bonaventura-Sch., l.c., S.123
34) s. dazu Schultz, l.c., S.19ff.
35) Kling., Nr.144 u. 145
36) etwa Mittnbl 1828, Nro.23 vom
11.2. u. Intell.bl. Nro.25; 1829
Nro.196 vom 8.12.; vgl. auch im
»Ergänzungsbl.« zum Januar 1830
den Bericht üb. einen Angriff der
»Hebe« auf Kling.
37) in Nr.150, S.47f.
38) Burath, Nr.171, S.174
39) in Nr.150, S.65
40) zit. nach dem Abdr. im Mittnbl
1827, Nro.177f. vom 5. u.
6.11.
41) Mittnbl 1829, Nro.159 vom 5.10.
42) Bianca, Nr.108b, S.200
43) ebda, S.191, 197; 210 u. 188f.
44) Mittnbl 1828, Nro.64 vom 22.4.

(»Kriegszeitung«) bzw. Intell.bl.
Nro.8–10
45) Erstaufführung laut Nr.217a am
17.3.1830 (Auskunft des Stadtarchivs Braunschweig)
46) Burath, l.c., S.172f.
47) Schillemeit, l.c., S.91
48) Sammons, Nr.54, S.291
49) Romano, l.c., Bd.2, S.197ff. (Paginierung!)
50) Albano, l.c., Bd.2, S.56
51) Das Kreuz, Nr.101a, S.43
52) Albano, l.c., Bd.2, S.56
53) Burath, l.c., S.64f.
54) ebda, S.67
55) Fr. Schlegel, Nr.263, S.32
56) ALZ 1800, Int.bl. Nro.55 vom 26.4.
57) Memnon, Nr.82, S.3f.
58) Romano, l.c., Bd.2, S.201
59) Fleig, Nr.50, S.18f.
60) Memnon, l.c., S.128
61) ebda, S.125
62) ebda, S.134
63) ebda, S.139
64) ebda, S.158
65) Romano, l.c., Bd.2, S.197
66) vgl. A. Winkelmanns »Nachrichten« in Nr.329, S.564
67) Memnon, l.c., S.149
68) Schillemeit, Nr.49, S.111; auch
S.34, 36, 99, 119
69) Epochen, Nr.321, S.60 (»Bonaventuras« »Lied«)
70) Schillemeit, Nr.49, etwa S.17 u.
99f.; zu dieser Einschätzung der
»Nachtwachen« bzw. Klingemanns
vgl. Sammons, Nr.54, S.290f.;
Metzner, Nr.56, S.97f.; Mielke,
Nr.69, S.204f.; Hunter-Lougheed,
Nr.71, S.148
71) Schillemeit, l.c., S.33
72) Romano, l.c., Bd.1, S.5ff.
73) dazu Bellmann, Nr.329, S.584, 633,
662, 668f., 671f.

74) ebda, S. 629, 769 bzw. 789 f.; zu –
teilweise schon bekannten – Verbindungen zw. den »Nachtw.« u.
»Godwi« s. S. 629, 641, 660, 719 f.,
755, 761, 770
75) Romano, l. c., Bd. 1, S. 23 ff.
76) ebda, Bd. 2, S. 21 bzw. 180
77) vgl. Bd. 2, S. 245 ff.
78) Bd. 1, S. 98 ff. bzw. S. 56
79) Bd. 1, S. 11–14, S. 175
80) Kl. Pauly, Nr. 330, s. »Selene«
81) Bd. 1, S. 157 (»Mondenglanz«) u.
126 (ihr überglänztes Gesicht);
S. 164 (auf Bergeshöhn über
»Mysterien der Weiblichkeit«)
82) Bd. 1, S. 140, 125; Bd. 2, S. 33 bzw.
38; Bd. 2, S. 181
83) Bd. 1, S. 220 f.
84) Schultz, l. c., S. 116 f.
85) Romano, l. c., Bd. 1, S. 125
86) 4. Nw, S. 40 f.
87) Romano, l. c., Bd. 2, S. 38
88) ebda, Bd. 1, S. 117
89) 8. Nw, S. 100 ff.
90) Romano, Bd. 2, S. 174 f.
91) ebda, Bd. 2, S. 6 f.
92) Ausg. des Insel-Verlags, Nr. 7,
S. 135; vgl. dagegen Nr. 1, S. 194
93) Fricke, Nr. 206, S. 102 f.

6. *Fazit*

1) Sammons, Nr. 54, S. 290 f.
2) Metzner, Nr. 56, S. 97; ähnlich
Pfannkuche, Nr. 75, S. 7 f.
3) Metzner, l. c., S. 97
4) Walzel, Nr. 14, Sp. 2864
5) Schillemeit, Nr. 49, S. 18 bzw. 15 u. 55
6) ebda, S. 108
7) Küpper, Nr. 40, S. 309 f.
8) Schillemeit, l. c., S. 117 f.
9) Kling., Nr. 142, S. 50
10) 4. Nw, S. 46
11) Mörike, Nr. 315, S. 98; zu Kerner:
Gaismaier, Nr. 298, S. 33

12) Burath, Nr. 171, S. 73; er bezieht
sich auf Romano, Bd. 1, S. 221 f.
13) Burath, ebda, S. 74 bzw. Schillemeit
S. 33 u. 100
14) Schillemeit, l. c., S. 102
15) Memnon, S. 90
16) Kling., Nr. 85, S. 8 f.
17) Kling., Nr. 141, S. VII
18) Schillemeit, l. c., S. 105
19) Schillemeit, Nachwort zu Nr. 7, S. 209
20) Romano, Bd. 1, S. 135 ff.
21) Kling., Nr. 142, S. 51
22) KuN, Bd. 1, S. 430
23) KuN, Bd. 3, S. 62. – Zu den folgenden Ausführ. vgl. die Theaterschrif-
ten von Kling., außer KuN besonders Nr. 85, 105d–h, 127 f., 132, 133–
137, 141 f., 144 f., 147
24) Parterre, Nr. 105g
25) Darstellungen, Nr. 105e, S. 149 f.
26) Vorlesungen, Nr. 105g
27) Nr. 15e, S. 160
28) KuN, Bd. 3, S. 354 bzw. Bd. 1, S. 393
u. Bd. 3, S. 322
29) KuN, Bd. 3, S. 380
30) Burath, l. c., S. 131 ff.
31) ebda, S. 124
32) KuN, Bd. 3, S. 325 ff. (zu Leos Weg-
gang von Brs. vgl. ZeW 1815,
Nro. 224 vom 13. 11. u. Nro. 246
vom 14. 12.)

IV. **Literarbiographische Annäherun-**
gen ...

1) Burath, Nr. 171, S. 20 f.
2) Merkel, Nr. 271, S. 38 f.
3) ZeW 1803, Nro. 48 vom 21. 4.
4) Burath, l. c., S. 208
5) 4. Nw, S. 59
6) Heinrich der Löwe, Nr. 92a, S. 8 f.
7) 10. Nw, S. 130 f.
8) Bianca, Nr. 108b, S. 210
9) Ribbentrop, Nr. 174, Bd. 1, S. 208–
214

10) KuN, Bd. 2, S. 448
11) Campe, Nr. 233, Sp. 961 f. (»Klingelherr«)
12) BA 1798, 5. Stück vom 17.1.; JbGB 1904, S. 56; Ribbentrop, l. c., Bd. 2, S. 79
13) BA 1788, 91. Stück vom 19.11. bzw. 1790, 19. Stück vom 7.3.
14) in der Personalien-Sammlung des Stadtarchivs Braunschweig (= HVIIIA: 1820)
15) ebda (»Zum Neuen-Jahre 1788«)
16) Burath, l. c., vgl. Stammtafeln S. 203 f.
17) zu Weinholtz vgl. Burath, S. 17 f.; zudem Nr. 180, S. 62 sowie JbGB 1906, S. 135 ff. u. Nr. 176, S. 135
18) KuN, Bd. 1, S. 140 u. 62, Bd. 2, S. 332; Bd. 2, S. 300
19) KuN, Bd. 1, S. 140, Bd. 2, S. 300; Bd. 1, S. 141
20) zu Görges s. NN 1852, 2. Teil, S. 829–833; das Mskr. dazu im Stadtarchiv Brs. (HVIIIA: 1367). Ferner ADB, Bd. 9, S. 373 f.
21) Stadtarchiv Brs., Nr. 217c (GIII 1: 241 = Kirchenbuch für die Gemeinde St. Blasius in Braunschweig. IV. Verz. der Verstorb. u. Begrab. im Jahre 1831. S. 132)
22) Wallor, Nr. 252, 1. Bändchen, S. 47–73
23) NN, l. c., S. 831
24) NN 1844, S. 548. – Die Anzeige in BA 1798 vom 23.6.
25) Brief in Nr. 149, S. 75 f.
26) Bornhardts Mappe im Stadtarchiv Brs. (HVIIIA: 470)
27) Fleig, Nr. 50, S. 17
28) Maler Nolten, Nr. 315, S. 99 f.
29) NN, l. c., S. 549
30) ebda, S. 550
31) Brief in Nr. 308, S. 573. Vgl. ihren Brief vom 21.9.25 (S. 559)
32) Döll, Nr. 200, S. 285

33) Meibeyer, Nr. 199
34) BA 1795 vom 30.12.
35) Exempl. der Stadtbibliothek Brs., Sign. I 45/631, Eintrag zu Beginn des »Zweiten Buchs«. Zu Leibrock s. Rohmann, Nr. 212, S. 25
36) Burath, l. c., S. 19
37) Meier / Kämpe, Nr. 184, 1903, S. 32 (Nro. 3)
38) Paulsen, Nr. 37, S. 494 bzw. im Nachwort zu Nr. 6, S. 174 (zit. nach Aufl. 1974)
39) Brinkmann, Nr. 39, S. 12 u. 22 f.
40) Sölle, Nr. 34, S. 70 f. u. 22 f.
41) vgl. Burath, l. c., , S. 84 f. u. 227. Die Braunschweiger Adreßbücher setzen leider erst 1805 ein (Ausk. des Stadtarchivs)
42) vgl. Nr. 184, 1903, S. 32 (Nro. 3) bzw. Kämpe, Nr. 217d, S. 182
43) J. u. W. Grimm, Nr. 290, s v Flugwerk
44) Asseburg, Nr. 78, Bd. 1, S. 201–204
45) J. u. W. Grimm, l. c., s v Warg (s. auch s v Werk)
46) ebda, s v Würger
47) ebda, s v Würgengel
48) Bächtold-Stäubli, Nr. 302, Bd. VI, Sp. 813 f.
49) Hock, Nr. 295, S. 51
50) Bächtold-Stäubli, l. c., Sp. 815 f.
51) ebda, Bd. IX, Sp. 967 (Zwiebel)
52) Hock, l. c., S. 31 f.
53) Ribbentrop, l. c., Bd. 1, S. 183
54) Zeidler, Nr. 213, S. 74
55) 6. Nw, S. 73
56) Ruinen, Nr. 80, Bd. 1, S. 184
57) Ribbentrop, l. c., Bd. 1, S. 238
58) Eckart, Nr. 77, S. 212, 191
59) W. Grimm, Nr. 291, S. 402
60) Beitl, Nr. 323, S. 700 (s v Scharfrichter)
61) KuN, Bd. 2, S. 471
62) Finkler, Nr. 100c, S. 202 u. 225

63) ebda, S.227 u. 229ff.
64) Driesen, Nr.297, S.172f. u. 224
65) Dorothea, Nr.99, S.43, 56, 133
66) ebda, S.43
67) ebda, S.89
68) Hock, l.c., S.10 bzw. Sturm/Völker, Nr.317, S.511f.
69) Zedler, Nr.218, Sp.1211f. (Eva v. Trotta)
70) Bianca, Nr.108b, S.183, 162, 188
71) ebda, S.212
72) ebda, S.135
73) Ruinen, Bd.1, S.124 bzw. 47
74) Sturm/Völker, l.c., S.554f.
75) Ahasver, Nr.106, S.41f.
76) ebda, S.35
77) Kl. Pauly, Nr.330, Bd.1, Sp.1166
78) Bianca, l.c., S.144f.
79) Dorothea, l.c., S.6–9
80) Gelehrte Beyträge zu den BA. 1783, 29. u. 30. Stück. Vgl. BM 1790 vom 23.10.
81) Braut, Nr.108a, S.23 (Bühnenaufführung schon 1828)
82) 8.Nw, S.107
83) 14.Nw, S.168 bzw. 10.Nw, S.130f.
84) KuN, Bd.2, S.449
85) Mitgau, Nr.196, S.168
86) Romano, Bd.1, S.137
87) Ahasver, l.c., S.10 bzw. S.III
88) 4.Nw, S.58
89) KuN, Bd.2, S.478
90) Theaterzettel in Nr.217a, Bd.2, Nr.129
91) BA 1790 vom 4.9.
92) BA 1792 vom 18.1. (bzw. Döbbelin in Nr.217a, Bd.2, Zettel zum 2.2.1792)
93) Nr.217a, Bd.2, Nr.129
94) ebda, s.Nr.131
95) ebda, Nr.133–135
96) ebda, Bd.6, in der Kassette Nr.174
97) Leisewitz, Nr.293, S.28 (vom 15.2.1778)

98) JbGB 1904, S.44
99) BA 1792 vom 29.8.
100) dazu Burath, l.c., S.160f.; zum Folgenden Rohmann, Nr.204, S.30
101) KuN, Bd.2, S.483f.
102) ebda, Bd.3, S.79
103) Fiesko, Nr.235, S.103
104) Asseburg, l.c., S.15–18
105) Musäus, Nr.239, S.34ff. (Klingemanns Besuch der Grabstätte von Musäus: KuN, Bd.1, S.467)
106) Liess, Nr.201, S.94ff.
107) Ribbentrop, Bd.1, S.174; KuN, Bd.2, S.445
108) Bächtold-Stäubli, l.c., s v Blasius; s. auch Döll, Nr.200, S.54
109) Bächtold-Stäubli, s v Cyriacus
110) Zeidler, Nr.213, S.22
111) Quast, Nr.207, S.49
112) Ribbentrop, Anhang zu Bd.2, S.44. Vgl. BM 1792 vom 9.6. sowie Andree, Nr.183, S.39f.
113) etwa in KuN, Bd.2, S.20 u. 449; ZeW 1808 vom 20.8. (Nr.140)
114) BM 1790 vom 23.10.
115) Cortez, Nr.101b, S.83
116) ebda, S.119f.
117) Meier/Steinacker, Nr.185, S.10; s. auch Döll, l.c., S.11
118) Ribbentrop, Bd.1, S.173ff.
119) KuN, Bd.2, S.444ff.
120) Quast, l.c., S.13–19
121) KuN, Bd.2, S.446
122) Ahasver, l.c., S.5
123) Bianca, l.c., S.139
124) Braut, l.c., S.80
125) Asseburg, Bd.2, S.105
126) ebda, S.192f.
127) Ahasver, S.19f.
128) Kuhn, Nr.288, S.33 (dort weitere Quellen)
129) Ribbentrop, Bd.2, S.114
130) Zimmermann, Nr.189, S.18

131) Nr. 217c, G III 1: Bd. E 310, S. 77 rechts (Beerdig. 1796–1814)
132) Klencke, Nr. 181, S. 80
133) Caroline, Nr. 299, Bd. 2, S. 24
134) Leyser, Nr. 234, Bd. 2, S. 36
135) Meyer/Schadt, Nr. 187
136) Asseburg, Bd. 1, S. 293 f.
137) Meier/Schadt, l. c., S. 2
138) Burath, S. 18
139) dazu Michel, Nr. 2, S. XXVIII; Sölle, Nr. 34, S. 91; Brinkmann, Nr. 39, S. 9 f.
140) 16. Nw, S. 185 f.
141) Young, Nr. 220, S. 317
142) ebda, S. 17
143) Young, Nr. 219a, S. 27 f.
144) ebda, S. 46
145) Young, Nr. 219b, S. 10
146) KuN, Bd. 1, S. 180 f. u. Bd. 2, S. 441
147) Young, Nr. 220, S. 41. – Vgl. die frommen »Nachtwächter-Gedanken«, die v. Seckendorf 1820 von Young herleitet (Nr. 282)
148) Young, Nr. 219a, S. 18
149) 9. Nw, S. 118 f.
150) Young, Nr. 219b, S. 13 ff.
151) Romano, Bd. 1, S. 263
152) KuN, Bd. 3, S. 123
153) 16. Nw, S. 185
154) dazu Kelsch, Nr. 228, S. 110 ff., ferner Nr. 210, S. 22 ff. u. 30–33; außerdem Schneider, Nr. 227, S. 188 f.
155) Dahl, Nr. 182, S. 17. – Zu Lestwitz' Kämpfen s. Lachmann, Nr. 179
156) Dahl, l. c., S. 7 (er bezieht sich dabei auch auf Lestwitz)
157) Lachmann, Nr. 179, S. 80
158) Leisewitz, Nr. 294, Bd. 1, S. 171 f. (27. 3. 1780). Zu seinem Umgang mit Lestwitz s. Bd. 1, S. 29
159) Meier, Nr. 192, Heft 6, S. 95
160) BM 1788 vom 22. u. 29. 11.
161) Dahl, l. c., S. 39
162) Die Geheimnisse, in Nr. 259,

1. Abt., Bd. 16, S. 102 f. (dazu s. Nr. 260, S. 705–711)
163) Eckart, Nr. 77, S. 278
164) Schlumberger, Nr. 316, S. 232; Clain-Stefanelli, Nr. 328, S. 171 ff.
165) BA 1795 vom 17. 1. (»Zum Prinzen«); zu den holländ. Studenten s. Antrick, Nr. 216, S. 121 ff.
166) BA 1796 vom 20. 2. u. BM 1798 vom 15. 9.
167) BA 1789 vom 7. 2.; zum Münzwesen s. Ribbentrop, Bd. 2, S. 159 f.
168) BM 1903, Nr. 4, S. 47
169) Ribbentrop, Bd. 2, S. 44 (Anh.)
170) Eckart, l. c., S. 141
171) 12. Nw, S. 144
172) Campe, Nr. 231, S. 18–43
173) Campe, Nr. 232, Teil 2 (1786), S. 327 f.; ferner: BJ 1788, 3. Stück, S. 379 u. 6. St., S. 227
174) BJ 1789, 11. St., S. 318 f.
175) ebda, 10. St., S. 251
176) 13. Nw, S. 155
177) BJ 1789, 10. St., S. 238–240
178) Campe, Nr. 232, Teil 8, 1790, S. 157
179) Robinson d. J., Nr. 230, S. 102
180) ebda, S. 101
181) ebda, S. 52
182) ebda, S. 51 f.
183) 12. Nw, S. 141
184) Heiduk, Nr. 74, S. 149
185) Ahasver, l. c., S. VII u. 18
186) BM 1904, S. 139 f. bzw. Andree, Nr. 183, S. 294 ff.
187) Burath, S. 16 f.
188) Ribbentrop, Bd. 2, S. 42 f.
189) Eschenburg, Nr. 243, S. 254
190) zu Froriep s. KuN, Bd. 2, S. 403
191) Ribbentrop, Bd. 2, S. 245–252
192) KuN, Bd. 1, S. 355 f.
193) 14. Nw, S. 158 u. 170
194) KuN, Bd. 1, S. 180 f.
195) KuN, Bd. 3, S. 54 bzw. Burath, S. 35
196) JbGB 1905, S. 50 ff.

197) Leisewitz, Nr. 294, Bd. 2, s. Register
S. 381
198) KuN, Bd. 1, S. 181, Bd. 2, S. 196,
Bd. 3, S. 55 f.; in ZeW 1806 vom
20. 9. (Klingemanns Bericht von der
Beisetzung, Nro. 113)
199) Kling., Nr. 93a, S. 8
200) J. v. Tarent, Nr. 292, S. 50
201) Bianca, l. c., S. 175
202) J. v. Tarent, l. c., S. 115–118
203) in Nr. 292, S. 103 (Anhang)
204) Paulsen, Nr. 37, S. 504
205) KuN, Bd. 2, S. 257 f.
206) Kling., Nr. 93a, S. 9
207) Kling., Nr. 137
208) 12. Nw, S. 143
209) Leisewitz, Nr. 294, Bd. 2, S. 144
(26. 2. 81) bzw. S. 146 (5. 3.)
210) Hartmann, Nr. 165, S. 241
211) KuN, Bd. 2, S. 258 f.; s. schon ZeW
1809, Sp. 1079 (Nro. 135)
212) Andree, Nr. 183, S. 397
213) Lessing, Nr. 225, Bd. 3, S. 42
214) Leisewitz, Nr. 292, S. 113 (Anh.)
215) Schneider, Nr. 227, S. 259
216) 1. Nw, S. 12–15
217) Anti-Goeze, Nr. 223, S. 4 des 1.,
S. 11 f. des 2., S. 11 des 7., S. 16 des
10., S. 15 des 3. Anti-Goeze
218) S. 3 des 1. bzw. S. 4 ff. des 3. A.-G.
219) S. 7 des 7., S. 10 des 4. bzw. S. 9 f. des
11. A.-G.
220) Akt 2, Sz. 3 (zit. nach den »Ruinen«,
Bd. 2, S. 237)
221) 1. Nw, S. 11 u. 14 ff.
222) Lessing, Nr. 225, Bd. 1, S. 179 (das
»Fragment« 1751 zum erstenmal
gedr.)
223) 1. Nw, S. 11
224) Katalog Nr. 210, S. 16 f.
225) Paulsen, Nr. 37, S. 478
226) Ruinen, Bd. 1, S. 122
227) Bächtold-Stäubli, l. c., s v Witwe
228) BM 1788 vom 29. 11.

229) Schmidt, Nr. 198, S. 102 f.
230) Ribbentrop, Bd. 2, S. 196–210
231) Elster, Nr. 191, S. 48
232) ebda, S. 48
233) BJ 1788, 7. Stück
234) Knigge, Nr. 175, S. 41
235) Personalien-Slg. Nr. 217b, H VIII
A: 1367 (Brief vom 22. 3. 1807)
236) Schmidt, Nr. 198, S. 124; ferner
Müller, Nr. 205, S. 12 f.
237) 13. Nw, S. 155
238) 6. Nw, S. 78
239) Stammtafeln, Nr. 209, S. 212
240) in Nr. 224, Bd. 23, S. 1003 f.
241) Stern, Nr. 188, S. 84
242) Elster, l. c., S. 45
243) Hoffmann, Nr. 214, S. 30
244) Böttiger, Nr. 286, S. 13
245) Strombeck, Nr. 178, S. 53
246) Asseburg, Bd. 1, S. 111 bzw. KuN,
Bd. 1, S. 432 f.
247) Antrick, Nr. 216, S. 14
248) Eschenburg, Nr. 177, S. 119
249) 3. Nw, S. 31 f. u. 36
250) BM 1789 vom 20. 6.
251) Eschenburg, Nr. 243, S. 304 f.
252) BM 1795 vom 29. 8. u. 1796 vom
20. 2.; vgl. 1797 vom 18. 2.
253) seine Abschiedsanzeige in BA 1798
vom 28. 4.
254) Mikromegas, Nr. 306, S. 153
255) Michel, Nr. 2, S. 153
256) Alfonso, Nr. 103a, S. 126
257) 13. Nw, S. 154
258) Ruinen, Bd. 2, S. 182 f.
259) Kling., Nr. 142, S. 49
260) Wieland, Nr. 229, S. 239 ff.
261) BJ 1789, 1., 4., 9. Stück;
BJ 1790, 1. Stück
262) dazu Pirscher, Nr. 245, S. 214 (92. St.
der Hamb. Dramaturgie)
263) Eschenburg, Nr. 242, S. 252
264) Bartenschlager, Nr. 57, S. 367 f.
265) Pirscher, l. c., S. 194

266) Burath, S. 35. Ähnl. vage Steinacker,
      Nr. 194, S. 64
267) vgl. Burath, S. 48
268) BA 1798 vom 14. 2.
269) Levin, Nr. 186, S. 69
270) Meyen, Nr. 244, S. 52
271) KuN, Bd. 1, S. 84
272) Eschenburg, Nr. 242, S. 340
273) 5. Nw, S. 63
274) Zur Kypseloslade vgl. Moritz,
      Nr. 237, S. 39 f.
275) Kl. Pauly, Nr. 330, s v Nyx: Dar-
      stellungen der Nacht auch auf Sar-
      kophagreliefs
276) »Die Asseburg« wird in BA 1796
      vom 7. 5. als erhältl. angez.
277) Elster, Nr. 191, S. 47
278) Hartmann, Nr. 165, S. 276
279) Eckart, Nr. 77, S. 207 bzw. 345
280) ebda, S. 240 bzw. 226 u. 364
281) ebda, S. 97
282) ebda, S. 98
283) ebda, S. 136 u. 149
284) V. Weber, Nr. 251, S. 177
285) vgl. BA 1791 vom 7. 5.; auch etwa
      1794 vom 30. 8., 1798 vom 10. 4.
286) BM 1792 vom 8. 12. u. 1793 vom
      26. 1.; vgl. Asseburg, Bd. 1, S. 43
287) Sammons, Nr. 36, S. 113
288) Appell, Nr. 287, S. 26
289) Schleicher, Nr. 241, 1. Teil, S. 181
290) ebda, S. 100
291) ebda, 2. Teil, S. 252
292) ebda, 1. Teil, S. 19–22
293) 15. Nw, S. 177
294) Thalmann, Nr. 320, S. 14

295) Burath, S. 49 f.
296) Slg. Nr. 217a, HXA: Bd. 3, Nr. 79
      (für den 19. 8. 1797)
297) in Nr. 256, Heft 1, S. 39
298) Kling., Nr. 138
299) l. c., S. 39 ff.; vgl. 2. Heft, S. 191 f.:
      Fabel des neuen Stücks: Die Maske
300) Brief in Nr. 259, 4. Abt., Bd. 12,
      S. 423
301) Burath, S. 50
302) Ruinen, Bd. 1, S. 31
303) ebda, S. 100 f.
304) ebda, S. 19
305) Burath, S. 51 (mit Druckfehler)
306) Ruinen, Bd. 3, S. 341 ff.
307) ebda, S. 58–63
308) ebda, S. 182–186
309) ebda, S. 275–281
310) ebda, S. 312 f.
311) ebda, S. 338 ff.
312) ebda, S. 229 f.
313) ebda, S. 41
314) ebda, S. 168
315) ebda, S. 188
316) Memnon, Nr. 82, S. 6 f.; s. auch
      S. 13
317) KuN, Bd. 2, S. 397
318) KuN, Bd. 1, S. 463 ff. bzw. Bd. 1,
      S. 39 f.
319) Hartmann, Nr. 165, S. 254 f. bzw.
      Zettel in Nr. 217a, HXA: Bd. 3,
      Nr. 79 (19. 8. 1797)
320) KuN, Bd. 1, S. 414
321) s. Zimmermann, Nr. 151, 1923,
      Sp. 20 f.
322) Godwi, Nr. 329, S. 565

Bibliographie

Verzeichnet wird nur von mir zitierte oder indirekt angesprochene bzw. berücksichtigte Literatur. Die Durchnumerierung dient der verkürzenden Darbietung der Anmerkungen (Zitatnachweise).

Siglen der wichtigsten Titel:

ADB	Allgemeine Deutsche Biographie. Lpz. 1875–1912
ALZ	Allgemeine Literatur-Zeitung. 1785–1849
BA	Braunschweigische Anzeigen. 1744 ff.
BJ	Braunschweigisches Journal philosophischen, philologischen und pädagogischen Inhalts. Brs. 1788–91
BM	Braunschweigisches Magazin. 1744 ff.
Euph	Euphorion. 1894 ff.
Freim	Freimüthigkeiten. Ein Seitenstück zu den Expektorazionen und zugleich ein blöder Mitbewerber um den von Herrn v. Kotzebue ausgesetzten Preis für das beste Lustspiel. Abdera (Lünebg.) 1804. (Verf.: August Klingemann)
GG	Goedeke, Karl. Grundriß zur Geschichte der deutschen Dichtung. 1884 f ff.
JALZ	Jenaische Allgemeine Literatur-Zeitung. 1804–41
JbGB	Jahrbuch des Geschichtsvereins für das Herzogtum Braunschweig. Wolfenb. 1902 ff. (ab 1940 u. d. T.: Braunschweigisches Jahrbuch)
KuN	Kunst und Natur. Blätter aus meinem Reisetagebuche. Von August Klingemann. 3 Bde., Brs. 1819, 1821 u. 1828
Mittnbl	Mitternachtblatt für gebildete Stände. Brs. 1826–29
Morgbl	Morgenblatt für gebildete Stände. Tüb. (u. Stgt.) 1807–65
NDB	Neue Deutsche Biographie. Bln. 1953 ff.
NN	Neuer Nekrolog der Deutschen. Ilmenau 1824–54
ZeW	Zeitung für die elegante Welt. Lpz. 1801–59

I. »Nachtwachen von Bonaventura«

A. Ausgaben

1 Nachtwachen. Von Bonaventura. Penig 1805. In: Journal von neuen deutschen Original Romanen. 3. Jg. 1804, 7. Lfg.

2 — Hrsg. v. Hermann Michel. Bln. 1904. In: Deutsche Literaturdenkmale des 18. und 19. Jhs., Bd. 133

3 — Hrsg. v. Erich Frank. Hdbg. 1912

4 Nachtwachen. Hrsg. v. Raimund Steinert. Weim. 1914
5   —   Hrsg. v. Wolfgang Pfeiffer-Belli, Coburg 1947
6   —   Hrsg. v. Wolfgang Paulsen. Stgt. 1964
7   —   Hrsg. v. Jost Schillemeit. FfM. 1974 (= insel taschenbuch 89. –
           Exzerptions- u. Zitiervorlage)

B. Zum Werk und zur Verfasserfrage

8 Rudolf Haym. Die romantische Schule. Bln. 1870 (S. 635 ff.)
9 Hubert Beckers. Schelling's Geistesentwicklung in ihrem inneren Zusammenhang.
   Mnch. 1875 (Schelling-Festschr.)
10 Rudolf Seydel. Schellings Nachtwachen. In: Ztschr. f. dt. Altertum 1879. S. 203–05
11 Erich Schmidt. Nachtwachen von Bonaventura. In: Vierteljahrsschr. f. Litteratur-
   geschichte 1888. S. 502
12 Karl von Hase. Ideale und Irrthümer. Jugenderinnerungen. Lpz. ⁵1894 (1. Aufl.
   1872)
13 Richard M. Meyer. Nachtwachen von Bonaventura. In: Euph 1903. S. 578–88
14 Oskar F. Walzel. Referat über Nr. 2 (Michel). In: Deutsche Literaturzeitung 1905.
   Sp. 2862–66
15 Erich Eckertz. Nachtwachen von Bonaventura. Ein Spiel mit Schelling und Goethe
   gegen die Schlegels von Caroline. In: Ztschr. f. Bücherfreunde 1905/06. S. 234–
   49
16 Gottfried Thimme. Zu Nr. 2. In: Euph 1906. S. 159–84
17 E. Schulte-Strathaus. »Nachrichten«-Beitrag in Euph 1907. S. 823
18 Franz Schultz. Der Verfasser der Nachtwachen von Bonaventura. Untersuchungen
   zur deutschen Romantik. Bln. 1909
19 Erich Frank. Clemens Brentano der Verfasser der Nachtwachen von Bonaventura.
   In: Germ.-roman. Monatsschr. 1912. S. 417–40
20 Franz Schultz. Zu den »Nachtwachen von Bonaventura«. In: Archiv f. d. Studium
   der neueren Sprachen u. Literaturen 1912. S. 12–15
21 Eduard Berend. Zu Nr. 3 (Frank). In: Euph 1912. S. 796–813
22 Heinz Amelung. Neues und altes, echtes und falsches von Clemens Brentano. In:
   Das literarische Echo 1912/13. Sp. 1114–19
23 H. Cardanus. Wer war »Bonaventura«? In: Hochland 1912/13. S. 751–54
24 Max Morris. Zu Nr. 3 (Frank). In: Deutsche Rundschau 1913. S. 474
25 Friedrich Schulze. Zu Nr. 3. In: Literar. Zentralblatt 1914. S. 554 f.
26 Karl Hofmann. Zur Verfasserfrage der Nachtwachen von Bonaventura. Diss. Prag
   1921
27 Hans Naumann. Zu den »Nachtwachen von Bonaventura«. In: Ztschr. f. dt. Philol.
   1923. S. 240–43
28 Eduard Berend. Zu den Nachtwachen« des Bonaventura. In: Ztschr. f. dt. Philol.
   1926. S. 329 f.
29 Friedrich Gundolf. Über Clemens Brentano. In: Zeitschr. f. Deutschkunde 1928.
   (S. besonders S. 12)
30 Franz Schultz. Gundolf und die »Nachtwachen von Bonaventura«. In: Euph 1928.
   S. 234–39
31 Joachim Müller. Die Nachtwachen des Bonaventura. In: Neue Jahrb. f. Wiss. u.
   Jugendbildung 1936. S. 433–44
32 Hermann August Korff. Geist der Goethezeit. Lpz. 1940. S. 214–28
33 Joachim Stachow. Studien zu den Nachtwachen von Bonaventura mit besonderer
   Berücksichtigung des Marionettenproblems. Masch.-schr. Diss. Hbg. 1957

34 Dorothee Sölle. Untersuchungen zur Struktur der Nachtwachen von Bonaventura. Gött. 1959 (Palaestra Bd. 230)

35 J. Thiele. Untersuchungen zur Frage des Autors der »Nachtwachen von Bonaventura« mit Hilfe einfacher Textcharakteristiken. In: Grundlagenstudien aus Kybernetik u. Geisteswiss. 1963. S. 36–44

36 Jeffrey L. Sammons. The Nachtwachen von Bonaventura. A structural interpretation. The Hague. Paris 1965

37 Wolfgang Paulsen. Bonaventuras »Nachtwachen« im literarischen Raum. Sprache und Struktur. In: Schiller-Jb 1965. S. 447–510

38 Werner Kohlschmidt. Das Hamlet-Motiv in den »Nachtwachen« des Bonaventura. In: W. K., Dichter, Tradition und Zeitgeist. Bern/Mnch. 1965. S. 93–102

39 Richard Brinkmann. Nachtwachen von Bonaventura. Kehrseite der Frühromantik? Pfullingen 1966 (Opuscula Nr. 31)

40 Peter Küpper. Unfromme Vigilien. Bonaventuras »Nachtwachen«. In: Festschr. R. Alewyn. Köln u. Graz 1967. S. 309–27

41 Max Rouché. Bonaventure ne serait-il pas Jean-Paul lui-même? In: Etudes Germaniques 1969. S. 329–45

42 Dieter Wickmann. Eine mathematisch-statistische Methode zur Untersuchung der Verfasserfrage literarischer Texte. Durchgeführt am Beispiel der »Nachtwachen. Von Bonaventura« mit Hilfe der Wortartübergänge. Köln-Opladen 1969

43 Helmut Schanze und Leonhard Frantzen. Das Bonaventuraproblem aus literaturwissenschaftlicher Sicht. Als »Anhang« zu Nr. 42. S. 70–75

44 Gerard Gillespie. Bonaventura's romantic agony: perversion of an art of existential despair. In: Modern Language Notes 1970. S. 697–726 (Bd. 85)

45 Jörg Schönert. Fragen ohne Antwort. Zur Krise der literarischen Aufklärung im Roman des späten 18. Jhs. In: Schiller-Jb. 1970. S. 183–229

46 Dieter Arendt. Der »poetische Nihilismus« in der Romantik. Tüb. 1972. 2 Bde.

47 Gerard Gillespie. Night-Piece and Tail-Piece. Bonaventura's Relation to Hogarth. In: Arcadia 1973. S. 284–95 (Heft 3)

48 Hannes Leopoldseder. Groteske Welt. Ein Beitrag zur Entwicklungsgeschichte des Nachtstücks in der Romantik. Bonn 1973

49 Jost Schillemeit. Bonaventura. Der Verfasser der »Nachtwachen«. Mchn. 1973

50 Horst Fleig. Zersprungene Identität. Klingemann – »Nachtwachen von Bonaventura«. Rohmanuskript; Beilage zu: H. F., Sich versagendes Erzählen (Fontane). Göppingen 1974 (Göppinger Beiträge zur Germanistik Bd. 145)

51 Richard Brinkmann. Refer. über Nr. 49 (Schillemeit). In: Germanistik 1974. S. 141 f. (Heft 1)

52 Max Rouché. Rez. zu Nr. 49. In: Etudes Germaniques 1974. S. 120 f.

53 Wolfgang Paulsen. Rez. zu Nr. 49. In: The German Review. 1974 (May)

54 Jeffrey L. Sammons. Rez. zu Nr. 49. In: Zeitschr. f. dt. Philol. 1974. S. 288–91 (Heft 2)

55 Jeffrey L. Sammons. Rez. zu Nr. 49. In: English Language Notes 1974–75. Suppl. to Nr. 1 Sept. 1974. S. 128 (Vol. XII)

56 Ernst Erich Metzner. Rez. zu Nr. 49. In: Aurora 1974. S. 96–100

57 Klaus Bartenschlager. Bonaventuras Shakespeare: Zur Bedeutung Shakespeares für die »Nachtwachen«. In: Festschr. John W. P. Bourke. Mchn. 1974. S. 347–71

58 Wolfgang Proß. Jean Paul und der Autor der »Nachtwachen« – Eine Hypothese. In: Aurora 1974. S. 65–74

59 Dieter Wickmann. Zum Bonaventura-Problem: Eine mathematisch-statistische

Überprüfung der Klingemann-Hypothese. In: LILI (Zeitschr. f. Lit.wiss. u. Linguistik) 1974) (Heft 4, ersch. erst Herbst 1975). S. 13–29

60 Rudolf Böttger. Eine bisher unerkannte Satire auf Goethe und Frau von Stein. In: Zeitschr. f. dt. Philol. 1975. S. 256–64 (Heft 2)

61 Jeffrey L. Sammons. Rez. zu Nr. 58 (Proß). In: English Language Notes. Suppl. to Nr. 1 Sept. 1975. S. 134f. (Vol. XIII)

62 Rado Pribic. Alienation in Nachtwachen by Bonaventura and Dostoevskij's Notes from the Underground. In: Germano-Slavica. 1975. S. 19–28 (Nr. 5)

63 Roland Heine. Rez. zu Nr. 49. In: The German Quaterly. S. 240f. (Nr. 2)

64 Gerald Gillespie. Kreuzgang in the Role of Crispin: »Commedia dell'arte« Transformations in »Die Nachtwachen«. In: Herkommen und Erneuerung. Essays für Oskar Seidlin. Tüb. 1976. S. 185–200

65 Derek Bowman. Rez. zu Nr. 49. in: German Life and Letters. 1976–77. S. 253–55 (Bd. 30)

66 Melitta Scherzer. Zur Diskussion um die »Nachtwachen« des Bonaventura: Johann Benjamin Erhard. In: Aurora 1977. S. 115–33

67 Rosemarie Hunter-Lougheed. Warum eigentlich nicht Hoffmann? Ein Beitrag zur Verfasserfrage der »Nachtwachen«. In: Mitteil. der E. T. A. Hoffmann-Gesellschaft 1977. S. 22–43 (Heft 23)

68 Rita Terras. Juvenal und die satirische Struktur der »Nachtwachen« von Bonaventura. In: The German Quaterly 1979. S. 18–31

69 Andreas Mielke. Überlegungen zu »Des Teufels Taschenbuch« von Bonaventura und Schlegels Begriff der »Diabolischen Dichtkunst«. In: Aurora 1979. S. 197–205

70 Ellis Finger. Bonaventura Through Kreuzgang: »Nachtwachen« as Autobiography. In: The German Quarterly 1980. S. 282–97

71 Rosemarie Hunter-Lougheed. Der Mann in Kants Schuhen und Lessings Perücke: Eine unbekannte Quelle zu den »Nachtwachen von Bonaventura«. In: Aurora 1980. S. 147–51

23 Rosemarie Hunter-Lougheed. »Des Teufels Taschenbuch« von »Bonaventura«? In: Neophilologicus 1981. S. 588–93

73 Rosemarie Hunter-Lougheed. Der »Prolog des Hanswurstes«: Zur Entstehungsgeschichte und Datierung der »Nachtwachen«. In: Seminar. A journal of Germanic studies 1982 (Nr. 1). S. 27–43

74 Franz Heiduk. Bonaventuras »Nachtwachen«. Erste Bemerkungen zum Ort der Handlung und zur Frage nach dem Verfasser. In: Aurora 1982. S. 143–65

75 Walter Pfannkuche. Idealismus und Nihilismus in den »Nachtwachen« von Bonaventura, FfM und Bern. 1983

76 Karl-Heinz Habersetzer. Bonaventura aus Prag und der Verfasser der »Nachtwachen«. In: Euph 1983, S. 470–82 (Heft 4)

76a Andreas Mielke. Zeitgenosse Bonaventura. Stuttgart 1984

II. August Klingemann

A. Werke und größere Abhandlungen

77 Wildgraf Eckart von der Wölpe. Eine Sage aus dem vierzehnten Jahrhunderte. Brs. 1795 (anonym)

78 Die Asseburg. Historisch-romantisches Gemählde aus dem dreizehnten Jahrhunderte. Brs. 1796f. (2 Bde., anonym)

79 Die Maske. Ein Trauerspiel in 4 Aufzügen. Brs. 1797 (anonym)
80 Die Ruinen im Schwarzwalde. Eine Arabeske. Brs. 1798 f. (2 Bde., anonym)
81 Selbstgefühl. Ein Karaktergemälde in fünf Aufzügen. Brs. 1800
82 Memnon. Eine Zeitschrift. Herausgegeben von August Klingemann. Erster Band. Lpz. 1800
83 Romano. Brs. 1800 f. (2 Bde.)
84 Albano der Lautenspieler. Vom Verfasser der Maske. Lpz. 1802 (2 Bde.)
85 Was für Grundsätze müssen eine Theaterdirektion bei der Auswahl der aufzuführenden Stücke leiten? Lpz. 1802 (48 S.)
86 Über Schillers Tragödie: Die Jungfrau von Orleans. Lpz. 1802 (77 S.)
87 Die Lazaroni. Vom Verfasser des Romans: Albano, der Lautenspieler. Lpz. 1803 (2 Bde)
88 Freimüthigkeiten. Ein Seitenstück zu den Expektorazionen. Abdera (Lünebg.) 1804 (anonym)
89 Der Schweitzerbund. Lpz. 1804 f. (2 Bde.)
90 Der Lazzaroni oder Der Bettler von Neapel. Ein romantisches Schauspiel in fünf Akten. Vom Verfasser der Maske. Augsburg 1805. In: Neueste deutsche Schaubühne. 3. Jg.
91 Heinrich von Wolfenschießen. Ein Trauerspiel in fünf Aufzügen. Lpz. 1806
92 Theater. Erster Band. Tüb. 1808. Enthält:
    a) Heinrich der Löwe. Eine historische Tragödie
    b) Martin Luther. Ein dramatisches Gedicht
93 Theater. Zweiter Band. Tüb. 1811. Enthält:
    a) Totenopfer den Manen Leisewitz's
    b) Cromwell. Ein Trauerspiel
    c) Columbus. Ein dramatisches Gedicht (mit dem Vorspiel: Die Entdeckung der neuen Welt)
94 Moses. Ein dramatisches Gedicht. Helmst. 1812
95 Schill oder das Declamatorium in Krähwinkel. Eine Posse. Helmst. 1812 (anonym)
96 Don Quixote und Sancho Panza oder: Die Hochzeit des Camacho. Lpz. u. Altenbg. 1815
97 Faust. Ein Trauerspiel. Lpz. u. Altenbg. 1815
98 Hamlet. Trauerspiel von William Shakespeare. Nach Göthes Andeutungen im Wilhelm Meister und A. W. Schlegels Übersetzung für die deutsche Bühne bearbeitet. Lpz. und Altenbg. 1815
99 Die Grube zur Dorothea. Ein Schauspiel. Helmst. 1817
100 Dramatische Werke. Erster Band. Brs. 1817 (Nachdruck Wien 1818):
    a) Rodrigo und Chimene. Trauerspiel
    b) Die Wittwe von Ephesus. Lustspiel... mit Benutzung des Lessingschen Fragments bearbeitet.
    c) Heinrich der Finkler. Schauspiel nach einer altdeutschen Volkssage
101 Dramatische Werke. Zweiter Band. Brs. 1817 (Nachdruck Wien 1819):
    a) Das Kreuz im Norden. Trauersp. aus alter nordischer Vorwelt
    b) Ferdinand Cortez, oder: Die Eroberung von Mexiko. Histor. Dr.
102 Kunst und Natur. Blätter aus meinem Reisetagebuche. 1. Bd., Brs. 1819
103 Theater. Dritter Band. Tüb. 1820:
    a) Alfonso der Große. Schauspiel
    b) Das Vehmgericht
    c) Oedipus und Iokasta. Tragödie... frei nach Sophokles bearbeitet
104 Kunst und Natur. 2. Bd., Brs. 1821

105 Beiträge zur Deutschen Schaubühne. Hrsg. v. August Klingemann. Brs. 1824.
Darin von Klingemann:
a) Der Falkenstein. Drama in Einem Akte
b) Fragment aus einer Tragödie: Ugolino
c) Fragment aus einem grotesk-komischen Zauberspiel: Rolands Knappen
d) Über das Repertoire
e) Über den verschiedenen Styl in den theatralischen Darstellungen
f) Kritik des Parterre
g) Bruchstück aus den noch ungedruckten Vorlesungen für Schauspieler
h) J.B.F. Eßlair, eine biographisch-characteristische Skizze
106 Ahasver. Trauerspiel. Brs. 1827
107 Kunst und Natur. 3. Bd., Brs. 1828
108 Melpomene. Von August Klingmann. Brs. 1830. Enthält:
a) Die Braut vom Kynast. Schauspiel
b) Bianca di Sepolcro. Trauerspiel

Nicht zu beschaffen waren die folgenden, z.T. wohl nie im Druck erschienenen Titel:
109 Deutsche Treue. Ein historisches Schauspiel in fünf Aufzügen. Helmst. 1816 (Vgl. GG VI, S. 442 bzw. ZeW vom 15.9.1815, Nr. 182)
110 Gesetzliche Ordnungen für das Nationaltheater in Braunschweig. 1818 (GG VI, S. 442)
111 Probelesungen für Schauspieler. Helmst. 1818 (GG VI, S. 442)
112 Die Rächer um Mitternacht oder Die Pflicht des Bundes. Dramatisches Gemälde in 5 Aufzügen (GG XI/1, S. 368)
(GG XI/1, S. 368 verzeichnet noch zwei Libretti Klingemanns.)

B. Kleinere Aufsätze, Rezensionen, Gelegenheitsgedichte u.a.

113 Titel der 32 exzerpierten ZeW-Artikel Klingemanns:

Nr. 81,	7.7.1803:	Brief an eine Dame bei Übersendung des Titan von Jean Paul
Nr. 102, 25.8.:		Französische Bühne in Braunschweig
Nr. 103, 27.8.:		Französisches Theater in Braunschweig
Nr. 115, 24.9.		a) Über Preiszuerkennung in Hinsicht auf dramatische Produkte
		b) Braunschweiger Sommermesse
Nr. 133, 6.11.:		Novitäten auf der französischen Bühne in Braunschweig
Nr. 134, 8.11.		a) Fragment über Göthe's »Eugenia«
		b) Musik. Signora Luigia Gerbini
Nr. 153, 22.12.:		Einige Worte über die theatralische Musik der Franzosen
Nr. 15, 4.2.1804:		William Hogarth
Ibl. 15, 31.3.:		Postskriptum des Verfassers der Freimüthigkeiten an den Herrn Garlieb Merkel
Nr. 44, 12.4.:		Hannöverische deutsche Bühne während der diesjährigen Wintermesse in Braunschweig
Nr. 56, 10.5.:		Übersetzung deutscher Dichterwerke
Nr. 68, 7.6.:		Einige Briefe über die neuesten Werke der deutschen schönen Literatur. – Erster Brief
Nr. 73, 19.6.:		Zweiter Brief
Nr. 77, 28.6.:		Dritter Brief

Nr. 83, 12.7.:	Vierter Brief
Nr. 91, 31.7.:	Fünfter Brief
Nr. 99, 18.8.:	Schöne Literatur
Nr. 107, 6.9.:	Einige Worte über Ludwig Tieck. Auf Veranlassung seines Lustspiels: »Oktavianus« (Sechster Brief)
Nr. 108, 8.9.:	Beschluß des Worts über L. Tieck
Nr. 118, 2.10.:	Nachlese von der Braunschweiger Messe
Nr. 119, 4.10.:	Nachlese zur Braunschweiger Messe
Nr. 123, 13.10.:	Über Schillers Wilhelm Tell
Nr. 127, 23.10.:	Siebenter Brief. – Postskript
Nr. 143, 29.11.:	Achter Brief
Nr. 19, 12.2.1805:	Literatur. Bemerkungen auf einer Reise durch die Niederlande nach Paris. 1804
Nr. 35, 21.3.:	Brief über Jean Pauls Vorschule der Ästhetik
Nr. 53, 2.5.:	Aus Braunschweig
Nr. 55, 7.5.:	Wer ist der schwarze Ritter in der Jungfrau von Orleans?
Nr. 62, 23.5.:	Schöne Literatur. Unterhaltungen bei dem Gesundbrunnen
Nr. 65, 30.5.:	Friedrich von Schiller
Nr. 72, 15.6.:	Fragmente
Nr. 88, 23.7.:	Aus Braunschweig

Weitere wichtige Beiträge Klingemanns in der »Eleganten« (ZeW):

114 23.u.25.9.1802, Nr. 114f.: Gemählde der Braunschweiger Sommermesse 1802 (anonym

115 18.9., I.bl.37: Öffentliche Erklärung an den Herrn Garlieb Merkel

116 17.8., Nr. 98: Französisches Theater in Braunschweig

117 22.1.1803, I.bl.3: Ein Brief an den Herrn Garlieb Merkel

118 14.4., Nr. 45: Ausstellung aus einer noch ungedruckten musikalischen Travestie: der Dichter, von August Klingemann

119 21.u.23.4., Nr. 48f.: Moliere im neuen Gewande

120 12.u.14.5., Nr. 57f.: Einige Anmerkungen über den Chor in der Tragödie; besonders in Beziehung auf Schillers Braut von Messina

121 30.7.1805, Nr. 91: Literatur (u.a. Rez. zu »Römische Nächte«)

122 6.8., Nr. 94: Bei Gelegenheit von Jean Pauls Freiheitsbüchlein

123 Okt. 1805, Nr. 126: Einige Worte über Schillers Übersetzung der Phedra von Racine

124 13.2.1806, Nr. 19: Schöne Literatur. Polyidos

125 2.3.1807, Nr. 35: Literatur. Jean Pauls Levana

126 19.6., Nr. 98: Über die neueste dramatische Literatur (u.a. Kleists »Amphitryon«, von Kl. gepriesen)

127 7.7., Nr. 108: Über die Liebhaber in den Lustspielen

128 ab 5.10., Nr. 159, 160 u. 162: Über einige theatralische Darstellungen der Madam Bethmann in Braunschweig

129 20.8.1808, Nr. 140: Das Weserthal bei Höxter

130 16.2.1809, Nr. 33: Dramatische Literatur. Franzeska und Paolo.

131 28.2., Nr. 40: Über eine Stelle in Schillers Braut von Messina

132 18.2.1811, Nr. 35: Über die Verhältnisse deutscher dramatischer Dichter

133 17.-20.9., Nr. 186ff. sowie 5.-7.12., Nr. 242ff.: Patrik Peale's Darstellungen in Braunschweig

134 7.u.8.2.1812, Nr.27f.: Über den Geist tragischer Kunst
135 17.7.1813, Nr.142: Über eine neue für die deutsche Bühne bestimmte Bearbeitung
     des Hamlet
136 17.u.18.5.1816, Nr.97f.: Über die Nothwendigkeit eines allgemeinen Kunststu-
     diums für den Schauspieler
137 17.-19.4.1817, Nr.74ff.: Ehrenrettung der Emilia Galotti

Andere Veröffentlichungen:

138 Über Guelfo's Karakter. Aus dem Trauerspiele: Die Zwillinge, von Klinger. In:
     Journal für Theater und andere schöne Künste. Hrsg. von Schmieder. Hbg.
     1797. 1.Heft, S.44–60 (anonym)
139 Über die Ausbildung des Styls. In: BM 1802, 5.Stück vom 30.1., Sp.66–80
140 Die Weihe der Kraft. Eine Tragödie vom Verfasser der Söhne des Thales. In:
     Morgbl 1807, Nr.58 vom 9.3., S.229f.
141 Über die romantische Tragödie. In: Theater von August Klingemann. 1.Bd., Tüb.
     1808. S.III–XII
142 Oehlenschläger. Fragmente zu seiner Karakteristik als dramatischer Dichter. In:
     Almanach für Theater. Hrsg. von F.L. Schmidt. Hbg. 1812. S.48–67
143 Dramatische Kleinigkeiten und Gelegenheits-Gedichte. In: A.K.'s dramatische
     Werke. 3.Bd., Wien 1819
144 Über die deutsche Bühne. Ein Fragment. In: Mittnbl 1827. Nr.31 vom 22.2.,
     S.121–42
145 Dramaturgie des Braunschweigischen Hoftheaters. In: Mittnbl 1827. Nr.73ff. vom
     7.–10.5., S.292–99
146 Göthe's Portrait auf eine Porzellan-Vase gemalt von Ludwig Sebbers. In: BM 1827.
     2.Stück vom 31.1.
147 Einige Andeutungen über Göthe's Faust; in Beziehung auf eine bevorstehende
     Darstellung dieses Gedichts auf dem Herzogl. Hoftheater zu Braunschweig. In:
     Mittnbl 1829. I.bl. Nr.2 zum 9.1., S.5–8

C. *Briefe u.a. Zeugnisse*

148 Paul Alfred Merbach. Vier Briefe August Klingemanns an Fr.L. Schmidt. In: BM
     1912. S.69f.
149 Paul Alfred Merbach. Aus den Briefschaften Gottlob Wiedebeins. In: JbGB 1912.
     S.48–77
150 Paul Alfred Merbach. Briefwechsel zwischen August Klingemann und Adolf Müll-
     ner. In: Braunschweig. Theater-Jb. 1919/20. S.42–66
151 Paul Zimmermann. Aus den Briefschaften August Klingemanns. In: BM 1923,
     Sept. u. Okt. (Nr.2), Sp.17–28, 38–46; 1924, Sp.8–11, 21–26
152 Paul Alfred Merbach. Eine bisher ungedruckte dramaturgische Vorlesung und
     Abhandlung Klingemanns. In: Euph 1925. S.260–69
153 Klingemanns Nachlaß: Stadtarchiv Braunschweig. Personalien-Sammlung
     HVIIIA: 3045

D. *Literatur zu Klingemann*

154 Johann Georg Meusel. Das gelehrte Teutschland oder Lexikon der jetzt lebenden
     teutschen Schriftsteller. 10.Bd., Lemgo 1803. S.95
155 Franz Horn. Umrisse zur Geschichte und Kritik der schönen Literatur Deutsch-
     lands. 1.Buch. Bln. 1821. S.216–20

156 Friedrich Rassmann. Pantheon deutscher jetzt lebender Dichter und ... Schriftsteller. Helmst. 1823. S. 168
157 NN 1831. 1. Teil, S. 96 ff.
158 Zubereitung des Klingemann'schen Faust. Eine Hexenscene. In: Friedrich von Sallet's sämmtliche Schriften. 4. Bd., Breslau 1847. S. 6–13
159 August Koberstein. Grundriß der deutschen National-Litteratur. 3. Bd., Lpz. ⁴1866. Sp. 2267 f.
160 Friedrich Ludwig Schmidt. Denkwürdigkeiten. 2 Teile. Hbg. 1875 (s. Pers.-Verz.)
161 ADB, Bd. 16. Lpz. 1882. S. 187 ff. (J. Kürschner)
162 GG, Bd. VI, S. 440 ff.; Bd. XI/1, S. 367 f.
163 Heinrich Kopp. Die Bühnenleitung August Klingemanns in Braunschweig. Lpz. 1901 (Theatergesch. Forschgn XVII)
164 Eugen Kilian. Klingemanns Braunschweiger Theaterleitung, In: E. K., Dramaturgische Blätter. Mnch. u. Lpz. 1905
165 Fritz Hartmann. Sechs Bücher Braunschweigischer Theatergeschichte. Wolfenb. 1905 (s. Register)
166 Carl Ludwig Costenoble's Tagebücher. Bd. 2, Bln 1912 (bes. S. 173 ff.)
167 Valentin Hauck. Ernst August Klingemann als Dramatiker. Diss. Würzbg. 1926
168 Wilhelm Wagner. Zur Erstaufführung des »Faust«. In: BM 1928, Nr. 6., Sp. 81–86
169 Wilhelm Wagner. Klingemann und Goethe. In: BM 1929, Nr. 4, Sp. 49–51
170 Hans Jenkner. August Klingemanns Anschauungen über die Funktionen des Theaters, dargestellt nach seinem theoretischen Hauptwerk »Kunst und Natur«. Bln. 1929
171 Hugo Burath. August Klingemann und die deutsche Romantik. Brs. 1948
172 NDB, Bd. 12, 1980, S. 78 f. (J. Schillemeit)
173 Richard Daunicht. August Klingemanns Inszenierung von Goethes »Faust« 1. Teil. In: JbBG 1980. S. 55–73

III. Zu Braunschweig

174 Philip Christian Ribbentrop. Beschreibung der Stadt Braunschweig. Brs., Bd. 1 1789. Bd. 2 1791
175 Adolph Freiherr Knigge. Die Reise nach Braunschweig. Nach der Erstausgabe hrsg. von Paul Raabe. Karsch 1972 (Erstausg. 1792)
176 K. F. Pockels. Carl Wilhelm Ferdinand, Herzog zu Braunschweig und Lüneburg. Tüb. 1809
177 Johann Joachim Eschenburg. Entwurf einer Geschichte des Collegii Carolini in Braunschweig 1745–1808. Bln. u. Stettin 1812
178 Friedrich Karl von Strombeck. Darstellungen aus meinem Leben und aus meiner Zeit. Brs. 1835
179 Fr. H. A. Lachmann. Geschichte der Freimaurerei in Braunschweig von 1744 bis Neujahr 1844. Brs. 1844
180 Carl G. W. Schiller. Braunschweig's schöne Literatur in den Jahren 1745 bis 1800. Wolfenb. 1845
181 Klencke. Der Parnass zu Braunschweig. Historischer Roman in drei Büchern. Cöthen 1854
182 Wilhelm Dahl. Abriß der Geschichte der Loge Carl zur gekrönten Säule von 1744 bis 1894. Brs. 1894
183 Richard Andree. Braunschweiger Volkskunde. Brs. ²1901

184 H. Meier/C. Kämpe. Heraldische Untersuchungen in der Architektur der Stadt Braunschweig. In: BM 1903. S. 1–9, 25–32; 1914, S. 121–25

185 P.J. Meier/K. Steinacker. Die Bau- und Kunstdenkmäler der Stadt Braunschweig. Wolfenb. 1906

186 Herbert Levin. Die Beziehungen der Romantiker zum Herzogtum Braunschweig. In: BM 1919. S. 57–76

187 H. Meier/W. Schadt. Die Kirchhöfe vor den Toren der Stadt Braunschweig. In: BM 1920. S. 1–9

188 Selma Stern. Carl Wilhelm Ferdinand. Hildesh. 1921

189 Paul Zimmermann. Die Dompfarre zu Braunschweig im Rahmen des Stiftes St. Blasii. In: BM 1922, Nr. 4 u. 5

190 Görges/Spehr/Fuhse. Vaterländische Geschichten und Denkwürdigkeiten der Lande Braunschweig und Hannover. Brs. 1925 (Bd. 1)

191 Richard Elster. 1415–1915 Gymnasium Martino-Katharineum zu Braunschweig. Festschrift. Brs. 1926

192 P.J. Meier. Braunschweiger Grabdenkmalkunst. In: Schütting. Niederdeutsche Monatshefte. 1926, Hefte 2 u. 3; 1927, Hefte 1, 5 u. 6

193 Karl Hoppe. Das Geistesleben in Braunschweig zur Zeit Lessings. Brs. 1929

194 Karl Steinacker. Abklang der Aufklärung und Widerhall der Romantik in Braunschweig. Brs. 1939

195 Albert Trapp. 250 Jahre Braunschweigisches Theater 1690–1940. Brs. 1941

196 Hermann Mitgau. Gemeinsames Leben 1770 bis 1870 in Braunschweigischen Familienpapieren. Wolfenb. 1948

197 Friedrich Berndt. Dom und Burgplatz zu Braunschweig. Mchn/Bln 1950

198 Artur Schmidt. Die Entwicklung des Braunschweigischen Schulwesens im Zeitalter des Patrimonialstaates. Diss. Hbg. 1962

199 Wolfgang Meibeyer. Bevölkerungs- und sozialgeographische Differenzierung der Stadt Braunschweig um die Mitte des 18.Jhs. In: JbGB 1966. S. 125–57

200 Ernst Döll. Die Kollegiatsstifte St. Blasius und St. Cyriacus zu Braunschweig. Br. 1967

201 Reinhard Liess. Die Braunschweiger Turmwerke. Eine Charakteristik ihrer Gestalt und städtebaulichen Bedeutung. Festschr. W. Gross. Mchn. 1968. S. 79–127

202 Heinrich Mersmann. Nachts in meiner Stadt. In: Braunschweig. Berichte aus dem kulturellen Leben. 1968. Heft 1

203 Spielplangestaltung der Theater 1802 und 1968 von den Braunschweiger Intendanten August Klingemann und Hans Peter Doll. Brs. 1968 (Literarische Vereinigung Braunschweig)

204 »Ich gehe und mein Herz bleibt hier«. Braunschweiger Briefe aus vier Jahrhunderten als Dokumente menschlicher Kontakte. Hrsg. von Karlwalther Rohmann. Brs. 1971

205 Theodor Müller. Lehrkräfte am Collegium Carolinum zu Braunschweig zwischen 1814 und 1862. Brs. 1973

206 Rudolf Fricke. Das Bürgerhaus in Braunschweig. Tüb. 1975

207 A. Quast. Der Sankt-Blasius-Dom zu Braunschweig. Brs. 1975

208 Herzog Anton Ulrich-Museum Braunschweig. Verzeichnis der Gemälde vor 1800. Brs. 1976

209 G. v. Lenthe/H. Mahrenholtz. Stammtafeln der Familie von Münchhausen. Teil II: Textband. Rinteln 1976

210 Freimaurer in Deutschland. Freimaurerei in Braunschweig. Ausstellungskatalog des Braunschweig. Landesmuseums (Nr. 16). Brs. 1978

211 Mechthild Wiswe. Dom und Burgplatz in Braunschweig im Bilde der Vergangenheit. Brs. 1979
212 Karlwalther Rohmann. Begegnungen in Braunschweigs Mauern. Brs. 1980
213 Monika Zeidler. Chronik der Stadt Braunschweig. Brs. 1980
214 Jochen Hoffmann. Jakob Mauvillon. Ein Offizier und Schriftsteller im Zeitalter der bürgerlichen Emanzipationsbewegung. Köln 1980
215 Christof Römer. Der Braunschweiger Löwe. Welfisches Wappentier und Denkmal. Brs. 1982 (Braunschweig. Landesmuseum Nr. 32)
216 Otto Antrick. Das Collegium Carolinum und seine Studierenden 1745–1862. o.O. u. o.J. (masch.-schr. Diss.)
217 Bestände des Braunschweiger Stadtarchivs:
   a) Theaterzettel-Sammlung (Braunschweig): HXA
   b) Personalien-Sammlung: HVIII
   c) Kirchenbücher des Blasius-Doms: GIII 1
   d) Carl Kämpe. Braunschweiger Wappenbuch. Bd. 1 (o.J.). Signatur: HIII 3, Nr. 4

IV. Sonstige Literatur

218 Heinrich Zedler. Großes vollständiges Universal-Lexicon aller Wissenschaften und Künste. Bd. 45, Halle 1745
219 Übersetzungen einiger poetischen und prosaischen Werke der besten englischen Schriftsteller. Von J.A. Ebert. Brs. u. Hildesh. 1756
   a) 2. Bandes 1. Stück: Der Jüngste Tag. Ein Gedicht in drey Gesängen (von Eduard Young)
   b) 2. Bandes 3. Stück: Der nicht fabelhafte Centaur. In sechs Briefen an einen Freund, über das Leben der heutigen Welt (Young)
220 Dr. Eduard Young's Klagen, oder Nachtgedanken über Leben, Tod und Unsterblichkeit. In neun Nächten. Übersetzt von J.A. Ebert. 4. Bd., Brs. ²1796 (In der Ausg. von 1756 als 1. Stück des 1. Bandes)
221 Justus Möser. Harlekin oder Vertheidigung des Groteske-Komischen. Bremen 1777 (neue verb. Aufl.)
222 Gedichte von Gottfried August Bürger. Frankfurt u. Lpz. 1778
223 Gotthold Ephraim Lessing. Anti-Goeze. Brs. 1778
224 — Werke. Vollständige Ausgabe in 25 Teilen. Hrsg. von J. Petersen u. W. v. Olshausen. Bln. 1825–30 (Nachdr. Hildesh. 1970)
225 — Werke. Hrsg. von H.G. Göpfert. Mchn./Darmst. 1970ff.
226 Erich Schmidt. Lessing. Geschichte seines Lebens und seiner Schriften. 2. Bd., Bln. ²1899
277 Heinrich Schneider. Lessing. Zwölf biographische Studien. Mchn. 1951
228 Wolfgang Kelsch. Der Freimaurer Lessing. In: JbGB 1977. S. 103–19
229 Q. Horatii Flacci Epistolae. Horazens Briefe. Übers. von C.M. Wieland (o.O. u. o.J.; um 1780)
230 Joachim Heinrich Campe. Robinson der Jüngere, zur angenehmen und nützlichen Unterhaltung für Kinder. Frankf. u. Lpz. 1781
231 Campe. Über einige verkannte, wenigstens ungenützte Mittel zur Beförderung der Industrie, der Bevölkerung und des öffentlichen Wohlstands. Wolfenb. 1786
232 Campe. Sammlung interessanter und durchgängig zweckmäßig abgefaßter Reisebeschreibungen für die Jugend. 12 Teile, 1786–93

233 Campe. Wörterbuch der Deutschen Sprache. 2. Teil, Brs. 1808
234 J. Leyser. Joachim Heinrich Campe. Ein Lebensbild aus dem Zeitalter der Aufklärung. 2 Bde., Brs. 1877
235 Friedrich Schiller. Die Verschwörung des Fiesko zu Genua. Nach der Erstausg. von
1783; in: Nationalausgabe. 4. Bd., Weim. 1983
236 Gnothi sauton oder Magazin der Erfahrungsseelenkunde als ein Lesebuch für
Gelehrte und Ungelehrte herausgegeben von Carl Philipp Moritz. 10 Bde., Bln
1783–93 (Faksimile-Druck, Lindau i. B. 1978)
237 Moritz. Götterlehre. FfM 1979 (Erstausg. 1791)
238 Carl Friedrich Flögel. Geschichte des Groteskekomischen. Ein Beitrag zur
Geschichte der Menschheit. Liegn. u. Lpz. 1788
239 Johann K. A. Musäus. Volksmährchen der Deutschen. Teil 5, Gotha 1788
240 Karl von Knoblauch. Die Nachtwachen des Einsiedlers zu Athos. Germanien
(o. O.) 1790 (anonym)
241 Carl Gottlob Cramer. Leben und Meinungen, auch seltsamliche Abentheuer Erasmus Schleichers, eines reisenden Mechanikus. Lpz. 1791
242 Johann Joachim Eschenburg. Handbuch der klassischen Literatur. Brs. ³1792
243 Eschenburg. Lehrbuch der Wissenschaftskunde, ein Grundriß encyklopädischer
Vorlesungen. Bln. u. Stettin ²1800
244 Fritz Meyen. Johann Joachim Eschenburg 1743–1820. Brs. 1957
245 Manfred Pirscher. Johann Joachim Eschenburg. Ein Beitrag zur Literatur- und
Wissenschaftsgeschichte des 18. Jhs. Diss. Dortm. 1960
246 Adolph D. Weber. Über Injurien und Schmähschriften. Lpz. ⁴1820 (die 4. Aufl.
»völlig gleichlautend« mit der 3. Aufl. von 1803 f.)
247 Peter Lebrecht. Eine Geschichte ohne Abentheuerlichkeiten. Bln. 1795 f. (Zit.
nach: Ludwig Tieck's Schriften. 15. Bd., Bln. 1829)
248 Johann Christoph Adelung. Grammatisch-kritisches Wörterbuch der Hochdeutschen Mundart. 2. Teil, Lpz. ²1796
249 G. C. Lichtenbergs ausführliche Erklärung der Hogarthischen Kupferstiche.
3. Lfg., Gött. 1796
250 G. C. Lichtenbergr. Schriften und Briefe. 3. Bd., Darmst. 1972
251 Veit Weber. Die heilige Vehme. Zofingen 1796
252 Friedrich Görges. Wallors rascher Entschluß. Halbroman. Brs. 1796 (anonym)
253 Jean Paul. Blumen- Frucht- und Dornenstükke oder Ehestand, Tod und Hochzeit
des Armenadvokaten F. St. Siebenkäs im Reichsmarktflecken Kuhschnappel.
1. Bändchen, Bln. 1796
254 Jean Paul. Vorschule der Ästhetik, nebst einigen Vorlesungen in Leipzig über die
Parteien der Zeit. 1. Abtlg., Hbg. 1804
255 Jean Paul Sämtliche Werke. Hist.-krit. Ausg. Weim. 1927 ff.
256 Journal für Theater und andere schöne Künste. Hrsg. von Schmieder. Jg. 1797,
Hbg.
257 Johann Wolfgang Goethe. Diderots Versuch über die Mahlerey. Übersetzt und mit
Anmerkungen begleitet. In: Propyläen 1799, 2. Stück des 1. Bandes u. 1. Stück
des 2. Bandes (fotomech. Abdruck Stgt. 1965)
258 Goethe. Über Wahrheit und Wahrscheinlichkeit der Kunstwerke. Ein Gespräch.
In: Propyläen 1798, 1. Stück des 1. Bandes (Abdr. 1965)
259 Goethes Werke. Hrsg. im Auftrag der Großherzogin Sophie von Sachsen. Weim.
1887–1919
260 Goethes Werke. Hamburger Ausgabe. Bd. 2, ¹²1981

261 Faust. Ein Fragment. In: Werke Goethes. Akademie Ausgabe. Bln. 1958. Urfaust – Faust. Ein Fragment – Faust. Der Tragödie Erster Theil (Paralleldruck)
262 Schriften der Goethe-Gesellschaft. Bd. 8
263 Ideen. Von Fr. Schlegel. In: Athenäum. Eine Zeitschrift von August Wilhelm Schlegel und Friedrich Schlegel. 1. Stück des 3. Bandes, Bln. 1800
264 Europa. Eine Zeitschrift. Herausgegeben von Friedrich Schlegel. FfM. 1803–05 (fotomech. Nachdr. Darmst. 1973; hrsg. v. Ernst Behler)
265 Kritische Friedrich-Schlegel-Ausgabe. 1. Abtlg. Charakteristiken und Kritiken I. Hrsg. von Hans Eichner. Mchn/Paderb./Wien 1967
266 August Wilhelm Schlegel. Ehrenpforte und Triumphbogen für den Theaterpräsidenten von Kotzebue bei seiner gehofften Rückkehr ins Vaterland. Mit Musik. 1800 (o. O). (Zit. nach: Satiren und Parodien. Dt. Lit. in Entwicklungsreihen. Reihe Romantik. Bd. 9. 1970)
267 Musen-Almanach für das Jahr 1802. Hrsg. von A. W. Schlegel und L. Tieck. Tüb. 1802
268 Garlieb Merkel. Briefe an ein Frauenzimmer über die neuesten Produkte der schönen Literatur in Teutschland. Bln. 1800–03
269 Ernst und Scherz. Ein Unterhaltungsblatt literarischen und artistischen Inhalts. Hrsg. von G. Merkel. Bln. 1803
270 Der Freimüthige. Hrsg. von A. v. Kotzebue (und G. Merkel). Bln. 1803 ff.
271 Merkel. Ansichten der Literatur und Kunst unsres Zeitalters. Deutschland (o. O.) 1803 (anonym). (Zit. nach dem Abdr. Lpz. 1903, hrsg. von Georg Witkowski)
272 Thersites. Die Erinnerungen des deutsch-baltischen Journalisten Garlieb Merkel 1796–1817. Hrsg. von Müller-Jabusch. Bln. 1921
273 August Kotzebue. Expectorationen. Ein Kunstwerk und zugleich ein Vorspiel zum Alarcos. 1803 (o. O.) (anonym)
274 Kotzebue. Erinnerungen aus Paris im Jahre 1804. Bln. 1804
275 Johann Friedrich Schink. Johann Faust. Dramatische Phantasie nach einer Sage des 16. Jhs. Bln. 1804
276 Evelina oder das Burggespenst. Ein romantisches Drama in fünf Aufzügen. Nach dem Englischen des Castle Spectre für die deutsche Bühn bearbeitet. Brs. 1804 (zur Zuschreib.: GG VI, S. 104f.)
277 Johann Friedrich Reichardt's Vertraute Briefe aus Paris geschrieben in den Jahren 1802 und 1803. 1. Theil, Hbg. 1804
278 Allgemeines Verzeichniß der Bücher (der beiden Messen in FfM. u. Lpz.)
279 Konstantinopel und St. Petersburg. Der Orient und der Norden. Eine Zeitschrift hrsg. von H. v. Reimers u. F. Murhard. St. P. u. Penig 1805 f.
280 G. L. Th. Kosegarten. Die Inselfahrt oder Aloysius und Agnes. Bln. 1805
281 Benedicte Naubert. Rosalba. Lpz. 1818
282 O. G. Freiherr von Seckendorf. Nachtwächter-Gedanken. In: Der Gesellschafter oder Blätter für Geist und Herz. Hrsg. v. Gubitz. Bln. 1820, 5. Blatt vom 8. 1. (S. 19)
283 Leopold Schefer. Lenore di San-Sepolcro. In: Novellen. 2. Bd., Lpz. 1827
284 Henrich Steffens. Die Trauung, eine Sage des Nordens. In: Novellen. Erstes Bändchen. Breslau 1837. S. 289–303
285 Steffens. Was ich erlebte. Aus der Erinnerung niedergeschrieben. 4. Bd., Breslau 1841
286 Karl A. Böttiger. Literarische Zustände und Zeitgenossen. 2. Bändchen. Lpz. 1838
287 J. W. Appell. Die Ritter-, Räuber- und Schauerromantik. Lpz. 1859

288 Adalbert Kuhn. Sagen, Gebräuche und Mährchen aus Westfalen und einigen anderen Gegenden Norddeutschlands. 2. Teil, Lpz. 1859
289 Gustav Roskoff. Geschichte des Teufels. 1. Bd., Lpz. 1869
290 J.u. W. Grimm. Deutsches Wörterbuch. Lpz. 1854 ff.
291 Wilhelm Grimm. Die mythische Bedeutung des Wolfes. In: Kleinere Schriften. Bd. 4, Gütersloh 1887
292 Johann Anton Leisewitz. Julius von Tarent und die dramatischen Fragmente. Hbg. 1969 (reprogr. Nachdr. der Ausg. Stgt. 1889)
293 Leisewitz. Briefe an seine Braut. Hrsg. von H. Mack. Weim. 1906
294 Leisewitz. Tagebücher. Hrsg. von H. Mack u. J. Lochner. Weim., 1. Bd. 1916, 2. Bd. 1920
295 Stefan Hock. Die Vampyrsagen und ihre Verwertung in der deutschen Literatur. Bln. 1900
296 Ernst von Lasaulx, ein Lebensbild, dargestellt von Remigius Stölzle. Münster 1904
297 Otto Driesen. Der Ursprung des Harlekin. Bln. 1904
298 Josef Gaismaier. Biogr. Einleit. in: Justinus Kerners sämtliche poetische Werke in vier Bänden. 1. Bd., Lpz. (o. J.)
299 Caroline. Briefe aus der Frühromantik. Nach Georg Waitz vermehrt herausgegeben von Erich Schmidt, 2 Bde., Lpz. 1913
300 Eleonore Rapp. Die Marionette in der deutschen Dichtung vom Sturm und Drang bis zur Romantik. Lpz. 1924
301 Wolfgang Pfeiffer-Belli. Antiromantische Streitschriften und Pasquille (1798–1804). In: Euph 1925. S. 602–30
302 Bächtold-Stäubli. Handwörterbuch des deutschen Aberglaubens. Bln. u. Lpz. 1927 ff.
303 Walter Rehm. Experimentum Medietatis. Studien zur Geistes- und Literaturgeschichte des 19. Jhs. Mchn. 1947
304 Heinrich Schneider. Quest for Mysteries. The Masonic Background for Literature in Eighteenth-Century Germany. New York 1947
305 Heinz Kindermann. Theatergeschichte der Goethezeit. Wien 1948
306 Voltaire. Mikromegas. Eine naturphilosophische Erzählung. In: Sämtl. Romane und Erzählungen. 1. Bd., Bremen 1948
307 Wolfgang Kayser. Das Groteske. Oldenbg. ²1961
308 Achim und Bettina in ihren Briefen. Hrsg. von Werner Vordtriede. Bd. 2, FfM. 1961
309 Johann Gottlieb Fichte. Grundlage der gesamten Wissenschaftslehre (1794). Philos. Bibliothek Bd. 246., Hbg. 1961
310 Fichte. Zweite Einleitung in die Wissenschaftslehre (1797). Philos. Bibliothek Bd. 239., Hbg. 1967
311 Fichte. Die Bestimmung des Menschen (1800). Philos. Bibliothek Bd. 226, Hbg. 1962
312 Walter Schulz. Das Problem der absoluten Reflexion. FfM. 1963
313 Wolfgang Promies. Die Bürger und der Narr oder das Risiko der Phantasie. Mchn. 1966
314 Karl Löwith. Gott, Mensch und Welt in der Metaphysik von Descartes bis zu Nietzsche. Göttingen 1967
315 Eduard Mörike. Maler Nolten. In: Hist.-krit. Gesamtausgabe. 3. Bd., hrsg. von Herbert Meyer. Stgt. 1967
316 Hans Schlumberger. Goldmünzen Europas. Seit 1800. Mchn. 1967
317 D. Sturm/K. Völker. Von denen Vampiren und Menschensaugern. Dichtungen und Dokumente. Mchn. 1968

318 Wilhelm Fucks. Nach allen Regeln der Kunst. Diagnosen über Literatur, Musik, bildende Kunst – die Werke, ihre Autoren und Schöpfer. Stgt. 1968

319 Nihilismus. Die Anfänge von Jacobi bis Nietzsche. Hrsg. von Dieter Arendt. Köln 1970

320 Marianne Thalmann. Die Romantik des Trivialen. Von Grosses »Genius« bis Tiecks »William Lovell«. Mchn. 1970

321 Epochen der deutschen Lyrik. Gedichte 1800–1830. Nach den Erstdrucken in zeitlicher Folge hrsg. von Jost Schillemeit. Mchn. 1970

322 Manfred Sandmann. Substantiv, Adjektiv-Adverb und Verb. In: Das Ringen um eine neue deutsche Grammatik. Hrsg. von H. Moser. Darmst. 1973

323 Richard Beitl. Wörterbuch der deutschen Volkskunde. Stgt. 1974

324 Walker / Lev. Statistische Methoden für Psychologen, Soziologen und Pädagogen. Weinh. u. Basel 1975

325 Martin Anderle. Jean Pauls »Leibgeber« zwischen Doppelgängertum und Ich-Verlust. In: The German Quaterly 1976. S. 13–25

326 Bernhard Greiner. Welttheater als Montage. Wirklichkeitsdarstellung und Leserbezug in romantischer und moderner Literatur. Heidelbg. 1977

327 Andreas Alföldi. Das frühe Rom und die Latiner. Darmst. 1977

328 Elvira E. u. Vladimir Claim-Stefanelli. Münzen der Neuzeit. Mchn. 1978

329 Godwi oder Das steinerne Bild der Mutter. Ein verwilderter Roman von Maria. Hrsg. von Werner Bellmann. (In: Clemens Brentano. Sämtliche Werke und Briefe. Hist.-krit. Ausg. Veranstaltet vom Freien Deutschen Hochstift. Stgt. 1978)

330 Der Kleine Pauly. Lexikon der Antike in 5 Bänden. Hrsg. von K. Ziegler u. W. Sontheimer. Mchn. 1979

331 Werner Kohlschmidt. Nihilismus der Romantik. In: Romantikforschung seit 1945. Hrsg. von Klaus Peter. Königstein/Ts. 1980. S. 53–66

332 Oscar Fambach. Das Repertorium des Hof- und Nationaltheaters Mannheim 1804–1832. Mit einer Einl. und drei Registern. Bonn 1980

333 Eduard Genast. Aus dem Tagebuch eines alten Schauspielers. Erster und zweiter Teil (Nachwort, Anmerkungen und Register). Von Oscar Fambach (unveröffentl., im Goethe-Wörterbuch Tübingen aufbewahrtes Mskr.)

Quellennachweise der Abbildungen

Abb. 1 Klingemanns Bildnis bei Burath, Nr. 171 (Titelbild): »Nach dem Porträt im Besitz der Familie Haas in Coventry«
Abb. 2 Photo von der Landesbibliothek Coburg
Abb. 3 Photo von George Behrens. In: Burath, Nr. 171, nach S. 32
Abb. 4 Titelkupfer zu: Merkel, Nr. 271 (Anhang)
Abb. 5 Photo von mir
Abb. 6 In: BM 1903, Nro. 3, S. 32 (Meier/Kämpe)
Abb. 7 Herzog Anton Ulrich-Museum Braunschweig. Nr. 208, nach S. 48
Abb. 8 Photo von W. Birker. In: Liess, Nr. 201, Abb. 38 (im Anhang)
Abb. 9 Titelkupfer zu: Young, Nr. 220 (Ausg. von 1756)
Abb. 10 Titelkupfer zu: Young, Nr. 219b
Abb. 11 Photo von mir

Der Landesbibliothek Coburg, die ein Exemplar von »Memnon« besitzt, habe ich für das Photo von Abb. 2 zu danken.

Danken für Photokopien bzw. andere Dienste möchte ich außerdem der Bibliothèque Nationale, dem British Museum, dem Freien Deutschen Hochstift, dem Braunschweigischen Landesmuseum, der Büchereizentrale Flensburg, der Tübinger Universitätsbibliothek und vor allem dem Stadtarchiv Braunschweig.

Grundwortliste (Auszug: Exklusivniveau)

Die beim Goethe-Wörterbuch in Tübingen aufbewahrte Grundwortliste enthält 1568 verschiedene Grundwörter, von denen ein jedes mindestens einmal in
den »Nachtwachen« und einmal in den 32 Artikeln Klingemanns gebraucht
wird, und zwar

in dem alphabetisch angeordneten Teil 1097 und
in dem grammatikalisch orientierten Teil 471 Grundwörter (letztere nach Leitkate-
gorien angeordnet, die als solche nur den jeweiligen Schwerpunkt bezeichnen:
»Zeit-Kategorien«, »Konjunktionen« ...). Hinzu kommen 62 Grundwörter aus der
»Teufels-Taschenbuch«-»Einleitung«, die entweder nur in diesen Artikeln oder nur
in den »Nachtwachen« belegt sind.

Um wenigstens einen Eindruck von der gesamten, 34 Seiten starken Grundwortliste zu geben, habe ich zunächst den Anfang vollständig abdrucken
lassen:

Jedes Grundwort wird mit allen Belegstellen aufgeführt: vor dem ersten
Trennungsstrich stehen die entsprechenden Seitenzahlen in den »Nachtwachen« (Textgrundlage die Ausgabe des Insel Verlags, Nr. 7 der Bibliographie)
und anschließend die Artikel-Nummern in der »Eleganten«, wobei die einzelnen Jahrgänge durch Trennstriche markiert werden; nach einem doppelten
Trennstrich schließlich wird das etwaige Vorkommen dieses Grundworts in
der »T. T.«-»Einleitung« verzeichnet, also z. B.:

ankündigen : 22.108,30 / 134 / 123.143 / 65 // T. T.

»Ankündigen« wird in den »Nachtwachen« auf den Seiten 22, 108 und 130
gebraucht; von Klingemann in der »Eleganten« im Jahre 1803 in Nr. 134, im
Jahre 1804 in Nr. 123 und 143 sowie 1805 in Nr. 65; außerdem einmal in der
»Einleitung« zum »Teufels Taschenbuch« von »Bonaventura«. Das mehrfache
Vorkommen des Worts auf einer Textseite bzw. in einem Artikel kennzeichne
ich durch entsprechend viel Häufigkeitspünktchen.

Ist ein Grundwort in einem bestimmten Jahr bei Klingemann nicht nachzuweisen, so wird dies durch ein Fehlzeichen vermerkt; geringfügige Abweichungen in der Wortbedeutung habe ich notiert, etwa:

Anfang : 86 / – / 68 (~ zu) 73 (zu ~) / 65 (bis zum ~) // T. T.

Im Jahre 1803 hat Klingemann demnach »Anfang« in keinem der herangezogenen Artikel gebraucht und in den drei Artikeln der folgenden Jahre nur in Verbindung mit Präpositionen.

Die sodann nachfolgende Liste enthält komplett die 465 Grundwörter, die sowohl Bonaventura in den »Nachtwachen« als auch Klingemann in den Artikeln je nur ein einziges Mal verwendet haben: das sog. Exklusivniveau, das für ähnliche Identifizierungen am zweckdienlichsten sein dürfte.

Selbstverständlich ist darauf geachtet, daß nirgendwo eine größere Bedeutungsdifferenz oder gar Homonymie vorliegt; auch wurden Wörter wie »aufblühen« oder »ausgebrannt« nur bei übertragener Anwendung in die Grundwortliste aufgenommen.

Anfangsseite der vollständigen Grundwortliste

abbrechen	: 150 / 153 / 68.91 / 72
abentheuerlich	: 9 / 133.153
abgeben	: 34,9.51,2,5,7.73.107,12,53,60,8 / 153 / 15.68.143 / 55.62
abgeschmackt	= ~ erscheinen müssen: 154 / – / 83
ablegen	: 106,42,69 / – / 68.107
ableiten	: 112,44 ≠ Nr. 65 (= log. ~ aus)
Abscheu	: 161 / – / 83
abscheulich	: 99 / – / 83
abschließen	: 77 (die Weltgesch. ~) / Nr. 55 (sein Leben ~) ≠ »in s. selbst abgeschl.« (Nr. 15 u. Nr. 55)
absehen	: 96 (Ende ~) / 134 (ist noch nicht abzus.)
absolut	: 28.72.107 / 134
Abwechselung	= zur ~ : 188 / – / 127
abwenden	= ~ von: 103 (Blick ~~) / – / 143 (Auge ~~) / 65 (Auge ~~) ≠ Nr. 127 (s. ~ von) ≠ S. 36 u. S. 73 (je: Strafe ~~)
ächt	: 14,8.24,7,8....44,6,7.50.152,3,4 / 81.102.103.133 / 15.68.73.77.107.108.127 / 55.65.72
achten	: T.T. (nicht mehr ~) / Nr. 65 (nicht mehr ~) ≠ S. 153
Achtung	: 56 / – / 73.83..
ahnen	: 15.41.54.136 / 134 / 83.91
albern	: 51,5,7..79.99.188 / – / 73
alltäglich	: 26.88.162 / Nr. 55
alt	= die Alten: 153,5,65 / – / 91.118 / 72 alt : vgl. Schicksal, Zeit
Alter	: 20.135,45 / – / 107
anerkennen	: 20.92 (je ~ für) ≠ Nr. 107 (~ als)
Anfang	: 86 / – / 68 (zu ~) 73 (zu ~) / 65 (bis zum ~) // T.T.
anfangen	: 34.54,8.88.91.114,15.41,2.59.61.86,8 / 81 / 107.. / 35
anfangs	: 31.40,2.58.158,80 / – / 68 (Großschr.) 143

anführen : 27.57.82.105 / 81.153.. / 73.127a.143 / 19.35
: anführen für: 104 / – / 77.108.127b
angehören : 165 / – / 107 / 65..
angelegen = s. ~ sein lassen: 30.72 / Nr. 55
angenehm : 62.87.110,15,83,8.98 / – / 77 / 35
angreifen : T.T. (mit spitzen Fingern ~) / – / 107 (nur mit den Fingerspitzen ~) ≠ I.bl. 15 (qua attackieren)
ängstlich : 32.73 / – / 44 / 62
anheben = ~ mit: 186 / 153 / – / 62
ankommen = ~ auf: 35.99 / 102.153
ankündigen : 22.108,30 / 134 / 123.143 / 65 // T.T.
anlegen : 106 / 81 / – / 55 ≠ S. 116 (nicht künstler.)
annehmen 1. : 61.160,9.92 / – / 127 (qua erhalten, gewinnen, einnehmen)
≠ S. 94 u. S. 163
2. : ~ als: 77.84 / 115 (qua halten, ansetzen)
3. : ~ für: 105,45 / Nr. 35 (qua halten, ansetzen)
Anordnung : 88 / – / 83
anschaulich : 39.50 / – / 91
    Anschauung : 80 (Formen der sinnl. ~) ≠ S. 112 (moral. ~)
≠ Nr. 15..107 / 19
anschließen : 102 / – / 68 / 35
ansehen = ~ als: 27.76.82.92.154 / – / 73 / 65
Ansicht : 119 (bei näherer ~) / – / 91 (bei der ersten ~)
≠ Nr. 19 (jds. ~ über etw.)
Anspruch 1. : in ~ nehmen: 177 / 102
2. : ~ machen auf: 79 / – / 107

Grundwortliste: Exklusivniveau

abgeschmackt = ~ erscheinen müssen: 154 / Nr. 83
Abscheu : 161 / Nr. 83
abscheulich : 99 / Nr. 83
abschließen : 77 (die Weltgesch. ~) / Nr. 55 (sein Leben ~)
≠ »in s. selbst abgeschl.« (Nr. 15 u. Nr. 55)
absehen : 96 (Ende ~) / Nr. 134 (ist noch nicht abzus.)
Abwechselung = zur ~: 188 / Nr. 127
Anordnung : 88 / Nr. 83
Ansicht : 119 (bei näherer ~) / Nr. 91 (bei der ersten ~)
Anspruch 1. : in ~ nehmen: 177 / Nr. 102
2. : ~ machen auf: 79 / Nr. 107
Anstalt = ~ machen: 56 / Nr. 107
anvertrauen : 51 / Nr. 44
anwesend : 158 / Nr. 44
arg = doch zu ~: 20 / Nr. 83
artig = recht ~: 151 / Nr. 119
aufbieten : 161 / Nr. 88
aufblühen = ~ aus: 63 / Nr. 35

Aufenthalt	: 68 / Nr. 134
auffassen	= von... Seite ~: 50 / Nr. 73
aufgreifen	: 165 / Nr. 73
auflösen	= s. zuletzt ~: 55 / Nr. 55
aufnehmen	= es mit dem Teufel ~: 21 / Nr. 73 ≠ S. 24
Aufwand	: 99 / Nr. 73
ausbrechen	= ~in: 100 (in Tränen ~) / Nr. 15 (in Gelächter ~)
ausbreiten	: 159 (ausgebr. Kolonie) / Nr. 108 (s. ~ zu)
	≠ S. 22 (Grabtuch der Wolke ~) bzw. S. 197 (Gefieder ~)
Ausdruck	= schriftl.: 162 / Nr. 91
ausgebrannt	: 161 / Nr. 81
ausgehen	= ~ von: 95 / Nr. 73
aushalten	: 174 / Nr. 153 (Vergleich ~)
ausheben	: 159 (einige Betracht. ~ wollen) / Nr. 102 (einige Stücke
	~ wollen)
ausmachen	1. : intellekt.: 26 / Nr. 134
	2. : nur eine Person ~: 78 / Nr. 35
	3. : mit dem Chore die ganze Tragödie ~: 98 / Nr. 68
auszeichnen	= s. ~ vor: 46 / Nr. 53
Band	: 180 / Nr. 15 ≠ S. 144
barock	: 187 / Nr. 15
bedeutend	= sehr ~: 54 / Nr. 44
bedürfen	: 190 / Nr. 68
begriffen in	: 11 / Nr. 118
behaupten	= möchte ~: 36 / Nr. 118
Beitrag	= ~ zu: 39 / Nr. 127
bekennen	= s. ~ zu: 157 / Nr. 127
belauschen	: 142 / Nr. 91
Beleg	= ~ für: 194 / Nr. 77
belegen	: 105 / Nr. 127
beleidigen	= Sinn ~: 183 / Nr. 15
bemühen	= s. oft vergeblich ~: 114 / Nr. 19
beschäftigen	= s. zu ~ pflegen mit: 158 / I.blatt 15
besorgen	: 176 / Nr. 133
Bestreben	= ~ zu: 159 / Nr. 83
beurkunden	: 195 / Nr. 127
blühen	= blühende Rose (Frau): 109 / Nr. 81
boshaft	= »boshaft satirisch«: 52 / Nr. 81
Bruchstück	: 134 / Nr. 53
dastehen	= allein ~: 150 / Nr. 119
Denken	: 120 / Nr. 55
drollig	= sehr ~: 54 / Nr. 133
dürfen	= dürfte noch: 188 / Nr. 68
Ei	= 157 (vom Eie einer Sache anheben) / Nr. 107 (vom Eie anfangen)

eigenhändig	: 118 / Nr. 56 ≠ S. 74
Eigenthum	: 90 / Nr. 107
Eindruck	= ~ machen auf: 54 / Nr. 83
Einfalt	: 160 / Nr. 118
Einfluß	: 42 / Nr. 143
einschleichen	= s. einzuschl. wissen: 174 / Nr. 73
Element	= 33 (versetzt in sein ~) / Nr. 102 (s. in seinem ~ befinden)
	≠ Nr. 102 ≠ S. 113 u. 149
empfangen	: 87 / I.blatt 15
emporschweben	: 168 / Nr. 65
emporwachsen	: 89 / Nr. 107
eng	: 88 / Nr. 143
entdecken	: 74 / Nr. 81
entfliehen	= ~ von: 165 / Nr. 107
entglühen	: 124 / Nr. 65
entscheiden	= s. ~ lassen: 35 / Nr. 127
entschuldigen	= s. ~ über: 103 / Nr. 118
entsetzen	= s. ~: 162 / Nr. 108
entspringen	= ~ aus: 26 / Nr. 53
Erde	= ~ und Himmel: 66 / Nr. 81
Erfahrung	: 171 / Nr. 153
ergänzen	: 152 / Nr. 19 (s. ~)
ergötzen	: 113 / Nr. 83 (s. ~)
Erinnerung	= in der ~: 102 / Nr. 81
erklären	= deklarat.: 27 (~ daß) / Nr. 123 (~ daß)
erleben	: 193 / Nr. 68
erscheinen	= erscheint gleichsam nur: 97 / Nr. 134
Erstaunen	: 190 / Nr. 68
erzürnen	= s. ~ über: 62 / Nr. 73
Fähigkeit	: 144 / Nr. 102
Familie	= in den Familien (je iron. für Poeten wie Kotzebue):
	44 / Nr. 107
fehlen	= jdm. fehlt zu etw. wenig mehr als: 32 / Nr. 53
festhalten	= ~ in: 76 / Nr. 35
Feuer	: 185 (poet.) / Nr. 88 (musikal.)
finden	= s. nicht ~ können in: 37 / Nr. 118 ≠ S. 180
Fleck	: 118 / Nr. 134 ≠ S. 173
folgen	= ~ auf: 131 / Nr. 81 (~ lassen auf)
Form	= bloße ~: 80 / Nr. 153
fortfahren	= ~ in: 84 / Nr. 56
fortführen	: 40 / Nr. 108
fortgehen	= ~ durch: 196 / Nr. 65
fortlaufend	: 107 / Nr. 127
Fortschreiten	: 47 / Nr. 103

Fortsetzung	: 150 / Nr. 73
fruchtbar	: 27 / Nr. 102
führen	= die Feder ~: 105 / Nr. 72
Furcht	: 155 / Nr. 19
fürchten	= wahrlich ~: 166 / Nr. 73 (s. wahrl. ~)
gebehrden	= s. gebehrden wie: 56 / Nr. 123 ≠ S. 170
Gefallen	= ~ finden an: 161 / Nr. 91
Gegenstand	1. : größester ~: 97 (vs. kleiner ~) / Nr. 91 (vs. kleinster ~)
	2. : wichtiger ~: 41 / Nr. 118
Geheimniß	: 40 / Nr. 91
gehen	= ~ und stehen: 174 / Nr. 107
Geist	1. : großer ~ (abstr.): 97 / Nr. 127
	≠ S. 142 (zweimal für Persönlichkeiten)
	2. : kühner ~ (Persönl.): 155 / Nr. 73
Geisterreich	: 20 / Nr. 73
Geisterwelt	: 80 / Nr. 81
Gelegenheit	= bei ~: 34 / Nr. 103
gemeinschaftlich	: 197 / Nr. 65
genau	= es ~ nehmen mit: 18 / Nr. 91
genialisch	: 62 / Nr. 103
Gerechtigkeit	= ~widerfahren lassen: 103 / Nr. 44
gereichen	= ~ zu: 174 / Nr. 108
Gerücht	: 28 / Nr. 127
Geschäft	: 144 / Nr. 99 (je Tätigkeit)
geschäftig	: 52 / Nr. 73
Geschichte	= neuere ~: 140 / Nr. 65
Geständnis	: 164 / Nr. 123
gestehen	= ~ müssen: 117 / Nr. 91
gewinnen	= ~ an: 20 / Nr. 44
gewöhnlich	= zuletzt ganz ~: 145 / Nr. 55
gewohnt	= etw. schon ~ sein: 47 / Nr. 68
Gewühl	: 156 / Nr. 83
gigantisch	= große gigantische: 187 / Nr. 91
glauben	= wirklich ~: 168 / Nr. 55
Glück	= ein ~ ist's noch: 101 / Nr. 118 (~~ immer noch)
glühen	: 61 / Nr. 68 ≠ S. 12, 64, 67, 134 bzw. S. 18
gönnen	: 198 / Nr. 73
groß	1. : zu ~: 144 / Nr. 102 ≠ Nr. 153 (Selbstzit.)
	(vgl. gigantisch u. Held)
	2. : das Größeste: 136 / Nr. 83 (vgl. Gegenstand)
gut	1. : so ~ wie: 27 / Nr. 107
	2. : besser machen: 174 / Nr. 73
	3. : besser wissen: 197 / Nr. 107 ≠ S. 122
	4. : am besten: 115 / Nr. 133

gut   5. : das Beste: 55 (für das allg. ~ benutzen) / Nr. 44 (s. für das ~
     verwenden)
gültig   : 77 / Nr. 107
Hand   = mit…Händen: 109 / Nr. 83   ≠ S. 134 (konkret)
Haß   = ~ gegen: 171 / Nr. 108
Haufen   : 148 / Nr. 127
Haupttheil   : 151 / Nr. 73
Haus   = zu Hause sein: 174 / Nr. 103
hausen   : 9 / Nr. 81
heftig   = sehr ~: 143 / Nr. 56
Held   = großer ~: 88 / Nr. 133
hell   = ~ schauen: 135 / Nr. 55
herauslesen   = ~ aus: 190 / Nr. 35
herrlich   = das Schöne und Herrliche: 151 (Superlat.) / Nr. 35
Herrlichkeiten   : 171 / Nr. 77
herrschen   = ~ über: 66 / Nr. 102
hervorbringen   : 80 / Nr. 153
hervorrufen   = wieder ~: 135 / Nr. 108   ≠ Nr. 81 bzw. 91
hinführen   = ~ zu: 107 / Nr. 55
hinüberarbeiten   = ~ in: 52 / Nr. 118
hinzufügen   = nichts weiter ~: 93 / Nr. 81
hinzusetzen   : 193 / Nr. 73
hoch   1. : ~ liegen: 152 / Nr. 83
     2. : das Höchste: 44 / Nr. 81
     ≠ S. 119 (ein H. und Letztes erreichen)
höflich   : 66 / Nr. 19
Ich   = das eigentliche ~: 167 / Nr. 68
ideal   = das Ideale: 52 / Nr. 118
Idealismus   : 194 / Nr. 68
Inhalt   : 39 / Nr. 153
Instanz   : 27 (erste u. letzte ~) / Nr. 115 (letzte ~)
interessant   = immer ~: 145 (Superl.) / Nr. 68
interessieren   = s. ~ für: 32 / Nr. 133
Keim   1. : aus dem Keime: 87 / Nr. 107
     2. : schon im Keime: 72 / 102   ≠ S. 195
kindisch   : 17 / Nr. 108
Klage   : 160 / Nr. 73   ≠ S. 94 (jurist.)
klagen   = ~ über: 141 / Nr. 81
Kommentator   : 39 / Nr. 15
kompetent   : 76 / Nr. 115 (je: ~ Richter)
konsequent   : 116 / Nr. 65
konzentrieren   : 97 (s. ~ auf) / Nr. 81 (konzentrierte Indiv.)
Kraft   1. : durch eigene ~: 62 / Nr. 115
     2. : mit ~: 69 / Nr. 88   ≠ Nr. 143

Laune	= ~ wandelt an zu: 173 / Nr. 44
leben	= ~ und weben: 80 / Nr. 68
leer	= leere Blätter: 151 / Nr. 107 (je übertr.)
leichtfertig	: 144 / Nr. 108
leiden	= ~ an: 180 (~~ fixen Ideen) / Nr. 56 (an Übel ~)
	≠ S. 144 (Abbruch ~~)
Licht	= ~ werfen: 12 (~~ in) / Nr. 108 (~~ auf)
lieber	= ~ vorziehen: 28 / Nr. 102
liegen	1. : ~ zwischen: 134 / Nr. 77
	2. : vor sich ~ haben: 145 / Nr. 56
löblich	: 35 / Nr. 72
luftig	= leicht und ~: 121 / Nr. 88
Lust	= ~ und Liebe: 93 / Nr. 88
lustig	= s. ~ machen über: 44 / Nr. 107
Maaß	= im... ~: 154 / Nr. 77
machen	1. : aus s. ~ sollen: 150 / Nr. 127 (je: nicht wissen, was ~~)
	2. : macht daß: 114 / Nr. 91 (es ~~)
	3. : etw. macht sich: 73 (Szene ~~ drollig) / Nr. 44 (Bühnen-
	erscheinung ~~ magisch)
Mann	= berühmter ~: 142 / Nr. 127
melodisch	: 126 / Nr. 108
Menge	= in ~: 111 / Nr. 35
Mensch	1 : vernünftige Menschen: 159 / Nr. 72
	2. : Treiben der Menschen: 26 / Nr. 91 (das wilde ~~~)
	≠ Nr. 118 (menschl. Treiben)
messen	= s. ~ mit: 20 / Nr. 134
metaphysisch	: 162 / Nr. 81
mißbrauchen	: 34 / Nr. 123
Mittel	= ~ anwenden: 119 / Nr. 15 (zu einem ~~)
Mühe	= mit ~: 182 / Nr. 88
mühsam	: 152 / Nr. 19
nachahmen	: 122 / Nr. 108
nähern	: 62 (s. einander ~) / Nr. 68 (s. jdm. vertraul. ~)
nennen	1. : s. ~: 113 / Nr. 68
	2. : Namen ~: 67 / Nr. 35
Neugierde	: 97 / Nr. 115
niedrig	: 111 / Nr. 143 ≠ S. 89
ohnmächtig	: 14 / Nr. 118
ordnen	: 185 / Nr. 83 ≠ S. 72 (zusammen ~)
ordentlich	: 161 / Nr. 107
organisieren	: 109 (s. ~) / Nr. 115
passen	= ~ zu: 50 / Nr. 133
pflegen	= oft... ~ (zu tun): 50 / Nr. 81 (vgl. beschäftigen)
Phänomen	: 116 / Nr. 127 ≠ S. 76 (am Himmel)

Prüfung	: 183 / Nr. 19
rathen	= jdm. ~: 79 / Nr. 143
Raum	= ~ finden: 80 / Nr. 107
Realismus	: 194 / Nr. 68
reden	1. : ~ durch: 51 / Nr. 15
	2. : ~ hören von: 136 / Nr. 77 ≠ Nr. 127
	3. : Stumme, die ~: 34 / Nr. 15 (Sg.)
Rede	= ~ und Antwort geben: 40 / Nr. 127
redlich	: 30 / Nr. 44
reflektieren	= ~ über: 57 / Nr. 123
reizen	: 103 / Nr. 115
Repräsentant	: 182 / Nr. 143
Rest	: 196 / Nr. 127
Rückblick	= ~ werfen: 47 (~~ auf) / Nr. 107 (~~ in)
Ruhe	= mit… ~: 12 / Nr. 134
rühmen	= ~ von: 195 / Nr. 56
sagen	1. : wie man sagt: 41 / Nr. 119
	2. : das Gesagte: 106 / Nr. 134
schade	= ist ~: 28 / Nr. 133 ≠ schade nur
Schaden	: 34 / Nr. 115
scharf	= ein scharfes Schwert (metaph.): 49 / I.bl. 15
Schicksal	= das alte ~: 107 / Nr. 83
schlaff	: 103 / Nr. 133
schließen	= mit den Worten ~: 30 / Nr. 123 (s. ~~~)
Schmeichelei	: 52 / Nr. 19
Schmerz	= ~ verhüllen: 154 / Nr. 143 (je von Timanthes)
schmücken	: 150 / Nr. 108
schrecklich	= das Schr.: 195 (alles Schr.) / Nr. 83
schuldig	: 182 / Nr. 77
schuldlos	: 67 / Nr. 91
Schwächling	: 74 / Nr. 73
Schwelgerei	: 120 / Nr. 83
Spielraum	: 197 / Nr. 102
Sprache	= zur ~ kommern: 17 / Nr. 118
sprechen	= etw. spricht sehr für: 105 / Nr. 68 ≠ S. 145
sprengen	: 194 / Nr. 81
sterblich	: 143 / Nr. 81
stolz	: 73 / Nr. 65
stören	= s. nicht ~ lassen: 39 / Nr. 77
streben	= ~ nach: 99 / Nr. 143
Stümper	= ~ in (einer Sache): 41 / Nr. 15
Styl	= antiker ~: 46 / Nr. 134
Tag	= am Tage liegen: 147 / Nr. 108
Talent	= ~ haben: 174 / Nr. 103

täuschen   = ~ in etw.: 160 / Nr. 68
thun   = zu ~ haben mit: 142 / Nr. 73
Theoretiker   : 92 / Nr. 108
Trümmer   : 114 / Nr. 73
überantworten   : 79 / Nr. 65
Übergang   : 186 / Nr. 65
übermäßig   : 113 / Nr. 108
überraschen   = unerwartet ~: 33 / Nr. 68
übertragen   = ~ auf: 178 (s. ~~) / Nr. 102
überwältigen   : 160 / Nr. 134
Umstand   = unter... Umständen: 18 / Nr. 134
Unermeßlichkeit   : 196 / Nr. 91
ungeschickt   : 55 / Nr. 103
ungewiß   : 68 / Nr. 83
Unglück   : 173 / Nr. 53
unglücklich   = nicht ~: 183 / Nr. 83 (je indir. Lob)
Unrecht   : 178 / Nr. 15
unruhig   : 125 / Nr. 115
untenliegend   : 185 / Nr. 62
unterbrechen   = ~ in etw.: 140 / Nr. 91
unterhalten   = s. ~ mit: 37 / Nr. 108
Unternehmen   : 182 / Nr. 134
Unterricht   : 176 (~ ertheilen) / Nr. 123 (~ geben)
unterscheiden   = zu ~ wissen: 186 / Nr. 77
untheilnehmend   : 63 / Nr. 81
Ursprung   : 104 / Nr. 55
verdanken   : 104 / Nr. 53
vereinigen   = in s. ~: 147 / Nr. 143
Vergleich   : 9 / Nr. 153
verherrlichen   : 198 / Nr. 107
verjüngen   : 117 / Nr. 68
vernünftig   = das Vernünftige: 118 (alles ~) / Nr. 83
verödet   : 163 / Nr. 108
versäumen   : 58 / Nr. 91
verschwenden   = ~ an: 190 / Nr. 143
verschwinden   = wieder ~: 66 / Nr. 35
verschwistern   : 16 / Nr. 153 (s. ~) (je von Musik)
versehen   = es ~: 79 (~~ in) / Nr. 108 (~~ mit)
versinken   = ~ in: 21 / Nr. 73
versöhnen   = ~ mit: 132 / Nr. 127
verständlich   : 112 / Nr. 55
verstärken   : 171 / Nr. 108
verstehen   = ~ unter: 107 / Nr. 153
verstoßen   = ~ gegen: 35 / Nr. 81

vertauschen	: 119 / Nr. 77 ≠ S. 36 u. S. 56 (qua verwechseln)
vertraulich	: 174 / Nr. 68
vertreten	: 188 / Nr. 83
verweisen	= ~ auf: 94 / Nr. 91
Vollendung	: 97 / Nr. 134
vorfinden	= da... wo s. vorfindet: 178 / Nr. 44 (wo s. ~ da)
vorkommen	= nicht mehr ~ in: 80 / Nr. 35
vorlegen	: 190 / Nr. 118 ≠ S. 92 bzw. S. 26 (jurist.)
vortreflich	= alles Vortrefl.: 146 / Nr. 73
vorübergehen	= ~ an: 111 / Nr. 19
Vorzug	= den ~ haben: 171 / Nr. 102
warten	= ~ auf: 169 / Nr. 35
Weg	1. : der rechte ~: 119 / Nr. 108
	2. : auf einem andern Wege: 145 / Nr. 127
	3. : in den Weg legen: 141 / Nr. 35
wehe	= ~ wenn: 180 / Nr. 118
Welttheater	: 184 / Nr. 72
Wendung	: 177 / Nr. 133 ≠ S. 33
wichtig	= Wichtiges: 77 (etw. ~) / Nr. 134
widersinnig	: 128 / Nr. 153
widerstreiten	: 113 / Nr. 143
wiederfinden	: 52 / Nr. 127
Wiederhall	= nichts als ~: 150 / Nr. 68
willkommen	: 113 / Nr. 65
Winkel	= alle ~: 37 (in ~~ kriechen) / Nr. 127 (aus ~~ zusammen-suchen)
Wirklichkeit	= (gegen) ~ zornig (je vom Dichter): 96 / Nr. 65
wirksam	: 173 / Nr. 65
wissen	1. : wer weiß, was für: 27 / Nr. 15
	2. : (rhetor.) Sie ~: 120 (wie ~~) / Nr. 77
wunderbar	= das Wund.: 187 (alles W.) / Nr. 55
wünschen	= ~ möchten: 141 / Nr. 83 (je: nicht ~~)
zeigen	1. : s. ~ in: 51 (~~ im edlen Genre) / Nr. 15 (~~ im Glanze)
	2. : s. von der... Seite ~: 34 / Nr. 44
zertheilen	: 90 / Nr. 77 (s. ~)
Zögern	: 74 / Nr. 127
zubereiten	: 122 / Nr. 73
Zug	: 128 / Nr. 91 ≠ S. 187
zugeben	= es ~: 50 / Nr. 107
zugehen	= ~ in: 140 / Nr. 107
zurückschauen	= ~ aus: 139 / Nr. 65
zusammenfließen	= oft ~: 20 / Nr. 153
zusammengesetzt	: 158 / Nr. 77
zuschlagen	= Buch ~: 151 / Nr. 73

zusenden   : 27 / Nr. 81
zweideutig   : 141 / Nr. 143
Zweideutigkeit   = dieser ~ halber: 141 / Nr. 35 (eben dieser ~~)

Zeit-Kategorien

bereits   = auch ~: 80 / Nr. 127
bis   = nicht eher als ~: 49 / Nr. 65
episodisch   : 91 / Nr. 143
erst   = nur ~: 170 / Nr. 115
folgend   = noch ~: 142 / Nr. 56 (je attrib.)
hin und wieder   = ~ auch: 91 (auch ~) / Nr. 91
immer   = doch ~ noch: 72 / Nr. 77
längst   = schon ~: 87 / Nr. 65
Periode   : 152 / Nr. 107   ≠ rhethor.
plötzlich   = ~ wieder: 22 / Nr. 15
selten   = nur ~: 89 / Nr. 83
Vergangenheit   : 194 / Nr. 107
vorher   = schon ~: 74 / Nr. 153
während   = temp. Konj.: 15 / Nr. 118
Weilchen   = ein ~: 25 / Nr. 123
Zeit   1. : die alte ~: 66 / Nr. 108
                      2. : mit der ~: 104 / Nr. 127
                      3. : seit einiger ~: 193 / Nr. 102
                      4. : von ~ zu ~: 152 / Nr. 127
                      5. : zur ~: 26 / Nr. 118
Zeitalter   = in einem…~: 28 / Nr. 81
Zeitpunkt   = in diesem ~: 159 / Nr. 107

Konjunktionen, konjunktionelle Verbindungen …

dagegen   1. : wie…so ~: 158 / Nr. 107 (So wie … so ~)
                      2. : ~ andere: 34 / Nr. 44
daß   = so sehr ~: 126 / Nr. 127
deshalb   = eben ~ weil: 116 / Nr. 91
freilich   = ~…allein: 18 / Nr. 153
indem   1. : ~ nemlich: 154 / Nr. 35
                      2. : ~ zugleich: 50 / Nr. 65
obgleich   = ~…aber: 168 / Nr. 127 (aber…~)
sondern   1. : nicht allein…~: 178 / Nr. 108
                      2. : nicht bloß…~: 39 / Nr. 115
statt   = ~…nur: 44 / Nr. 65
um   = je…~ desto: 108 / Nr. 65
weil   = ~…scheint, so: 177 / Nr. 118
wenn   1. : wenn…so möchte: 197 / Nr. 56
                      2. : wenn…so…schon: 36 / Nr. 44

| wenn auch | = wenn auch … doch: 91 (~~ so ~) / Nr. 35 |
| zwar | = ~ … indeß: 34 / Nr. 83 |

(Modal-)Adverbien …

allein	1. : ~ noch: 174 / Nr. 68 (je: ~~ weil)
	2. : schon ~: 173 / Nr. 68
eher	= ~ … als: 106 / Nr. 102
eigentlich	= recht ~: 194 / Nr. 73
etwas	= ~ mehr als: 162 / Nr. 44
fast	1. : so … daß ~: 145 / Nr. 118
	2. : ~ so wie: 173 / Nr. 91 (~ eben ~~)
	3. : könnte ~: 197 / Nr. 68
	4. : möchte ~: 36 / Nr. 77
ganz	= ~ und gar: 115 / Nr. 153
gänzlich	: 113 / Nr. 56
grade	= ~ nur: 44 / Nr. 77
immerhin	: 48 / Nr. 73
ja	= ~ sogar: 155 / Nr. 153
leider	1. : ~ nur: 180 / Nr. 15
	2. : ~ nur zu: 48 / Nr. 115
nirgends	: 131 / Nr. 73
ohnedas	: 116 / Nr. 73
ohnstreitig	= doch ~: 104 / Nr. 153 (~ doch)
sehr	= so ~ auch … so doch: 171 / Nr. 72
selbst	= doch ~ auch: 80 (~ doch auch) / Nr. 56 (je qua sogar)
übrigens	= was ~ betrifft, so: 140 / Nr. 143
unwahrscheinlich	= nicht ~: 146 / Nr. 118
wahrscheinlich	= ~ weil: 37 / Nr. 73
weniger	= je ~: 128 / Nr. 65
wenigstens	= obgleich … doch ~: 102 / Nr. 73 (~ doch … obgl.)
wohl	= müßte ~: 18 / Nr. 127
ziemlich	= so ~: 108 / Nr. 81
zu	= nur ~ viel: 116 / Nr. 44 (nur zuviel)

Pronomen, Pronominaladjektive …

alle	= ~ diese: 119 / Nr. 81 (dies alles)
andere	= ~ von: 39 / Nr. 44
derselbe	= ~ wie: 44 / Nr. 35
ein	= eine von jenen: 9 / Nr. 102
einige	1. : ~ … andere: 170 / Nr. 44
	2. : ~ unter: 54 / Nr. 102
einzeln	: 78 (~ stehende) / Nr. 134 (~ gestellt)
einzig	= qua einzigartig: 69 / Nr. 83

erste   = ~ ... letzte: 101 / Nr. 35
jedwede   : 155 / Nr. 133
manche   1. : wie ~: 35 / Nr. 72   ≠ S. 83 u. 197
                 2. : mehr als ~: 105 / Nr. 81
mehrere   1. : ~ ... z. B.: 54 / Nr. 143
                 2. : außer ... noch ~: 144 / Nr. 53
solch   = nur ~: 44 / Nr. 15   ≠ S. 36
verschieden   = iterativ: 143 / Nr. 77
viel   1. : so ~ als möglich: 108 / Nr. 83
                 2. : schon mehr als zu ~: 114 / Nr. 35
wenig   1. : nur ~ noch: 193 / Nr. 65
                 2. : so ~ wie: 167 / Nr. 55
                 3. : ~ ... doch: 158 / Nr. 73

Verschiedenes (Präpositionen, substantiv. Fügungen, Vergleichsformen, Abkürzungen, adjektiv. Formen ...)

anders   = nicht ~: 79 / Nr. 103   ≠ S. 119
Art   1. : in dieser ~: 37 / Nr. 134
                 2. : von der ~: 112 / Nr. 68   ≠ Nr. 115
bis   = ~ auf: 167 / Nr. 143 (je qua exklusive)
bloß   = oft selbst ... bloße: 110 / Nr. 62 (je qua sogar)
Fall   = wie bei ... der ~: 51 / Nr. 133
gegenseitig   : 113 / Nr. 83
geradesweges   : 177 / Nr. 55
gleich   = mit jdm. ~: 135 / Nr. 77
Hinsicht   = in praktischer ~: 119 / Nr. 68
mehr   = noch ~: 31 / Nr. 44
neben   1. : ~ ... auch: 110 / Nr. 19
                 2. : ~ ... noch: 74 / Nr. 81
so   = ~ ... als möglich: 144 / Nr. 134   (vgl. viel)
weit   = sehr ~: 172 (es ~~ bringen) / Nr. 103 (~~ kommen)
z. B.   = so ... ~: 105 / Nr. 53

Namenregister

Verzeichnet wird nur die wichtigste Literatur, diese aber auch bei indirekter Zitierung (etwa bei Angabe eines Werkes ohne Verfassernamen). Wo der Name nicht im Haupttext erscheint, sondern in den Anmerkungen dazu (ab S. 275), wird zusätzlich noch auf die betreffende Seitenzahl des Haupttextes (die dann in Klammern dahinter steht) zurückverwiesen.

Verteilungstabelle I

»Teufels-Taschenbuch«–»Einleitung«
(ZeW 1805, Nr. 37 vom 26. 3.)

Artikel Nr.	7.7.1803 81	102	103	115	133	134	153	15	I. bl. 15	68	73	77	12.7.1804 83	91	99	107	108	118	119	123	127	143	19	35	53	55	62	65	72	23.7.1805 88
	0,33	0,14	0,5	0,33	0,33	0,25	0,14	0,33	0,11	0,33	0,33	0,33	0,5	0,75	0,1	①angreifen	0,5	①einiges auswerfen	①wie man sagt	0,25	①zu dem Ende	0,25	0,14	0,29	0,13	0,13	0,14	①nicht mehr achten	0,2	0,25
	0,25	0,67	0,06	0,13	0,17	0,5	0,2	0,33	0,05	①1,25	①Bosheit	0,17	①erregen	0,29	0,05	0,5	0,14	nach ahmen		0,33	0,5	0,5	0,33	0,33	0,33	0,14	0,06		0,14	0,5
	0,13	0,17	0,1	0,5	0,1	0,33	0,25	0,5	0,5	①s,5		0,33	①1 mindestens	0,17		0,14	①1 nach ahmen	①begriffen in	①eine Menge	①1 eine Menge	0,33	0,25	0,25	0,25	0,33	0,2	0,06			0,25
	0,2	①repräsentieren	0,25	0,2	0,07	0,33	0,33	0,33	0,09	0,5	0,17	①1 mindestens	①0,33	0,17		0,33	0,2	0,33	①was indeß	①was indeß	0,17	0,17	0,2	0,14	0,2			①sich vertragen mit		0,33
	0,33			0,1	0,1	0,4	0,17	0,5		8,2	0,2		0,14	0,17		0,33	0,5	0,33		0,75	0,2	0,4	①verbreiten	0,33	0,05					0,25
	0,67			0,12	0,1	0,17	0,2	0,11		①versprechen	0,17	0,05	0,17	0,07		0,33	0,07	0,2	①wechseln	0,2	①1 streben nach	①1 streben nach	0,5	0,2	0,5			0,17		0,38
	0,25	0,1		0,14		0,05	0,15	0,15		0,17	0,5	0,17	0,25	0,05		0,2	0,07	0,11	①1 schon	0,25	0,5	0,05	0,33	0,33	0,5			0,33		0,25
	0,5	0,5		①1 jedweder	0,14	0,12	0,12	0,07		0,17	0,17	0,5	0,17	0,14		0,17	0,33	①1 Treiben	①1 schon wissen	0,5	0,22	0,05	0,05	0,2	0,25	0,05				0,1
	0,33	0,5				0,21	①1 weshalb denn	0,2		0,06	0,2	0,06	0,33	0,07		0,07	0,15			0,5	①1 obgleich ...aber	①1 weshalb denn	0,05	0,4		0,07		0,33		
	①Reich	0,17		0,06		0,2		0,06		0,13	0,11	0,09	0,5	0,25		①1 eben so wenig	0,14	①1 Versuch anstellen					0,05	0,17		0,25		0,05		0,5
		0,2		0,25		0,5	0,05	0,11		0,06	0,05		0,33	0,14			0,18						0,05	0,06				0,07		0,33
	0,1	0,5				0,22	0,5	0,2		0,2	0,5		0,17	0,2							0,33	0,14	0,29	0,14				0,25		0,33
	0,2	①besonders deshalb weil				0,11	0,13	①1 in dem Sinne wie		0,03	0,14		0,11	0,06							0,33	①1 nur ...zu	0,11	0,2				0,5		0,33
	0,5						①1 welches (summ.)				0,05		0,12								①1 ob überhaupt	①1 über haupt	0,14					0,09		0,33
	0,11						0,17				0,13		0,05					①1 in literar. Hinsicht			0,5	0,2								
	0,25	0,05					0,22				0,14		0,07								0,14	0,09						0,1		
	0,12	0,06					0,2				0,09		0,06					①1 u. dgl.			①1 dieser ...welcher	0,11						0,07		
	①1 dies alles	0,14					0,03				0,06		0,25								0,06	0,09						0,5		
		0,14											0,17								0,18							0,06		
	0,14	0,22																			①1 u.s.w. u.s.w.							0,03		
	0,06	0,4																			0,03									
	0,14																													

	81	102	103	115	133	134	153	15	I.bl. 15	68	73	77	83	91	99	107	108	118	119	123	127	143	19	35	53	55	62	65	72	88
b =	6,61	5,96	0,91	2,05	1,91	3,39	4,86	3,89	0,75	43 88	4,01	3,53	4,72	2,86	0,15	3,68	3,21	7,20	2,12	4,28	9,05	5,86	3,74	4,03	1,84	2,93	0,20	6,26	0,40	1,00
e =	6,51	4,32	2,28	3,13	2,20	4,22	4,03	3,32	0,95		4,96	3,12	4,50	3,89	0,75	3,16	4,46	4,26	1,42	3,05	6,17	3,81	2,01	6,38	1,10	7,18	1,10	7,18	2,01	1,61

1. **Gesamtniveau** (109,96 Wörter)

Nr. 118–19   b = 32,35
　　　　　　　e = 20,70
　　　　　　　$\chi^2_c = 5,90 \ (p < 0,02)$

2. **Artikelniveau** (42 Wörter)

Nr. 118–19   b = 21
　　　　　　　e = 7,90
　　　　　　　$\chi^2_c = 20,10 \ (p < 0,001)$

...iveau (20 Wörter: Kreismarkierung)

b = 11
e = 5,15
c = 5,56
　　(p < 0,02)

b = 10
e = 3,77

Verteilungstabelle II

»Prolog des Hanswurstes«
(ZeW 1804, Nr. 87 vom 21.7.)

Datierungen: **7.7.1803** über Artikel 81 · **12.7.1804** über Artikel 83 · **23.7.1805** über Artikel 88

Artikel Nr.	81	102	103	115	133	134	153	15	I.bl.15	44	56	68	73	77	83	91	99	107	119	123	127	143	19	35	53	55	62	65	72	88
1	0,13	0,1	0,17	0,1	0,14	1 absolut	0,17	0,17	1 deutlich	0,2	1 be-zwecken	0,17	0,13	0,33	0,33	0,22	0,33	0,5	0,1	0,25	0,13	0,17	0,13	0,13	0,5	0,5	0,17	0,25	① die Feder führen	0,11
2	0,5	0,14	0,5	0,22	0,5	0,25	0,25	0,17		0,1	0,25	0,5	0,1	0,1	0,1	0,5	1 über sehen	0,5	0,2	0,11	0,33	0,13	0,11	0,11	0,25	0,1	0,03	0,1	0,17	0,33
3	0,11	0,11	0,5	0,14	0,5	0,1	0,17	0,22	0,2	0,25	0,1	0,2	0,5	0,5	0,5	1 einwen-den gegen	0,05	0,5	0,06	0,5	0,17	0,25	0,25	0,25	0,33	0,33	0,17	0,33	0,5	0,5
4	0,11	0,33	0,5	0,25	0,5	0,11	0,2	0,22	0,5	0,2	1 man-cher wie z.B.	0,17	0,11	0,11	1 entste-hen in	0,25		0,11		0,11	0,2	0,2	0,33	0,33	0,33	0,5	0,33	0,5	0,2	0,33
5	0,33	0,18	0,5	1 zum minde-sten	0,2	0,11	0,1	0,11	0,05	0,09	0,1	0,2	1 bunt	0,4	0,17	0,17		0,14		0,25	① belegen	0,25	0,3	0,25	① ver-danken	0,17		0,17	0,17	0,1
6	0,5	0,17	0,33		0,22	0,43	0,25	0,33		0,11		0,25	0,25	0,33	0,25	0,08		0,33		0,1	1 ernst-haft	0,5	0,2	0,09	0,25	1 ver-schaffen		0,33	0,06	0,11
7	0,25	0,2	0,4	0,17	0,1	0,17	1 Ge-danke	0,25		0,08		1 das Ich	0,25	0,1	0,25	0,05		1 Men-schenge-schlecht		0,17	0,11	0,5	0,08	0,5	0,5	1 Weltge-schichte		0,5	0,11	
8	0,25	0,5	0,03	0,5	0,1	1 etw. hoch nehmen	0,5	0,5		0,5		① spricht sehr für	1 läppisch	1 minde-stens	1 künst-lich	0,25		0,17			1 fort-laufend	0,17	0,17	0,17	0,08	① hinfüh-ren zu		0,1	0,25	
9	1 lob-preisen	0,11	0,1	0,33		0,25	0,25	0,25		0,1		1 Unsterb-lichkeit	1 als Mensch	0,09	① das alte Schick-sal	0,5		0,2			0,1	0,5		0,11	0,11	1 Weltge-schichte		0,03		
10	0,33	① eher ...als	0,25	0,5		① das Ge-sagte	0,33	0,1		0,2		1 verspre-chen	1 satirisch	0,33	0,03	0,1		0,18			0,33	0,06		0,06	0,03	① Ur-sprung		0,05		
11	0,67	0,25	0,17	0,33		0,09	0,25	0,06		0,25		0,1	1 Seichtig-keit	0,03	0,17	0,06		0,17			① mit der Zeit	0,2		0,11	0,05			0,1		
12	0,5	0,08	0,11	0,1		0,33	0,2	0,11		0,15		0,2	1 Spiegel-fech-terei	0,2	0,4	0,25		0,5			0,5	0,5			0,1	0,33		0,08		
13	0,5	0,5		0,17		0,5	0,33			0,5		0,11	0,1	1 nur etwas	0,1			0,03			0,5	0,5			0,05	0,25		0,06		
14	0,33	0,11		0,06		0,11	1 verste-hen unter			0,11		0,08	0,09	0,17	0,09			0,11			0,11	0,09				① je ... um desto		0,22		
15	0,25	0,33		0,2		0,03	0,06			0,25		0,17	1 nach ...	0,06	0,5						1 allen-falls					0,1		0,1		
16	0,08	0,5				0,08	0,4			0,33		0,06	1 noch	0,2	0,33						0,11					0,08		0,03		
17	0,1					0,11	① doch ohn-streitig			0,33		0,67	1 so aber	0,09	0,4						0,2					0,06				
18	0,5					0,17	0,17			0,06		0,03	0,5	0,22	0,1						0,5					0,22				
19	① so ziem-lich					0,33	0,05			0,11		0,5	1 freilich ...indeß		0,17						0,06					0,1				
20	① mehr als man-cher					0,11	1 Jeder-mann						0,03		0,05						0,5					0,03				
21	0,25					0,11	0,17						1 etwa		0,5						0,11									
22	0,5						0,15						0,5		① so viel als mög-lich						0,17									
23	0,06						1 welches (summ.)						0,05		0,06						0,03									
24	0,17						0,17						0,08		0,25															
25	0,67						0,1						0,11		0,11															
26	1 ein zweiter						0,03						0,25		0,1															
27							0,5						0,06		0,17															
28															0,11															
b =	11,09	4,61	3,56	4,24	2,61	6,39	9,05	2,74	1,75	3,92	2,45	7,41	13,11	5,65	9,21	2,93	1,38	4,44	0,36	1,49	9,16	4,63	1,62	2,72	4,34	5,62	0,70	5,65	1,96	1,48
e =	8,50	5,64	2,97	4,09	2,87	5,51	5,25	4,33	1,23	4,69	1,77	6,37	6,47	4,08	5,87	5,08	0,98	4,12	1,85	3,98	8,05	4,97	2,63	8,32	2,23	4,82	1,44	9,37	2,63	2,10

$\chi^2_c = 5,83$ (unter Nr. 73)
$(p < 0,02)$

---

1. Gesamtniveau (143,52 Wörter)

Nr. 73–83 b = 27,97
e = 16,42
$\chi^2_c = 7,44$
$(p < 0,02)$

2. Artikelniveau (56 Wörter)

Nr. 56-83 b = 23
e = 9,58
$\chi^2_c = 17,43$
$(p < 0,001)$

3. Exklusivniveau (18 Wörter: Kreismarkierung)
nicht signifikant

Nr. 127-55 b = 7
e = 3,89

Tabelle III

Nachtwachen	1.	2.	3.	4.	5.	6.	7.	8.	9.	10.	11.	12.	13.	14.	15.	16.	Prolog	»T.T.«-Einleit.
a) Wortstärke (38 124)	1360	1525	2508	4506	1934	2310	2539	2982	2627	2289	969	2032	1601	3326	2218	3318	1096	595
b) Grundwörter % von a) M = 9,30 %	111,69 8,21 %	132,82 8,71 %	273,84 10,92 %	409,82 9,10 %	160,97 8,32 %	267,96 11,40 %	258,48 10,18 %	313,72 10,52 %	283,57 10,79 %	142,31 6,22 %	77,05 7,91 %	212,15 10,44 %	159,82 9,98 %	296,99 8,93 %	213,97 9,65 %	252,69 7,53 %	143,52 13,10 %	109,96 18,48 %
c) »Grammatik«-Anteil an b) M = 35,73 %	33,91 %	42,26 %	43,45 %	37,04 %	30,41 %	41,78 %	41,06 %	38,56 %	40,60 %	28,33 %	28,59 %	33,01 %	35,61 %	37,11 %	31,81 %	28,10 %	46,01 %	48,21 %
d) Konjunktionen und Modaladv. % von b) M = 12,20 %	9,85 %	16,56 %	18,26 %	13,67 %	9,94 %	12,32 %	15,86 %	15,30 %	14,11 %	9,14 %	3,89 %	11,31 %	10,01 %	12,12 %	12,15 %	10,69 %	18,12 %	16,37 %

Tabelle IV Exklusivniveau

p ≦ 0,001 $\chi^2_c \geqq 10{,}83$
p ≦ 0,01 $\chi^2_c \geqq 6{,}64$
p ≦ 0,05 $\chi^2_c \geqq 3{,}84$

»T.T.«-»Einleitung«   »Prolog«

7-7.03   81 102 103 115 133 134 153 I.15 44 56 68 73 77 | 83 91 99 107 108 118 119 123 127 143 19 35 | 53 55 62 65 72 88   23,7.05

12.7.04 (»Prolog«)

Artikel Nr.	
1.+2.Nw (N=24)	$\chi^2_c = 5{,}15$
1.Nw (N=9)	n. s.
2.Nw (N=15)	$\chi^2_c = 5{,}13$
3.Nw (N=40)	$\chi^2_c = 3{,}89$
4.Nw (N=56)	n. s.
5.Nw (N=18)	n. s.
6.Nw (N=29)	n. s.
7.Nw (N=19)	$\chi^2_c = 4{,}87$

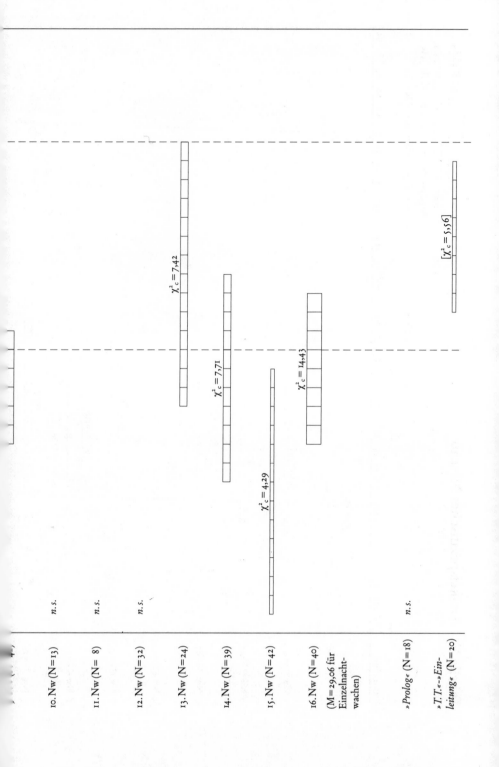

10. Nw (N=13)	*n. s.*	
11. Nw (N= 8)	*n. s.*	
12. Nw (N=32)	*n. s.*	
13. Nw (N=24)		$\chi^2_c = 7{,}42$
14. Nw (N=39)		$\chi^2_c = 7{,}71$
15. Nw (N=42)		$\chi^2_c = 4{,}29$
16. Nw (N=40)		$\chi^2_c = 14{,}43$
(M=29,06 für Einzelnacht- wachen)		
»*Prolog*« (N=18)	*n. s.*	
»*T. T.*«-»*Ein- leitung*« (N=20)		$[\chi^2_c = 5{,}56]$

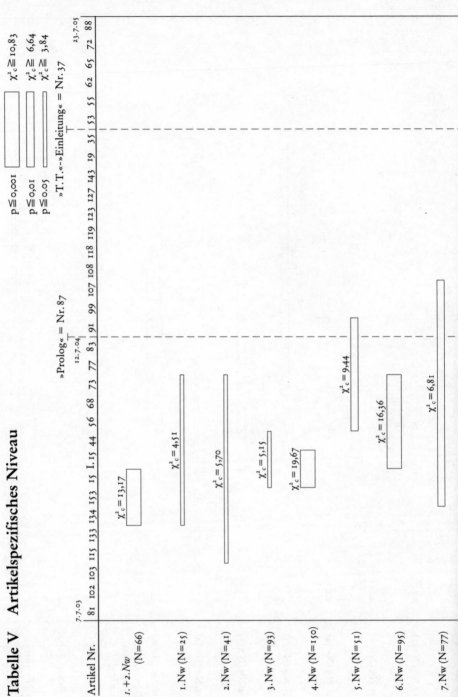

Tabelle V   Artikelspezifisches Niveau

$\chi^2_c \geqq 10.83$ $p \leqq 0.001$
$\chi^2_c \geqq 6.64$ $p \leqq 0.01$
$\chi^2_c \geqq 3.84$ $p \leqq 0.05$

»T.T.«=»Einleitung« = Nr. 37
»Prolog« = Nr. 87

Artikel Nr.	
1. + 2. Nw (N=66)	$\chi^2_c = 13.17$
1. Nw (N=25)	$\chi^2_c = 4.51$
2. Nw (N=41)	$\chi^2_c = 5.70$
3. Nw (N=93)	$\chi^2_c = 5.15$
4. Nw (N=150)	$\chi^2_c = 19.67$
5. Nw (N=51)	$\chi^2_c = 9.44$
6. Nw (N=95)	$\chi^2_c = 16.36$
7. Nw (N=77)	$\chi^2_c = 6.81$

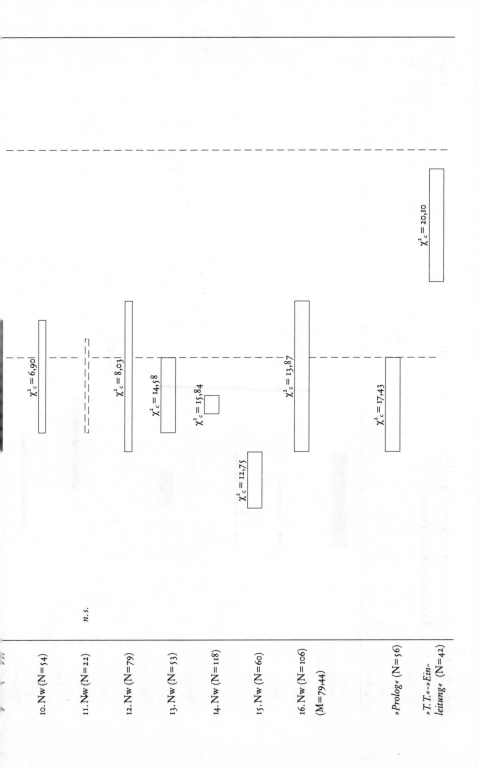

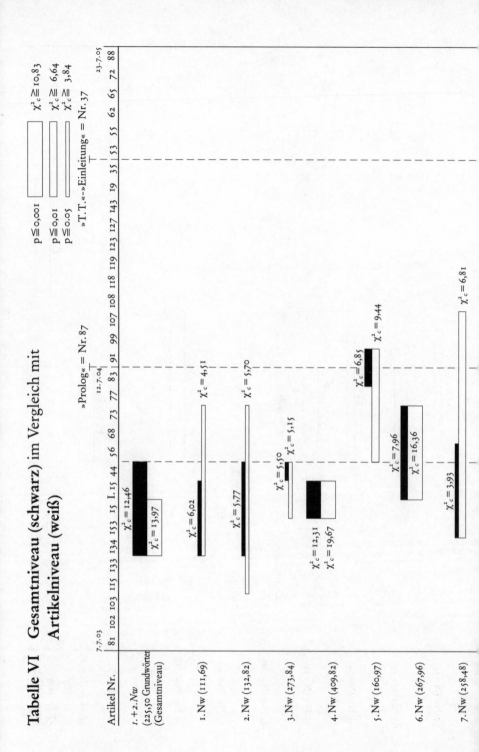

Tabelle VI   Gesamtniveau (schwarz) im Vergleich mit
              Artikelniveau (weiß)

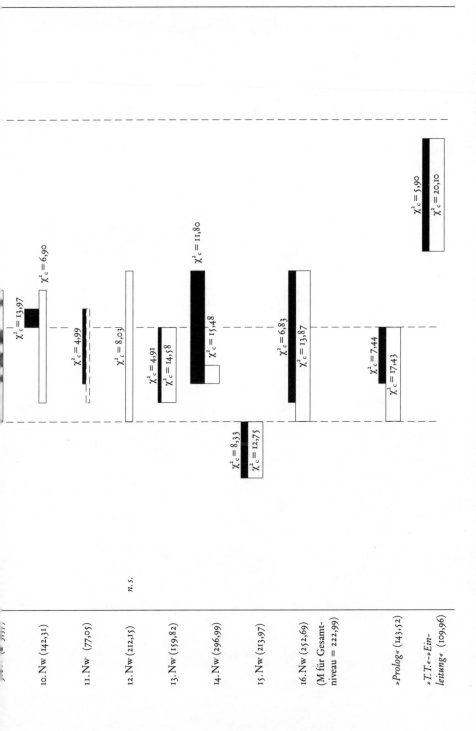

10884